MENTE DE
CAMPEÃS

FRANCISCA DE LIMA

MENTE DE
CAMPEÃS

A resiliência e a força mental da atleta brasileira

INSÍGNIA

EDITOR-CHEFE: Felipe Colbert
ENTREVISTAS E SUPERVISÃO: Francisca de Lima / www.francisca-de-lima.com
EDIÇÃO E PREPARAÇÃO DE TEXTOS: Angélica Torres Lima / Eliana Moura Mattos / Letícia Siqueira
PRIMEIRA REVISÃO E TRANSCRIÇÃO DE ÁUDIOS: Letícia Siqueira / lette.siqueira@gmail.com
DESIGN & PRODUÇÃO: Equipe Insígnia

ILUSTRAÇÃO DA CAPA: Designed by Freepik
FOTOGRAFIAS: Ricardo Bufolin (Jade Barbosa / capa, págs. 173 e 402), Luis Gabriel do Rêgo Silva (Francisca de Lima / foto da dobra e pág. 15), Lucas Noonan (Juliana Velasquez / capa e págs. 117 e 401), @Photorau e @FFiromenezes (Jeane Alves / capa e págs. 197 e 402), @Victoorgabriell (Laura Amaro / capa e págs. 209 e 402), @mbserrano7 (Milena Titoneli / capa e págs. 267 e 403), @maga.thais (Ivi Casagrande / capa e págs. 297 e 403), Getty Images (Sheilla Castro / capa e págs. 103 e 401), ph. Gabriele Mafezzoni (Natália Girotto / capa e págs. 363 e 404), Carol Beiriz (Sandra Pires / capa e págs. 237 e 403), Ari Gomes (Mônica Rodrigues / capa e págs. 131 e 402) e Stiro Sodré (Rebeca Gusmão / capa e págs. 373 e 404). As demais fotografias foram cedidas pelos atletas e pofissionais como acervo pessoal. Qualquer falta de menção a pessoas ou organizações relacionadas não foi intencional.

Publicado por Insígnia Editorial
www.insigniaeditorial.com.br
Instagram: @insigniaeditorial
Facebook: facebook.com/insigniaeditorial
E-mail: contato@insigniaeditorial.com.br

Impresso no Brasil.

Dados Internacionais de Catalogação na Publicação (CIP)
(Câmara Brasileira do Livro, SP, Brasil)

Lima, Francisca de
    Mente de campeãs : a resiliência e força mental
da atleta brasileira / Francisca de Lima. --
São Paulo, SP : Insígnia Editorial, 2023.

    ISBN 978-65-84839-22-9

    1. Atletas - Aspectos psicológicos 2. Atletas -
Brasil 3. Entrevistas 4. Esportes 5. Mulheres -
Aspectos psicológicos I. Título.

23-162235   CDD-613.711

Índices para catálogo sistemático:

1. Atletas : Desempenho esportivo : Educação física
    613.711

Tábata Alves da Silva - Bibliotecária - CRB-8/9253

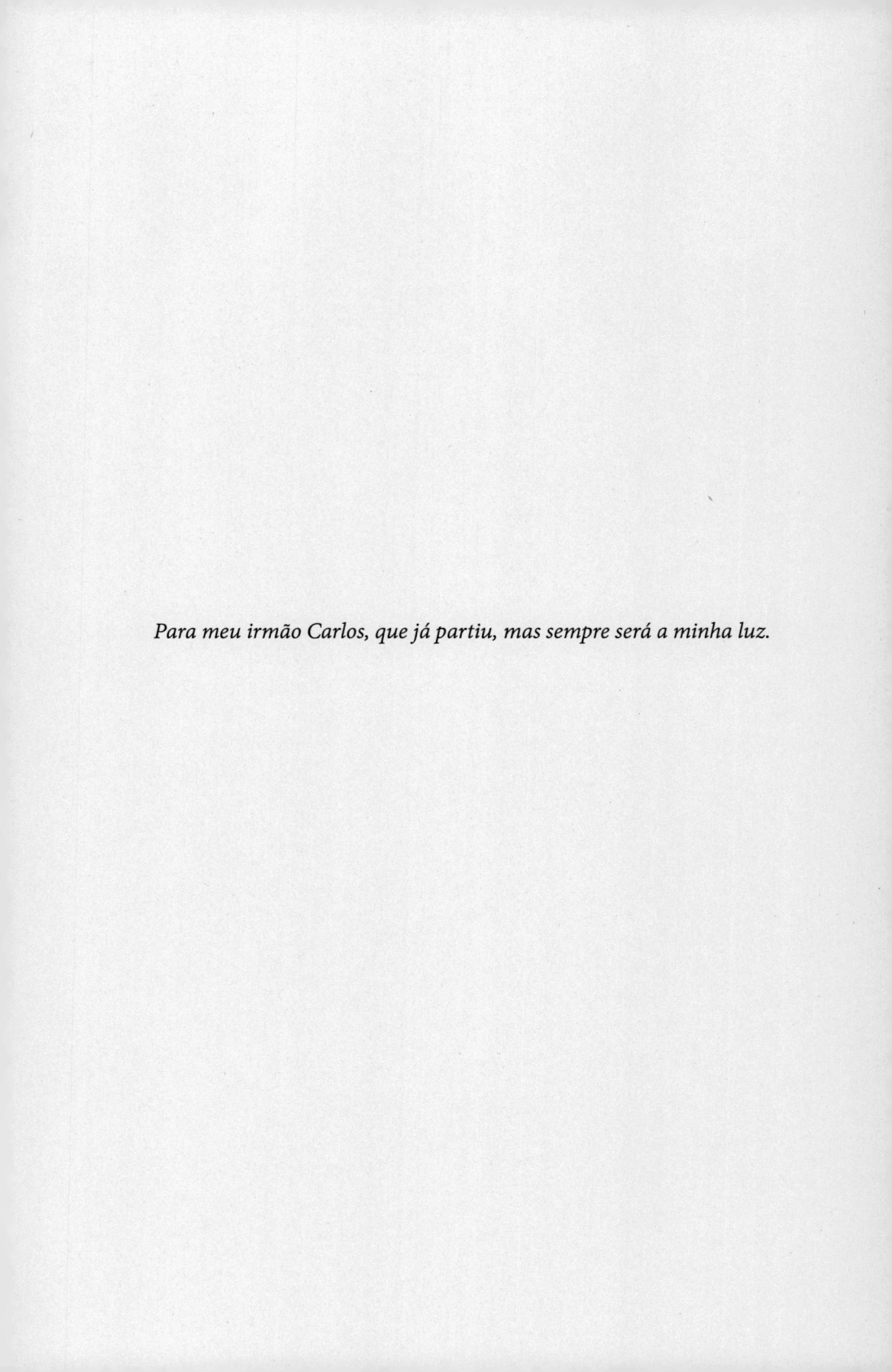

Para meu irmão Carlos, que já partiu, mas sempre será a minha luz.

Meus agradecimentos ao mestre e amigo Felipe Ximenes, que me abriu portas e sempre acreditou em meu trabalho.

Às atletas que entrevistei e a todos que me apoiaram por confiarem em meu trabalho.

Um agradecimento especial aos amigos e profissionais de diferentes áreas pelos excelentes textos de apoio aos atletas.

Também especial a todos os atletas e profissionais pelas frases e apoio às mulheres atletas.

Agradeço a contribuição de Wellison Morais, Alexandre Xavier (Team Chicago Brasil) e da CDA (Comissão de Desportos da Aeronáutica).

Por fim, à minha equipe e amigos Gabriel Profeta, Caio Caldeira, Letícia Siqueira, Eliana Moura Mattos e à minha família, por sempre estarem me apoiando. Sem vocês, nada teria sido possível.

DEPOIMENTOS

"Parabéns às que fazem esporte, além de todas as atribuições que as mulheres têm no dia a dia, principalmente, às que têm o privilégio de ser mãe."
Atílio Claudio Fonseca Dias, *gestor esportivo, coach, gerente de negócios do Falcão.*

•

"Atletas vivem de desafios e, na maioria das vezes, são reconhecidos apenas quando atingem o ápice. Até lá, porém, existe um caminho longo e árduo. Por isso, nunca deixe ninguém dizer que você não pode, nem você mesma. Trabalhe duro, faça o seu melhor e corra atrás do que te faz feliz."
Rodney Borges Gonçalves, *treinador de futebol do Barito Putera (Indonésia).*

•

"A vocês, a minha admiração e o meu respeito."
Marcelo Freitas (Dentinho), *supervisor do Voleibol Adulto Feminino do Fluminense FC.*

•

"Vocês, mulheres, são incríveis e mais fortes do que podem imaginar. Não aceitem nada menos do que a igualdade."
Eurico Rosa da Silva, *ex-jóquei (Canadá).*

•

"Guerreiras, vocês nos inspiram e mostram que não há nada que as impeça de realizar os sonhos que cada uma leva no coração e na alma. Sigam superando os desafios e mostrando que tudo é possível para quem acredita e faz acontecer."

Fillipe Soutto Mayor Nogueira Ferreira, *jogador de futebol do Botafogo-SP.*

•

"Nada é possível impedi-las de alcançar seus sonhos. Em momentos decisivos, não procurem desculpas, mas soluções para qualquer problema, até porque vocês têm a força interior e são muito capazes."

Paulo Cesar Parente, *ex-jogador de futebol do Paris Saint.-Germain e diretor esportivo da Clichy Futsal (França).*

•

"Quero parabenizar e elogiar essas mulheres guerreiras, que vêm nos dando a alegria de vê-las crescendo, com esse poder de resiliência e a capacidade da força física e mental para se reinventar e se superar. Temos de aplaudi-las por tudo que vêm trazendo ao esporte e pelo exemplo para as outras mulheres. Só temos a agradecer pelo que elas têm nos ensinando no futebol."

Dante Bonfim Costa Santos, *atleta de futebol do OGC Nice (França).*

•

"Trabalho com as atletas há muitos anos. Sua lealdade, o *fairplay*, a garra, a disposição para se dedicarem, sempre 100%, são contagiantes. Por mais mulheres no esporte e, especialmente, no futebol".

Cacau Claudemir Jerônimo Barreto, *ex-jogador de futebol do VfB Stuttgart (Alemanha).*

•

"Não existe desporto sem a presença de atletas e, quando se fala em atletas, é importante parar de destacar os homens ou as mulheres. Devemos destacar sua competência profissional. E nesse campo é cada vez maior a igualdade. Devemos lutar por um desporto com igualdade".

Fernando Orge, *presidente do Futebol Clube de Alverca (Portugal).*

•

"Não é fácil a vida de atletas profissionais de alto rendimento: precisa de muita entrega, dedicação, disciplina e temos muitas atletas talentosas em nosso esporte. Eu acredito que as atletas brasileiras estão finalmente ocupando o espaço que sempre foi delas.

Silvio César Ferreira Costa, *ex-jogador de futebol, hoje treinador das escolinhas do Juventus, na Flórida (EUA).*

•

"As nossas atletas estão abrindo um caminho gigante para as outras esferas da sociedade. Muito obrigado, mulheres, por participarem do esporte com tanto afinco, amor, dedicação. Contem sempre com o apoio de todos nós, os atletas. Com certeza, o mundo está com vocês. Um grande abraço."

Leo Higuita (Leonardo de Melo Vieira Leite), *do AFC Kairat (Cazaquistão).*

•

SUMÁRIO

APRESENTAÇÃO

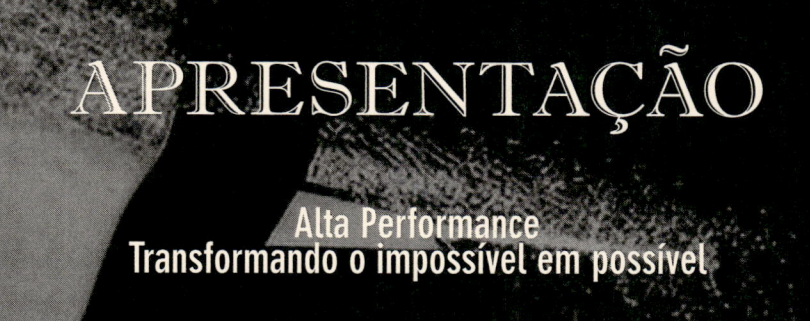

Alta Performance
Transformando o impossível em possível

Por FRANCISCA DE LIMA

Quando eu nasci, minha mãe conta que só sobrevivi por causa da minha sorte e da minha fé em Deus e em São Francisco de Assis. Ela não sabia explicar, mas vim ao mundo com tantas chagas que ninguém podia sequer me pegar no colo. Minha mãe dizia que, talvez, por meu pai ter sido tão mulherengo, ter andado com tantas mulheres, tenha transmitido alguma doença a ela. De qualquer forma sobrevivi, e das chagas só me restam duas marcas visíveis.

Hoje quando me perguntam como cheguei aqui, como saí do subúrbio, como consegui trabalho e conheci atletas e profissionais do alto rendimento, eu tento, primeiro, que entendam do que se trata a alta performance. Quando falamos de alta performance, quando falamos de atletas e de outros profissionais de alto rendimento, estamos nos referindo a pessoas que estão acima da média, ou seja, àquelas que conseguiram chegar ao alto de suas carreiras. Muitas deles, aliás, por terem sido de alguma forma impulsionadas em direção às suas conquistas, e não porque procuraram por isso.

Vou tomar por base um pouco da minha história para afirmar que qualquer pessoa consegue realizar os seus sonhos, partindo do princípio de acreditar neles — e de correr atrás deles. Qualquer indivíduo pode alcançar o que almeja desde que tenha muita clareza, desde que esteja realmente focado e trabalhe muito duro, com muita resiliência, com muita disciplina, para atingir o alvo.

A minha vida não foi fácil, não foi uma estrada reta. Foi uma estrada com muitas pedras e inúmeras barreiras a serem superadas. E continua sendo assim. A luta não parou, somente abrandou — posso dizer que a vida para mim melhorou —, mas as pedras continuam no caminho, aqui e ali. É que, de pouco em pouco, vai-se galgando e conseguindo alcançar aquilo que tanto sonhou, tal como aconteceu com muitos que conheci ao longo da minha carreira.

Tive situações que impactaram muito a minha história de vida, que começou de fato quando atravessávamos uma situação financeira muito ruim em família. Naquela época, o meu pai, que era apostador — jogava muito com cartas, jogava no bicho, gastava com mulheres —, tinha perdido as fazendas dele, aliás, já tinha perdido todos os bens e muito rapidamente.

Eu, a terceira de seis filhos, estava com quatro anos e meio quando minha mãe saiu de Irecê, cidade do interior da Bahia, onde eu nasci, pois meu pai tinha desaparecido no mundo. Minha mãe supôs que ele pudesse ter ido para Brasília, onde um dos irmãos dele tinha aberto um pequeno comércio de produtos alimentícios, quando a Capital ainda estava em construção, no final dos anos 1950, início dos 60. Fomos, na carroceria de um caminhão, meus quatro irmãos, minha mãe, grávida do caçula, e eu. E conseguimos chegar até Brasília.

Naquela época, o governo do Distrito Federal dava um pedacinho de terra nas redondezas da Capital aos operários da construção e mesmo aos que, como nós, iam em busca de vida nova. E na então cidade satélite de Taguatinga, ficamos em um pequeno barraco. Não era casa, não. Era um barraco mesmo. E ali começou realmente uma outra história.

A crucial não ajuda
Eu acredito que todas as pessoas, em algum momento de suas vidas, passam por situações de necessidade de transformação. Querem mudar, querem melhorar, querem modificar sua própria história. Isso aconteceu comigo quando chegamos a Brasília sem dinheiro, sem comida e fomos morar em um barraco. Hoje se poderia dizer que aquilo era uma favela. Mas na época, era só um bairro que começava a nascer, em meio a muita lama. Não existia estrada, não existia nada, só muita pobreza.

Eu me lembro, nos meus quase cinco anos, da minha mãe, desesperada, sozinha, desamparada, procurando trabalho e com tantos filhos para alimentar. O irmão do meu pai tinha a vendinha dele ali por perto e ela me mandou até lá. A incumbência era de pedir ao tio um pouco de arroz e feijão. Nunca esqueci a resposta dele: "Não, você já tem uma dívida muito grande comigo. Eu não vou dar mais nada. E se você não tiver o que comer, vai ficar sem comer".

Voltei para casa pensando em como eu ia falar aquilo para a minha mãe. Fiquei com muita raiva desse tio e me veio, como um pensamento de criança mesmo, que aquilo tinha que mudar, que eu não queria mais passar fome. Cheguei, contei, minha mãe começou a chorar, mas disse: "Não se preocupe, filha, Deus vai dar uma solução". Naquele momento, parece que muitas coisas mudaram.

Fui uma criança muito observadora. Era atilada, muito "saída", diziam que eu era muito esperta e, na verdade, sempre gostei de escutar e de entender as pessoas. Fiquei pensativa naquele dia, matutando em como eu poderia mudar aquela situação de miséria, para não deixar minha mãe tão triste. Aquele pensamento nunca saiu da minha cabeça e, pior, as coisas não ficaram mais fáceis depois daquele dia.

Mas eu sempre digo que a vida é um grande jogo e temos de estar preparados para o momento da decisão final. Desde garota, eu tinha o desejo de trabalhar como psicóloga, com esporte, com atletas, com empresários e de entender as pessoas, de saber como elas pensam, o que leva umas a terem resiliência e outras não.

A roda viva do destino

Como o mundo e a vida costumam dar muitas voltas, surgiu uma oportunidade para eu ir trabalhar na Alemanha, como doméstica, na casa de uma família de brasileiros, e de ser babá das três crianças do casal. Após seis meses, eles regressaram ao Brasil e eu decidi ficar em Hamburgo, morando com uma família alemã, quando tive a oportunidade de aprender o idioma. Tive a grande sorte de poder estudar Psicologia e de fazer um mestrado na área. Depois, comecei o doutorado. E assim, portas foram se abrindo para mim.

Trabalhei por muitos anos na área clínica e organizacional, empresarial, até que uma agência de transferência de grandes jogadores situada na Suíça me sondou se eu poderia cuidar dos seus atletas, na Alemanha mesmo. Isso foi há quinze anos, quando dei início ao meu trabalho com grandes atletas da Bundesliga, a primeira liga desportiva alemã.

A partir de então, intensifiquei estudos e pesquisas para me capacitar como psicóloga esportiva, *coach* de alta performance e poder melhor ajudar atletas, além de treinadores e demais profissionais que atuam na área.

Com a evolução da Psicologia do Esporte, surgiram diversos métodos cognitivos e técnicas para atletas de alto desempenho terem um consistente suporte, sobretudo, nos momentos de grande tensão, antes e durante as competições. Em muitas situações, pensamentos inconscientes e inseguranças projetadas podem potencializar o mau rendimento. E os próprios atletas relatam que as técnicas postas em prática os auxiliam na regulação de suas emoções desequilibradas, em momentos decisivos.

As técnicas de meditação e de visualização, as autofalas ou diálogos internos dirigidos ao foco, ou seja, para ativação e aumento da autoconfiança e também relaxamento muscular de acordo com Jacobson, estes e muitos outros métodos são certeiros para lidar e controlar a ansiedade e o nervosismo, entre outras emoções aflitivas.

A exigência hoje do meio esportivo sobre o atleta é muito diferente das cobranças de vinte, trinta anos atrás. Tornou-se muito necessária uma rigorosa preparação para o enfrentamento dos novos desafios. Eberspächer (1990, p. 74, modificado a partir de Volpert, 1977) define: "O treinamento mental é a imaginação consciente, sistematicamente repetida, de uma ação esportiva sem sua execução prática simultânea".

Beckmann & Elbe (2011, p. 94) descrevem: "Muitas vezes, perde-se uma competição depois que o diálogo interno mudou" — o que, no caso, significa que as dúvidas mentais ganham vantagem, a conversa interna positiva não é mais possível, tornando-se muito provável que uma espiral de pensamentos negativos comece a se intensificar, levando a competição ao fracasso e, tudo isso junto, provocando um processo de insegurança e de comportamento destrutivo nos atletas.

Outros impulsos

Tive a oportunidade de estudar e aprender com grandes nomes da comunicação e do esporte, e de me especializar em diferentes áreas. No começo da pandemia COVID-19, em 2020, conheci meu hoje grande amigo e mestre Felipe Ximenes, que começava com seus cursos de gestão esportiva *on-line* pelo LinkedIn. Passei a participar e pude conhecer outros participantes dos cursos e deles fui ganhando confiança e respeito com o meu trabalho.

Com os cursos, que congregavam pessoas ligadas ao esporte, bem como atletas profissionais de diferentes modalidades, surgiu o meu primeiro livro, *Atletas de Elite*. Lançado no final de 2021, durante a Conferência Internacional de Futebol, o evento foi organizado por Felipe Ximenes e realizado no Estádio da Luz, em Lisboa, Portugal. Desde então, muitas portas do meio esportivo ao redor de todo o mundo foram se abrindo para o meu trabalho. Sou, portanto, muito grata ao Ximenes, por sua contribuição à minha carreira profissional.

Por que estou contando isto? Porque, com este relato, quero incentivar as pessoas a não desistirem de suas aspirações. Não importa onde vivem, de onde vêm e com que condições financeiras, mas que insistam, mesmo que não pareça e que, de fato, a trajetória nunca será simples ou descomplicada. Pois, tudo é possível quando perseveramos em nossos objetivos. E estão aí os estudos, bem como as práticas citadas pelos especialistas, comprovando a eficácia dessa renovadora postura.

Repito, então, que precisamos nos qualificar e estar preparados para as oportunidades que podem surgir a qualquer momento. Não existe estrada reta e sem perigos, e o que é bom, deriva de trabalho duro. Como dizem as atletas de alto desempenho que são a "bola" da vez neste meu segundo livro, 100% nunca é o suficiente. Tem-se de fazer muito mais, se queremos colher os frutos do nosso esforço.

Francisca de Lima (Dida)
Hamburgo, julho de 2023.

Referências bibliográficas:

Eberspächer, H. (1990). Mentale Trainingsformen in der Praxis: Ein Handbuch für Trainer und Sportler. Oberhaching: Sportinform.

Beckmann, J., & Elbe, A. (2011). Psyche in Form. Sportpsychologie auf einen Blick. Aachen (u.a) Meyer & Meyer.

CAPÍTULO I

Lesões em corridas e fraturas por estresse das atletas

Por Dra. ANA PAULA SIMÕES

Costumo dizer que a corrida é o melhor esporte do mundo, mas sou suspeita para falar. O fato é que basta uma rua, um morro, um campo ou uma esteira que já é possível praticá-la, seja no verão ou no inverno, no sol ou na chuva, na cidade ou na fazenda... enfim, é fantástico. Não por acaso, é o esporte mais praticado no mundo: estimam-se que, nos Estados Unidos, até quarenta milhões de pessoas correm regularmente — e mais de dez milhões delas correm 100 dias por ano.

De fato, seus benefícios são diversos, seja no aparelho cardiovascular, endócrino ou psíquico, e ajudam a prevenir e auxiliar o tratamento das doenças mais prevalentes do mundo — como a hipertensão arterial, a diabetes, o câncer e a depressão. No entanto, não podemos falar apenas de seus benefícios, devemos abordar também o alto número de lesões que as corridas, assim como qualquer outro esporte, podem causar.

Dessa maneira, precisamos entender por qual motivo um esporte, aparentemente tão inocente, possui elevado índice de lesões. Estudos indicam que aproximadamente 50% dos corredores apresentam alguma lesão por ano.

Para explicar, vamos organizar dois grupos de fatores de risco:

1) Fatores Intrínsecos (referentes ao próprio indivíduo)
- Anatomia;
- Sexo;
- Idade.

2) Fatores Extrínsecos
- Variáveis de treinamento;
- Nutrição e suplementação;
- Alongamento e aquecimento;
- *Design* do tênis;
- Órteses;
- Força e biomecânica da corrida.

No entanto, um grupo não predomina sobre o outro. Entendemos, na verdade, que as lesões possuem causas multifatoriais e que precisamos nos atentar e nos prevenir em relação a todos os fatores de risco, principalmente quanto às lesões mais comuns, que são as que acometem os membros inferiores:

- Dor patelofemoral;
- Síndrome do estresse tibial medial (canelite);
- Tendinopatia de Aquiles;
- Síndrome da banda iliotibial;
- Fascite plantar;
- Fraturas por estresse.

Dessas lesões, a que vamos enfatizar, a partir de agora — além de discutir as causas, as formas de prevenção e o tratamento —, é a "fratura por estresse", por possuir alguns fatores, muito bem embasados, de prevalência no sexo feminino.

Neste momento, surge uma dúvida

As fraturas por estresse são explicadas pelo princípio de Wolff (1892), em que um desequilíbrio entre a reabsorção e a formação óssea torna o osso suscetível às microfraturas, que podem ocorrer com um atleta submetido à alta carga e/ou às tensões repetitivas, e que não respeitam o período de remodelamento ou, vulgarmente falando, o período de cicatrização óssea.

A incidência de fratura por estresse varia com o tipo de atleta, sendo os recrutas militares, os corredores e as ginastas os grupos de maior risco — e com as mulheres sujeitas ao dobro de chances de se lesionarem, se comparadas aos homens.

Essa preponderância, entre as mulheres, é explicada por tendências a acumular um maior número de fatores de risco que, justamente por isso, receberam a seguinte nomenclatura, cada vez mais difundida no meio da Ortopedia e da Medicina Esportiva: "A Tríade da Mulher Atleta", compreendida nos pilares:

- Baixa disponibilidade de energia (com ou sem distúrbio alimentar);

- Irregularidade menstrual (alterações hormonais);
- Baixa densidade mineral óssea.

Caso seja conhecido, em qualquer atleta, algum histórico de dor compatível, somado ao aumento recente da intensidade de treinamento, a orientação é buscar, precocemente, a ajuda de médicos responsáveis para investigar se algum dos elementos da Tríade está presente e se há sinais radiológicos de fratura por estresse, a fim de que se inicie um tratamento para reduzir a dor aguda, promover a cicatrização e prevenir mais danos ósseos — pois quanto antes for iniciado o tratamento, mais cedo o paciente retornará à melhor forma física.

O tratamento é composto de duas etapas, sendo a primeira denominada "forma conservadora" e a segunda, uma "abordagem cirúrgica" — que, na maioria das vezes não é necessária, visto possuir indicação apenas para pacientes com fratura em locais de alto risco (região interarticular, quinto metatarso, colo femoral, ossos sesamóides, osso navicular) ou para trabalhadores que dependem de retorno precoce ao trabalho, como atletas de alto nível.

A abordagem conservadora consiste em:
- Controle da dor aguda (gelo local e medicamentos analgésicos);
- Proteção do local de fratura para reduzir a carga a ser suportada;
- Adequação da prática esportiva e retorno gradual às atividades (máquinas elípticas, terapia aquática rasa, corrida em águas profundas e em esteira de suporte de peso reduzido, bicicleta, entre outras opções);
- Exercícios de reabilitação muscular e correção da biomecânica esportiva;
- Nutrição adequada (plano alimentar personalizado, associado, ou não, à suplementação de cálcio e vitamina D).

Devemos sempre lembrar que os benefícios da corrida devem ter peso muito maior quando comparados ao risco de lesões, então, não hesite em praticá-la, mas não deixe, também, de se prevenir.

Portanto, atenção com a prevenção e boa prática, Valentes!

Dra. Ana Paula Simões *é professora instrutora e mestre em Ortopedia e Traumatologia e médica assistente do Grupo de Traumatologia do Esporte, pela Santa Casa de São Paulo; especialista em Ortopedia e Traumatologia*

RQE (N°28753) e em Medicina Esportiva RQE (N°67412). É presidente da Sociedade Paulista de Medicina do Esporte; colunista do Eu Atleta (Globo. com); membro titular da Sociedade Brasileira de Ortopedia e Traumatologia e Especialista da Associação Brasileira de Medicina e Cirurgia do Tornozelo e pesquisadora da Universidade de Padova, na Itália. Foi médica da Seleção Brasileira de Futebol Feminino (2005-2015) e das Olimpíadas (Rio, 2016). Site: www.anapaulasimoes.com.br / Instagram: @draanapsimoes

Futsal

Amandinha, a campeã do mundo

Amanda Lyssa de Oliveira Crisóstomo, a **Amandinha** (*Fortaleza-CE, 05.09.1994*), *eleita a melhor jogadora de futsal do mundo por oito vezes seguidas, atua desde 2022 no espanhol Torreblanca Melilla e integra a Seleção Brasileira de Futsal Feminino. Desde criança, Amandinha já acompanhava o pai Agnaldo Crisóstomo nas peladas locais e logo começou a jogar no projeto social do bairro. Em 2011, mudou-se para Santa Catarina, onde jogou por seis anos pelo Barateiro e conquistou os títulos: Taça Brasil (2013), Campeonato Catarinense (2012, 2015-16), Liga Nacional de Futsal (2014) e Libertadores Feminina (2015-16). Em 2013, foi convocada para a Seleção Brasileira, que ganhou os títulos mundiais de 2013-14-15. Aos 19 anos, foi eleita, pela primeira vez, a melhor jogadora de futsal do mundo. Nas Leoas da Serra (Lages-SC), conquistou os Jogos Abertos de Santa Catarina (2017), a Copa do Brasil (2017), a Copa Libertadores (2018), a Taça Brasil (2019), a Copa das Campeãs (2019) e o Mundial Interclubes (2019). Foi campeã da Copa América (2017, 2019) e do Grand Prix (2019), pelo Brasil. Ao todo, disputou 161 partidas, marcou 157 gols e conquistou 23 títulos pelas Leoas.*

Firmeza de propósito

Não é fácil manter a mente inabalável e em algumas situações, ter de aguentar mais do que os outros. Nós, que eu quero dizer, os que chegam ao topo e que conseguem se sustentar como os melhores do mundo. Porque, muitas vezes, as pessoas esquecem que também somos humanos, que também temos sentimentos, temos as nossas fraquezas. Há momentos em que não queremos ir treinar e temos que ir treinar; momentos em que a gente se pega abalada e com vontade de "desistir". Mas, ao mesmo tempo, sempre bate forte dentro do peito aquela vontade de competir, aquela gana de querer mais, de conquistar mais, de ter realmente a mente inabalável. De não permitir esses pensamentos, que querem impedir o teu sonho ou te deixar parar antes da hora.

Como ser a melhor

Eu olho pra trás e vejo que cresci muito como atleta, nesses anos todos. Não à toa estou aí nesses oito anos consecutivos não só como a melhor do mundo, com título individual; ao longo de todo o tempo eu conquistei muitos títulos coletivos. E vejo que, com o passar dos anos, além de crescer como atleta, eu cresci muito como profissional, como pessoa, como mentalidade vencedora. E acho que se eu não tivesse trabalhado a minha mente, eu não teria chegado tão longe — porque a mente muitas vezes quer te sabotar.

Apoio profissional

Ser atleta, conquistar títulos, competir todos os dias, não é fácil. Chegar lá é uma coisa; manter-se, é outra. Então, são várias situações ao longo da nossa trajetória que nos fazem crescer — ou querer desistir, também. Se eu não tivesse ido atrás de recursos para me tornar mentalmente cada vez mais forte, para enfrentar as adversidades que aparecem no caminho — como ego, inveja, pessoas querendo te derrubar, o cansaço, o preconceito, a falta de visibilidade, a distância da família... São inúmeras as circunstâncias que aparecem e que te fazem repensar: *será que vale a pena mesmo eu estar aqui?* Você fica naquele "se?" e no "será?". Mas vejo que tudo o que eu passei valeu a pena e ainda me fez melhor como ser humano. E eu quero crescer cada vez mais, pra poder transmitir para as pessoas como e porque fui merecedora de chegar lá.

Superação de autossabotagens

Eu tentava, tento até hoje, me cercar de pessoas com mentalidade vencedora e trabalhar para me fortalecer com treinos mentais. Tenho cada vez mais conversado com a minha família, com pessoas que me animam, com Deus. O principal é Deus na minha vida, isso é fato. Se não fosse Ele, ao longo de toda a minha trajetória, eu jamais teria alcançado o que consegui. Teria desistido há muito tempo. Quantas vezes me via perdida, entristecida, ou cansada das inúmeras situações que o esporte coloca — como a pressão, lutar por visibilidade, ou por coisas que ainda faltam no esporte. É cansativo você querer o bem para o todo e o todo não querer o bem para o todo. Tudo isso te faz pensar: *acho que não quero mais chegar nesse nível*. Então eu me abracei com a minha fé, pedindo forças todos os dias ao meu coração e à minha mente e para Ele trazer pra perto de mim pessoas que me façam evoluir.

"Tenho orgulho de ter vivido situações que me entristeceram pra caramba, mas continuei firme, continuei aguerrida. E se hoje eu estou falando aqui contigo é graças a eu ter mantido o foco no alto rendimento"

Orgulho de ser aguerrida

Eu tentava sempre me lembrar de quando eu era criança e adolescente, onde eu queria chegar e onde eu queria estar. E hoje estou onde sonhei. Mas, então, por que muitas vezes a mente quer nos sabotar? Talvez pelas dificuldades ela queira que sejamos perdedores. Mas eu sou uma vencedora e me orgulho disso. Tenho orgulho de ter vivido situações que me entristeceram pra caramba, mas que continuei firme, continuei aguerrida. E se hoje eu estou falando aqui contigo é graças a eu ter mantido o foco no alto rendimento.

Pequena grande menina

Quem imaginava que uma cearense, de porte pequeno como o meu e tão nova, iria conquistar tantas coisas? Eu acho que se alguém tivesse que eleger alguém — "ah, a Amandinha hoje tem 18 anos e há várias outras" —, não me escolheria, considerando de onde eu vim e da forma como tudo aconteceu na minha vida, entende? E foi tão naturalmente: eu fui crescendo e vendo os planos e a benção de Deus na minha vida. Foi um crescimento exponencial, todo ano um degrau a mais, eu sempre tendo algo a mais pra mostrar.

Nordeste, celeiro de campeões

Como eu disse, sou cearense, de Fortaleza. Saí de lá aos 15 anos, buscando uma vida profissional no futsal em Santa Catarina, onde se tinham mais recursos, onde o esporte é tratado com profissionalismo. Eu não ganhava pra jogar no Ceará e fui para Santa Catarina ganhando um salário. No Ceará, eu morava na casa dos pais e tinha os meus próprios gastos. Em Santa Catarina eu ganhei casa, alimentação, tudo pago pelo clube. Então, fui mesmo atrás do meu primeiro sonho, longe de casa e da família, cultura, comida, modo de viver diferentes. Mas se eu pudesse escolher, é óbvio que eu não teria saído do Ceará pra ir atrás do meu sonho em Santa Catarina.

Abdicar é imperativo

Se eu tivesse toda a estrutura na minha terra, eu teria ficado perto da minha família. Mas na vida profissional como atleta, a gente tem que se abdicar de muitas coisas. Até hoje eu tenho que me abdicar de estar perto de pessoas que eu amo. Mas, fazer o quê? Nascemos pra correr atrás dos nossos sonhos, pra servirmos de exemplo uns para os outros. Então, quanto mais pessoas eu puder inspirar pelo que eu passei e me tornei, eu tentarei transmitir minha experiência, para elas também poderem ser vencedoras.

Sacrifícios iniciais

Em Fortaleza, morávamos num bairro da periferia. A minha família sempre foi batalhadora e pra botar o pão de cada dia na mesa, sempre foi com muito esforço e trabalho. Comecei a jogar na pracinha mesmo, só tinha eu de menina. Até que recebi o primeiro convite, da escola do bairro. Aí, sim, formamos um time de meninas e começamos a enfrentar as escolas próximas do nosso bairro. Quando jogamos contra uma escola maior, me convidaram pra fazer parte da equipe.

A nova rotina

Comecei então a estudar no centro da cidade. Acordava às 6h pra pegar o *motopick* e ir pra escola. Tinha aula das 7h ao meio-dia. Almoçava por lá mesmo e ficava até às 14h, porque não compensava voltar pra casa, pois eu treinava das 14h às 16h. Daí, pegava o *pick* novamente e só chegava em casa por volta de 18h30, por causa do trânsito. Quando eu chegava, era só o tempo de tomar banho e me ajeitar, pra começar a ajudar minha mãe. Preparávamos comidas típicas do Ceará e eu a ajudava a cozinhar e a vender em quentinhas, pra no dia seguinte poder pagar minha passagem e o almoço.

Exemplos de berço

Minha mãe foi meu maior exemplo de trabalhar duro para alcançar os sonhos. Ela me ensinou muitos valores na vida, meus exemplos vêm desde aí. Se eu quisesse comer no outro dia, tinha que trabalhar à noite. Então o meu dia era muito cheio. E aí surgiu esse convite de Santa Catarina para eu viver do esporte como atleta profissional. Fui em 2011 para Santa Catarina e passei seis anos no Barateiro Futsal de Brusque. Lá iniciei minha trajetória e conquistei todos os títulos possíveis, de base e profissional, no caso, títulos estaduais, nacionais, internacionais, onde ganhei minha primeira Libertadores e a primeira convocação para a Seleção Brasileira. Do Barateiro, fui para as Leoas da Serra, em Lages; fiquei lá de 2017 a 2021 e conquistei tudo novamente. Foi uma cidade que abraçou bastante o futsal feminino.

> **A gente conseguiu quebrar muitas barreiras, lotar ginásio, conseguimos mobilizar uma cidade inteira pra assistir futsal feminino. As pessoas pagavam pra nos assistir**

Leoas lotando ginásio

Muita gente acha que pra ser atleta é só ir treinar, jogar e tudo bem. Mas pra *tu ir* conquistando o que tanto deseja, que é jogar para que as pessoas conheçam e se apaixonem pelo teu trabalho, você tem que começar lá de baixo. A gente conseguiu quebrar muitas barreiras, lotar ginásio, conseguimos mobilizar uma cidade inteira pra assistir futsal feminino. As pessoas pagavam pra nos assistir. Mas o início, quando você para pra pensar, *pô, caraca, as Leoas da Serra encheram um ginásio!* Mas ninguém sabe o que a gente fez antes pra chegar lá. A gente saía pra vender ingresso, ou até mesmo distribuir nos sinais. Passávamos de duas a três horas em pé, convidando as pessoas no centro da cidade. Quantas vezes a gente levava um "não!" ou nem recebia resposta.

Quebrando paradigmas

E foi onde realmente a gente começou, com as Leoas. E não é à toa que a gente quebrou paradigmas, saímos até em rede nacional na TV. Primeiro, pagando. Depois, era a TV que procurava a gente. Antes não queriam saber de futsal feminino. Depois que começaram a transmitir e viram que o nosso trabalho era sério, passaram a querer muito a gente. E aí a minha história com as Leoas chegou ao fim depois de cinco anos e 23 títulos. Acho que está bom (rindo). Foi uma história linda, incrível.

Carreira internacional

Em 2022, fui para a Espanha. Agora faço parte do clube Torreblanca, da cidade de Melilla, que fica no norte da África, mas é espanhola. Tem sido uma cidade e um clube a me ensinarem bastante. É um clube de grandes objetivos e eu gosto disso, os desafios. Estou bem feliz aqui, conheci companheiras novas, meninas novas e estamos crescendo dia após dia, pra tentar conquistar os nossos objetivos, assim como eu fiz com o Barateiro e com as Leoas, conquistando muitos títulos. Quero ter esse feito aqui no Torreblanca também.

Luta contra preconceitos

O que passa o futsal feminino, o futebol feminino também passa. As pessoas têm na cabeça que o futebol é um esporte de homem... e eu não vejo dessa forma. O esporte — seja ele qual for — é pra quem trabalha duro, se dedica, é pra quem faz com maestria e se entrega dia após dia pra ser melhor, pra competir em alto nível. Eu nunca fui muito de sofrer preconceitos, sempre fui respeitada pelas pessoas. Mas quando eu fui reconhecida como a melhor do mundo e isso saiu em todas as redes sociais, tivemos muita dificuldade pra que os maiores canais da mídia tradicional do país colocassem notícias sobre o futsal feminino. No entanto, até isso foi melhorando ano após ano.

Machismo às claras

Numa das vezes em que eu ganhei como a Melhor do Mundo, o *Globo Esporte* postou que uma brasileira tinha ganhado o título pela terceira, ou segunda vez, não me lembro agora. Aí um cara foi lá e comentou: "Que vergonha, deveria estar na cozinha, cozinhando pra marido, limpando a casa", esse tipo de coisas que os preconceituosos se acham no direito de dizer o que querem que a pessoa deva fazer, ou o que não é pra fazer —

em vez de ir cuidar da própria vida. Então, eu mostrei para o público que me seguia que aquilo ali não me definia. Não mexia com a minha mente e não me machucava. Até porque ele não conhece a minha história, não sabe quem eu sou e o que eu passei. Ele não vai definir o que eu posso e o que eu não posso fazer.

> Quando fui eleita a Melhor do Mundo, um cara comentou nas redes: "Que vergonha, devia estar cozinhando pra marido, limpando a casa", esse tipo de coisas que os preconceituosos se acham no direito de dizer

Internet sem lei

Eu noto que o preconceito tem diminuído, mas ao mesmo tempo a internet tem se tornado uma terra sem lei. As pessoas se acham muito no direito de julgar, de criticar sem ao menos conhecer, ou saber detalhes sobre os outros. Quanto mais visibilidade você tem, mais dificuldades aparecem no meio do caminho. Mas eu vejo que o preconceito em si, "ah, mulher não sabe jogar futebol, futebol não é pra mulher", tem diminuído, porque as pessoas têm aceitado melhor o fato de que nós também fazemos isso com maestria. As pessoas têm assistido mais, têm ido mais aos estádios, coisas que não aconteciam antes.

O corpo em risco

Quando lesionei o tornozelo, me via muito impossibilitada de fazer o que eu gostava: correr com a bola, conduzir e aquilo me deixava triste, me abalava um pouco, porque sempre fui uma menina alegre, de alegria nas pernas, de querer criar, armar jogadas, pifar jogadoras, sabe? Quando eu estava me recuperando da lesão, voltei ainda com dor, o que é natural na vida de atleta profissional, então, eu não conseguia fazer essas coisas. E muitas vezes fui criticada sem que soubessem o motivo, porque nunca fui de revelar se estou passando por um momento ruim fisicamente. Diziam assim: "Ah, essa é a melhor do mundo? Foi essa pessoa que vocês contrataram?". Mas sempre tive mente forte e não me deixei abalar.

Tática criativa

Eu sempre disse pra mim mesma que pessoas que criticam não sabem o que se está tendo de enfrentar e que eu precisava melhorar, até pra ser feliz dentro de quadra. Então, naquele momento, se eu deixasse me abalarem a lesão, a dor e a frustração de não conseguir jogar da minha forma, talvez eu não tivesse evoluído como evoluí. Comecei então a criar e treinar outras jogadas que seriam úteis pra minha equipe, sem ser daquelas de um pra um, ou correr com a bola, ou só fazer esse tipo de jogada. Comecei a treinar mais tática e a minha inteligência, o meu cognitivo, o meu passe. Comecei a treinar passes sem olhar, esses pequenos detalhes que hoje eu sei que fizeram muita diferença na minha carreira.

Benefícios do esporte

Eu sou formada em Fisioterapia e isso é um dos benefícios que o futsal trouxe para a minha vida, no sentido de que eu tive a oportunidade. Não que foi fácil, porque passei muitas noites sem dormir pra poder fazer tudo da melhor forma possível. Porque era treinar duas vezes, fazer estágio, estudar à noite, pensar nos meus pacientes. Mas também foi importante para o meu crescimento pessoal. Eu sempre falo que o esporte e o estudo fazem a humanidade melhor. Educa e transforma vidas. Se os governantes quisessem que a humanidade melhorasse, deveriam apostar mais na educação e no esporte. Vejo que muitos também levam o esporte e o estudo juntos. E aproveitam, *né?* Porque o nosso esporte, por exemplo, não contrata com carteira assinada, então, não se tem segurança a longo prazo. Já o estudo te dá essa segurança.

> Eu sempre falo que o esporte e o estudo fazem a
> humanidade melhor. Educa e transforma vidas. Se os
> governantes quisessem que a humanidade melhorasse,
> deviam apostar mais na educação e no esporte

O segredo do sucesso

Tenho acompanhamento do meu antigo preparador físico, que me ensinou a ter controle mental, a entender que a perfeição do funcionamento do nosso corpo está na mente. Ele mostra a atletas que podemos, sim, ter mente inabalável e nos evoluir com dedicação diária. E que pra sermos atletas de rendimento precisamos nos abdicar de muita coisa. Então, eu treino com ele a parte física, a parte com bola e a mente. Mas também faço outras coisas, como tentar ao máximo estar próxima da minha família, dos que eu amo e ter meus momentos de lazer, como assistir filmes, documentários e por aí vai.

Conselho de campeã

O caminho é trabalhar duro, não tem outro. Porque o esporte se torna cada vez mais difícil, cada vez há mais estudos, mais preparação, pra você chegar pronta pra competir. E hoje, com a internet, as pessoas se preparam muito. A todos que querem ser atleta, eu digo: se você tem um sonho, se sente que ama e que aquilo significa pra você, se dedique, que no final vai valer a pena. Quando você "chega lá", vê que a trajetória não foi fácil, mas a chegada faz tudo valer a pena. O meu grande orgulho é saber que eu "cheguei lá", sabe? Que conquistei tudo, que todo o meu trabalho, o meu choro, a minha abdicação da família, valeram. Poder ajudar a minha família financeiramente, tê-los perto e torcendo por mim, esse é o meu maior feito.

Orgulho da Seleção Brasileira

Estar na Seleção Brasileira foi a realização do maior sonho da minha vida. Se pararmos pra analisar, 14 atletas são eleitas pra representar uma nação de mais de 200 milhões de pessoas. Então, ser escolhida e ver que a tua capacidade é de Seleção Brasileira, não tem preço. Quando você entra em quadra e começa a tocar o hino nacional do seu país é que cai a ficha. É uma emoção que, pra definir, só quem vive o momento mesmo.

Virada de chave

A Seleção Brasileira no Mundial de 2014 foi a virada de chave da Amandinha atleta. Conquistamos o Torneio Mundial e a Amandinha se tornou outro tipo de atleta. Estávamos perdendo e fizemos uma remontada, com o gol do título que eu pude fazer. Essa competição e esse gol fizeram muita diferença na minha vida. Outro título foi o Mundial de Clubes, em 2019, que como Leoas da Serra tivemos a oportunidade de enfrentar a melhor equipe da Europa na época. Éramos campeãs da Libertadores, o melhor time da América, e enfrentamos o melhor time da Europa, que era o Atlético de Madrid.

A Seleção Brasileira no Mundial de 2014 foi a virada de chave da Amandinha atleta. Conquistamos o Torneio Mundial e a Amandinha se tornou outro tipo de atleta

Êxito na Europa

Viemos pra Europa com recursos próprios, com patrocinadores, as pessoas nos incentivando, e a final foi decidida na nossa casa, em Lages. E eram ingressos caros para o futsal feminino. A gente nem imaginava, mas os ingressos se esgotaram, tivemos transmissão, foram tantos paradigmas e preconceitos quebrados com esse título, que me emociono só de lembrar. Porque não é o título em si, não é a conquista esportiva, mas tudo que a gente viveu pra chegar ali nas quatro linhas e somente se divertir.

O legado

Com certeza, meu maior legado é inspirar pessoas. É mostrar que não é preciso passar por cima de ninguém pra conquistar as coisas. Não é preciso colocar o ego em primeiro lugar. Eu sempre tentei ao máximo pôr o coletivo antes do individual. Então, quero mostrar para as pessoas que sozinhos se pode ir longe, mas juntos se vai além. Sou muito feliz por ser quem eu me tornei e será uma vitória pra minha carreira e pra minha vida se eu puder inspirar pessoas, cada vez mais.

Planos de futuro

No momento, meu plano é juntar bastante dinheiro. Futuramente será o de realizar alguns sonhos pessoais, como construir a própria casa, ter um carro bom, um centro de treinamento, viver do que eu conquistei no esporte e nunca mais ficar longe da minha família. Essas são as coisas que eu almejo para longo prazo.

Olhando para trás

Eu não mudaria nada. Porque até mesmo os meus erros foram necessários pra *eu me melhorar*, pra entender que aquela não era a melhor atitude e o melhor caminho. Que naquela situação, eu poderia ter feito diferente. Mas a gente só sabe isso quando enfrenta e quebra a cabeça, e vê o quão somos pequenos diante de algumas situações. Então, eu faria tudo de novo pra me tornar quem eu sou e me orgulhar disso. E sei que a minha família, os que me amam e que estão ao meu redor também se orgulham de mim. E isso não tem preço.

A adaptação no exterior

Foi muito difícil quando eu saí de Fortaleza pra Brusque, do Barateiro para as Leoas, porque o Barateiro era a minha casa e eu amava tudo ali — amo até hoje, é um clube que tem o meu coração. Mas sempre acontecem situações que você tem que ir por outros caminhos, como eu tive que ir para as Leoas, para construir uma grande história também. Também foi bem difícil sair das Leoas para a Espanha e ter que me adaptar à cultura, a uma língua nova, a um jeito de jogar novo, diferente.

Valendo a pena

Tem sido engrandecedor para a minha vida e pra Amandinha atleta: eu estava há onze anos em carreira profissional no Brasil, quem sabe eu precisei dessa mudança de país, pra crescer ainda mais como atleta. Eu sempre tento aceitar os planos de Deus pra minha vida, sair da zona de conforto. Porque se a gente fosse escolher, não sairíamos do nosso país. Mas eu não voltaria atrás na minha escolha. Estou muito feliz aqui, apesar de ser muito longe da minha casa. Mas faz parte. O esporte, como eu falei, muitas vezes vai te dar tudo e, ao mesmo tempo, vai tirar algumas coisas.

Os maiores ídolos

O maior é Deus, sem dúvida. A história de Jesus Cristo, tudo o que Ele passou pra nos salvar... Não é à toa que eu O tenho tatuado, na cruz. Depois, os meus pais, por tudo o que enfrentaram, para me ensinar e pra pôr o pão de cada dia na minha casa; passamos por muitas coisas difíceis. E no esporte, sem dúvida, é o Falcão. Sempre assisti muito na TV aos jogos dele, às coisas incríveis que ele fazia. Eu ainda nem sonhava em ser atleta e já assistia ao Falcão. Foi bacana poder acompanhar o que ele fazia dentro e fora das quadras. Acho que se o futsal cresceu o tanto que cresceu, se deve muito ao Falcão e ao Lavoisier.

Conciliar esporte e amor

É difícil, porque a vida de atleta é meio regrada. Tem que treinar, descansar, comer, descansar, comer, treinar de novo... sabe? É meio chato para quem acompanha o atleta, ter que aceitar essas situações. Mas o fato de gostar da pessoa faz com que ele aceite, de certa forma. Eu vejo inúmeros jogadores que levam as suas esposas, porque o futebol masculino e mesmo o futsal têm mais recursos. Pagam melhor. Então, muitos deles conseguem levar a família junto — o que ainda não é a realidade do feminino. Quem sabe algum dia a gente chegue lá. Mas a gente se adapta, porque nunca se está sozinha. Têm os amigos, pessoas especiais que Deus coloca nas nossas vidas, então, a gente se ajusta, como tudo na vida.

Futebol

Uma goleira sem medo diante do pênalti

Thais Ribeiro **Picarte** *(Santo André — SP, 22.09.1982) passou por grandes clubes paulistas antes de ir para a Itália jogar pelo clube romano Lazio Calcio Femminile. Voltou em 2003 ao Brasil para jogar pelo São Bernardo e em 2005, atuando no São Paulo, foi convocada para a Seleção Brasileira Universitária. No ano seguinte, foi para o Palmeiras/São Bernardo e acabou convocada para a Seleção Brasileira de Futebol Feminino. Passou uma temporada no Corinthians antes de ser transferida para o Sporting Club de Huelva (2009-09), na Espanha, onde também jogou pelo Clube Levante Unión Deportiva, de grande história na Liga espanhola. Coleciona os títulos de Campeã Paulista de Futebol Feminino (1999); Campeã do Torneio Internacional de Futebol Feminino (2006, na Itália, pela Seleção Brasileira); Campeonato Sul-Americano (2006, 2º lugar; 2010, 1º lugar); e Torneio Internacional Cidade de São Paulo (2010, 2º lugar), entre outros.*

Nascida na era proibida

Quando eu nasci, nos anos 1980, o futebol feminino ainda não estava liberado aqui no país e eu nunca soube que havia proibição até há uns seis anos. Na minha família, somos quatro meninas e meus pais foram sempre apaixonados por futebol. Dentro de casa sempre se falou muito em futebol. O meu pai jogava como amador e eu acompanhava os jogos dele. Então gosto muito, desde pequena. Todas as nossas brincadeiras sempre giravam em torno de uma bola, fosse no vôlei, no futebol, ou sei lá. Se a gente ia para a piscina ou à praia, em todo lugar, sempre tinha uma bola no meio.

Pezinho afiado

Dentro da minha casa, então, o futebol era algo normal e só passei a perceber que para meninas não era comum quando comecei a ir para a escola; no jardim de infância, eu já gostava de jogar com o pezinho. Eu chegava, queria jogar e os meninos não queriam deixar, por eu ser menina. Mas eu não entendia o porquê disso, até porque muitas vezes eu jogava melhor do que eles. Então, foi sempre uma luta. Fui um pouco encrenqueira quando novinha, porque, se eu queria fazer eu fazia, entende? Se eu quisesse jogar, eu iria dar um jeito de jogar, ninguém me impedia de jogar futebol. Mas na escola, realmente, foi bem difícil.

Bullying por querer jogar

Desde a pré-escola até o colégio sempre sofri muito *bullying* por querer jogar e os meninos não queriam deixar. Mas depois eles foram se acostumando e eu fazia parte ali, naturalmente, das brincadeiras. Isso sempre passa por um professor ou uma professora que faz a diferença e começa a impor a tua presença, a te apoiar e tratar como algo natural. Sempre tive muito apoio dos meus professores — e da minha casa, nem preciso dizer, *né?* Comecei de forma bem lúdica mesmo, em casa e na escola.

Em Minas, na roça

Tivemos casa em Minas Gerais, no meio das montanhas — a minha mãe é de uma cidade ali da Serra da Mantiqueira. E a gente sempre ia para a roça, onde eu jogava com os meninos; eles achavam peculiar, mas nunca me impediram de jogar. Sempre me chamavam. Sempre fiz parte ali da brincadeira. Imagina, uma menina da cidade querendo jogar bola? Acho que eles pensavam que lá na cidade isso era comum. Enfim, a minha base como jogadora foi de brincadeira de rua mesmo. E quando eu tinha por volta de dez anos, meu pai soube que no clube em que a gente era associado tinha uma competição feminina e inscreveu as quatro filhas para jogar lá.

A primeira peneira

A primeira vez em que eu realmente competi com meninas foi na peneira, porque, até então, eu só brincava com meninos ou com minhas irmãs. A partir dali, comecei as disputas com outros clubes e fiz parte da Seleção do clube. Quando ia ter uma peneira do São Paulo, levaram a gente e fui uma das três atletas do clube que passaram. Aí comecei a jogar de forma mais regular e a treinar, realmente, futebol. Eu já tinha catorze anos, então, você imagina, não tive treinamento de goleira até essa idade.

O crescimento

Comecei a jogar no São Paulo — na época, "Aspirantes", uma equipe B, digamos assim, de meninas muito jovens, meninas inclusive com que tenho contato até hoje, que fazem a diferença no mundo do futebol, como a Aline Pellegrino, que hoje comanda o futebol feminino da CBF; a Rosana Augusto, hoje treinadora do Red Bull Bragantino, enfim, eram diversas meninas ali, que seguiram carreira no futebol. E eu fui só crescendo e passei a fazer parte do São Paulo profissional, onde joguei por alguns anos. Mas também parei de jogar, porque na época não havia muitas equipes. Então, quando o São Paulo encerrou suas atividades após ser campeão paulista, eu acabei parando por um período, que foi quando eu estava iniciando a faculdade.

Joguei durante onze anos na Seleção Brasileira, entre idas e vindas, minha última convocação foi em 2017. Joguei na Itália, na Espanha, na França e em todas as grandes equipes do estado de São Paulo

Em prol do futebol feminino

Quando eu retornei, fui para o Juventus e depois para o Palmeiras, que tinha parceria com o São Bernardo. Dali fui convocada pela primeira vez para a Seleção e nunca mais parei. Joguei por onze anos na Seleção Brasileira, entre idas e vindas, e minha última convocação foi em 2017. Então, o futebol fez parte da minha vida inteira. Joguei na Itália, na Espanha, na França e em todas as grandes equipes do estado de São Paulo. E quando voltei, fiz questão de rodar um pouco pelo país. Pus na cabeça que eu queria trabalhar em prol do futebol feminino e da profissionalização da modalidade no Brasil. E para isto eu precisava conhecer mais o futebol de mulheres. Por isso aceitei o desafio de ir para Pernambuco, onde o futebol feminino estava nascendo.

Goleira por acaso

Eu jamais pensei em ser goleira. Quando fui para a primeira série do hoje Ensino Fundamental, no intervalo das aulas, tinha uma fila de meninos pra chutar no gol. E quem fizesse o gol, ficava no gol. Eu costumava fazer gol, então eu ficava muito no gol. Eu defendia muito e era a única menina na fila. Havia meninos de todas as idades, inclusive do colegial, que hoje é o Ensino Médio. Eu era pequena, mas nunca tive medo, só que eu não queria jogar no gol. Eu queria fazer gol, jogar na linha.

Arrojada, mas sem técnica

Quando fui para o Clube Atlético Aramaçan, não tinha goleira na minha equipe. Então, a gente tinha que fazer um rodízio e quando chegou minha vez no rodízio, acabei me desenvolvendo bem, pegando pênalti, porque realmente eu não tinha medo da bola. Eu era arrojada, mas não tinha técnica nenhuma. Era muito alta, bem acima da média pra minha idade, e ia de cabeça em tudo o que eu fazia. Fui muito bem, mesmo assim eu queria continuar jogando na linha. Mas começaram a pedir para eu ficar no gol e outras categorias viram e começaram a me convidar também, porque nenhuma tinha goleira. Fui jogando na Sub-18, das meninas que tinham até dezessete anos — eu tinha dez anos na época — e depois já jogava com as adultas também.

Fazendo a diferença

Foi aquela coisa da criança sentir o prazer de estar fazendo a diferença, chamando a atenção. Fui pegando gosto pela coisa e ficando. E quando fiz o teste no São Paulo, já fiz como goleira mesmo. Ali eu já me via realmente como goleira, mesmo tendo sido uma jogadora inicialmente frustrada, eu já tinha pegado o gosto realmente pelo gol. Eu nem sabia direito de nada, nem gostava de usar luva na época. Foi algo que foi surgindo naturalmente. Eu digo que nasci para ser goleira, mas, na verdade, fui descoberta por uma treinadora que insistiu muito para que eu seguisse nessa posição.

Só talento não basta

Não adianta só ter talento. É primordial, mas não é o que vai fazer você chegar realmente ao alto rendimento e se manter lá por muitos anos. Eu sempre fui muito persistente em tudo. Tudo o que me proponho a fazer, eu mergulho de cabeça para fazer com excelência. E treinamentos, treinamentos excessivos; na base, tem-se que ter dedicação diferenciada. Quando iniciei e fui para grandes equipes como o São Paulo, a primeira e a segunda goleiras eram da Seleção Brasileira. Então, eu levei muitos anos pra chegar a ser titular em alguma equipe. Por muitos anos da minha carreira, fui reserva. Na minha época não existiam as categorias de base, tão importantes para o desenvolvimento do atleta, e eu tinha uma defasagem muito grande de treinamentos, de especificidade na minha posição, porque só fui treinar aos treze anos. Eu era muito jovem, mas persisti.

> Dedicação extrema ao que se está fazendo e tratar o corpo como um templo. Ele é a tua ferramenta, o teu instrumento de trabalho. Você tem que cuidar dele como se fosse uma máquina, realmente

Extrema dedicação

Meu segredo foi sempre a extrema dedicação ao que faço. Por exemplo, enquanto as goleiras titulares faziam três bolas, eu fazia seis; elas terminavam o treino, eu seguia com alguma coisa que eu precisava melhorar, fosse uma batida na bola ou um tiro de meta. Hoje, muitas vezes isso é impedido; não se pode fazer tal carga de treinamentos. Muitas coisas poderiam ter sido feitas por mim de forma mais adequada. Dedicação extrema ao que se está fazendo, mas tratar o corpo como um templo. Ele é a tua ferramenta, o teu instrumento de trabalho. Você tem que cuidar dele como se fosse uma máquina, realmente.

Dicas para o sucesso

Pois, cuida do teu corpo com o mesmo rigor que você tem com o teu computador, a preocupação que você tem de mantê-lo sempre higienizado, sempre cuidado. É ele que vai te fazer chegar longe e por tanto tempo. Tem que se preocupar em dormir bem, em descansar, mas principalmente em se alimentar direitinho, evitar tudo o que possa prejudicar a tua performance. E prestar muita atenção às goleiras mais velhas, que você tenha como referência, que estão num nível acima de você. Ter atenção para cada detalhe que o treinador ou a treinadora te passa. Tentar a cada treinamento fazer um pouco melhor, ir subindo de nível pouco a pouco. E ter paciência, muita paciência. Para ser goleira ou goleiro você tem que ter paciência e perseverança muito grandes.

O treino mental

Para ser goleira, a questão mental é essencial. Essa fortaleza e esse treinamento mental, ah, se eu tivesse tido isso na minha base, teria me facilitado muitas coisas, até porque você passa por frustrações diárias, você leva gol o tempo inteiro. Então, saber lidar com aquilo e não achar que perder um jogo foi culpa tua, ou que tudo está em cima de você, é algo que se tem que trabalhar muito desde a base — o que, normalmente, na minha época não existia. Algo que eu sempre tive muita dificuldade era de me focar. De alguns anos para cá, aprendi algumas técnicas de concentração e passei a ter muito mais facilidade.

> É normal atletas profissionais terem dor de barriga e não é questão do jogo ser mais ou menos importante. Há dias que são assim, você não sabe explicar porque está de uma forma ou de outra, simplesmente não está se sentindo confortável

Mantendo o foco

Na verdade, minha técnica é encontrar um ponto. Uma âncora que sempre me traga para o momento presente. No caso de um goleiro, sem dúvida nenhuma, tem que ser a bola, *né?* Então a principal técnica é usar a bola como referência e manter nela o foco de atenção. E previamente aos jogos, eu sempre faço algumas técnicas de respiração para controlar a ansiedade; é normal atletas profissionais terem dor de barriga e não é questão do jogo ser mais ou menos importante. Há dias que são assim, você não sabe explicar porque está de uma forma ou de outra, simplesmente não está se sentindo confortável.

Técnicas de visualização

Eu sempre usei muito também técnicas de visualização antes dos jogos. Por exemplo, quando eu estava num ônibus indo para algum lugar, eu fazia a técnica de visualização do jogo, de passar cada movimento treinado, de visualizar cada bola; o que você vai fazer durante o jogo se acontecer alguma situação inesperada e se ver ali atuando da maneira correta, da maneira que você treinou, sabendo que você está preparada, porque está bem treinada. Isso sempre me ajudou bastante.

Dificuldades físicas e psíquicas

Na minha formação, eu não tive um trabalho específico na base, tão importante para o goleiro, que tem um trabalho tão minucioso, tão individual e diferente. Quando cheguei no profissional, tinham coisas que eu deveria ter trabalhado quando estava com oito, dez anos. Foi sempre uma luta, muito desgaste para recuperar esse tempo perdido. Essa foi minha maior dificuldade durante a carreira inteira, a defasagem na preparação específica, na base. É também necessária a preparação mental para atletas de alto rendimento. Isso era algo a que não se dava importância e que me fez muita falta em diversos momentos, inclusive quando eu fui convocada para a Seleção Brasileira.

> **Talvez houvesse falta de identificação dos treinadores para entender como é o corpo da mulher, como ela se sente, saber como lidar com ela. Mas já temos profissionais maravilhosos, homens que buscaram esse conhecimento**

As normas se transformam

Antes, uma mulher não poderia ser treinadora ou gestora, não se chegaria a nenhum desses cargos. Hoje, no Brasil, a gente passa por um momento de transição muito bacana. Por exemplo, eu estou na Federação Paulista; dentre as regras ali para disputar a competição, temos esta de que se deve ter mulheres na comissão. É uma obrigatoriedade, temos que atuar desta forma para acabar com a defasagem. Talvez, inicialmente, houvesse falta de identificação dos treinadores para entender como é o corpo da mulher, ou como ela se sente, saber como lidar com ela. Mas já temos profissionais maravilhosos, homens que buscaram um conhecimento diferenciado. Tem-se aqui muito trabalho para que eles nos entendam.

Mais respeitadas

Os treinadores que hoje vêm para o feminino talvez tenham uma preparação até mais adequada do que os que estão no masculino, porque a gente também exige certas formações e, ano a ano, vamos subindo o nível do curso exigido. E nesses cursos se fala cada vez mais sobre o futebol de mulheres. No começo tínhamos realmente dificuldades, porque não existiam treinadoras mulheres; mesmo a atleta que se retirava, dificilmente seguia na profissão, o que é triste. Hoje somos mais respeitadas, mas é pouco, ainda, o conhecimento de como funciona o corpo da mulher.

Lacuna em cargos de direção

Eu vejo que há muito mais defasagem com relação à área da gestão, de cargos de diretoria, do que em qualquer outra posição e há dificuldade de sensibilizar para entender e trabalhar uma comunicação assertiva. Vejo muitos treinadores homens que trabalham na base com uma comunicação extremamente agressiva, que não é adequada pra meninos e muito menos para meninas. Então, essa sensibilidade e essa troca de entendimento são necessárias. Treinadores e principalmente preparadores físicos têm se especializado para alcançar esse conhecimento e adequar os trabalhos às situações exigidas pelas mulheres.

> Na minha época, existiam muito mais problemas, até mesmo de falta de respeito, de abuso moral e sexual. Havia pessoas com total liberdade para fazer o que queriam, não tinham superiores pra questionar ou analisar e avaliar o trabalho

Abusos com as atletas

Na minha época, existiam muito mais problemas, até mesmo de falta de respeito, de abuso moral e sexual. Muita coisa tem sido trabalhada para que não aconteça mais. Mas havia pessoas com total liberdade para fazer o que queriam, porque não tínhamos nenhum tipo de superiores ali pra questionar ou pra analisar e avaliar o seu trabalho. Então se agia, na década de 1990, com muita impunidade e permissividade para qualquer coisa, as idas e vindas no vestiário, entende, quando as meninas estavam se trocando. Então foi sempre uma preocupação e hoje se tem um cuidado muito grande. A gente vê a seriedade quando homens trabalham com mulheres.

Momentos difíceis

Meu momento mais difícil foi o da transição, o momento de parar. Não que eu tivesse decidido parar, mas sofri uma extrema decepção com o universo do futebol. Faltavam profissionais e a visão do quão importante é o acompanhamento pra se fazer uma transição adequada. Eu simplesmente não tinha mais vontade ali de seguir. Não era físico, eu poderia estar jogando até hoje, vou fazer quarenta anos e têm muitas goleiras e goleiros que seguem acima dessa idade. Mas mentalmente eu estava numa estafa que já não conseguia mais ter prazer no que eu fazia. Busquei focar nos estudos e cheguei a pensar em não trabalhar com futebol, porque eu já não via atrativo ali. Muitas questões políticas envolvidas no futebol, aqui no país, fazem com que o que é necessário não seja cumprido.

Abusos mentais na transição

Eu estava no clube, fazendo a minha transição, mas os profissionais que estavam ali não souberam trabalhar isso. Quando eu cheguei, tinha um treinador de goleiros que praticava muito abuso mental, realmente muito. Eu já não era tão jovem, então, eu não aceitava aquele tipo de abuso. E se tornou um ambiente extremamente conflitante, foi me desgastando muito. E a passividade dos diretores e de pessoas em volta... inclusive de uma treinadora mulher. A passividade com que ela via tudo aquilo fez com que eu desgostasse totalmente do futebol.

Futebol cura

O próprio futebol traz a cura. Quando eu fiquei um tempo afastada, sem fazer nada relacionado ao futebol, o clube insistia muito para eu voltar e trabalhar com a base. Então, fui coordenar a base e foi onde eu resgatei tudo, o porquê de eu ter entrado, a razão de ser uma atleta. Trabalhando com a base você relembra como era no início, por que entrou na modalidade e se decidiu, ou o que te fez se apaixonar. Daí a importância de ter bons profissionais, pra essas atletas poderem se desenvolver da melhor forma possível. Então, o próprio futebol me trouxe de volta com todas as minhas forças e a paixão.

Momento alto na carreira

Um dos momentos mais prazerosos foi o de jogar em Pernambuco, acredita? Quando eu cheguei era um local de extrema hostilidade e as meninas eram muito simples; fizemos uma parceria e muitas atletas da equipe daqui foram jogar lá. As meninas se sentiam com medo e a gente começou a atuar para que elas tivessem melhores condições de trabalho. Quando elas perceberam que estávamos lá para melhorar as condições para elas, para lutar e trabalharmos juntas, tudo foi mudando. Eu era a capitã da equipe e a gente promoveu transformações muito interessantes na vida e na mentalidade delas. E o meu desenvolvimento lá como atleta também foi muito bom. Eu estava muito feliz, os treinamentos eram muito intensos, muito fortes, e física e mentalmente também eu estava bem, a minha performance sempre estava num nível muito alto. Foi quando eu voltei para a Seleção Brasileira; lá eu consegui atingir a titularidade na Seleção. Pernambuco foi ótimo pra mim.

Jogar no exterior

Quando você chega no exterior, tudo é festa, tudo é novidade, você está cheio de expectativas. Mas quando a competição e as cobranças se iniciam, a coisa começa a se transformar, porque as expectativas são diferentes em relação às de um atleta local, que é tratado com muito cuidado. Se você passa por alguma dificuldade, se tem uma lesão ou algo parecido, é como se não pudesse ter aquela lesão e aí entram as exigências. Os dois primeiros anos são mais difíceis. Eu passei cinco temporadas numa equipe; a partir da terceira, tudo fica uma maravilha, porque já te tratam como mais um deles, como sendo parte do clube.

Diferenças culturais

No futebol masculino você tem acompanhamento, tem alguém pra te assessorar em tudo, pra ver o melhor local pra você trabalhar. No feminino, você tem que dividir a moradia com outras duas ou três atletas, o que gera alguns desgastes, porque são pessoas de culturas diferentes. E brasileiro tem a questão da higiene, é ligado à limpeza, banhos e se excede em algumas coisas; faz parte da nossa cultura, mas isso traz alguns conflitos. E mulher é mais chata para essas coisas, *né?* Mas é um aprendizado maravilhoso, que te leva a ser mais resiliente, a conviver com mais gente, a respeitar as diferenças, conhecer outras línguas. Viver essa imersão transforma a vida.

O pós-carreira

A carreira de atleta de futebol é muito curta; o período em que se consegue extrair o máximo do corpo é curto. Os de alta performance têm, no máximo, vinte anos de carreira e a vida vai além disso. Se ele não tiver essa percepção de que futebol não será pra toda a vida, ele mergulha num poço sem fim. E acontece com muitos. No futebol feminino, até pelos salários e as carreiras serem ainda muito instáveis, as meninas buscam o estudo. Muitos clubes têm convênios com universidades e isso acaba estimulando que elas estudem. Fácil não é: o treino pode ser na manhã seguinte e você, cansada, terá que estudar à noite, há "n" questões que criam obstáculos. Hoje tem uma mudança de mentalidade, mas ainda há atletas que não seguem essa visão de se preparar e acabam num abismo no final de suas carreiras, se não têm a quem recorrer.

Vimos atletas das primeiras seleções brasileiras passarem fome, porque não tinham formação alguma. O que eu posso dizer para todos é que, se você quer seguir na área, faça uma faculdade em paralelo. É importante ter primeiro um diploma universitário

Queda no poço

A gente viu atletas importantes das primeiras seleções brasileiras que passaram dificuldade, fome, porque não tinham formação alguma. O que eu posso dizer para todos, mulheres e homens atletas, é que, se você gosta de futebol e quer seguir na área, faça uma faculdade em paralelo. Hoje tem faculdades que você pode fazer à distância. É importante ter primeiro um diploma universitário, depois você se especializa no que gosta mais, quando tiver um pouco mais de tempo. Mas não deixe de fazer, porque, ao parar, você pode estar numa idade em que a mente fica preguiçosa para o aprendizado.

Abrir-se ao conhecimento

Se você se mantiver aberto ao conhecimento, vai se tornar um atleta mais completo, dentro e fora de campo, porque é preciso ter uma visão diferente pra entender a linguagem do treinador e o que ele quer de você. Hoje o jogo é cada vez mais estratégico e demanda muito mais informação do que demandava noutros tempos. É muito importante atletas seguirem se preparando cada vez mais, para o pós-carreira, mas durante, também. Eu, onde estive, fiz algum curso: do idioma, de Office pra fazer uma apresentação, de alguma coisa que eu gostava. Se você gosta de trabalho manual, vá fazer teu curso, mas se abstraia do universo do futebol, porque se viver só dele, você fica maluco. Ver e conviver com pessoas que não vivem a tua realidade é enriquecedor, então se prepare para o que a vida demanda.

O pilar da vida

Eu perdi o meu pai aos catorze anos, então, ele não chegou a me ver jogando, mas a família sempre foi muito unida e foi sempre o meu principal pilar, a minha fortaleza. Hoje somos só mulheres; minhas irmãs têm filhos, quase todos mulheres; temos um único menino na família, um único sobrinho. Tenho muita sorte de ter uma família que me apoiou durante toda a minha carreira. Minha mãe sempre esteve ali me respaldando e ajudando. Meu pai teria ficado maluquinho se tivesse me acompanhado, tenho certeza que ele seria o meu fiel torcedor e escudeiro, e mesmo fora do país, estaria do meu lado, com certeza.

> Quero também deixar de legado que, dentro hoje do futebol paulista, a gente possa seguir fazendo a melhor, maior e mais organizada competição do país e inserindo cada vez mais categorias para meninas mais jovens

O legado

O que eu quero deixar de legado, hoje, atuando dentro da Federação, principalmente, são melhores condições de trabalho para todas as meninas. Que as que queiram jogar tenham espaços e locais seguros, que possam ter competições com meninas da mesma faixa etária e ter a oportunidade de experimentar e viver o futebol de forma organizada, o que eu não tive, e que possam se desenvolver da melhor forma possível. Quero também deixar de legado que, dentro hoje do futebol paulista, a gente possa seguir fazendo a melhor, maior e mais organizada competição do país, inserindo cada vez mais categorias para meninas mais jovens. Hoje temos o Sub-14, um festival, vamos iniciar o Paulista Sub-15 e vamos trazer, dentro da FPF Academia, uma formação adequada pra outras mulheres, para que atuem em diversas áreas do futebol.

Integração das federações

Na verdade, falta no Brasil um pouco mais de organização e integração de outros estados, pra que se tenha competições de futebol feminino. A gente precisa de competições em toda a federação e as equipes precisam ter esse apoio. Claro, tudo se inicia de forma pequena, mas tudo tem que ser feito, tem que ser iniciado para essas meninas. E faltam mais mulheres nas federações também. Tive uma grande surpresa, quando cheguei e vi o número de mulheres que estão por trás da Federação Paulista. Temos um departamento de competições, onde, nos cargos de chefia estão sete pessoas e quatro são mulheres. O trabalho misto de homens e mulheres traz crescimento, é muito positivo. Eu acredito que é isso o que também esteja faltando para o futebol evoluir mais no Brasil.

> Que surpresa, quando cheguei e vi que na Federação Paulista há um departamento de competições onde, de sete pessoas em cargos de chefia, quatro são mulheres. O trabalho misto de homens e mulheres traz crescimento, é muito positivo

Presença de psicólogos

Temos oferecido muitas palestras de profissionais da Psicologia para as meninas, mas também para os clubes poderem se preparar melhor, pra estarem mais próximos, de modo que a gente possa vir a ter mais profissionais dessa área. Hoje, principalmente no futebol feminino, se entende muito a importância dos cuidados do trabalho mental, então, temos a inserção de psicólogos para treinar e solidificar mentalmente as meninas. Também temos oferecido cursos de capacitação para esses profissionais. Eu quero, se possível ainda neste ano, trazer um curso só para profissionais do futebol feminino poderem falar sobre as peculiaridades do trabalho com mulheres, dentro da Federação.

Olhando para trás

Pouca coisa eu mudaria. Talvez não ter parado algumas vezes, mas isso estava muito fora das minhas mãos, entende? Foi muito a coisa do ambiente, do local onde eu vivia e do que a sociedade me impunha. Talvez o que eu modificasse seria tentar buscar mais cedo uma formação, um treinamento de goleira, que também fugia um pouco das minhas mãos e do que eu tinha acesso. Pra mim, o mais difícil foi esse tempo de defasagem. Eu teria buscado também um treinamento e acompanhamento mental um pouco mais cedo como atleta.

> Olhando pra trás, eu tentaria buscar mais cedo um treinamento de goleira, pra mim o mais difícil foi esse tempo de defasagem. Teria buscado também um treinamento e acompanhamento mental um pouco mais cedo como atleta

As difíceis lesões

Eu tenho os dois joelhos operados, lesionei os dois. São momentos complicados, porque essa cirurgia de ligamento cruzado é das mais difíceis dentro do esporte e demanda muito tempo de recuperação. E eu acabei passando por ela duas vezes. O goleiro vai se jogando de cabeça, *né?* No retorno bate certo receio, um medo, uma insegurança, porque a gente sente um pouco de dor e tem de ir com cuidado, inicialmente. Mas não há o que fazer, você quer voltar, quer melhorar e aí vai lutando consigo mesmo. Pouco a pouco vai-se ganhando confiança, superando, evoluindo.

O valor do descanso

Enquanto atleta, uma boa noite de sono e uma boa alimentação são extremamente importantes. Sempre que eu tinha um descanso, aproveitava pra dormir, me desconectar, tentar não pensar em trabalho. Hoje é mais difícil, porque, trabalhando nos bastidores, eu preciso estar sempre ligada, vendo se tudo está acontecendo da forma correta. Mas estar com a minha família me ajuda a recuperar as energias. Eles sempre me ajudaram com isso e hoje é praticamente a mesma coisa, corro para eles.

Projeto de trabalho

Enquanto eu estiver como coordenadora da minha equipe, vou buscar bons profissionais para atuar com as meninas no dia a dia, uma boa treinadora, uma boa preparadora física, treinador de goleiros. Vou buscar compor uma comissão que seja muito presente e fazer atividades de interação e de comunicação, para que elas possam se expressar. Ter o acompanhamento da área da Psicologia e de Assistência Social também é muito importante, principalmente na base. As meninas que estão no profissional já têm uma vida um pouco mais encaminhada.

Os heróis

A minha maior heroína é com certeza a minha mãe. Se não fosse ela, eu não teria me transformado na atleta e no ser humano que eu sou hoje. Minha mãe não trabalhava e ficou viúva aos trinta e quatro anos, muito jovem, e com quatro meninas pequenas; minha irmã mais velha tinha quinze anos. Ainda não podíamos trabalhar. Ela não tinha formação para trabalhar com nada que trouxesse um grande ganho, mas soube administrar e fazer com que nos formássemos e conseguíssemos ter uma carreira de sucesso, dentro do que a gente se propôs. Eu devo tudo a ela. Mas meu pai também foi uma base muito importante no início da minha vida. Foi quem nos deu conforto e pôde nos proporcionar muita coisa. Então, meus pilares sempre foram eles dois, os meus pais.

Atleta e treinadora

O preparo e a maturidade de uma big atleta

Patricia Toledo *(SP, 15.09.1978), a* **Patchy Toledo,** *foi nomeada treinadora principal da Seleção Juvenil Feminina Sub-16 dos EUA, em 25 de agosto de 2022. Mais recentemente, no Albion SC, foi treinadora principal de suas equipes femininas sub-18 e sub-17, e do SoCal Dutch Lions, na Women's Premier Soccer League (WPSL). Patchy começou sua carreira de treinadora no Albion enquanto jogava na WPSL, antes de atuar por vários anos com programas de futebol no Brasil e na Espanha. Ainda antes de ingressar no Albion, passou dois anos e meio como técnica de futebol feminino do LA Galaxy San Diego. Esteve em várias funções de treinadora na MBP School of Coaches, na University of West Florida e no Flamengo, no Brasil, além de lançar o programa clínico Soccer Freak, fora do Rio de Janeiro. Depois de iniciar sua carreira de jogadora profissional com o Corinthians, o Palmeiras e o Flamengo, ela jogou pelo Íþróttafélag Reykjavíkur da Islândia e pelo Lincoln Ladies da Inglaterra, além do San Diego United do WPSL. Patricia Toledo é mestre em Ciência do Exercício pela University of West Florida e tem também mestrado em Alto Desempenho pela* MBP School of Coaches, de Barcelona.

Luta contra o preconceito

Meu pai sempre me apoiou como jogadora de vôlei, mas tinha preconceito em relação ao futebol, que na época todo mundo tinha. Toda vez que eu jogava futebol na rua, diziam pra ele, "você tem que colocar essa menina para jogar futebol profissional; veja a Sissi". Na época, as referências eram a Sissi, a Roseli, e eu lembro que ele ficava calado, porque sabia que eu gostava de futebol, mas queria me empurrar para o vôlei.

Do vôlei para o futebol

Eu também era boa de vôlei. Tanto que passei numa peneira, no Banespa. Cheguei a me machucar e fiquei quase seis meses parada. Aí, uma tia trouxe a notícia de que ia ter uma peneira no Corinthians. Mas meu pai foi contra, não queria de jeito nenhum. Meus tios é que me deram suporte para eu ir fazer as peneiras na manhã seguinte. Meu pai ainda dormia quando saí de casa... escondida. E deu certo. Fiquei por três meses fazendo peneira no Corinthians, lá em Itaquera. Eu nunca tinha feito baldeação de metrô, aliás, nunca tinha andado de metrô. Tive que aprender tudo de uma vez. Foi uma luta.

Na peneira não tem perdão

Eu estava com dezesseis anos, nova ainda, e era o primeiro time feminino do Corinthians. Eram mais de três mil jogadoras fazendo a peneira e toda semana tinha uma listinha que ficava na parede; se o seu nome não estivesse na lista, nem precisava voltar mais. Toda sexta-feira, era esse desespero. Mas graças a Deus, dessas três mil, ficaram dezoito e eu fiquei entre elas na lista. A família inteira empolgada, todo mundo parabenizando o meu pai e ele mesmo só foi descobrir depois. Meio que engoliu calado. E foi assim que eu comecei. No Corinthians. A gente fez uma primeira viagem pra Rondonópolis, de lá já fui para o Palmeiras e do Palmeiras fui para o Flamengo. Rodei um pouquinho...

A dura realidade dos clubes

Eu sempre tive a cobrança dos meus pais em relação ao estudo e quando fui para o Flamengo, eles lá nos prometeram um convênio com a faculdade Estácio de Sá. Então, falei, "pai, eu vou pra lá, mas vou estudar". Só que deu um ano e acabou o feminino. Infelizmente era muito inconstante o futebol feminino no Brasil. Muitas meninas que se machucavam não tinham o suporte do próprio clube e ficavam encostadas porque eram exames caros, de ressonância. Vi muitas situações que, felizmente, hoje não acontecem muito, mas acredito que ainda devem acontecer em alguns lugares. Era muito triste ver jogadoras top encostadas porque o clube não cuidava de suas atletas e muitas acabavam indo embora para casa, no interior de algum estado, porque não tinham o suporte do clube.

> Era muito inconstante o futebol feminino no Brasil. E era muito triste ver jogadoras *top* encostadas, porque muitas meninas quando se machucavam não tinham o suporte do próprio clube, por serem exames caros

Jogando com as melhores

Mas fiquei feliz, porque tinham muitas meninas da Seleção na primeira equipe do feminino. Eram as que eu assistia na televisão, às vezes, no estádio: Roseli, Nenê, Maravilha, a goleira, Taffarel, no meio campo, Nalvinha. E em três meses eu estava jogando com elas, então, foi muito legal essa experiência. Com a Sissi, eu joguei no Palmeiras; até hoje a gente se fala. A Sissi foi uma das cartas de referência que eu tive para o meu visto aqui, nos Estados Unidos. Ela e a Taffarel estão em São Francisco, na Califórnia.

Discriminação e abusos

Existiam, sim, discriminações. A gente escutava casos de abuso, também, de treinadores que se aproveitavam da situação de poder. Porque muitas meninas na época queriam fazer parte de times como o Corinthians, o Palmeiras, o São Paulo, então, a gente escutava alguns outros casos aí. Mas era aquela coisa, sempre foi muito por baixo dos panos. Hoje em dia, quando você denuncia, isso sai na mídia. E por força da mídia, os treinadores, ou sei lá quem estava envolvido, acabam sendo punidos. Mas naquela época não tinha isso. Até os próprios treinadores contavam histórias que tiveram com jogadoras, como se fosse algo de orgulho, "fiquei com não-sei-quem dentro do ônibus, peguei não-sei-quem dentro do ônibus".

> Os próprios treinadores naquela época contavam histórias que tiveram com jogadoras, como se fosse algo de orgulho, "fiquei com não-sei-quem dentro do ônibus, peguei não-sei-quem dentro do ônibus"

Preconceitos no futebol e na família

Já com relação a preconceito, sim, sempre houve. E eu sempre tentei me blindar, porque sempre amei o futebol. Tinha preconceito dentro da minha própria família com relação a jogar futebol, tinham preconceitos com relação às pessoas. Toda vez que na escola havia uma discussão, era sempre a "Maria macho". Era uma coisa com que a gente aprendeu a conviver. Não que se aceitasse, mas era tão comum! Engolíamos muita coisa.

As Marias-homens!

Sempre que saía uma briga, vinham esses "Maria-homem", os apelidos que davam pra nós, porque não tinha mulher jogando bola. Eu era a única jogando com os meninos da rua. Eu saía da escola, deixava o material e ficava o dia inteiro jogando bola. E me lembro de que o meu primeiro presente foi uma bola de futebol. Ih, minha filha, daquela bola lá eu cuidava como se fosse um namorado: dormia perto da minha cama, lavava a bola, olha, cuidei dela muito bem, durou bastante. Durou até mais do que devia durar.

Proibidas de jogar futebol!

Eu tive um namorado que não assistia aos meus jogos porque ele próprio tinha preconceito. Olha, não foi nada fácil e é isso que eu deixo claro para as meninas de hoje. Geralmente são esses os discursos que eu uso com as jogadoras americanas: "Vocês têm tanta coisa hoje em dia, têm estrutura, têm os pais que dão apoio, vocês não têm noção do quanto foi feito lá atrás para que pudessem ter o que têm hoje. Então, vocês têm que apreciar". Teve um tempo em que o futebol era proibido de ser jogado por mulheres... Imagina você ser proibida de jogar futebol!

Sacrifício das atletas do passado

Eu sempre falo para as atletas, "o que hoje vocês têm foi fruto do sacrifício das atletas mulheres do passado". Então, é importante que vocês entendam essa história de luta do feminino, porque elas não têm ideia do que foi feito lá atrás. A minha geração pegou um pouco disso, mas para a geração lá atrás, antes de mim, foi dureza. Eu converso com muitas mulheres da faixa dos sessenta anos e elas falam, "nossa, eu também amava futebol". E fico pensando, *gente! E essas mulheres de sessenta e cinco, sessenta anos, que não tiveram com quem jogar bola porque era proibido?* Fico imaginando a frustração delas, hoje, assistindo aos jogos e pensando, "eu gostava de futebol, mas não podia jogar". Então, é muito triste. A gente tem que aprender com essas lições e saber valorizar o que temos hoje.

Gente! E essas mulheres da faixa dos sessenta anos que não tinham com quem jogar bola porque era proibido? Fico imaginando a frustração delas, hoje, assistindo aos jogos e pensando, "eu gostava de futebol, mas não podia jogar"

O esporte dentro de mim

Sou fascinada pelo futebol desde pequena, já nasci com isto dentro de mim. Nós, atletas, no começo da carreira, sempre nos espelhávamos no futebol masculino porque era o que a gente mais assistia. Não existia a Marta, na época, mas existiam a Sissi e a Roseli, mesmo assim, não eram jogos que você assistia na televisão, porque não mostravam muito. Ouvia-se falar num artigo ou outro, mas não era algo como no time do São Paulo — meu pai é são-paulino, então a gente assistia a todos os jogos do São Paulo, com aqueles jogadores que a gente admirava na época.

Referências masculinas

Ronaldo Fenômeno, Ronaldinho Gaúcho, a gente cresceu vendo esses jogadores, então, não há como a gente falar, ah, porque a Marta... Eu, como adulta, vejo a importância dela. Joguei contra ela, que jogava no Vasco e eu no Flamengo. Mesmo assim, hoje a gente tem uma noção do que é o futebol feminino, mas antigamente não se fazia ideia. Se você perguntar para a maioria das pessoas da minha idade, elas vão apontar como referência alguém do futebol masculino. Porque não havia times femininos. Então, obviamente, a gente se espelhava em jogadores do masculino.

Mal remuneradas

Muita gente passava por muitas dificuldades como atleta. Recebíamos só o mínimo para comprar as passagens de ônibus. Eu mesma trabalhei meio período com um tio, que me apoiou muito no futebol. Ele e uma tia foram pessoas que me ajudaram bastante. Porque eu fazia dois períodos: ia para o Corinthians de manhã e à tarde para o trabalho. Chegava de chuteira e já cansada no trabalho; tomava banho, me vestia e ficava lá até às dezenove horas, para compensar a parte da manhã.

Pega em flagrante

Foi assim que o meu pai descobriu que eu estava jogando. Até então ele achou que eu estava trabalhando nos dois períodos, mas eu ia primeiro ao Corinthians. Ficou super chateado enquanto a família toda estava feliz com o meu nome lá no Corinthians — a família da minha mãe é inteira corintiana. Então, meu pai não conseguiu nem argumentar, senão, iriam xingá-lo. Infelizmente, naquela época, não se fazia muito dinheiro. Hoje, no feminino, a pessoa já consegue viver do futebol, mas antes a gente não tinha estabilidade financeira. E acho que esse era um dos pontos dos meus pais: "Você precisa estudar". Foi quando me toquei, *cara, pra jogar bola e estudar ao mesmo tempo, vou ter que ir para os Estados Unidos.*

Do Corinthians para os USA

Tive esse amigo que era meu treinador no Corinthians, o Ademar, que eu amo de paixão, mas que infelizmente faleceu. Ele tinha um contato nos Estados Unidos e o cara viu o meu vídeo. Foi assim que fui, com bolsa de estudos, e acabei ficando. Graças a Deus consegui fazer o meu mestrado, com tudo pago pela universidade. Uma vez, a Seleção Brasileira foi fazer um amistoso em San Diego e fui assistir. Fiquei conversando com o Paulo, o cara que na época ficava com a Seleção, e falei, "*pô, se eu tivesse ficado no Brasil, de repente eu tinha a chance de jogar pela equipe principal*". E ele: "Patchy, olha essas meninas, hoje, aí. A Elane, que jogou treze anos na Seleção Brasileira, vai se aposentar; e depois, vai fazer o quê da vida dela?"

> **Muitas jogadoras da Seleção Brasileira, meninas que foram do Corinthians e de outros grandes clubes, estavam fazendo qualquer coisa para sobreviver. Na época não se ganhava quase nada. Era só amor pelo futebol mesmo**

Motorista de ônibus

Engraçado o Paulo ter comentado isso, porque depois de um tempo, voltei ao Brasil. E eu estava em Niterói, no Rio, quando assisti uma reportagem sobre uma jogadora da Seleção Brasileira que tinha se aposentado e que agora era motorista de ônibus em São Gonçalo. Deus do céu, nem acreditei! Era justamente a ex-jogadora Elane dos Santos, que jogou comigo no Corinthians. E era verdade. Muitas jogadoras da Seleção Brasileira, meninas que foram do Corinthians e de outros grandes clubes, estavam fazendo qualquer coisa para sobreviver. Na época, não se ganhava quase nada. Era só amor pelo futebol mesmo.

Escondida dos boicotes

Eu era muito nova quando vim para os Estados Unidos e antes tentei conseguir a bolsa de estudos; meu pai também não sabia disso, porque eu tinha certeza de que iria me boicotar de novo. Toda a parte operacional, de mandar documentos etc., fiz praticamente sozinha. Eu usava a internet às escondidas na casa dele pra poder me comunicar com as pessoas nos Estados Unidos. Joguei pelo time *Society*, da Tia Augusta Turismo, e ganhei uma passagem aérea. Eles me pagaram por fora e me deram, de graça, uma passagem aérea. E com esse dinheiro do meu trabalho, acabei conseguindo o visto.

> Só depois de tudo aprovado foi que eu contei, "pai, até o Rivellino assinou uma carta etc.". Ele olhou para mim e: "Mas, quem você pensa que é pra te darem uma bolsa de estudos nos Estados Unidos? Quem vai te dar uma bolsa de estudos?"

Batalha e briga

Só depois de tudo aprovado foi que eu contei. Comecei, "pai, até o Rivellino assinou uma carta etc.". Ele olhou para mim e: "Mas, quem você pensa que é, pra te darem uma bolsa de estudos nos Estados Unidos? Quem vai te dar uma bolsa de estudos?". Na cabeça dele, alguém estava querendo me enganar, me sequestrar, entendeu? Fiquei muito chateada, discutimos, ficamos três dias sem nos falar. Até saí de casa e fiquei dormindo na empresa do meu tio. Nossa! Foi a maior briga, *pô*, foi bem difícil. Depois de tanto tempo batalhando, ter que escutar isso do meu pai. Mas entendi que a intenção dele não era assim, "você não é ninguém"; era mais tipo, "o cara nem te conhece, como é que vai te dar uma bolsa? Como é que eu vou deixar a minha filha ir pra um lugar que nem sei onde é e com quem vai ficar?".

A discussão

Falei, "*meu*, você nunca se interessou, nunca acreditou em mim. Você não sabe de nada, porque nunca quis me acompanhar, ajudar, mas o Rivellino sabe, o meu tio sabe, fulano e sicrano sabem, porque as pessoas se interessam pelo que eu faço. Se eu te contasse, você não ia aceitar, então, infelizmente, você não sabe de nada, não sabe qual é a universidade, porque nunca quis fazer parte do que eu quero fazer e acredito". Ele, bravo, falou assim: "Vou assinar esse papel, mas se acontecer qualquer coisa com você lá, não precisa pedir a minha ajuda, porque não vou ajudar". Imagine, na minha idade, indo para um lugar estranho sem esse apoio... porque quando a gente é jovem, no fundo, também tem medo.

Aos trancos e barrancos

Eu não sabia se iria me adaptar à cultura e estava indo com aquele peso na mente, *se algo der errado, meu pai não vai me apoiar*. Mas tive que fazer aquilo tudo pelo meu sonho. Quando a gente não tem muitas opções, tem que passar por cima das coisas para realizar o sonho. E graças a Deus, deu tudo certo. Obviamente que há essa parte da cultura, que é difícil. Fui primeiro pra um *junior college*, lá no meio do nada, em Kansas, totalmente diferente do país tropical em que você vive, a comida, os seus costumes. Tive sim muitos momentos em que eu chorei, falava com meus pais, sentia saudades, mas eu tinha que ficar lá. Voltei dois anos depois desse período de difícil adaptação. Mas o futebol e o estudo compensavam, porque eu estava fazendo o que eu gostava, que era jogar futebol.

> Ir para os Estados Unidos tinha a parte boa de sair de uma estrutura precária. No Corinthians, a gente treinava num campo de terra. Sempre falavam, "não, o Viola saiu daqui, o Marcelinho Carioca saiu daqui...". Meu, dane-se! É podre

O lado bom

Ir para os Estados Unidos tinha a parte boa de sair de uma estrutura precária. No Corinthians, a gente treinava num campo de terra. Sempre falavam pra gente, "não, o Viola saiu daqui, o Marcelinho Carioca saiu daqui"... *Meu*, dane-se! É podre. Aí eu chego num *junior college* que tem uma estrutura legal, material, patrocínio da Nike, e a gente fazia viagens. Nesse sentido foi muito bom, um salto na carreira, pela estrutura que eu nunca tive antes no futebol. Era realmente uma satisfação muito grande poder ter o uniforme de uma equipe.

Pedido de perdão do pai

Aqui nos Estados Unidos eles valorizam atletas, tudo é muito sério, muito profissional. Então foi muito gostosa essa fase, porque constantemente eu treinava, viajava com a equipe e não tinha muito tempo pra ficar chorando pelos cantos e coisa e tal. E depois que eu voltei para o Brasil, meu pai pediu desculpa, porque viu que realmente era coisa séria o que eu fazia e se arrependeu do que ele tinha falado. Graças a Deus, ele conseguiu ver e reconhecer que eu estava seguindo o meu sonho.

Ter sempre que provar o valor

Sem dúvida que nós, mulheres, temos de provar o tempo todo que somos capazes, senão, acham que você não é boa no futebol. Infelizmente, vivemos num mundo em que se tem sempre que comprovar o quanto a gente é boa e capaz de fazer as coisas. O homem não precisa, mas nós temos constantemente de provar o nosso valor. Temos que ter as licenças, os *degrees* (degraus), as formações, mas nada é suficiente. Se você fizer alguma coisa errada, já é motivo pra desconfiança, críticas. Vivemos num mundo muito difícil.

De salto em salto

Começar no Corinthians já foi um salto grande, porque já fui logo para a equipe principal do time. Fui cotada pra Seleção Sub-20. Quando cheguei nos Estados Unidos, tive a oportunidade de jogar as ligas, que na época eram ligas profissionais, pela WPSL. Joguei pelo San Diego United, pelo Gaúchos; fui pra Islândia, joguei na equipe profissional de lá; fui pra Inglaterra, joguei profissionalmente lá também. Cheguei numa idade em que eu estava formada profissionalmente e percebi que, se continuasse jogando, essa formação iria ficar para trás. Eu já tinha alcançado um nível alto e dali pra diante, teria que forçar muito, física e mentalmente, para poder fazer as viagens. Aí entendi que era hora de começar a fazer a transição.

De jogadora a *coach*

Pensei, *se eu ficar no futebol, agora vai ser só mais para viagens, pra conhecer mais coisas.* Mas em termos profissionais, eu me formei e não adianta ter diploma sem ter experiência na área. Então, preciso começar a me interessar mais por esse lado de *coaching*. Aí, quando eu voltei da Inglaterra, fui para a escola americana e comecei a dar aulas. Peguei as equipes de futsal e de campo na escola americana, que foi de uma maneira bem impecável: eles tinham ônibus também, tinham uma estrutura bem legal. E logo vi que era aquilo o que eu gostava de fazer. Fomos campeãs em todas as categorias, ganhamos três anos seguidos, aquilo realmente era a minha área. Ali foi tipo um experimento pra mim.

O mestrado em Barcelona

Assim, decidi investir mais na área. Saí da escola americana, fui para Barcelona fazer esse mestrado em Alto Rendimento e Metodologia e me apaixonei ainda mais pela profissão. Quanto mais eu estudava, mais me apaixonava pela metodologia, pelo conhecimento. E a partir dali, fui investindo na área de análise, nas licenças e até hoje faço isso, porque o conhecimento é importante. No futebol feminino, a gente precisa sempre estar se atualizando, se aprimorando, se autossuperando.

Caindo na $real

No fim da carreira lá na Inglaterra, eu percebia que já não tinha mais paciência para determinadas coisas que aconteciam no vestiário. Eu dizia, "gente, estou vendo que não tenho saco mais pra treinar, meu corpo meio que já estava pedindo arrego". E outra coisa, também: não se fazia tanto dinheiro jogando. É o que eu te falei, fiz dinheiro suficiente pra me sustentar e me manter, comprar as minhas coisas, pagar curso e viagem, mas não pra fazer um pé de meia. E depois que eu fiz o mestrado, percebi que eu precisava direcionar a minha vida para uma carreira. Porque uma coisa é você ter uma carreira e terminar com milhões no banco. Daí você diz, "*pô*, eu tive uma carreira".

> Eu me achei, entendeu? Às vezes eu olho pro campo e
> sinto falta de jogar, aquela saudade sempre bate. Mas me
> encontrei tanto nessa área de *coaching*, de treinadora,
> que esse lado foi compensado

Achando a carreira

Infelizmente, no futebol feminino você não pode chegar nos seus trinta e cinco anos de idade e falar, "eu tive uma carreira, mas, na verdade, não tenho nada". Então eu falava para mim mesma, "preciso agora me esforçar e focar no outro lado. Eu amo o futebol, então, o que eu vou fazer com a minha formação pra dar o próximo passo?". Já saí da Inglaterra com a ideia de começar a investir nisso. E ao entrar na escola americana, comecei a fazer esse papel de treinadora e me apaixonei pela carreira. Daí, fiz estágio com os meninos do Sub-15 do Flamengo, passei pro Macaé e segui em frente. Então eu me achei, entendeu? Às vezes eu olho pro campo e sinto falta de jogar, aquela saudade sempre bate. Mas me encontrei tanto nessa área de *coaching*, de treinadora, que esse lado foi compensado.

Formação de *coach*

Minha formação fiz quase toda nos Estados Unidos, no Los Angeles Galaxy. Fiz nesse próprio clube em que estou, o Albion, em que eu estava em 2005. Então, a minha formação foi praticamente toda aqui. No Brasil, eu só tive esses estágios com o Macaé, fui assistente técnica do Sub-15, ajudei o Ferreira, e no Flamengo. Mas a formação e as experiências foram todas aqui nos Estados Unidos. Fui por um ano assistente de treinadora na minha própria universidade.

O modelo americano

No Brasil, por não ter parcerias internacionais, não havia muitas chances como atleta feminina. Na minha época, me lembro de que a UNIP tinha parceria com algum time de São Paulo, mas acabou não vingando. Espero que eles possam copiar o modelo americano, que acho muito importante: você tem uma formação e de repente, depois, pode até ser atleta do próprio clube. Se você trabalha na área de fisioterapia, de repente pode prestar serviços para o próprio clube, pode fazer uma parceria; se é formada na parte de administração, o próprio clube pode se valer dessa formação e vocês podem fazer uma parceria.

É importante que atletas tenham um plano B e que possam usar em favor do feminino, pois é preciso ter mais mulheres em todas as áreas do esporte. Quanto mais se investir na parceria universidade-futebol, mais se ganha e se cresce

Atenção para um plano B

Há muitos benefícios em ser atleta-estudante porque você está formando um cidadão. Não é todo mundo que vai ser profissional, não é todo mundo que vai se dar bem nessa carreira, infelizmente. Existem muitos espaços hoje em dia, mas nem todos conseguem chegar nesse patamar de jogar profissionalmente e de fazer carreira como treinadora ou noutra área. Então é importante que atletas tenham um plano B e que possam usar em favor do feminino, porque é preciso ter mais mulheres no esporte, não só como treinadoras, mas em todas as áreas. E quanto mais se investir nessa parceria de universidade e futebol, mais se ganha e mais se cresce.

Orgulho bom de ter

Eu acho que as conquistas são tão difíceis na vida, que cada uma delas dá orgulho na gente. Então, assim, com o primeiro time feminino, eu me orgulhei demais, porque eram três mil atletas e algumas chegavam com o diretor do Corinthians. Daí, a gente comentava, "ai, meu Deus do céu, foi alguma indicação aí, porque veio pra cá com o fulano de tal". Então, no meio de três mil meninas, ser selecionada entre dezoito, já foi meu primeiro "consegui!", *né?* A faculdade foi outro processo: quando eu me formei, que orgulho!

Conquistas sem o "Q.I."

Eu conquistei tudo com muito suor, nada foi assim, "a Patchy conseguiu uma bolsa de estudos porque foi indicada por alguém". Obviamente que na nossa vida, a gente sempre vai precisar das pessoas. Eu nunca fiz nada sozinha, mas entendo que o que me ofereceram foi porque viram esforço e capacidade em mim. Não é assim, "eu vou dar o espaço pra Patrícia porque conheço o pai ou conheço o treinador dela", mas porque eu fui uma pessoa muito esforçada e tenho valores, tenho caráter.

Fazendo a coisa certa

Eu via muitas meninas se desviarem no meio do caminho. Começavam a sair com o diretor, com um presidente e aí o salário aumentava, virava titular da equipe. Vi várias indo para a Seleção Brasileira porque se envolviam com o treinador. Então, uma coisa de que eu me orgulho demais é de ter chegado aonde eu cheguei sem usar desses caminhos. Andei sempre pelo caminho do trabalho, entendeu? Eu vou trabalhar, vou fazer, vou conquistar e vão reconhecer que eu sou uma pessoa esforçada. Acho que esse é o meu maior orgulho: o de olhar para trás e ver que não me perdi dessa forma. Eu também não mudaria absolutamente nada, porque tudo o que eu fiz foi muito planejado.

> **Nos cursos que dou no futebol, eu digo: "Sua motivação está dentro de você; se estiver fazendo algo que você ama, ninguém vai conseguir te tirar isso. Você pode conquistar o que quiser, se essa motivação vem de dentro"**

O legado

O meu legado é isso que sempre falo para as atletas jovens: os princípios e os valores. Nos cursos que dou no futebol, eu digo: "Sua motivação está dentro de você; se estiver fazendo algo que você ama, ninguém vai conseguir te tirar isso. Você pode conquistar o que quiser", se essa motivação vem de dentro, tipo, "eu tenho estrutura porque meu pai era muito ligado ao futebol, então eu vou ser jogadora de futebol. Não, eu vou ser jogadora de futebol porque eu amo jogar, amo o futebol, independente dos obstáculos". Então o meu legado é trabalho, é persistência, é resiliência. É sempre colocar os nossos valores e a paixão que a gente tem pelo que faz e seguir em frente. É bem isso.

Sorte com lesões

Graças a Deus, nunca tive lesões graves. Eu vejo aqui nos Estados Unidos que as lesões, a gente fala *"scary"*, estatisticamente falando... você fica assustado com os números. Muitas jogadoras de talento, inclusive duas da minha equipe, voltaram de campeonatos de *high school* e passaram por cirurgias. Então é muito triste, porque elas têm grande potencial e uma carreira pela frente, e já começam sofrendo lesões graves. Então eu fui abençoada, porque nunca tive lesões graves.

E a força mental?

Onde busco as minhas forças? Primeiramente em Deus. Sou uma pessoa nascida em um lar cristão. E, definitivamente, há situações na vida em que você precisa ter fé. Você vê tantos obstáculos, tantas barreiras que, se naquele momento, você não tiver amor e fé pelo que faz, você se abala. São muitos entraves. Até para fazer a licença é preciso ter muito dinheiro, então, você tem que fazer um planejamento pra você poder fazer aquela licença. Na parada do Monterrey do México, fiquei muito chateada porque me faltava um papel. Questionei bastante a minha carreira... gente!, são muitas barreiras, muitos obstáculos!

Andar com fé

Já não temos muito espaço no mundo do futebol e eles ainda colocam essas licenças: "*Pro*; tem que ter a *Pro*". Mas, e o meu mestrado em Ciência do Esporte? E a minha experiência como jogadora? E a minha licença A e meu mestrado em Alto Rendimento? Quer dizer que isso não adiantou de nada? Então, mentalmente falando, você fica cansada. Se começar a olhar essas situações, você desiste. Então, eu preciso ter fé e entender que tenho um propósito, que é o esporte. Aí, continuo em frente, porque eu não tive uma vida inteira no futebol, não passei por tudo isso à toa. O que me dá forças pra continuar é entender que a minha vida inteira de sacrifício não pode ser desperdiçada. Tudo o que eu fiz tem muito valor, minhas experiências, as histórias que eu tenho para contar precisam ser passadas para as novas gerações. Muita gente desiste pelas dificuldades.

> Nos EUA, país rico, eles entendem que se o pai quiser uma psicóloga para o filho atleta, ele mesmo vai procurar. E nem sempre isso acontece, a gente sabe disso, que precisam, mas não procuram

Psicólogos para atletas

Aqui nos Estados Unidos, essa parte de *academy*, que é a gente lidando com a elite do futebol, na idade de quinze a dezoito anos, eles deveriam ter psicólogos. Mas como é um país muito requisitado e de muito dinheiro, eles próprios, se quiserem, podem pagar do próprio bolso. Geralmente é o jogador que vai procurar a terapia, se ele quiser; não é papel do clube ter um profissional para prestar esse atendimento. É um país rico, então, eles têm terapeuta, têm o seu próprio fisioterapeuta. Ainda mais onde eu estou, que é um lugar de elite: a Califórnia é um estado rico, há muitas pessoas endinheiradas aqui. Então, eles entendem que não é necessário, o que é um pensamento errado, mas entendem que se o pai quiser uma psicóloga para o filho atleta, ele mesmo vai procurar. E nem sempre isso acontece, a gente sabe disso, que precisam, mas não procuram.

Treinadoras versáteis

Acaba que as treinadoras fazem aqui, também, esse papel de psicólogo, de escutar, de orientar. Porque, como estamos próximas das jogadoras e vemos os seus problemas, a gente acaba lidando com isso, que acaba respingando na gente. Por isso, falando em termos de mente e emoções, aqui nos Estados Unidos, ser treinadora é difícil, porque se faz um pouco de tudo: você está totalmente envolvida na parte administrativa, na parte de recrutamento, na parte dos problemas que existem com as atletas, com os familiares. A gente lida constantemente com problemas, não é fácil.

Projetos de futuro

Eu sempre vou querer dirigir equipes profissionais. Agora eu vou dirigir a WPSL, que é como uma terceira, quarta divisão, aqui. Mas minha ideia principal é de estar focada numa equipe profissional. E no caminho que estou tomando aqui nos Estados Unidos, as pessoas que eu conheci estão sendo pessoas fundamentais. Mais uma vez, a gente tem que traçar e aos poucos vai conquistando, a gente vai mostrando o trabalho e vai criando força em alguns setores. Essa parceria com o MBP também é algo sensacional, não existem treinadoras femininas que têm essa especialização, na parte tática individual e coletiva, de poder dar aconselhamento para as jogadoras. Então, acho que isso vai fortalecer a minha área de treinadora e vai ser como um diferencial no meu currículo. Este ano vai ser muito bom pra mim nesse sentido.

Foco no objetivo

A gente tem que pegar a oportunidade e fazer um bom trabalho sempre, entendeu? Por isso, tem-se que dar 100% da gente. Se você faz um bom trabalho, as pessoas vão comentar com outras pessoas, que vão comentar com outras pessoas. Então, sempre tem que estar fazendo um trabalho de excelência, pra que possam falar, "*pô*, ela foi a minha treinadora, ela é boa". Entendeu? Ou "trabalhei com fulana". Temos sempre que passar boas referências. O currículo principal é a gente.

Fontes de equilíbrio

Atividade física, sem dúvida, é o meu equilíbrio. Eu preciso fazer, porque se eu não faço, realmente, meu dia começa cansativo. Por exemplo, como hoje. Eu falo muito com a minha família; se percebo que é um dia que eu estou muito sobrecarregada, eu faço atividade física e passo mais tempo falando com a família e amigos. Nunca deixei de falar com amigos e familiares, é você tentar equilibrar, é importante. Eu sempre procuro um equilíbrio. E quando vejo, estou fazendo muito disso. Preciso agora, de repente, me socializar mais um pouco, preciso ir à igreja. Eu sempre tento equilibrar.

> Rivellino é ótimo, autêntico, verdadeiro. Dava esporro quando era pra dar e entendia quando era pra entender. Joguei pela escolinha dele e depois, todo mundo ia lá na parte de cima, comer amendoim, dar risada, colocar música

Rivellino, ídolo e mentor

Eu já tinha um ídolo, o Rivellino. Ele foi uma pessoa muito importante pra mim, porque, além de ter sido um tutor, me apoiou bastante pra vir para os Estados Unidos. Na verdade, uma das cartas de recomendação do meu visto é do Rivellino. Ele é um cara incrível, um cara humilde, um cara que me apoiou muito no feminino, quando meu pai ainda não estava entendendo a dimensão das coisas em que eu queria chegar. Obviamente que meu tio e minha tia foram peças fundamentais, mas ídolo, inspiração, que também tem essa conexão com o esporte, sem dúvidas eu diria o Rivellino.

Conselheiro certeiro

Rivellino é ótimo, autêntico, verdadeiro. Ele dava esporro quando era pra dar e entendia quando era pra entender. Joguei pela escolinha do Rivellino e toda vez que a gente jogava, todo mundo depois do jogo ia lá na parte de cima da escolinha, comer amendoim, dava risada, colocava música. Na última vez que fui para o Brasil, quando eu estava pensando mesmo na carreira, ele falou: "Patchy, fica nos Estados Unidos, aí está a sua carreira. Aqui no Brasil não dá nada". Ele sempre foi um grande mentor mesmo. Os conselhos dele tiveram um peso grande nas minhas decisões.

> No Brasil, em teoria, fala-se muito no crescimento do futebol feminino, mas na prática isso não é verdadeiro, especialmente quando vão escolher uma pessoa pra dirigir uma equipe feminina. Sempre dão preferência a homens

Situação do futebol feminino

No Brasil, em teoria, fala-se muito no crescimento do futebol feminino, mas na prática isso não é verdadeiro, especialmente quando vão escolher uma pessoa pra dirigir uma equipe feminina. Sempre dão preferência a homens, isso é uma coisa que ficou muito clara para mim. No São José mesmo, vivi uma situação que me deixou bem chateada, porque o diretor de performance e o treinador na mesma hora me ligaram, conheciam o meu currículo e falaram, "*pô*, a Patchy tem um futebol moderno, a garota é estudada, vamos colocá-la no São José".

Desunidas e machistas

Já a diretora, que está lá há algum tempo, na primeira reunião, não me perguntou "como é que você trabalha? Como você lida com isso?", achei um pouco estranho ela não fazer essas perguntas. A outra ia perguntando e eu ia respondendo, mas ela, nada. No dia seguinte, perguntei se eu podia ir ao treino deles e se ela trabalhava com metodologia sistêmica. Ela disse que sim, mas cheguei lá e, obviamente, não era nenhum treinamento sistêmico, mas o que a gente chama de *old school* (à moda antiga). No futebol, nem as mulheres são unidas, o discurso é machista e mantêm homens na liderança.

Rejeições e preconceitos

Ela deixou claro que lá quem contrata é ela, que o diretor de performance não devia ter marcado a entrevista sem falar com ela, porque ela que mandava. Deu a entender que ele é o branquinho rico que ganha bem na área, que ela ali na secretaria era a negra pobre que fazia tudo e que ele não sabia de nada. Só por esse discurso, eu vi que tinham raízes de rejeição. Outro comentário dela que também eu não gostei foi sobre uma treinadora que foi mandada embora. "Você viu o que aconteceu lá naquele clube? A jogadora lá saiu com a treinadora, por isso eu não gosto de treinadora mulher". Eu falei, "cara, eu não estou entendendo o que você está falando. Há mais casos de abuso de homens com mulheres, então não é um argumento válido esse seu".

Oportunidades são para os homens

No final das contas, fui embora de lá para o sítio dos meus pais. Depois fiquei sabendo que naquela semana ela contratou um treinador que não tinha qualificações como as minhas. Então é assim, a própria mulher usa um discurso machista e mantém homens na liderança. Você pode ver, Palmeiras é homem, no São Paulo é homem dirigindo a equipe. Na Série A tem duas mulheres, na Série A-1 é só a Tatiele, e a treinadora da Ferroviária no Campeonato Paulista você não vê. Fala-se muito de crescimento, mas a verdade é que quem está tendo as oportunidades são os homens, porque na maioria das equipes estão homens.

> Achei um tremendo absurdo eles quererem comparar mulher e homem: "De homem a gente está exigindo e vai exigir da mulher também". Só que o salário não é o mesmo, *né*? Desconsiderar todo o histórico da pessoa porque ela não tem a licença *Pro*?

Para mulheres é desigual

Infelizmente, as melhores oportunidades, até de salários, tudo é desigual. Se você está no Palmeiras está ganhando X, se está num São José ou numa equipe no Ceará, o salário é outro. Quando as pessoas entravam em contato comigo no sentido de salário era uma coisa surreal. Eu falava "não, cara, eu não posso ficar aqui. Eu tenho que voltar para os Estados Unidos". E foi quando o diretor do Albion entrou em contato comigo. Eu falei "cara, *vambora*". Eu já tinha tido essa decepção do Monterrey, que era uma situação maravilhosa para mim, e por causa de uma licença! Achei um tremendo absurdo eles quererem comparar mulher e homem: "Não, de homem a gente está exigindo aqui e vai exigir da mulher também". Só que o salário não é o mesmo, *né*? Desconsiderar todo o histórico da pessoa porque ela não tem a licença *Pro*? E eu já com a licença A? É constrangedor você falar que perdeu um trabalho por causa disso. Mas é a fé; a gente acredita que aquela porta se fechou porque outra melhor vai abrir, não é?

Suprindo uma lacuna

Muito legal esse trabalho que você está fazendo de mostrar nossa história, amiga. Não sei se você estava no curso do Gabriel Bussinger. A gente falou muito que, toda vez que compramos um livro de treinador, sobre futebol, não têm biografias ou histórias contadas, como as do Paulo Autuori e do Rivellino, entende? Os treinadores brasileiros nunca escreveram histórias. A gente não consegue pegar um livro e ler sobre a pessoa, como se vê nos Estados Unidos. Tem livro do Guardiola, tem livro de não sei quem. Então é legal que você esteja fazendo isso, porque está mostrando nossa história e nosso trabalho e isto ficará em livros, para que outras gerações possam conhecer sobre as mulheres brasileiras no esporte. Amiga, há muitas pessoas precisando de ajuda como a deste seu trabalho de psicóloga, de *coach* mental, e muitas se identificam com as histórias que você está reportando. Por isso que o trabalho que você está fazendo é incrível. Você está alcançando pessoas que achou que não iria alcançar.

CAMILLA PRANDO

Executiva de futebol/TransferRoom

"Sou uma mulher respeitada no futebol masculino"

Camilla Prando, *ex-jogadora de futebol e poliglota, jogou na Suécia pelos times Hammarby e AIK, de 2009 a 2012, mas teve que interromper precocemente a carreira em decorrência de uma série de lesões no joelho direito. Camilla sempre fala que "respira futebol" e se queixa do infortúnio de ter sofrido ruptura total do ligamento cruzado anterior, no menisco, durante um jogo pelo AIK, em 2011. Durante a pandemia, regressou ao Brasil e assumiu a responsabilidade da gerência de relações internacionais do São Paulo, aos vinte e oito anos. Atualmente ela trabalha como executiva (Senior Business Development Manager) da TransferRoom, empresa dinamarquesa com escritório no Brasil.*

O cargo atual

Estou como *Senior Business Development Manager* para a TransferRoom nos mercados brasileiro, português e também do Oriente Médio. Atuo tanto na parte de clubes quanto na de agentes, liderando e coordenando projetos nesses três mercados. Temos uma plataforma com oferta variada de serviços e somos os *players* no mercado. Por enquanto não temos concorrentes, pela forma como a gente trabalha, pelo tipo de plataforma, os tipos de dados, os nossos algoritmos e tudo mais.

Ficando no Brasil

Não consigo trabalhar num clube no Brasil e numa empresa de fora por questões culturais. E optei por trabalhar mais com o futebol masculino por várias questões. Fui criada na Europa; alfabetizada na Suécia. Cresci lá e voltei pro Brasil na pandemia. Vim em 2020, na verdade, pra passar um tempinho, mas não consegui voltar e foram surgindo possibilidades — na época, com o Atlético Mineiro e o São Paulo. E escolhi o São Paulo porque eu já tinha sido procurada por eles e dei minha palavra. E quando eu afirmo alguma coisa, faço questão de cumprir, aconteça o que acontecer. Também porque estávamos no meio de uma pandemia, que ninguém entendia nada, ninguém sabia o que aconteceria e, por eu ser de Bragança Paulista, que fica a uma hora da capital, escolhi por questão de segurança. Pensei, *pelo menos, aqui eu estou perto da minha família; qualquer coisa... né?* E trabalhar num clube como o São Paulo, acho que é o que qualquer profissional busca em todos os sentidos.

Diferenças culturais

Agora, falando de questões culturais, repito, cresci e fui alfabetizada na Suécia, que é completamente diferente do Brasil, em termos de educação, de evolução. A Suécia é o país pai da inovação, das *startups*, e te dá muita autonomia como ser humano. Você tem a sua tarefa: é ir lá e fazer; mas como você vai fazer, ninguém está nem aí. O importante é você concluir sua tarefa. Já no Brasil, infelizmente, não existe muito essa cultura de delegar. O seu superior quer que você faça alguma coisa e quer estar lá, dando pitaco. Acredito que existe falta de confiança. E muitas vezes, também, de conhecimento. Eu sou dinâmica, gosto de cumprir prazos, de estabelecer e cumprir meta a meta, mas não vejo isso aqui, culturalmente falando, como uma rotina diária, principalmente dentro de um clube, e não importa o tamanho dele.

> O importante é concluir a tarefa, mas no Brasil, infelizmente, não existe muito essa cultura de delegar. O seu superior quer que você faça alguma coisa e quer estar lá, dando pitaco. Acredito que existe falta de confiança. E muitas vezes, também, de conhecimento

Estratégia de trabalho

O problema diz respeito sempre às pessoas dentro do clube de futebol e a como a gestão é feita. Porque a gestão de um clube passa pela gestão de pessoas. Há pessoas em cargos pra fazer esse dia a dia do clube pra que o extracampo ajude a parte interna a também caminhar. É uma junção. Se um não está bem, dificilmente o outro vai estar. Hoje, trabalhando para uma empresa dinamarquesa, porém com sede em Londres, eu sinto que voltei pra casa, mesmo estando no Brasil.

Questão de confiança

A cultura dinamarquesa é semelhante à cultura sueca, norueguesa, de toda a Escandinávia. E isso me deixa muito realizada, porque, estando responsável por esses mercados, significa que quem me delegou essas tarefas confia em mim pra executar o que é preciso e trazer resultados. Pra mim, essa forma de trabalhar funciona muito mais. Cada um do time tem a sua tarefa a ser cumprida, para trazer recursos e benfeitorias para a empresa crescer ainda mais.

Amor ao futebol

Há mais de dez anos que eu abro mão de muita coisa na minha vida por conta do futebol. Eu amo o futebol, gosto de trabalhar com isso e acho que não existe realização maior do que trabalhar com o que se ama. Outra vez, a cultura acaba sendo o pilar principal em qualquer segmento da vida. E, nesse aspecto, óbvio que o meu modo de trabalhar no Brasil e na Ásia tem que ser diferente de como eu trabalho na Europa. Mas na Europa, eu não sinto de forma alguma que há qualquer problema referente a gênero. Não importa se você é mulher e trabalha com futebol. Não importa se você é mulher e é uma chefe, uma *manager,* uma diretora, uma CEO. Não importa o gênero, mas sim os resultados que a pessoa traz e o que ela faz no cargo em termos de ética de trabalho, disciplina e, obviamente, competência. Competência independe do gênero.

Pondo o dedo na ferida

No Brasil, infelizmente, por questões culturais, por ainda estar muito atrasado — embora tenha tido essa evolução, sim —, a gente precisa pôr o dedo na ferida. Não é comum uma mulher no futebol, na parte de gestão. É comum uma mulher, hoje, repórter? Sim. Apresentadora? Sim. Comentarista? Cada vez mais, sim. Então, na parte da imprensa, sim. Mas, no Brasil, a gente sabe que mulheres são aceitas nos clubes em cargos de secretária, de nutricionista, de psicóloga, mas ela não é bem vinda em cargo de gestão. É só a gente pegar os clubes de série A e B pra ver que não temos uma diretora, uma CEO, uma gerente de futebol. Temos uma única presidente de futebol no Palmeiras... e aí estou falando de política e não de cargo de gestão, não estou falando da área técnica.

Valorizada e feliz

Quando eu estava trabalhando no São Paulo até o ano passado, eu me sentia muito bem, obviamente, pelo cargo. Porém, eu não me sentia bem, como eu deveria, por ser a única. No entanto, voltando para a empresa em que eu trabalho hoje, a aceitação para a minha rotina é muito grande. Eu me sinto muito valorizada todos os dias. Sinto que eles depositam essa confiança em mim, então, não há qualquer diferença, não há energia que não seja boa. É muito, muito incrível, é uma gratidão eterna mesmo.

Vida pessoal

É complicado, obviamente. Principalmente de outubro para cá, tenho tido uma maratona absurda de viagens. Cansa muito, mas faço o que eu amo. E aí, as pessoas me perguntam de onde eu sou, onde eu moro e chego a tal ponto que digo que moro no avião! Eu sinto que para a mulher, falando em termos de gênero, abrir mão dessa forma é bem difícil. Mas acho também que é uma questão de fazer o planejamento da nossa vida. Temos que ter um planejamento de carreira, não é? Assim como a gente se programa para pagar as contas no final do mês, temos que fazer tudo estruturado.

Com tudo calculado

Por exemplo, no meu caso: há um momento certo para, se eu quiser, ter a minha família? Tem, mas é muito calculado. E eu sinto que quanto mais jovem, melhor pra gente fazer essas correrias. A gente está no ápice da energia de ir pra lá e pra cá, e quando for a hora de pôr a carreira em segundo plano por um tempo, podemos fazer isso de modo confortável. Eu gosto de ser independente, gosto de trabalhar. O problema é quando alguém não me deixa trabalhar...

> Gosto de enfatizar que sou de Bragança Paulista, interior de São Paulo. Antes da aquisição pelo Red Bull, o Bragantino era só um clube atlético conhecido no Brasil pelo futebol do final dos anos 1980, revelando Luxemburgo, Parreira, Mauro Silva, essa safra maravilhosa

Bragantino, a paixão

Eu gosto de enfatizar que sou de Bragança Paulista, interior de São Paulo. Antes da aquisição pelo Red Bull, o Bragantino era apenas o Clube Atlético muito conhecido no Brasil pelo futebol do final dos anos 1980 e início dos 90, que revelou Luxemburgo, Parreira, Mauro Silva, toda essa safra maravilhosa. Eu, como bragantina, não teria então como não gostar de futebol. Meus pais viajavam o Brasil para assistir aos jogos do Bragantino na época. Tem até um vídeo dos dois saindo de mãos dadas do Estádio de Bragança, mostrado acho que no *Fantástico*, no final do programa. Minha mãe frequentou os jogos do Bragantino até o oitavo mês de gravidez. De alguma forma eu já escutava lá dentro, digamos, nasci junto com essa paixão.

No início era o balé

Eu de criança fazia balé, como muitas meninas por aí, tudo rosa, tudo bonitinho. Foi na escola, no recreio, que o meu melhor amigo na época me chamou pra jogar futebol. Respondi que não sabia, mas acabei indo. E claro que não me lembro perfeitamente, mas tem uns lances que eu lembro, como o meu domínio no primeiro toque na bola. Todo mundo se surpreendeu porque eu era uma criança de seis, sete anos, sei lá. "Nossa, mas ela é uma menina do balé, como conseguiu dominar assim?" No dia seguinte, outro convite pra eu jogar futebol no recreio... e assim foi. Comecei a chegar no balé com a perna machucada, meio roxa, de batida, essas coisas. E eu era muito boa no balé, que é uma delicadeza, com as pernas também. Eu não falava que estava jogando futebol no recreio, mas que tinha caído de patinete, quando estava brincando.

De Bragança para Estocolmo

Agora eu brinco dizendo que o futebol feminino está começando a evoluir aqui... Imagina como era há vinte anos? Precário mesmo, ainda mais porque os pais não aceitavam, não era legal eles terem uma filha que jogava futebol. Eu tinha nove anos quando nos mudamos de Bragança pra Estocolmo. E lá, pela igualdade de gênero, principalmente no esporte, a estrutura do futebol feminino era a mesma do masculino. Descobri que tinha um clube no bairro pra onde a gente se mudou e pesquisei o número na internet. Liguei, mas eu não falava sueco, inglês, falei uma mistura, só sei que o técnico conseguiu me entender e pedi pra fazer um teste. Eles me deram a data, eu fui e passei no teste.

Relutância do pai

Na época, meu pai não era muito a favor, minha mãe que me ajudou a convencê-lo. Depois que eu passei no teste, com quase dez anos, jogávamos ainda como se fosse num terrão. Era terra misturada com pedrinhas; não era grama, nem sintético, nem natural; era esse terrão. E era futsal também. Então eu falo que o meu começo mesmo foi mais "um" *street* (rua), porque ele se deu na quadra, no recreio, no Brasil, e na Suécia foi nesse terrão, e era futsal. E me destaquei rapidamente. Recebi convite pra jogar no Hammarby, um dos maiores clubes até do masculino, do país. Lá foi onde eu tive meu verdadeiro destaque. Cheguei a ganhar a *Gothia Cup* de vice-campeã; na época, esse era o maior torneio de juvenis do mundo. E aí foi nascendo a vontade de um dia eu me tornar jogadora profissional.

Na Sub-20 da Seleção

Em 2012 para 2013, se não me engano, fui chamada para a Sub-20 da Seleção Brasileira. Eu estava de férias e meu pai me acompanhou. Aí já percebemos a desorganização que era: fui chamada para a Sub-20, cheguei lá em São José dos Campos e era a seleção profissional. Falei: "Nossa, tá a Formiga ali, como assim?". Fiquei surpresa. Porém, fiquei muito doente naquela época de treinamentos. Saí da Suécia com a temperatura marcando menos de dez graus e aqui estava aquele calor: trinta e cinco graus! Tive um choque térmico e fiquei muito mal. Nessa época, eu já tinha passado por uma lesão séria, quando rompi o ligamento cruzado anterior do joelho direito e foi tudo junto: tendão, menisco e um probleminha cirúrgico com a cartilagem.

Fora do jogo

Vários fatores me fizeram optar por parar de jogar. No caso, a lesão — não voltei a performar mais no mesmo nível e isso me frustrava, porque eu sabia a jogadora que eu era e onde eu podia chegar. E a lesão, infelizmente, me deu um bloqueio, eu não conseguia mais retornar àquele nível de performance. Na seleção, também, a falta de estrutura e de organização me desmotivaram. E por eu ter sido criada numa sociedade completamente diferente, algumas questões culturais aqui me assustaram um pouco — assustar é uma palavra forte, me ajudaram a ficar ainda mais desmotivada. A gente pensa que a seleção brasileira, nossa, deve ser uma coisa! Mas não chegava nem perto da estrutura dos clubes suecos em que eu atuei. Claro que já faz mais de dez anos, mas foi um fator importante.

Conselho da Marta

Eu nunca me esqueço que nessa bagunça toda acontecendo — lesão, convocação, desmotivação —, fui com o meu pai assistir a um jogo da Marta, que na época jogava na Suécia. E a gente acabou trocando uma ideia, num cafezinho perto do campo. Eu não a conhecia pessoalmente e foi o momento ali de me apresentar, de falar um pouco de mim. E ela disse assim: "Mulher, você tem cidadania, você fala o sueco fluente, você tem todos os direitos. Vai estudar, vai fazer faculdade, vai se formar. Eu que sou eu, ainda luto para conseguir, é difícil. Vai seguir os seus sonhos". Eu lembro que já tinha a ambição de trabalhar com o futebol masculino porque você só imagina coisas quando criança. E eu via a profissão do agente de futebol e achava incrível. Via a posição de CEO, de um diretor de clube, e *uau! que máximo, meu sonho é ser diretora de um clube*. E começa aquela fase de sonhos, *né?* Então, foi uma virada de chave quando a Marta me falou aquilo. Comecei a enxergar as coisas de modo diferente.

> Imagina a cabeça de uma pré-adolescente, que pensa num monte de coisas. Aí, vem a Marta, pessoa desse tamanho, e te fala isso. Comecei a enxergar os estudos como uma prioridade — porque quando você é atleta, não enxerga os estudos como prioridade, não é?

Bate-papo transformador

A Marta jogava no Tyresö FF, que era perto do meu bairro. Então, foi tudo acontecendo na mesma época. Imagina a cabeça de uma pré-adolescente, que pensa num monte de coisas. Aí, vem uma pessoa desse tamanho e te fala isso. Comecei a enxergar os estudos como uma prioridade — porque quando você é atleta, você não enxerga os estudos como prioridade, não é? Primeiro, porque é difícil conciliar. Segundo, porque seu sonho vai sempre estar à frente. No futebol masculino é mais difícil ainda. Você tem que focar no atleta ou na parte educacional, infelizmente. Claro, alguns países, algumas ligas conseguem te dar os dois. Mas no meu caso, pensei que eu precisava primeiro focar nos meus estudos, numa universidade. Eu precisava me formar.

Repórter por uma temporada

Passei a ter as minhas primeiras experiências com escritos naquela mesma época. A primeira, posso citar, foi na *Silly Season* (época de escassez de notícias durante o verão europeu, também conhecida como "temporada das besteiras") e eu escrevia sobre o futebol brasileiro para o site sueco notícias. Lembro que noticiei algo sobre o Ronaldinho ainda na época do Atlético Mineiro, ou foi sobre o Neymar, na época de Santos. Soltei uma nota antes da *Gol*, que é um site mundialmente conhecido e, nossa, aquilo me deu um gás, tipo, nem experiência eu tenho, nunca fiz isso e já estou assim? Mas fui daí de um salto pra outro, porque sou muito comunicativa, gosto de participar, de estar envolvida, pra mim era muito chato ficar diante de uma tela de computador só escrevendo, porque isso não ia mostrar quem eu era. Ali eu entendi que iria realizar o meu sonho de ser uma profissional tão boa quanto eu era dentro do campo, porém fora. E ainda no masculino, que é mais difícil.

Já na terceira cirurgia

Se minha lesão acontecesse hoje, provavelmente eu teria uma recuperação muito melhor, porque o avanço da medicina é constante. Olha que engraçado como a gente se afeta psicologicamente. Alguns meses antes da minha lesão, coincidentemente, outras meninas estavam tendo esse tipo de lesão ao meu redor. E alguém me falou que a tendência de mulher romper o ligamento do joelho, no futebol, é mais "fácil" que a do homem, por questões de musculatura. Eu lembro muito bem da dor e acredito que aconteceu comigo por fadiga, que poderia ter sido evitada, e por questão psicológica: eu via as meninas tendo e acabei sendo a bola da vez. Bom, já sou craque nessa lesão, estou indo para a terceira cirurgia.

Indo além do limite

Na Suécia, como também nos Estados Unidos, na escola você pode escolher o esporte que quer praticar. Eu escolhi o futebol. As meninas de maior destaque treinavam com os meninos e eu treinava com eles umas nove vezes por semana, em dois períodos. No dia 5 de outubro de 2011, me lembro que o treinador me dispensou, "amanhã, não precisa vir treinar, você está livre". Mas acordei cedo e com disposição nesse dia, e fui treinar. Cheguei, me aqueci com a bola e depois do treino, fomos para o campo reduzido. Eu era atacante e um dos treinadores ficava reclamando que eu não voltava pra defender. Eu meio que estourei e falei, "poxa, então me põe de zagueira!". Pra ele parar de ficar no meu pé, o time adversário teve um escanteio, eu desci e o escanteio foi cobrado entre a pequena e a grande área. Subi pra cabecear e tirar a bola da área e quando caí, deu o impacto no chão: o pé ficou reto e o joelho fez uma rotação, torceu, pra trás.

> Para o treinador parar de ficar no meu pé, o time adversário teve um escanteio, eu desci e o escanteio foi cobrado entre a pequena e a grande área. Subi pra cabecear e tirar a bola da área, e quando caí, deu o impacto no chão: o pé ficou reto e o joelho torceu pra trás

Medo e dor

Senti claramente a ruptura, mas foi um barulho tão forte que eu achei que tinha quebrado a perna. E a dor foi uma coisa! Eu gritava por socorro, não aguentei a ambulância chegar, acho que desmaiei, porque chegaram já me dando remédio na veia. Fui para o hospital e o meu caso foi de cirurgia de urgência. Na verdade, tinha que esperar só uma semaninha pra reduzir o inchaço, mas, Fran, me veio um medo terrível! Você pensa tudo que é de pior, *ai, meu Deus, nunca mais vou voltar a praticar esporte; já era o futebol*. Você preenche o seu cérebro 100% com coisas negativas. Foi muito forte nesse sentido. A dor é terrível e a recuperação de cruzado demora muito. Então, a lesão foi o fator principal de eu não continuar.

Novas metas

Tive muito apoio dos meus pais e eu já tinha algumas metas, aqueles desejos, que é quando se começa a visualizar o que pode ser possível. Comecei a visualizar coisas no futebol masculino, que de fato eu poderia me tornar uma agente, que de fato eu poderia me tornar uma diretora, uma CEO, fosse lá o que fosse, se eu estudasse pra isso. Isso me deu força para fazer uma boa fisioterapia e ter boa reabilitação. Eu ia com vontade. Não era fácil, doía muito, mas vai se superando a cada dia.

Fé e aspirações

Comecei então a focar nos estudos, já me projetando para o outro lado, mesmo que inconscientemente, porque na minha cabeça eu ia me reabilitar e voltar a jogar. Eu não tinha como saber se voltaria no mesmo nível de performance técnica. Mas tenho muita fé, acredito que tudo tem um porquê, tudo já está escrito, planejado. Quando a adversidade vem, eu consigo respirar fundo, entender que, *peraí*, alguma coisa está ali, tenha paciência e trabalhe.

Machismo, assédio etc.

Até eu voltar para o Brasil, eu nunca tinha tido nenhum episódio de machismo. Pelo contrário, era sempre visto como o máximo uma mulher jogar bem o futebol, ou se desempenhar bem em qualquer função. E foi na pandemia, quando voltei para cá, que eu percebi as primeiras questões machistas lá no clube onde eu trabalhava. Estou sendo bem franca. Infelizmente, foi no meu primeiro trabalho no Brasil que eu passei pelas primeiras situações de assédio, de desrespeito, de machismo, na minha vida. O que sempre me sustentou foi a minha personalidade forte.

> Estou sendo bem franca. Infelizmente, foi no meu primeiro trabalho no Brasil que eu passei pelas primeiras situações de assédio, de desrespeito, de machismo, na minha vida. O que sempre me sustentou foi a minha personalidade forte

Mulher de atitude

Eu sei quem eu sou, de onde venho, sei de tudo que meus pais fizeram para me dar a melhor criação. Sei também o que eu faço desde que me tornei independente, o prazer que sinto de trabalhar pra ter o meu dinheiro e o quanto essa minha educação e cultura, o ambiente em que eu cresci, me tornaram uma pessoa ética e leal, como eu já falei. Tudo isso me ajudou. Toda vez que eu me deparava com uma situação absurda, eu enfrentava, ao invés de baixar a cabeça, ou ficar quieta ou simplesmente aceitar — porque muitas vezes a mulher pode até não aceitar, mas fica quieta, o que pode ser visto como aceitação. Comigo, primeiro, eu estranhei. Tive uma reação de surpresa. Se era uma coisa normal de acontecer aqui, pra mim era novidade. Eu não era daqui.

Devagar com o andor!

Nas primeiras vezes então eu reagi assim, *peraí, eu entendi certo? Eu ouvi mesmo isso? Nossa, que imaturidade, olha o nível disso!!* — porque mesmo jovem, eu tinha consciência de que as pessoas estavam sendo infantis, imaturas, inseguras ou infelizes; então, não me abalavam de cara. Mas começaram a acontecer mais coisas que ainda na minha ingenuidade... por que eu digo ingenuidade? Porque foi uma troca de ambiente, uma troca de cultura muito grande, da Escandinávia para a América do Sul. Na minha inocência, aquilo pra mim era bizarro. Era tipo assim, *meu Deus, o que é isso?!* E de surpresa, isso passou à indignação.

Bizarrice do ecossistema

Mas esse tratamento machista só virou preocupação depois de eu entender que aquele ecossistema era daquele jeito e que eu não influenciaria, não melhoraria. Em algumas situações de assédio moral, eu pensava, *peraí, isso não está certo!* E eu não rebatia com falta de respeito, mas assim, "olha aqui, não concordo, por isso, isso e isso. Olha, não estou gostando do que estou vendo. Olha, isso não faz sentido, por isso, isso e isso". E essa minha atitude era conotada como, "ah, a Camilla nem chegou e já está batendo de frente, ela acha que está na Suécia...". E aí vem aquele jogo psicológico, que parece *gaslighting*: a pessoa tenta te fazer achar que é você que está errada. Entra, óbvio, numa manipulação.

> Fui conversando com outras pessoas do mercado, outras pessoas do mesmo ambiente foram vendo, percebendo, pessoas de alto escalão, pessoas de poder, conhecidas, pessoas de fora do clube foram notando que alguma coisa errada estava acontecendo ali

Caindo fichas

E coisas mais graves foram acontecendo e eu fui batendo de frente. Coisas muito estranhas... e eu via que era só comigo. Chegou a tal ponto que fui conversando com outras pessoas do mercado, outras pessoas do mesmo ambiente foram percebendo, pessoas de alto escalão, pessoas de poder, conhecidas, pessoas de fora do clube foram notando que alguma coisa errada estava acontecendo ali. E começaram a me procurar e perguntar, "você está bem? Estou notando isso, isso e isso". E a sensibilidade dessas pessoas comigo me abriu os olhos de tal maneira que fui entendendo que ali não era ambiente para alguém como eu. Eu era muito superior, não ao clube, isso ninguém nunca será, mas às pessoas que estavam lá.

Incentivos pra sair fora

Eu não queria mais ir trabalhar, não queria pôr meu pé ali mais. Fiquei muito mal. A gente começa mesmo a pensar que é errada, que está fazendo coisa errada. E me isolei total. Muitos começaram a se preocupar e fui incentivada, por pessoas do futebol mesmo, a sair de lá. E tive coragem de desabafar em casa sobre o que acontecia e recebi o mesmo apoio pra seguir o que os outros já estavam me orientando a fazer.

A demissão

Finalmente, pedi demissão. Eu estava num lugar a que eu não pertencia, não havia nenhum tipo de progresso, não tinha planejamento de carreira, eu não tinha autonomia de trabalho, tudo de bom que eu fazia não era levado a sério ou em consideração. E durante essa minha passagem, eu tinha trabalhado com verba zero. Eu tirava dinheiro do meu bolso pra fazer coisas pro meu trabalho, pro clube. Foi quando eu entendi que precisava urgentemente pedir demissão. E é surreal você ter a coragem de dar esse passo, porque geralmente as pessoas pedem demissão quando já têm algo concreto. Mas não foi o meu caso. Tive que sair por questão de saúde mental mesmo. E aí me bateu aquele desespero, *estou desempregada! E agora?*

As incertezas

Depois desse períodozinho de desespero e incerteza, sem norte, eu nunca me senti tão bem! Parece que eu ganhei tudo que lá eu estava perdendo. Ganhei de volta minha saúde mental e física, voltei a sorrir, a ser uma pessoa alegre, voltei a estudar, a me desenvolver. Porque chega num ponto que você acha que não sabe nada. É surreal. Foi uma situação horrível, nunca pensei que eu passaria por isso, que aconteceu só lá.

No lugar certo

No geral, respondendo à sua pergunta de maneira bem direta, eu sou uma mulher no futebol masculino que me sinto muito respeitada por todos. Eu me sinto muito bem-vinda, muito querida no meio. Sou recebida em qualquer clube que eu vou, em qualquer confederação, federação, entidade. Estabeleci e mantenho contatos no mundo inteiro, ao longo desses anos. E isso é muito gratificante, porque mostra, simplesmente, que eu antes estava no lugar errado e não que o errado está aqui, sabe?

Dicas a atletas

Primeiro de tudo e sempre: se é uma pessoa de fé, que fortaleça a fé, diariamente. O segundo passo fundamental é acreditar em si e visualizar o que você quer. Acreditar em si é o combustível fundamental e se você consegue visualizar, já é meio caminho andado. A minha vida se resume nisso. Se eu não tivesse acreditado e visualizado que eu posso chegar onde eu quiser, ninguém acreditaria, pelo contrário. Em tudo, todos vão te desacreditar, até que você vá lá e conquiste. Aí você é a melhor e todo mundo quer estar contigo. Mas até chegar lá, é uma batalha diária consigo mesmo.

Enfaticamente

Não olhar para o outro do seu lado. Cada um tem as suas qualidades, a sua trajetória, ninguém substitui ninguém. Nós somos únicos. Existe uma Francisca boa naquilo que ela faz e existe uma Camilla boa naquilo que ela faz. As duas podem contribuir uma com a outra, mas eu nunca vou ser você. O terceiro passo é: muito estudo.

Estudo é tudo

Lá atrás, eu pensei: *preciso entender de todas as áreas do futebol. Pelo menos um pouco de cada coisa, pra poder ter diálogo com qualquer departamento e profissional.* Porém, o que vai te colocar no patamar de um profissional diferenciado é o aperfeiçoamento no seu segmento. Se é gestão executiva, eu tenho de me aprimorar em gestão de clubes, de processo e de pessoas — nem todos são bons em gestão de pessoas, embora estudem, *né?* Eu preciso ser capaz de conversar com o meu departamento financeiro e jurídico, entender o básico do direito desportivo, preciso conversar com o meu marketing, preciso me comunicar com a comissão técnica do clube, entender minimamente de fisioterapia e do departamento médico. E estudar idiomas. Um brasileiro tem que saber pelo menos espanhol e inglês.

Ética, o 4º pilar

E o quarto pilar é ser um profissional ético, trabalhar sempre com muita ética, tomar muito cuidado. Quem não é de dentro, acha o futebol gigante, mas pra quem trabalha com ele, futebol é muito pequeno, as pessoas se conhecem, o mercado conversa; é muito importante fazer as coisas corretas. Você ciente disso, vão falar, vão inventar algo pra te menosprezar, por inveja, preguiça, recalque, o que for, mas não vai te abalar nem afetar. Se você tem esses quatro pilares bem claros, o resto vem.

O maior orgulho

Papai do céu foi muito generoso na hora de delegar mamãe, papai e meu irmão, sabe? Com certeza, não há orgulho pessoal maior que a família. É por causa deles que me considero uma pessoa de bom coração. E meu maior orgulho profissional é estar quebrando barreiras para mulheres, nesta posição. Acho que fui a mulher mais jovem a atuar na posição em que atuei na Série A do futebol brasileiro. Acredito que eu seja, também, neste cargo que exerci; fui contratada pra ser diretora internacional e na prática exerci como gerente, coordenando o departamento, sozinha. Acredito ainda que, com os idiomas que eu falo — são cinco, já cheguei a falar sete, mas perdi por falta de praticar — e com a rede de contatos que eu tenho, fiz boas conexões nos principais países de atuação. Porque número de telefone todo mundo consegue, quero ver é você estabelecer uma relação.

> Com os idiomas que eu falo — são cinco, já cheguei a falar sete, perdi por não praticar — e com a rede de contatos que tenho, fiz boas conexões nos principais países de atuação. Porque o telefone todo mundo consegue, quero ver é você estabelecer uma relação

Olhando para trás

Eu teria dado a cara a tapa mais cedo no futebol e, talvez, buscado mais referências antes de aceitar uma proposta de trabalho. Isso é muito importante hoje em dia, a gente buscar referência e entender que no mundo dos negócios você não pode deixar a ingenuidade dominar. Mas eu vejo que o maior mal que se tem hoje é a questão da rede social, porque é muita coisa *fake*. É muito fácil criar o que não existe, o que não é. Então, se eu não tivesse acreditado em coisas que eu vi, criadas por redes sociais etc., eu teria evitado alguns fatos, não teria traçado alguns caminhos que eu tracei, como confiar em pessoas erradas, pra fazer escolhas melhores.

Pelé, Kaká e Ronaldinho

Ídolos do futebol são três..., mas o Pelé é o primeiro. Ele foi uma pessoa que até me arrepio quando eu falo. Tive a oportunidade de conhecer, de estar muito próxima, de ter amizade com a família, de levar meus pais lá na casa dele para conhecê-lo. O Kaká é o segundo e o terceiro, o Ronaldinho. O Kaká é muito especial porque muito da transferência dele do São Paulo para o Milan fez com que... Bom, acho que temos várias coisas em comum: eu sou descendente de italianos, sempre torci para o Milan e eu achava, na época, que eu tinha um estilo de jogo parecido com o dele. No Hammarby, eu tinha que jogar com a camisa 22, porque ele jogava com a 22 no Milan; depois, quando ele mudou para a 10, eu tinha que jogar com a 10, tinha que ter a mesma chuteira de couro, branca e preta, da Adidas — já joguei com uma Nike preta, também em homenagem ao Pelé. E o Kaká também teve uma lesão no joelho e depois eu fui ter a minha. E o Ronaldinho, eu nunca vi tanta mágica, nunca vi um jogador com aquela magia que ele jogava. Tem o Messi, tem o Fenômeno, esses craques todos, mas o Ronaldinho dançava, ele tinha uma ginga de dança quando jogava, aquilo era de verdade impressionante. Não tinha um jogo dele que eu não perdia.

O legado

Construí até aqui muita coisa, mas acho que porque sou meio que ligada na tomada 320 [volts]; não é nem 220 [volts]. Sou muito elétrica. Mas do muito pouco que eu já conquistei, o legado é literalmente coragem. Coragem para me autoafirmar, pra desbravar, quebrar barreiras. Acho sensacional quebrar barreiras — tanto que um dos lemas da empresa em que eu trabalho hoje é: *"We are breaking barriers in the football industry"* ("Nós quebramos barreiras na indústria do futebol") — e mais: não mudar a nossa essência por nada. Não negociar princípios e valores. Isso é uma atitude muito nobre e para poucos. A gente vê muitas pessoas que, com um pouquinho de nada, se transformam. Uma das pessoas que mais me abraçou, que me tratou como se eu fosse da família, foi justamente o Pelé. E o Neymar. Os craques, pessoas que eu conheço mesmo da alta, que você pensa, nossa, o cara não deve nem olhar, tipo, oizinho e tchau, são as que me trataram até melhor do que as que eu conheço. Então, o legado que eu deixo é: não mude, mantenha a sua essência.

A TransferRoom

É uma *startup* (empresa jovem e inovadora), nasceu em 2017 e tem todo esse conceito de inovação. Eu faço parte de junho de 2022 pra cá, quase um ano já. E o dia a dia de uma *startup* é bem dinâmico, sabe? Acho que nunca evoluí profissionalmente como nesse ano, porque eu trabalho com mais de dez nacionalidades diferentes todos os dias, não sei quantos fusos horários. Bom, Fran, você já sabe como eu sou, então, quando eu sumo é mesmo porque estou dormindo, estou no modo avião, estou voando. Eu não desligo.

> Estou há mais de dez anos no futebol e por dentro da maioria das coisas, e nunca vi algo parecido. A gente trabalha hoje com mais de seiscentos e cinquenta clubes de futebol, abrangemos o globo mesmo

Abrangendo o planeta

A TransferRoom é literalmente única no mercado e é prazeroso pra mim dizer isso porque, se você trabalha com alguma empresa sem acreditar nela e no produto dela, não tem como dar certo. Estou há mais de dez anos no futebol e por dentro da maioria das coisas, e nunca vi algo parecido. A gente trabalha hoje com mais de seiscentos e cinquenta clubes de futebol, abrangemos o globo mesmo. Recentemente lançamos a parte dos agentes e trabalhamos com agências verificadas, que chamamos de *trusted agencies* ("agências confiáveis"). *É* um processo seletivo minucioso; não importa se é a maior e a mais rica agência. Prezamos pela qualidade.

Modus operandi

Temos as nossas avaliações para que essa empresa se torne associada e o nosso próprio algoritmo de *valuation* ("avaliação") do atleta. Isso é único, porque, como a informação é em tempo real, a gente consegue ser muito assertivo nas *valuations* do jogador e dos clubes e na forma como nos conectamos uns com os outros. Além da plataforma, temos os nossos eventos, que são únicos na indústria do futebol, porque são exclusivamente focados em negócios. Clubes se encontram com clubes ou com agências e saem negócios, às vezes no evento ou em poucas semanas depois. Ou na janela seguinte. E se não sair, fica a relação; num dado momento acaba saindo. E é uma empresa dinamarquesa: estou pertinho da minha segunda casa.

Empresa alto astral

E a melhor parte de todas é a de me sentir valorizada. Por todos. Porque também a vida é assim, não é só trabalhar, fazer, fazer e fazer. É a nossa (auto)avaliação, como pessoa e profissional. No que eu acho que eu posso melhorar, talvez o meu chefe discorde e ache que preciso melhorar em outra coisa, "porque nisso você já é boa". É muito importante esse diálogo aberto e sincero, isso te faz crescer. Todo mundo precisa de pessoas por perto que as ajudem a se elevar. Já trabalhei em muitos lugares, mas nunca em um assim tão gostoso, puro, em que ninguém inveja ninguém, a energia é boa, é muito apoio. Se você não concorda, a pessoa vai entender que faz parte do processo, que não é porque "ela não gostou de mim, porque tem algo contra". Ninguém leva para o lado pessoal. Isso é muito especial. É muito raro.

CAPÍTULO II

A meditação na rotina da atleta de alta performance

Por JULIANA BRESCOVICI CARVALHAES

A prática da meditação tem se tornado cada vez mais popular entre atletas de alto desempenho. As mulheres, em particular, têm encontrado na meditação uma forma eficaz de melhorar sua performance esportiva e sua saúde mental e emocional.

Embora muitas pessoas possam ter uma preconcepção de que a meditação é uma prática puramente espiritual ou religiosa, na verdade ela também pode ser altamente benéfica para atletas de todas as habilidades e níveis, independentemente do gênero, do perfil ou da idade. Sua prática tem se tornado cada vez mais popular nos últimos anos, entre o público das características acima citadas.

A meditação pode ser uma ferramenta particularmente importante para ajudar as atletas a, também, alcançarem o potencial máximo de seu desempenho, assim como a manterem o equilíbrio emocional e mental saudável ao longo de toda a carreira. Neste artigo, exploramos a importância dessa prática e explicamos de que modo ela pode ajudar as atletas a terem sucesso, dentro e fora de suas atividades profissionais.

Atletas em geral enfrentam pressões e expectativas significativas, em relação ao seu desempenho profissional e à sua vida pessoal. A pressão para ter sucesso e para superar barreiras pode ser avassaladora, especialmente em um ambiente altamente competitivo. A meditação pode ser uma maneira eficaz de lidar com essas pressões e de ajudar, sobretudo, às atletas do sexo feminino a manterem um estado mental saudável e equilibrado.

As técnicas de meditação envolvem a atenção e o foco em um objeto, um mantra, um pensamento ou uma atividade específica — que levam ao desenvolvimento de um estado de concentração. A prática regular da meditação tem sido associada a diversos benefícios, tais como a redução do estresse e a melhora do sistema endócrino — ao diminuir os níveis de cortisol do sangue (conforme estudo publicado na revista *Journal of Alternative and Complementary Medicine,* em 2015) —, além do controle da ansiedade e da depressão, o aumento da atenção, do foco e da memória, a melhora do sono e do sistema imunológico e a redução do risco de eventos cardiovasculares (conforme *Circulation: Cardiovascular Quality and Outcomes. Nidich et al., 2012),* entre outros.

Para as atletas, a meditação pode trazer ainda mais benefícios. Uma pesquisa publicada em 2019 na revista *Psychology of Sport and Exercise* revelou que a meditação *mindfulness* (de atenção plena) ajuda a melhorar a performance física das mulheres em atividades como corrida e natação.

Além disso, a meditação pode auxiliar as atletas a lidarem com o estresse e a pressão que as acometem em competições de alto nível. Para as atletas do sexo feminino, durante o período menstrual, as mulheres tendem a ser mais propensas aos sintomas de ansiedade e depressão, o que pode afetar negativamente a sua performance esportiva. A meditação ajuda a reduzir esses sintomas e aumenta a confiança e a autoestima das atletas.

A meditação pode também ajudá-las a lidar com o chamado "viés de gênero" no esporte. Infelizmente ainda existem muitas barreiras para as mulheres no mundo esportivo, incluindo a desigualdade salarial e a falta de oportunidades de patrocínio e de reconhecimento público. A meditação pode levá-las a cultivarem a resiliência e a determinação necessárias para enfrentar essas barreiras e superá-las.

Além disso, a meditação induz as atletas a se conectarem mais profundamente com seus corpos e a melhorar sua consciência corporal. Isso melhora a técnica, o desempenho esportivo e mais: reduz o risco de lesões.

Em resumo, a meditação oferece muitos benefícios às atletas, incluindo a melhora da performance física e mental; da autoestima e da consciência corporal; da capacidade de superar barreiras de gênero no esporte. Inclui, também, a redução do estresse e da ansiedade, como já assinalado.

A prática da meditação propicia, em especial, o aumento do foco e da clareza mental, permitindo às atletas maior concentração em seus objetivos e metas. Se você é uma atleta, considere incorporar a meditação em sua rotina de treinamento para colher esses benefícios e melhorar ainda mais a sua performance esportiva.

Os estudos apontam que as práticas e programas de meditação e de *mindfulness* ajudam as esportistas de várias maneiras: do ponto de vista físico, previnem lesões ao melhorar a propriocepção (consciência das sensações internas corporais) e a qualidade do sono, favorecendo a recuperação muscular. Do ponto de vista psicológico, diminuem as ruminações mentais (pensamentos repetitivos), melhoram o manejo do "medo de falhar" nos atos esportivos e lidam de maneira mais eficaz com o *self-talking* negativo, aquela voz interna de autocrítica depreciativa, que pode fazê-las desistir precocemente do treinamento e da competição esportiva.

No caso da meditação transcendental, há evidências de que pode ser útil não somente para criar o estado de atenção plena, como também para alcançar um estado de relaxamento, equivalente a oito horas de sono profundo em apenas vinte minutos de prática, devido aos baixos níveis de cortisol e adrenalina e ao aumento de serotonina, dopamina, melatonina, prolactina, entre outros hormônios. Também contribui para aumentar o fluxo sanguíneo e a coerência das ondas cerebrais. Sendo assim, é uma ferramenta muito eficiente para melhorar os níveis hormonais e as defesas do sistema imunológico.

O propósito desse tipo de meditação é desenvolver todos os potenciais profissionais e pessoais, de modo a permitir à praticante alcançar a excelência e a paz interior de forma fácil, natural, sem esforço. Assim, também possibilita melhoras quanto à tomada de decisões e às relações interpessoais, além de maximizar a produtividade, a criatividade e, sobretudo, a concentração, como já enfatizado.

Sua prática também ajuda as atletas a se conectarem melhor com suas emoções e sentimentos, lhes permitindo melhorar a autocompreensão, a autoconfiança e a autoestima, favorecendo assim um desempenho mais eficiente em suas atividades esportivas.

Ao se exigirem o alto desempenho, tendo, ao mesmo tempo, que lidar com as expectativas e cobranças de seus treinadores, suas equipes e seus fãs, elas encontram na meditação o desenvolvimento da autoconsciência, que lhes dá suporte para lidar com demandas externas.

As práticas meditativas permitem às atletas atingirem o equilíbrio entre suas vidas pessoal e profissional, já que, quase sempre, enfrentam desafios nesses campos. No caso, ao encontrarem o saudável equilíbrio em suas atividades, elas conquistam os sentimentos de realização e satisfação.

A meditação também ajuda mulheres desportistas a lidarem com a pressão física e mental próprias do treinamento de alto desempenho. A técnica pode ser útil para a melhora da recuperação muscular e da tolerância à dor, além de reduzir o risco de lesões. Nos casos que envolvem lesões e doenças, a meditação é um excelente subsídio ao otimismo, acelerador da recuperação, por propiciar um descanso profundo no momento em que enfrentam um desafio mental ainda maior: o de lidar com a dor física e a ansiedade, relacionadas à cura e à regeneração.

Para atletas mulheres, a meditação tem especial utilidade, dado o potencial de aliviar o estresse e a ansiedade que muitas enfrentam, em relação às pressões sociais e culturais, para se tornarem profissionais bem-sucedidas. Isso pode ser particularmente verdadeiro no mundo dos esportes, no qual, elas, quase sempre, enfrentam estereótipos e barreiras de gênero.

A prática meditativa contribui para a autoestima e a autoconfiança fundamentais ao alcance do sucesso na carreira, auxiliando-as a desenvolverem uma visão mais positiva de si mesmas e a se sentirem mais confortáveis em e com os seus corpos, sejam quais forem em forma e tamanho.

Além disso, a meditação também auxilia as atletas a manterem uma perspectiva equilibrada e saudável em relação ao esporte e à competição. Muitas vezes, elas podem se concentrar em ganhar, tanto quanto em alcançar objetivos que normalmente perdem de vista, como a alegria e a satisfação encontradas na prática esportiva. A meditação ajuda as atletas a se reconectarem com o momento presente e a apreciarem os benefícios da atividade física.

Síntese dos benefícios da meditação às atletas

- Reduz o estresse e a ansiedade: acalmando-lhes a mente, ao terem que enfrentar pressões e expectativas elevadas;
- Melhora o foco e a concentração em objetivos: permitindo a melhora de sua performance;
- Aumenta a resistência mental e a tolerância à dor: dominando o desconforto que pode surgir durante o treinamento e a competição;
- Desenvolve a autoestima e a autoconfiança: ajudando-as a se sentirem mais confortáveis em e com os seus corpos, ao trabalharem uma visão mais positiva de si mesmas;
- Reduz o risco de lesões: levando as atletas a relaxarem os músculos, reduzirem a tensão e a se precaverem contra ferimentos e enfermidades;

- Fortalece a resiliência emocional: favorecendo-as quanto a lidar melhor com as dificuldades e os desafios que surgem no dia a dia do esporte;
- Melhora a qualidade do sono: contribuindo com um relaxamento profundo, antes de dormir, e com a qualidade do sono.

Um estudo da Universidade Federal de Goiás, feito junto a atletas de alto rendimento que praticam a meditação, evidencia a ocorrência de mudanças da atividade cerebral e dos valores plasmáticos e sanguíneos do cortisol. Assim, a meditação otimiza os efeitos da recuperação e da performance esportiva de atletas.

Em resumo, a meditação pode ser uma ferramenta poderosa, positiva e muito útil para as atletas que desejam melhorar sua performance física e mental, reduzir o estresse e a ansiedade, melhorar a autoestima e a autoconfiança e manter uma perspectiva saudável em relação ao esporte e à competição.

Insistindo: ao incorporar a meditação em sua rotina de treinamento, as atletas podem obter benefícios significativos à sua saúde mental e física, a fim de alcançarem os seus objetivos com mais facilidade e satisfação.

Para que um indivíduo se sinta completo, é necessário que se conheça por inteiro. Isso só é possível por meio do trabalho interior. Quando se alia o aspecto interior ao exterior, é possível levar essência e propósito ao que se faz e agir com amor e dedicação. O resultado é um ser se transbordando em alegria, prazer e autorrealização.

Referências

• *Estudo internacional revela como a meditação pode ser eficaz no tratamento dos transtornos de ansiedade.*
Acessível em: https://jornal.usp.br/atualidades/estudo-internacional--revela-como-meditacao-pode-ser-eficaz-no-tratamento-de-transtornos-de-ansiedade/

• *Effects of Mindfulness Practice on Performance-Relevant Parameters and Performance Outcomes in Sports:* a Meta Analytical Review.
Acessível em: https://www.ncbi.nlm.nih.gov/pubmed/2866432

- *Mindfulness may both moderate and mediate the effect of physical fitness on cardiovascular responses to stress:* a speculative hypothesis.
Acessível em: https://www.ncbi.nlm.nih.gov/pubmed/24723891

- *A Meditação no Esporte de Alto Rendimento:* revisão sistematizada da literatura.
Acessível em: https://revistas.ufg.br/fef/article/view/48561/pdf

Juliana Brescovici Carvalhaes *é especialista e mentora de Meditações, formada em Mindfulness pela UNIFESP e em Meditação Transcendental pela MERU-Holanda. É também facilitadora e coach do método Heal Your Life — Louise Hay e de Meditações Criativas. Instagram: @julianacarvalhaes_*

SHEILLA CASTRO

Voleibol

Uma superatleta com muito a ensinar

Sheilla Tavares de **Castro** Blassioli *(01.07.1983, Belo Horizonte-MG) é considerada uma das melhores jogadoras brasileiras de vôlei. Aos treze anos fez um teste e se profissionalizou no Mackenzie, clube em que jogou de 1997 a 2000. Já se destacava desde as categorias de base e logo chegou à Seleção Brasileira juvenil. Foi campeã sul-americana e mundial; bicampeã olímpica (Pequim, 2008 e Londres, em 2012); heptacampeã do Grand Prix; bicampeã da Superliga Feminina; campeã mundial interclubes, dos Jogos Pan-Americanos e da Liga das Nações. Principais clubes em que Sheilla, a camisa 13 da Seleção Brasileira, atuou, além do Mackenzie: Minas (2000 a 2004), Pesaro-ITA (2004 a 2008), São Caetano (2008 a 2010), Unilever, atual Sesc-RJ (2010 a 2012); Osasco (2012 a 2014) e VakifBank-TUR (2014 a 2016).*

Do que precisa um campeão

Clareza de objetivo. Foco, disciplina. Isso é tudo o que precisa um grande atleta. As pessoas adoram falar em motivação... "qual é a sua motivação?" Eu tenho para mim muito claro que motivação muitas vezes não se tem. Aconteceu alguma coisa, você está com problemas na vida pessoal e mentalmente não está bem. Mas tendo clareza do que quer, você vai ter comprometimento. Senão, não vai chegar lá. Pra mim o grande segredo é correr atrás, traçar seus planos, subir degrau por degrau, até chegar ao topo do seu sonho.

Sonho olímpico

Eu não comecei com desejo de jogar vôlei, pra mim não começou assim. Comecei pela altura no vôlei e me apaixonei; aí eu realmente me apaixonei pelo esporte. Sempre tive muito prazer em estar dentro de quadra, na escolinha, no colégio, antes mesmo de começar a competir. Aí, aos quinze anos fui federada e começou a competição... e acho que me apaixonei ainda mais, porque sou muito competitiva e o esporte me ajudou muito na vida. Eu era uma menina tímida, muito quietinha, ficava na minha, aquela que se escondia atrás da perna da avó, quando ia pra algum lugar, envergonhada de tudo. Acho que o vôlei, esporte em grupo, a convivência em ambientes diferentes, me fizeram perder essa timidez, me ajudaram a me comunicar melhor.

A grandeza do esporte

Joguei o meu primeiro campeonato aos catorze anos e com quinze, dezesseis anos, comecei a ter noção da grandeza do esporte. No ano seguinte peguei a Seleção Mineira. Minha família não era esportiva e não é que eu acompanhasse tanto as Olimpíadas, mas na casa da minha avó eu ficava assistindo. E quando eu tive noção do que era uma Olimpíada, isso se transformou em meu objetivo: ser uma campeã olímpica. Por isso que eu falo da clareza do que se quer e de se estar mentalmente bem.

Apoio fundamental

No começo há milhares de dificuldades. Até porque eu tive que decidir entre continuar jogando e parar de estudar, ou continuar estudando e parar de jogar. Mas eu tive apoio da minha avó, dos meus pais, de todo mundo. Porque tem muito disso... as pessoas são criticadas, "você não vai chegar a lugar nenhum se não estudar". Os mais antigos têm essa mentalidade, *né?* Mas eu não, eu tive apoio em casa. Só que têm inúmeras dificuldades: é o dia a dia, é a dedicação que se deve ter, é renunciar à família, aos amigos. Quando começaram as festinhas de quinze anos, eu ainda não era profissional, mas já jogava, já sabia que dependia do meu físico e comecei a focar nisso.

As renúncias

Eu não ia às festinhas de quinze anos; depois, quando fiz dezoito anos, não ia pra baladinhas com os amigos. Fui, cada vez mais, tendo que abrir mão de algumas coisas pelo meu sonho. Comecei na Seleção Brasileira aos dezoito, mas antes, na Seleção de Base, eu já ficava muito tempo fora. Na Seleção Brasileira era muito mais tempo fora e mais dedicação. Fui pra Itália, aí perdi casamentos e aniversários de amigos, casamentos de pessoas da família, mortes de pessoas da família... e a gente não está no Brasil. Então, são mil coisas que você tem que passar por cima pra conseguir chegar no topo. Mas acho que é assim em todas as áreas profissionais. Você tem que renunciar a muita coisa, se quiser ser bem-sucedido.

> É muito difícil se manter no topo, porque a gente tem de ultrapassar muitas coisas. Há uma metáfora assim: quando você chega lá no alto da montanha, o ar é rarefeito, você não respira direito. Como você vai fazer para se manter ali?

Manter-se no topo

É muito difícil manter-se no topo, porque a gente tem de ultrapassar muitas coisas. Há uma metáfora assim: quando você chega lá no alto da montanha, o ar é rarefeito, você não respira direito. Como você vai fazer para se manter ali? É o mais difícil. Isso é uma coisa que o Zé Roberto Guimarães sempre falou muito, depois que a gente ganhou a primeira Olimpíada, que o mais difícil seria ganhar a segunda Olimpíada. E, realmente, porque você começa a ser mais visada também, as pessoas começam a te observar mais. "Qual é o segredo dessa jogadora, dessa Seleção, desse time, pra ter conquistado isso?" E é a motivação. Por isso é que eu te falo: eu fui campeã olímpica; se for aquele negócio de "ah, agora eu não tenho motivação, porque eu já sou campeã olímpica", vou descer a montanha que eu escalei. Aí vem a atitude diária, continuar no foco, saber o que se quer.

Ganhar sempre

Há muito tempo atrás, mas muito tempo mesmo, tipo treze anos atrás, sei lá, perguntaram: "O que você quer, agora que já ganhou tudo?". Eu já tinha ganhado Olimpíada, Superliga, campeonato italiano, tudo; o Mundial de Clubes foi há dez anos, não lembro se esse também eu já tinha ganhado. Falei assim: "Gente, não importa se eu ganhei tudo, se não ganhei. Que o próximo seja um Sul-Americano, uma Superliga, um Sul-Americano de Clubes, que seja uma copa turca. Independente de onde eu estiver, eu quero ganhar o próximo campeonato".

Fazendo a diferença

Eu sempre tive isso muito claro na minha cabeça, porque não era só ali em quadra, não era só o meu treinamento — eu sempre fui a primeira que chegava e a última a sair. O que fazia a diferença também era o meu dia a dia, a alimentação, o meu descanso. Acho que a atleta depende muito disso também, então, eu sempre olhei para todos os lados. Sempre foi claro, pra mim, saber que não era só ali em quadra, nem só o meu treinamento — porque eu sempre fui a primeira que chegava e a última a sair.

Entre o esporte e a maternidade

Eu parei de jogar para engravidar. Mas, hoje, talvez eu fizesse diferente. Não teria parado. É que a gente tem aquele medo de os clubes romperem contrato, isso e aquilo. Então, parei e dei uma desacelerada, lógico. Tive as minhas filhas e a volta... não vou falar que foi superdifícil nem superfácil. Tive enormes desafios, pois já estava parada há três temporadas, porque engravidei, perdi, engravidei, perdi... Então, não foi fácil esse processo de voltar. Mas como eu sabia que queria voltar e ter as minhas filhas, como incentivo era muito bom. Lógico que é mais difícil, porque elas eram nenéns ainda, quando voltei a treinar. Aí, não dormem a noite inteira, ainda mamam à noite, aquilo tudo. Mas quando você sabe o que quer, você consegue.

> A maternidade nos transforma em todos os aspectos da vida. A gente começa a querer ser uma pessoa melhor. Porque os filhos não fazem o que se fala, eles fazem o que a gente faz. Então, você tem que ser um exemplo pra eles em todas as áreas da vida

Mudanças por ser mãe

Quando a gente se torna mãe, as prioridades mudam muito. Antes, minha prioridade era o vôlei, depois passou a ser as minhas filhas. Ao mesmo tempo, eu queria que elas me vissem ali, que me admirassem como atleta. Então, a dedicação ao vôlei continua sendo do mesmo tamanho, porque você quer ser um exemplo para as suas filhas. E a maternidade nos transforma em todos os aspectos da vida. A gente começa a querer ser uma pessoa melhor. Porque os filhos não fazem o que a gente fala; eles fazem o que a gente faz, então, você tem que ser um exemplo pra eles em todas as áreas da vida. E é muito bom ter filhos. Quando elas passam o final de semana fora com o pai, a saudade de ficar dois dias longe é imensa. Impressionante como a gente muda.

Discriminações por ser mulher

Discriminação salarial sempre existiu. Hoje não tem mais, mas eu cheguei à Seleção em 2002, *né?* Até 2017, existia uma diferença muito grande de premiação nos campeonatos internacionais que eu jogava pela Seleção — não estou falando de clube, porque no vôlei feminino não tinha essa diferença de salário, de premiação, nem nada. Mas nos campeonatos internacionais, sempre teve essa diferença com o feminino. No masculino, por exemplo, a premiação da Liga das Nações — hoje é a VNL — era de um milhão de dólares e no feminino, duzentos mil dólares. Cinco vezes menos.

> **Discriminação salarial não há mais, mas eu cheguei à Seleção em 2002. Nos campeonatos internacionais, sempre teve diferença com o feminino. No masculino, a premiação da Liga das Nações era de US$ 1 milhão e no feminino, US$ 200 mil. Cinco vezes menos**

O preconceito no esporte

Sofrer preconceito por ser mulher atleta, eu não sofri. Até porque eu acho que, no esporte, embora ainda não seja o ideal, as mulheres já conseguiram ganhar mais espaço do que nas demais profissões, a gente vê muito mais mulheres líderes, empoderadas, do que mostra o percentual de liderança dentro de empresas, que é ainda é muito baixo, comparando com homens. E se você falar em mulheres negras, vai baixar mais ainda. É uma realidade triste, mas é a realidade. Mas eu, pessoalmente, não sofri preconceito nenhum por ser mulher.

A avó é um fã clube

A minha avó, desde que eu comecei a jogar vôlei já achava que eu era a melhor do mundo. Fiz o meu jogo de despedida, o *Set Final*, coisa mais incrível e uma semana antes, a *TV Globo* veio entrevistar a minha avó. Perguntaram várias coisas, desde o meu início no esporte e quiseram saber dela assim: "E agora que a Sheilla vai parar, o que a senhora vai dizer?". Ela respondeu: "Pra mim, ela nunca vai parar". E é isso. Pra ela eu sempre vou ser a Sheilla, a atleta do vôlei.

Recomeçar com estudos

Eu falo que realmente me aposentei como atleta, mas sei que tenho uma influência muito grande dentro do vôlei. Então, de algum modo, eu quero continuar ajudando, seja em coordenação ou gestão, ainda estou descobrindo a maneira. Estou fazendo vários cursos, inclusive vou pra Portugal fazer outro, desta vez presencial. Fiz um *on-line*. Realmente, é uma descoberta aí dessa minha nova carreira. Já tenho umas coisas muito claras do que eu quero e estou indo atrás. Outras eu sei que vão clarear daqui para o ano que vem, porque só agora eu comecei a estudar mais, a mergulhar de cabeça. E estou feliz com essa nova etapa, muito diferente para mim.

O porto seguro

Nos últimos meses, respondi a muitas entrevistas sobre aposentadoria, porque eu tive a minha, o meu jogo de despedida, então, todo mundo queria saber disso e me fizeram perguntas assim: "Você sente falta das quadras?". A minha resposta foi "sinto e vou sentir sempre", porque eu amava estar ali dentro das quatro linhas, amava competição e os treinos. Era realmente o meu porto seguro, o local em que, quando eu estava triste, eu punha tudo pra fora e que quando me sentia feliz, também, eu estava ali inteira ali. Então, vou sentir falta para o resto da vida, disso eu tenho certeza. Mas não digo isso com tristeza e sim com alegria. Que bom que eu estive mais de vinte anos fazendo isso, profissionalmente.

Experiências fora do Brasil

Eu morei na Itália e, lógico, era ver uma nova cultura, aprender uma nova língua, mas o que eles queriam de mim era dentro de quadra; e minha estratégia era e sempre foi treinar. Fora de quadra eu me adaptei super bem, não sei se tive sorte, mas acho que a gente faz a nossa sorte, eu sou assim. Passei por clubes maravilhosos, pessoas maravilhosas do meu lado, sempre. Lá, aprendi a falar o idioma e dava entrevistas em italiano; aprendi a cozinhar — porque eu saí da casa da minha avó e fui pra lá com vinte anos; nem tinha jogado ainda fora de Belo Horizonte e já fui direto pra Itália. E não sabia cozinhar mesmo, falo isso sem vergonha nenhuma, aprendi lá e hoje eu sei. O que eu sei fazer, vamos dizer, com maestria, é risoto e macarrão — pasta, *né?* Lógico que eu cozinho arroz, feijão, faço coisinhas assim, se precisar. Mas se eu convidar alguém pra comer aqui em casa, vai ser um risoto ou massa.

Adaptação a uma nova cultura

Para mim, sempre foi muito claro que eu estava indo para a Itália pra jogar vôlei, então, eu teria que me adaptar à cultura? Teria que me adaptar ao tipo de comida de lá? Sim, mas o que importava era dentro da quadra, então, eu fazia de tudo pra render o meu máximo ali dentro. E quando você está fora — lógico que eu fiz amizades fora —, acho que é ainda mais fácil, porque você fica vivendo mais ainda o vôlei do que quando está numa cidade que é cheia de amigos, de primos, de família e você quer vê-los o tempo inteiro. Estando fora, você tem mais tempo pra pensar só no vôlei.

Referências profissionais

Meu primeiro time profissional foi o Minas, aos dezessete anos, e eu tinha a Fofão (Hélia Rogério de Souza Pinto). A Fofão tinha os seus trinta e poucos anos, nessa época, e já tinha ido pra inúmeras Olimpíadas e eu, pra umas três ou quatro Olimpíadas. Então, ela se tornou uma referência pra mim, pelo exemplo mesmo: a dedicação dela no treino, a vontade de querer vencer. Lógico que, durante a minha trajetória como atleta, vi inúmeros atletas de outros esportes muito focados, sabendo o que queriam. Passei a acompanhar mais também o basquete — o Kobe era a referência pra mim — e até a estudar sobre outros atletas, pra ver o que faziam de diferente, qual era a mentalidade. Acho que o segredo está nisso: buscar crescimento pessoal e profissional em exemplos que fazem a diferença, e do porquê fazem a diferença em relação a você, pra poder acrescentar no seu dia a dia.

Inspiração como legado

O que eu senti no meu último jogo, o *Set Final*, foi muito especial. Foi um dia muito emocionante pra mim. Então, acho que o que eu deixo como atleta é inspiração. Eu sei que eu sou inspiração pra muitos. E eu senti muito amor naquele dia. Mais do que as medalhas — as duas Olímpicas, ou as outras medalhas que eu tenho de ouro, todas elas, de vários campeonatos — o que mais fica é esse amor, de ter conquistado o coração de multidões, a verdade é essa. E eu senti muito amor mesmo, 19 de agosto de 2022, a data do jogo está marcada em mim pra sempre.

> A Fabizinha me fez uma pergunta na entrevista, logo depois do jogo, assim: "Agora você tem noção da sua grandeza para o esporte? Não vou nem falar para o vôlei". Aí eu falei, "ainda não tenho certeza se tenho grandeza, mas o que eu senti foi muito amor"

Amor transbordante

Eu lembro que a Fabizinha me fez uma pergunta na entrevista, logo depois do jogo, assim: "Agora você tem noção da sua grandeza para o esporte? Não vou nem falar para o vôlei". Aí eu falei, "Fabizinha, ainda não tenho certeza se eu tenho grandeza, se caiu a ficha, mas o que eu senti hoje foi muito amor". Era amor de fãs, de amigos, de família, da imprensa, da diretoria do Minas ou de outros, de técnicos, do *staff* técnico, todo mundo que tirou tempo para vir aqui me assistir e pra fazer a festa junto comigo. A Keyla foi a que mais ficou na minha cabeça pra eu fazer esse jogo de despedida, ela é uma pessoa incrível. Acho que o que fica de legado é isso aí. Se você sabe o que quer, se tem clareza de objetivo, você vai conquistar, vai fazer diferente e se destacar. Quando você transborda com paixão, você recebe de volta e eu sempre transbordei muito amor, muita intensidade, muita disciplina em tudo o que eu fazia. E recebo isso de volta até hoje.

E a mãe parou de jogar!

Todo mundo falava, "suas filhas têm noção do que está acontecendo hoje, no jogo de despedida?". E eu, "não têm noção nenhuma, gente; elas estão ouvindo todo mundo gritar meu nome, sabem que aquele nome escrito no chão ali é Sheilla, mas não sabem ler ainda, e acham que é um jogo de vôlei como outro qualquer". Pedem até hoje, assistindo ao jogo da Seleção Brasileira: "Mãe, volta a jogar vôlei, por que você não volta?". "É porque a mamãe agora está em outra fase da vida, não vai jogar mais, senão eu não estaria aqui com vocês." Mas, apesar de serem crianças e de não terem visto a minha carreira, eu sei que elas já têm um entendimento.

A mãe atleta

Tenho uma prima que estava no *Set Final* comigo, nascida quando eu tinha dezessete anos, então, ela acompanhou muito a minha carreira. Ela é também minha afilhada, é como se fosse minha filha e estava ali jogando comigo na quadra, emocionada. Já as minhas filhas não vão ter essa referência de mim como atleta, mas sei que um dia vão procurar vídeo no YouTube da mamãe jogando. E do último jogo. É um ambiente muito legal pra viver, o mundo de atletas, por isso eu quero de alguma maneira continuar conectada, porque é um exemplo que elas vão levar para o resto da vida. Inclusive por serem mulheres ali, muitas mulheres líderes, inspiradoras, empoderadas. É o que eu quero que elas levem para a vida delas.

Mudando o roteiro

Quando eu desacelerei pra ter filhos, eu tentaria engravidar e continuaria jogando: isso eu mudaria. Ou então congelaria óvulos e teria filhos por agora. Mas não é um arrependimento, porque as minhas filhas são o melhor da minha vida. Eu troco tudo o que tenho por elas. Então, eu poderia ter feito diferente esse final, mas há coisas que não dão pra se mudar, *né?* Eu gostaria de mudar o Mundial pela Seleção que eu não ganhei: isso não tem jeito de mudar. Ou ganhar a Olimpíada no Rio... coisas que não são possíveis. Eu acho que fiz a minha carreira da melhor maneira que eu pude, então, nesse aspecto, eu não tenho nada para mudar.

Maestria o tempo todo

Tudo o que eu me propus a fazer eu fiz e acho que com maestria. Tenho muito orgulho de falar isso, porque eu nunca "dei migué" (enrolar, enganar) igual o povo fala no vôlei, nunca "morceguei" (tirar proveito de alguém). Teve uma época muito difícil da minha vida quando a minha avó descobriu o câncer, que eu acordava sem motivação pra treinar. Eu queria estar em Belo Horizonte com ela e estava jogando fora. E o médico disse que ela estava na fase final da vida, nem chegaria a fazer quimioterapia. Pra mim, era muito difícil treinar, mas eu ia, treinava, me dedicava, eu tinha grande comprometimento com o meu time, a minha equipe, e isso até me ajudava com a tristeza, me ajudava a levantar da cama. Por isso eu digo que a disciplina é muito importante. Sou muito feliz pela minha trajetória e tudo o que eu sempre dei para o voleibol.

Monitorar jovens atletas

Adoro ajudar as meninas mais jovens e sei que posso, pela minha experiência. Tudo o que elas estão vivendo agora eu já vivi — essas que estão chegando na Seleção, ou até em clubes e que começam a se destacar. Eu sei que posso monitorá-las e facilitar um pouco o caminho delas, conduzi-las bem longe. Tenho certeza de que posso levá-las até onde eu fui e é prazeroso pra mim, isso. Sinto prazer em ver alguém que confia em mim, que me escuta, conseguindo conquistar mais um título, subir mais um degrau. E espero continuar de alguma maneira perto dessas jovens, pra se tornarem grandes atletas.

> O que a Sheilla fez pra ser jogadora de vôlei? Ou pega outro exemplo: o que a Fofão fez para conseguir sucesso? Vou falar uma mais atual: o quê que a Gabi (Gabriela Braga Guimarães) faz? É seguir os passos. Em qualquer área da vida é isso

Boas falas às que chegam

Se você tem um sonho, transforme em objetivo e corra atrás. Qual é o seu grande sonho? Se virar um objetivo, é achar uma pessoa que já fez isso. Vamos supor que a pessoa queira ser jogadora de vôlei: o que a Sheilla fez pra ser jogadora de vôlei? Ou pega outro exemplo. O que a Fofão fez para conseguir sucesso? Vou falar uma mais atual: o que a Gabi (Gabriela Braga Guimarães) faz pra ter sucesso? É seguir os passos. Em qualquer área da vida é isso. Às vezes, eu falo, se é adolescente você não sabe ainda o que você quer da vida, mas, fazendo-se as perguntas certas, você vai descobrir: o que me motiva? O que me faz feliz? O que me faz levantar da cama?... entendeu? Eu acho que fazendo as perguntas certas, todo mundo descobre o que quer. É estar no ambiente certo, fazer as perguntas certas e ver quem já conseguiu o que ele quer, para facilitar o caminho que tem que percorrer. Não vai ficar fácil, mas vai facilitar. Fácil nunca vai ser. Se fosse fácil, não teria graça, *né?*

Eu acho que, fazendo as perguntas certas, todo mundo descobre o que quer. É estar no ambiente certo e ver quem já conseguiu o que ele quer, pra facilitar o caminho que tem que percorrer. Fácil nunca vai ser, mas vai facilitar

Alavanca de carreira

É o título olímpico, porque era um título que o vôlei feminino do Brasil não tinha ainda. Mas eu acho que, na minha trajetória mesmo, foi sempre a vontade de estar no lugar mais alto, sempre a dedicação diária. Todos os técnicos sempre me deram esse *feedback*, de que o que gostavam em mim era esse exemplo dentro de quadra, de sempre querer mais, de chegar primeiro e sair por último; enquanto eu não conseguia fazer alguma coisa do jeito que eu queria e sabia que seria bom para o time e pra mim, eu não sossegava, não saía de dentro da quadra. Então, o que alavancou a minha carreira acho que foi realmente essa disciplina, essa dedicação. Querer sempre dar o meu melhor todos os dias.

Empoderadas e vitoriosas

A Seleção Feminina começou essa trajetória vitoriosa com a geração que veio antes, que já tinha ganhado o bronze e eu acho que isso consolidou na minha geração, com aquele ouro olímpico em Pequim. E até hoje, o vôlei está, tipo, no primeiro e segundo lugar do *ranking* há muitos e muitos anos, mais de uma década. Eu espero que essas meninas aí que estão na Seleção hoje em dia continuem com muito amor. Amor em defender a camisa do Brasil, em representar um país inteiro, amor ao vôlei, e que elas também consigam inspirar muitas outras gerações que estão vindo. São muito boas atletas e pessoas incríveis também.

Os próximos passos

Ser mentora ou ser *coach* não é uma coisa que eu quero fazer para sempre não, tá? É pontual. Eu tenho muita clareza disso: quero fazer durante um, dois anos. O que eu quero é realmente usar a minha trajetória de bicampeã olímpica pra continuar inspirando pessoas, que seja com palestras. Ou movimentar a minha rede. Vou também para o lado *business* de alguma maneira; estou descobrindo ainda de qual maneira, mas acho que vai ser um caminho meu, também. Então, sim, estou fazendo isso até pra ajudar pontualmente algumas jogadoras que eu quero que sejam vencedoras aí nessa jornada. Mas não sei se é uma coisa que eu vou fazer pra sempre, entendeu? Estou pensando em outras coisas mais a longo prazo do que isso.

> **Meu foco tão grande que a dor sumia e eu conseguia jogar, mesmo lesionada. Falar que atleta não teve lesão? Já travei as costas, rompi tendão de dedo, tive dor no ombro, dor no joelho, tive tudo isso que atleta tem. Nunca tive que operar nada**

Lesões brandas

Já rompi o tendão do dedo da mão, tipo assim, três dias antes de começar o Mundial eu joguei com o tendão rompido, mas nunca foi nenhuma lesão que me tirou da quadra, que eu tive que operar um joelho, tive que isso, tive aquilo... Eu tive lesões pequenas. Eu sei que têm jogadoras que, com lesões, não jogam, mas eu acho que a dor sumia para mim. Meu foco era tão grande que a dor sumia e eu conseguia jogar mesmo lesionada. Falar que atleta não teve lesão? Já travei as costas, já rompi tendão de dedo, tive dor no ombro, tive dor no joelho, já tive tudo isso que atleta tem. Nunca tive que operar nada, até porque eu sempre me cuidei muito. Desde os meus quinze anos, minha avó pagava uma *personal trainer* para mim, pra eu fazer musculação e fortalecer a minha musculatura. Nunca tive grandes lesões, eu acho, porque eu já tinha essa preocupação desde cedo.

O lado mental

Acho superfundamental o lado mental. Numa Olimpíada, num campeonato mundial, estão os melhores, sabendo taticamente tudo dos adversários, então, o que faz diferença nessas horas é a mente. Isso eu sempre soube. O mental não era falado na minha época, mas eu sempre valorizei muito esse lado. Fiz terapia quando a minha avó estava com câncer, em 2012, ainda nem se falava muito de *coach*. Fiz formações com alguns dos melhores do mundo.

O que o *coach* resolve

O *coach*, feito por um profissional muito bom, faz muita diferença, principalmente em alto rendimento, seja do esporte ou da área de altos executivos, lideranças, porque a terapia pode trabalhar em longo prazo. Você se estressa todos os dias, o que isso pode te causar daqui a dez, quinze anos, que a pessoa tem que resolver pra evitar? Mas se ela vai ter uma crise de ansiedade antes de um jogo, o que fazer pra tirá-la dessa situação? Eu não sei se o terapeuta resolve isso rápido, mas o *coach* eu sei que resolve.

Acho superfundamental o lado mental. Num campeonato mundial estão os melhores, sabendo taticamente tudo dos adversários, então, o que faz diferença nessas horas é o mental, que não era falado na minha época, mas que eu sempre valorizei

O bom profissional

É preciso ter profissionais bons do lado, pra se resolver o que quer. Minha mentora, que é *coach*, é conselheira, trabalha com executivos, me falou uma coisa interessante: "Sheilla, eu não posso fazer um CEO chorar antes de ele entrar para uma reunião com os liderados dele". Pra lidar com altos executivos e esportes, o profissional tem que saber o que está fazendo. No esporte, eu sei que não se pode quebrar a crença de um atleta, porque é ela que pode fazê-lo performatizar daquele jeito. Talvez uma jogadora tenha a crença de perfeição, ela se exige perfeccionismo e é isso que a faz ser a melhor na área dela. Se quebram essa crença dela, até ela construir outra, ela pode parar de render. E há formações de um só fim de semana, a pessoa sai com certificado de um negócio que, no final, não sabe nada. É preciso muito cuidado.

JULIANA VELASQUEZ

Judô e MMA

Atleta de verdade!

Juliana Velasquez Tonasse *(RJ,19.10.1986) é faixa preta em judô, lutadora profissional de artes marciais mistas e campeã mundial Peso-Mosca Feminino do Bellator MMA: em 2022, ela conquistou o 3º lugar no ranking peso feminino do Bellator e o 1º lugar no ranking peso-mosca feminino do Bellator. O pai de Juliana a levou para os tatames de judô aos quatro anos de idade. Onze anos depois, a atleta carioca da Academia Team Nogueira entrou para a competição de alto nível, conquistando muitas medalhas no circuito do judô sul-americano. Em 2014, aos 28 anos, ela decidiu tentar a sorte nas artes mistas mundiais e acabou atraindo os spots num duelo com o lutador Emerson Falcão, promovido pela organização Shooto Brasil, cujo propósito foi chamar a atenção para a campanha contra a violência masculina com mulheres.*

O primeiro "quimoninho"

Olha, como tudo começou é uma longa história. E essa aí vem do meu pai. Puxei muito a ele, que era atleta de judô e professor de Educação Física. E sou a filha caçula, a menininha, a princesinha. E sempre me interessei muito por esporte e acompanhava o meu pai, por quem sempre tive grande admiração. Ele ia dar aulas e meu irmão e eu, desde muito pequena, tínhamos de acompanhá-lo. Só que o interesse pelo meu lado era de 100%; meu irmão já não se interessava tanto por esporte. Aos seis anos, ele começou a fazer judô, enquanto meu pai dava aulas num projeto social, mas não gostou muito — e eu chorei, porque não podia fazer.

Chorei, chorei, até que meu pai acabou comprando um "quimoninho" pra mim. Daí, tudo começou. Era judô, natação, futebol o que eu via pela frente e fazia. Assim me aventurei em várias modalidades. Já cheguei a jogar vôlei até com essas meninas que hoje são da Seleção Brasileira; uma até é bicampeã olímpica, a Thaísa Daher.

Nascida para o esporte

Eu falo que já nasci para o esporte, independente da modalidade. E acho que o esporte é que escolhe a pessoa, na modalidade que vai dar certo ou não. Quando eu jogava vôlei, comecei a querer um esporte individual. Sempre fui um pouco egoísta, sabe? Então, aos catorze anos, decidi voltar para o judô, onde fiquei muitos anos. Na reta final, tentei duas seletivas olímpicas, mas não consegui; fiquei só na seletiva mesmo. É difícil você se manter num esporte olímpico, ainda mais aqui no Brasil.

Descoberta interior

Foi nessa época que eu percebi que não dava mais para ficar em esporte olímpico e decidi ir pro MMA. Eu tinha um amigo que já lutava MMA, o Rafael "Feijão", o único que eu conhecia, na época. Conversamos, ele me levou na Team Nogueira e a gente bolou uma estratégia de como começaríamos a treinar. E deu fruto. Estou aí até hoje. É o meu ganha-pão, o que eu sei fazer. E independente da parte financeira, o MMA me trouxe sabedoria interior, sabe? Conheci um lado que eu não conhecia em mim. Senti medo, muito medo, que eu não sabia que tinha. Eu me achava mega durona e o MMA me revelou a verdadeira Juliana: me permiti vivenciar outras emoções. Então, acho que me encontrei, como atleta e como pessoa mesmo.

Anjo de luz

Tudo vem do meu irmão. No dia 24 de janeiro de 2016, quando eu já lutava MMA, mas ainda sem contrato com evento grande, perdemos o meu irmão. Depois, senti despertar em mim uma força desconhecida, porque quando me encontro numa situação difícil, cansada, exausta, triste, eu me lembro dele e sinto uma grande força. Em determinadas lutas, tinha momentos em que eu não estava ali. Tanto na parte de perder peso, quanto na luta, eu dizia, "*caraca*, eu não aguento mais, estou com dor, estou com dor...", e eu sabia que ele estava ali do meu lado.

Sem tristeza

Tenho uma caricatura dele tatuada no meu braço e às vezes olho pra ela e falo, "vou por você, tenho certeza que você está aqui do meu lado..." e eu continuo. E eu acho que ele é mesmo o meu anjo da guarda e está aqui comigo, porque me dá uma força e uma coragem absurdas. Ele só tinha trinta e um anos quando faleceu. Teve uma crise convulsiva e durante essa crise ele broncoaspirou. A saudade fica, mas a tristeza, não, porque realmente eu o considero o meu protetor, então não tem tristeza. Ele foi para o propósito dele, a missão de vida dele na Terra foi concluída. Daqui a pouco, vai ser a minha. Como a gente está aqui só de passagem, logo vamos nos reencontrar.

A ajuda fundamental

Eu sempre me achei muito forte mentalmente e que nunca precisaria de um profissional para trabalhar essa parte. No ano retrasado, me vi numa situação complicada e achei que saberia controlar aquilo sozinha. Quando me dei conta, eu não estava sabendo lidar e aquilo estava me levando para um lado ruim, que não me deixava treinar bem; eu não tinha mais vontade, não estava com ânimo de lutar. Fiz uma luta no ano passado, das mais difíceis para mim e não gostei da minha performance, não me entreguei 100%. Eu venci, mas por uma decisão dividida, e pensei, *cara, eu deixei tudo aquilo me afetar durante a preparação e durante a luta*. Eu estava em casa, já de saco cheio, falando para a minha mãe que eu queria desistir, não queria bater o peso. Nunca fui assim e notei que eu estava diferente.

Reflexos de autossabotagens

Ao ver o resultado da luta, me toquei, *cara, foi o reflexo de tudo o que eu estava guardando dentro de mim*. Foi aí que reagi, assim, *basta! Eu não quero ser essa pessoa que fica guardando mágoas, tenho que saber botar para fora, pra me livrar dessas emoções ruins*. E fui procurar ajuda psicológica. Fiz um trabalho com um *coach* que é também psicanalista. Conversamos e ele me fez trazer várias informações sobre o meu passado. E essas coisas que eu estava vivenciando no ano passado eram reflexos da minha infância. Eram traumas meus e eu nem sabia que isso poderia acontecer.

> Eu não sou uma cavaleira que tem armadura de ferro.
> Eu tenho que tirar essa armadura e vivenciar os
> meus momentos tristes, tenho que chorar.
> Eu sou uma pessoa também

Resgate feliz

Fizemos um trabalho longo e o *coach* veio resgatando a Juliana, aquela criança dentro de mim. A infância, o amor dos meus pais, o que era importante para mim. Trabalhamos por meio de filmes, livros e estamos aí fazendo até hoje. Depois disso, voltei a sentir alegria e a ser eu mesma, sabe? Eu ia treinar feliz, sorrindo, coisa que eu não estava mais fazendo. E vi como é importante, porque a gente acha que, por ser atleta, principalmente de luta, "eu sou brabo, eu aguento, eu sou de ferro!". Não, eu não sou uma cavaleira que tem armadura de ferro. Eu tenho que tirar essa armadura e tenho que vivenciar os meus momentos tristes, tenho que chorar. Eu sou uma pessoa também, *né?* Então, aprendi a tirar essa armadura de dentro de mim.

Crescendo com a derrota

O que provocou o início desse trabalho interior foi um grande erro, que a gente brigou pra reverter a situação, porque o árbitro o assumiu como dele. Foi uma das lutas que eu estava ganhando bem pra caramba. E acho que se eu estivesse como estava no ano passado, eu teria reagido de outra forma. Mas reagi com clareza e calma. Estou calma até agora, feliz, independente do que aconteceu. No momento da "derrota", deixei fluir algo de dentro de mim e até agradeço à minha adversária, porque ela me despertou um lado que eu não sabia que tinha.

Tirar proveito de erros

Sou muito calma lutando, muito fria e calculista, e a adversária me despertou um pouco de ira na luta, sabe? E acho que eu precisava disso. Porque cada luta é um aprendizado e com aquela, aprendi muito sobre mim mesma. Se eu estivesse como estava no ano passado, acho que não conseguiria enxergar esse aprendizado. Teria levado pra outro lado, que poderia me desviar para o fundo do poço, e parar de lutar, desistir, coisas assim. De modo que tiro proveito de erros, com esse meu trabalho, que continua. E estou curtindo isso.

Exemplo para a garotada

Quero servir de exemplo pra garotada que está chegando. Mostrar para as meninas da nova geração que aquilo ali é um esporte, independente de ter soco, chute — que às vezes machuca e a gente vai também machucar a outra pessoa —, mas existe respeito do outro lado. Eu não me considero uma atleta de ponta e não consigo me ver de outro jeito. Mas desde que entrei no evento do Bellator, fiz grandes lutas e em cada uma, fui mostrando um pouco do meu valor.

Importância do *fair play*

De fato, o conjunto de todas as lutas, eu comemorar vitórias beijando o meu braço, na tatuagem do meu falecido irmão, o modo como me dedico à minha família, tudo isso chama a atenção. E o título, *né*? Porque no momento final, antes de receber o cinturão, fiz questão de ir à minha adversária agradecer pela luta e dar um abraço nela. Eu acho que esse respeito mudou muita coisa. Há muita gente que ainda não tem *fair play* (ética esportiva). Você comemora, abraça e tal. Mas eu vim de um esporte olímpico e tenho um *fair play* muito grande. Eu queria realmente agradecer à adversária, antes de segurar o cinturão.

Nem todo lutador de MMA é atleta e nem todo atleta é lutador. Eu vim de um esporte olímpico trazendo outra bagagem. Distinguir um atleta de um lutador faz uma grande diferença na vida, entende?

Não basta ser campeã

Ser campeã é o sonho de toda atleta, mas não basta só carregar o cinturão, é preciso ser um campeão e dar bons exemplos. Não é falar, "ah, eu vou lá hoje e vou brigar". Não, eu sou atleta e vou lutar. Porque nem todo lutador de MMA é atleta e nem todo atleta é lutador. Eu vim de um esporte olímpico trazendo outra bagagem: a de dedicação, de me preparar, de ciclo olímpico. E nem todos os lutadores de MMA vêm de um esporte olímpico, digo, nem todos puderam vivenciar o que eu vivenciei. Distinguir um atleta de um lutador faz uma grande diferença na vida, entende? Acho que esse foi o meu momento de ascensão ali dentro.

Discriminação por ser mulher

Nunca tive. Quando decidi ir para o MMA, a Ronda Rousey (campeã MMA-USA) já estava com o nome forte e famoso no cenário — ela, pra mim, foi quem revolucionou o MMA feminino — e essa visão já tinha mudado muito na cabeça dos homens. O máximo de preconceito que eu sofri veio da minha avó por parte de pai. Ela falava que judô era um esporte masculino, "é coisa de homem e não coisa de menina". Mas nunca tive pessoas ao meu redor falando assim, me discriminando. Sempre tive muito incentivo dos meus pais e de amigos. Só a minha avó realmente é que falava isso, mas ela faleceu e nem chegou a me ver dentro do MMA. E se tivesse me visto, tenho certeza que falaria a mesma coisa: "Você é maluca de estar fazendo isso" (risos).

Conflitos com a equipe

Dentro do MMA, dentro da academia, a gente é uma família e toda família tem suas brigas, suas divergências, não é diferente. Mas a gente tem boa comunicação e respeito mútuo. Principalmente eu e o Vander, que é o *head coach*. Nós nos sentamos e conversamos sobre mim, as dificuldades, as melhoras. Ele sabe tudo sobre a minha vida, conhece a minha família e na hora que tem que puxar a minha orelha, ele puxa mesmo. Às vezes, ele passa a mão na minha cabeça, outras vezes, me dá um *esporro*, me dá conselho.

Irmandade entre colegas

Entre os meus colegas de equipe, tem uns que considero realmente meus irmãos de vida; vou levar até o fim dos meus dias. Eu sempre brinco — brinco não, falo a verdade, pra eles, que Deus levou o meu irmão de sangue, mas me trouxe outros irmãos. Não pra ficarem no lugar do meu irmão, mas estão ali comigo pra exercer esse papel de irmão. Eu sou a única menina da equipe, então eu sou tipo a princesinha deles. Eles cuidam de mim pra caramba ali e é muito gostoso. Eles são, realmente, a minha segunda família lá dentro.

> Deus levou o meu irmão de sangue, mas me trouxe outros irmãos. Sou a única menina da equipe, então eu sou tipo a princesinha deles. Eles cuidam de mim pra caramba ali e são, realmente, a minha segunda família

Paixão pelo vôlei

Sempre andei muito com o meu pai e se eu quisesse jogar futebol, ele me incentivaria: meu pai, meu grande ídolo. Mas desde pequenininha eu gosto muito de vôlei, independente de não ter continuado. Teve uma atleta de quem sempre fui grande fã, que é a Leila Barros, do vôlei. Eu sou canhota e ela também é canhota, então, eu tinha grande admiração: eu ainda era pequenininha e a via jogando e ficava babando, querendo jogar igualzinho a ela. Eu me via muito pequena perto daquelas meninas todas.

Autoestima e imaturidade

O esporte coletivo exige muito e, quando pequenininha, eu não entendia algumas coisas: achava que jogava melhor que as outras e não era convocada. Eu ficava brava e pensava, *ah, eles estão de panelinha!* Mas com certeza, se eu tivesse continuado, estaria no vôlei até hoje. Eu nunca fui de me entregar facilmente, só que, na idade em que eu estava, ainda sem maturidade, optei rápido: quero fazer o que depende só de mim. Foi quando decidi voltar para o judô. Falei, "cara, é o meu resultado; se eu ganhar, ganhei, e ninguém pode me tirar isso". Entende? Eu achava que no judô teria menos panelinha. Mas meu negócio era fazer esporte, fosse ele qual fosse, esta era a verdade.

Conversas com Deus

Sempre tive muita fé, mas acho que tripliquei. Então, eu busco nas orações: vou e volto do treino conversando com Deus, pedindo lucidez e força. Eu sei que não será sempre do jeito que eu quero, mas, se algo sair como eu não queria, que me sirva de aprendizado. Peço a Ele que me dê muita sabedoria pra saber lidar com todas as situações da vida, sabe? Na hora de dormir, peço que me ponha no caminho certo. E sempre agradeço bastante.

Apoio de livros e filmes

Eu leio muitos livros, vejo filmes e quando estou com medo, procuro um específico. Como eu fiz o trabalho de *coach* mental, ele me passou nomes de filmes de diversos temas. Aí, se me encontro numa situação difícil, sei qual vou rever. *A Cabana*, por exemplo, achei que fosse só um filme espiritual, que não iria me ajudar em nada. Tive que rever o filme com outro olhar e ele me trouxe nova perspectiva. Quando estávamos trabalhando a questão de críticas e julgamentos e eu, às vezes braba, acabava julgando certa situação, logo me tocava, *opa! Quem sou eu pra julgar ou criticar?* Então assisto ao filme novamente, ou leio o livro, e isso me acalma.

Viagens para o exterior

É bem cansativo, sabe? A gente sempre viaja à noite e chega de madrugada por causa de fuso horário. Fiz oito viagens e foram todas bem cansativas. A gente troca de avião, passa por imigração, é desgastante. Eu faço sempre dieta, então é bem complicado levar a comida certinha. Mas numa luta minha no Havaí, senti uma exaustão ainda maior, por causa do fuso horário: sete horas de diferença. É mais fácil chegar no Japão do que no Havaí. Quando voltei ao Brasil, fiquei ainda bem desorientada, pelo fuso horário. Mas acaba que a gente se acostuma. Eu tento me manter pelo menos comendo bem de segunda a sexta-feira. Quando estou fora de luta e não tenho nada programado, aos sábados e domingos me permito ter uma vida normal, comer besteira e tudo mais.

Amor e esporte

É complicado conciliar tudo. Estou casada há menos de um ano e para a minha esposa tudo é bem diferente. Às vezes, ela não entende muito. E eu tenho que repetir, uma, duas, cinco, mil vezes, se necessário: "Esse é o meu trabalho". E ela: "De novo? Você vai treinar de novo?". "Sim, vou." "Você não pode ficar em casa hoje?" "Não, não posso." Esporte é como um trabalho normal, só que eu não assino carteira. E um dia a menos de treino é um dia a menos de aprendizado. E sou muito exigente comigo, me cobro treinar duas vezes ao dia, não me permito menos. Se não, eu piro. Mas claro que a gente sempre tira férias, depois que eu volto de luta.

Quase um vício

Às vezes, eu falo que vou ficar um mês sem fazer nada. Esquece. Você quer ir à praia pra tomar um sol, mas quando vê, já está lá de tênis, correndo. Eu queria ter feito futevôlei nas últimas férias, coisa que sempre tive vontade. Mas voltei com a perna machucada e não pude porque iria piorar. Então, tento fazer outra coisa, como andar de skate. Às vezes volto de uma luta e fico um mês só surfando, sem fazer mais nada. Assim, eu troco de esporte e essas são as minhas férias. Mas parar realmente de fazer esporte, eu não consigo.

Críticas e injustiça

Eu sempre tive muita dificuldade pra falar a verdade de como me sinto. Tinha medo de como poderiam reagir, ainda mais eu, que estava invicta dentro do MMA. Era sempre aquela, "mas, você é invicta? Você sente pressão?". *Caraca*, eu respondia que não, mas sentia, sim, medo do julgamento, de perder essa invencibilidade e as pessoas me criticarem. Porque convivi durante algum tempo com alguns lutadores, como o Anderson Silva, o Erick Silva. Mas a referência que tive do Anderson Silva foi grande. Quando ele estava ganhando, todo mundo aplaudia, "o cara brinca na luta, ele é incrível". E quando ele perdeu, "cara, é que ele é brincalhão, não leva nada a sério".

> Comecei a ver muitas críticas ao Anderson Silva, pensei,
> caraca, quando ganha é uma coisa, mas quando perde
> é uma crítica atrás da outra. E me vi naquilo.
> Levei um susto e fiquei com medo

Lidar com o medo

Comecei a ver essas críticas e pensei, *caraca, como as pessoas mudam.* Quando ganha, é uma coisa. Perdeu e é uma crítica atrás da outra. Aí, me vi naquilo e levei um susto. Nunca comentei nada com ninguém, mas conversei com o *coach*. Ele me perguntou qual era o meu maior medo hoje e eu disse que era perder e ver as pessoas apontando o dedo para mim. Isso foi uma coisa difícil de lidar. Mas, graças a Deus que, mesmo com essa derrota no meu cartel, só recebi elogios. Muitos viram que não foi erro meu e sim da arbitragem.

Trabalho constante

Claro que não é num passe de mágica que a gente se livra dos medos. Tem-se que continuar trabalhando. Eu sei que sempre vai haver críticas, mas hoje estou sabendo lidar um pouco melhor do que antes. É que a crítica assusta, *né?* E foi uma forma tão pesada com o Anderson Santos, que foi o atleta número um do MMA internacional e nacional, que, *caraca*, eu não sou o Anderson Silva... mas as críticas a ele me assustaram.

"Geração mimimi"

Hoje em dia as pessoas dizem, "é a geração mimimi". Ficam reclamando "é isso, é aquilo", se achando no direito de criticar, mesmo os jogadores de futebol, os atletas que estão na mídia. Porque as pessoas sempre têm uma opinião, "ah, você lutou mal por causa disso e disso". As pessoas são maldosas, não tentam chegar e te dizer, "poxa, eu torço por você, *pô*, por que você perdeu?". Não, primeiro atacam, pra depois perguntar o que aconteceu. Cara, as pessoas se esquecem de que, independente do esporte que se faça e de estar na televisão, nós somos seres humanos, temos sentimentos.

Espanto com torcedores

Tenho um amigo que lutou no ano passado e ganhou de um atleta de nome muito grande. Só que esse atleta falou pra mídia que o meu amigo tinha batido antes de tudo, como se o meu amigo fosse um safado. Eu postei uma foto com esse meu amigo e escrevi, "cara, estou do seu lado, pô, tenho certeza de que você está falando a verdade, eu conheço a sua índole". O que eu recebi de críticas me chamando de safada e cúmplice dele! Gente, as pessoas estão perdendo a noção por causa de time, por causa de esporte. Agridem gratuitamente.

> Você perde, aí vai olhar o seu Instagram e em vez de ver as pessoas falarem, "poxa, você vai voltar mais forte, levanta a cabeça!", não; é "seu bosta, você não fez nada na luta!". Pô, quê isso? Isso te destrói.
> Ninguém gosta de crítica destrutiva

Conselho aos fãs

E me pergunto, o que está acontecendo? O quê que mudou? Quando o atleta perde, quem fica mais triste é ele. Como ele pode estar feliz por ter perdido? Imagina, você perde, aí vai olhar o seu Instagram e em vez de ver as pessoas falarem, "poxa, parabéns pela sua atuação; poxa, você vai voltar mais forte, levanta a cabeça!", não; é "seu bosta, você só leva na brincadeira, você não fez nada na luta!". *Pô*, quê isso? Isso te destrói, mesmo você tendo a mente blindada... porque blindada 100% ela nunca vai estar. Você acaba ficando triste, chateado com aquilo. Ninguém gosta de receber críticas destrutivas.

O porquê da armadura

Quando vêm críticas destrutivas, muitos põem uma armadura e aí criticam, *"pô, por que fulana é assim?"*. Claro, porque recebeu tanta crítica que endurece e acaba sendo seco com outras pessoas. Hoje eu superentendo, vendo essas coisas acontecerem. Antes eu não entendia. Cara, tem um porquê isso. Até de artistas as pessoas falam, "ah, encontrei a fulana de tal no shopping e ela é mega antipática". Cara, mas ela é uma pessoa, ela também quer ter uma vida privada. Imagina, a cada minuto ter que tirar foto! Outro dia, o Anderson Silva estava comendo, chega um cidadão e bota a mão no garfo dele, impedindo-o de levar à boca. Não podia esperá-lo terminar de almoçar pra depois pedir a foto?

Dando toques

Hoje, quando alguém fala alguma coisa, eu cito um exemplo, *"pô, você* é advogado, vamos lá: você ganha todas as suas causas? Quando você perde, ficam te criticando?". Em minha profissão é a mesma coisa. Claro que estamos sendo vistos por milhões de pessoas, temos torcedores, fãs, mas é quase a mesma situação. Um advogado também perde um caso. Sei lá, um escritor de repente não foi muito bem-sucedido com aquele livro. Cara, ele já está triste, por que eu vou ficar criticando? Existem erros e acertos em todas as profissões, ninguém é 100%.

O maior legado

Minha família é meu maior legado, eu dedico tudo a eles, até me emociono ao falar sobre os meus pais. Mas meu maior orgulho foi que conquistei tudo o que o meu pai sempre teve muito medo de eu não conseguir. Acho que todo pai e mãe têm esse mesmo receio que ele tinha, tipo, "se eu partir, será que os meus filhos estão preparados para o mundo?". Hoje eu digo, "poxa, pai, você fez um excelente trabalho".

A lição do sonho

Fui criada com liberdade pra fazer o que eu quisesse. Se eu dissesse, quero ser judoca, ou quero ser marceneira, meu pai dizia, "tudo bem, filha, *vais ser*, mas o que temos de fazer pra você ser a melhor marceneira?". Ele era esse, sabe, sempre estava do meu lado. Na época do judô, no final de semana, ele vestia o quimono e treinava comigo. E me ensinou a ter muita disciplina. Uma coisa que meu pai sempre falou: "Juliana, todo ser humano é movido por sonho, mas esse sonho tem que ser construído a cada dia, pra virar realidade". E é o que eu procuro fazer. Tudo o que aprendi com ele eu quero transmitir aos meus filhos.

Olhando para trás

Acho que tanto os meus acertos quanto os erros me construíram para o que sou hoje, me deixaram pronta, mais forte. Erros fazem parte do nosso aprendizado, do nosso crescimento. Eu não mudaria nada do que fiz até agora. Até porque sou espírita e para a vida não existe final. Estamos aqui de passagem, pode ser que amanhã eu já esteja em outro lugar, mas a vida continua e lá vamos ter outro recomeço, novo aprendizado, diferente do daqui, que é o da matéria. E pode ser que para onde se for, não haja esse lado material. Então, acho que a vida não tem fim.

Final de carreira

Sou formada em Educação Física e sempre tive vontade de trabalhar com performance. Quem sabe se quando eu achar que o meu corpo já está pedindo pra parar, eu comece a me dedicar a essa parte de preparação física? Por enquanto não sinto o peso da idade, de lesão. Claro que tenho muitas lesões, sou atleta desde muito cedo, mas não é hora ainda de pensar nisso, nem consigo pensar que vou ser ex-atleta e me aposentar. Não é fácil isso, agora.

> **Meu pai sempre me cobrou a parte da Educação, então, quando fiz judô, eu era da equipe de uma universidade e o meu próprio treino pagou minha faculdade. Pude conciliar sem problemas**

Carreira e estudos

Meu pai sempre me cobrou a parte da Educação, "você pode fazer o que quiser, mas eu quero que você estude". Então, quando fiz judô, eu era da equipe de uma universidade e meu próprio treino pagou minha faculdade. Não se podia ter reprovação, daí que me dediquei bastante à faculdade e ao treinamento e deu supercerto, pude conciliar sem problemas. Quando alguém fala "ah, eu não consigo conciliar", *pô*, consegue sim. A gente é capaz de coisas que nem imagina, quando quer de verdade fazer o que seja. Eu me formei sem reprovação alguma e, ao mesmo tempo, consegui grandes resultados com o judô. Eu viajava estudando. Sempre deu certo.

Para chegar ao alto desempenho

Cara, é dedicação. Se você se propõe a fazer algo, faça! E se fizer só 90%, não vai dar certo. Tem que se jogar de cabeça em tudo que você faz. Treinar todo mundo treina, mas o que eu preciso fazer para ser diferente e a melhor? Se tiver que treinar três vezes por dia, faça três vezes por dia. A disputa na vida é muito grande, então, tenha disciplina e clareza, seja focado e confie em você. É uma receita feijão-com-arroz, mas que super-funciona. E não é só acreditar da boca pra fora, hein? Quando eu faço uma dieta muito rígida, pra perder peso para lutar, e recebo convite pra um churrasco, vou e levo minha marmita. Se falam, "sai só hoje da rotina", eu digo não! Nada pode te desviar do caminho e do seu propósito.

Atleta de verdade

Muita gente não consegue entender a cabeça de um atleta de verdade. Às vezes eu falo, "tenho que tirar peso". "Como assim? Mas você é magra." Sim, mas não importa se sou gorda ou magra, não se trata de estética, eu preciso bater o peso para poder lutar. Mas muitos não entendem esse meu caminho, essa minha escolha, como é o meu trabalho, *né?*

E as lesões?

Já fiz três cirurgias no mesmo joelho, mas nada assim que tenha sido coisa diferente dos demais. Foi uma ruptura de ligamento, depois deu uma fibrose e depois, tive que fazer o menisco. São coisas cotidianas de um atleta mesmo. Não conheço um sequer que fale "eu nunca fiz uma cirurgia".

Inspirações e ídolos

Primeiro, meus pais e meu irmão, que são os meus exemplos. E no esporte, o Anderson Santos, o Minotauro, a Leila do vôlei, que eu adoro, a Érika Coimbra, a Thaísa Daher, que independente de serem minhas amigas do vôlei, tenho grande admiração. A Thaísa Daher é minha inspiração, é uma grande mulher. Acompanho a carreira dela desde o começo, ela ainda nem sabia jogar vôlei e veja o crescimento dela! Francisca, eu tiro da minha caixinha aqui uma frase que ouvi e que levo para o resto da minha vida: "O homem é do tamanho do seu sonho". Mas, como meu pai falava, sem pôr em prática, será só um sonho.

Juliana Velasquez e seu irmão Rafael

Vôlei de praia

A campeã perfeccionista

Mônica Rodrigues *(Rio de Janeiro, 20.09.1967) trilhou um caminho de grande campeã. Ganhou vários campeonatos e medalhas em jogos olímpicos, tais como: medalha de prata em Atlanta (1996), medalha de prata em São Petersburgo (1994) e medalha de ouro nos Jogos Mundiais, em Haia (1993). Foi campeã sul-americana infantojuvenil, campeã mundial juvenil, campeã sul-americana de Clubes, tricampeã sul-americana, bicampeã carioca, campeã do Torneio de Vôlei de Praia da Fundação Rio Esporte, penta vice-campeã do Circuito Mundial de Vôlei de Praia, campeã do Circuito Brasileiro de Vôlei de Praia, vice-campeã do Goodwill Games, campeã do Circuito Brasileiro de Vôlei de Praia/Etapa Santos, vice-campeã do Circuito Brasileiro de Vôlei de Praia/Etapa RJ, vice-campeã olímpica de Vôlei de Praia em Atlanta, campeã do Circuito Mundial de Vôlei de Praia. Jogou pelo Fluminense, Bradesco, Pirelli, AABB/RJ (Master) entre outros.*

A descoberta como atleta

O meu começo é interessante. Eu jogava na escola e o meu, hoje, marido, foi ver um jogo lá e falou que eu tinha jeito pra ser atleta. Mas eu já era mais velha, porque estudei inicialmente numa escola americana e aqui no Brasil, na idade mirim e infantil, normalmente se treinam às 14h e eu chegava da escola americana entre 15h30 e 16h, então, não dava pra eu participar desses treinos. Só aos quinze anos, quando foi me ver jogar, ele falou que eu tinha realmente o perfil e que era pra eu ir ao Fluminense.

Treino e mais treino

Fui ao Fluminense naquele mesmo ano, já quase com dezesseis anos. Ele reafirmou: "Olha, você tem tudo, mas vai ter que treinar oito horas por dia, em todos os treinos, para, em três meses, pegar a seleção carioca da sua idade". Aceitei o desafio. Eu chegava no Fluminense às 14h, treinava com o mirim e ficava no paredão exercitando a técnica. Fazia o treino do infantil e depois fazia o meu treino, que era o infantojuvenil. Depois, ia ajudar no treino das adultas. Eu era horrível, mas ele me botava para sacar, pra pegar bola e eu ficava ali. Em três meses, fui convocada para a Seleção Carioca daquele ano, 1983. Fui titular e fomos campeãs. Depois, fui para a Seleção Brasileira. E aí se passa a fazer parte desse grupo seletivo.

Só treinar é pouco

Há vários atletas que praticam, mas não são atletas olímpicos. Gostam do esporte, treinam e tudo, mas para chegar numa Olimpíada e continuar no topo, tem de ser muito diferenciado. Porque a Olimpíada é o máximo de um atleta. Você meio que se deslumbra e sua cabeça pode ir pra vários lugares, ali. E é ir com a consciência de que não pode fazer nada. Tem que continuar com a sua rotina, concentrado, disciplinado, até chegar ao último apito do último jogo, para depois ir conhecer as coisas ou assistir aos outros esportes. E poucos técnicos têm essa noção do mental do atleta.

O atleta, hoje

Hoje eu acho que está bem pior, porque tem a internet, as redes sociais, o medo de ser cancelado, tem que aparecer assim e assado. Essa parte eu acho bem perigosa, é preciso saber lidar muito bem com tudo isto, ter uma cabeça muito boa para ouvir as críticas. Porque esse mundo do Instagram é um mundo em que ninguém está ruim. É muita ilusão. *Eu estou bonita aqui, eu tenho um patrocínio ali, eu treinei isso aqui, eu estou com essa roupa aqui, o meu jogo é esse e tal.* Perder, ali, não aparece.

O sonho de todo atleta

Joguei em alguns clubes depois do Fluminense. Fui para o Bradesco com um grupo bom, bem selecionado. Joguei em Piracicaba, joguei na Pirelli e voltei para o Rio. Um ano antes, ainda jogando na Pirelli, uma amiga que conhecia o pessoal da Confederação Brasileira de Vôlei me perguntou se eu queria ir jogar num torneio de vôlei de praia no Chile. Era um Sul-Americano. Eu falei que queria, mas como seria isso? Tipo, *eu ainda jogo na quadra*. E eu podia ir. Então, topei, "tá bom, vamos treinar". Treinamos um mês, sozinhas, eu e ela, a Claudia Lupion. Fomos, jogamos e ganhamos de todo mundo. Foi fácil.

Exigente e perfeccionista

Eu era muito exigente comigo e com a minha parceira. Dava, às vezes, bronca nela por errar numa bola fácil. "Pô, pelo amor de Deus, Claudia, capricha! Como é que pode?!...", não-sei-o-quê. Mas ganhamos e aí vieram me perguntar, "você está ganhando de 15 a 2, o jogo é de 21. Ela erra e você briga com ela?". E eu, "lógico, bola difícil a gente vai tentar acertar, mas com bola fácil não podemos errar". Eu era assim. Depois, analisando friamente, eu podia cobrar um pouquinho menos. Mas eu cobrava porque não queria perder de jeito nenhum. Às vezes eu dizia, "encosta lá na linha, pode deixar que eu passo". Eu mesma me submetia, tipo, "deixa que eu erro", entendeu? Eu não queria exigir nem brigar, mas pra ganhar tinha que fazer bem-feito. Isso sempre foi meio que um perfeccionismo meu, *né*? No vôlei foi bem alto esse meu perfeccionismo. E no ano seguinte teve o mesmo convite. Fomos e ganhamos, também.

De quadra ou de praia?

Eu jogava ainda na quadra, mas um dia pensei: "E esse esporte aí, o vôlei de praia? Esse tem mais a ver comigo". Porque sempre frequentei a praia e brinquei de vôlei, frescobol, pegar jacaré, coisa de menina e menino do Rio de Janeiro. Quem vai à praia no fim de semana e gosta de esporte, pratica, entende? Decidi que queria isso, mas fui chamada pelo Marco Aurélio Motta, que estava na Turquia, para o time aqui no Rio. "Tá bom, mas depois do treino eu posso ir pra praia? Posso jogar uns torneios na praia?" Ele deixou e fui para a praia jogar. Mesmo depois da quadra, eu ia um pouquinho. Aí almoçava, descansava e ia treinar de novo na quadra.

> Era meu esporte preferido, porque estou na praia, é um ambiente que para mim é bacana, é familiar. Não morro de calor, como naqueles uniformes que eu tinha que usar dentro do ginásio. Eu suava tanto! Era um calor tão grande!

A decisão pela praia

Mas quando tinham os torneios na praia, eu ia participar. Era meu esporte preferido, porque estava na praia, um ambiente que para mim é bacana, é familiar. Não morro de calor, como naqueles uniformes que eu tinha que usar dentro do ginásio. Eu suava tanto! Era um calor tão grande! E esse jogo é melhor para mim, eu curto esse negócio de largar de um lado e a pessoa não conseguir chegar. Quando chegou a decisão da quadra, o Marco Aurélio falou: "Mônica, agora você não vai mais jogar na praia e nem treinar, tá? Vamos focar na reta final dos clubes aqui". Ok, mas acabou essa reta final eu me decidi, "não quero mais jogar na quadra".

Sobreviver jogando na praia

Se você me pergunta que fui pra praia porque tinha dinheiro, tinha muito campeonato, muita torcida... Não. Não tinha nada. Nada. Fui porque me encantei pelo esporte, achei que eu ia ser bem melhor do que eu era na quadra. Tinha a ver comigo esse negócio de largar bem, de entender do jogo. Mas não tinha nada, entendeu? Então, fui para a praia pra quê, como é que eu ia sobreviver, ganhar meu dinheirinho? A gente jogava era por uma medalha, uma camiseta... nossa! O melhor prêmio foi uma patinete — que eu não ganhei, porque fiquei em terceiro lugar e fiquei muito aborrecida da vida.

E virei vendedora...

Passei a vender biquíni, short e camiseta pra me sustentar e ficava treinando com as meninas — não era treino, era joguinho com quem estava na praia. E a Adriana Samuel fez o mesmo, ela morava no Posto 6. Era uma rede muito conhecida, que o Bernardinho, o Renan, o Bernard, essa geração de prata frequentava, quando eu estava no Rio. Tinha umas meninas que jogavam ali e a Adriana morava em frente. Eu chamava, "Dri, vamos lá". "Ah, não, Mônica, quero não." "Dri, vamos entrar aqui pra jogar contra elas." Aí a gente jogava. E ficávamos assim. Num belo dia, nos chamaram pra um torneio feminino de vôlei de praia na Barra da Tijuca. Adriana topou. Conseguimos um short, patrocínio de uma lojinha de surfe na época. Botamos o short e lá fomos nós. Fomos o terceiro lugar, porque a gente não treinava. Gostamos e passamos a ir todo dia, sem compromisso. Era assim: "Vai ter um torneio. Dri, vamos treinar?".

Na cara e na coragem

Treinar quer dizer jogar junto todos os jogos, *né*, porque não existia nada, nem técnico, nem preparador físico, não existia nada. Aí começou... vai ter agora um torneiozinho, a Copa Itaú, vai ser no Espírito Santo, na Bahia, não-sei-onde. Fomos as duas e a gente começou a ganhar, e ficávamos sempre em primeiro, segundo lugar, estávamos sempre ali. E aí, teve um campeonato mundial em Copacabana e fomos jogar. Todas as atletas brasileiras inexperientes, o mundo inteiro inexperiente e as americanas já tinham jogado um torneio AVP nos Estados Unidos bem interessante — e profissional, todo mundo ganhava dinheiro, tinha patrocinadores, a gente não, só na cara e na coragem.

Perdendo para as americanas

E a Jackie tinha ido para os Estados Unidos pra jogar vôlei de praia; a Jackie Silva não participava aqui, participava lá. Aí nós fomos para esse campeonato mundial em Copacabana. Lotou. Lotou muito. Era uma sensação incrível. E nós, eu e a Adriana, fomos para a final com as americanas. Lotado, todo mundo torcendo pra gente. Primeiro set: perdemos de 12 a 1 para as americanas. E eu dando um escândalo, "como é que a gente pode perder de 12 a 1? A gente é boa!". Mas elas "sacavam viagem" e a gente nem sabia o que era isso aqui no Brasil. Elas sacavam no meio, então não era definido em uma ou em outra.

Com as melhores do mundo

No segundo set do jogo, ajeitei o nosso time — porque eu sempre tive esse dom, acho realmente que é um dom que eu tinha de perceber e ajeitar o meu time. Acho que o vôlei de praia necessita de uma pessoa dentro de quadra pra fazer a diferença dessa tática, uma armação, uma combinação das coisas. Falei: "Pode deixar que eu pego o meio". Aí foi um jogo bacana; elas ganharam de 13 a 11 no segundo set. Foi superdisputado e a gente viu que tinha condição, porque aquelas eram as melhores do mundo. Agora, antes do técnico, a gente precisava de um preparador físico para que melhorássemos, pra que a gente conseguisse sacar pulando e aprendesse melhor as técnicas.

O início da trajetória

E assim começou a nossa trajetória. Primeiro, a gente contratou um preparador físico, depois um técnico e viemos a ser as campeãs mundiais logo em seguida. E daí não parou mais para o Brasil. As americanas não ficaram mais em primeiro lugar. Às vezes, no circuito mundial, como era chamado na época, elas ficavam em primeiro. Em Atlanta, em 1995, foram elas as campeãs mundiais, eu e a Adriana estávamos ali entre terceiro e quinto, não foi um bom ano para nós. Antes, a gente foi campeã brasileira, campeã sul-americana, campeã mundial. Mas tudo bem, a gente caía aumentando, *né?*

Equipe de bambas

Tínhamos a ajuda de profissionais, porque o meu marido, Jorge Barros de Araújo, foi auxiliar do Bebeto de Freitas nessa geração de prata, então, ele conhecia os profissionais. Teve o psicólogo do esporte, que é maravilhoso e ajudou a gente também, e o fisiologista, o João Olinto, amigo do Marcelo Freitas (Dentinho), que o Jorge botou na Seleção Brasileira também, e mais fisiologista, nutricionista, cardiologista. A gente foi fazendo as coisas como devem ser feitas.

> Na nossa experiência no voleibol *indoor*, durante anos, tivemos a sorte de ter técnicos realmente excelentes, que exigiam a técnica e a disciplina. Mas éramos assim, naturalmente, ninguém precisava falar que tínhamos que ser disciplinadas, pois já éramos

Chata, mas disciplinada

Isso é uma coisa muito importante: eu e a Adriana sempre fomos disciplinadas. Nunca uma chegou a falar, "por que você chega atrasada? Por que não fez isso ou aquilo?". Não, as duas chegavam no treino na hora certa. Eu arrumava o time sim, era chata, ok, mas tinha o técnico, ele dava o treino e nós o cumpríamos da melhor forma possível, treinando realmente para não errarmos mais. Então, na nossa experiência no voleibol *indoor*, durante anos, tivemos a sorte de ter técnicos realmente excelentes, que exigiam a técnica e a disciplina — mas éramos assim, naturalmente, ninguém precisava falar que tínhamos que ser disciplinadas, pois já éramos.

O campeonato mais importante

Foi no início, em Niterói, quando conseguimos o nosso primeiro patrocínio, em 1992-93. Na época, a gente foi na empresa, que era a Texaco, e eles meio que assim: "Mas, eu vou dar dinheiro pra você jogar na praia?". "É, é o vôlei de praia, um esporte novo e tal. Vamos fazer o seguinte: você tem decalque aí? Me dá uns decalques da Texaco que eu vou colar no short. E aí vocês veem se a gente é um bom produto ou não." "Está fechado." E a gente ganhou tudo. Ganhamos os três. Saiu em todos os jornais, televisão, tudo. Essa pessoa lá foi promovida, nós ganhamos o nosso primeiro patrocínio e seguimos como a melhor dupla no Brasil — porque a Jackie Silva estava nos Estados Unidos, jogando com as americanas.

E o vôlei de praia virou olímpico

Em 1994, o Carlos Arthur Nuzman fez o Campeonato Mundial no Rio de Janeiro para convencer o presidente do Comitê Olímpico Internacional a incluir o vôlei de praia no programa olímpico. Ele veio e, eu e a Adriana Samuel, ganhamos tudo. Ele ficou encantado, *né,* porque aqui no Brasil era uma festa. Às 6h da manhã tinha gente na praia inteira fazendo fila pra entrar para ver o jogo. E toda a televisão e tudo. E assim foi aprovado como esporte olímpico. Então, a partir de 95, a Jackie voltou para tentar a vaga para a Olimpíada e conseguiu junto com a Sandra Pires.

Esporte libertador

Em 1996, antes da Olimpíada, em todos os campeonatos que nós jogamos, a Jackie foi primeira e eu e Adriana fomos segundo lugar. Então esse início foi bem bacana, foi maravilhoso. A paixão com que a gente fazia aquilo e com que as pessoas viam o vôlei de praia, nossa, que esporte libertador — estar na praia, todo mundo de biquíni numa arquibancada, e queriam aquela chuveirada de bombeiro. Era muito lindo, era muito bacana. E aí foi crescendo, *né?*

Sem lesões graves

Lesão que me impedisse de jogar, enquanto eu joguei, nunca tive. Eu era uma atleta muito forte e nunca deixei de fazer um treino e de jogar um campeonato. Porém, teve um campeonato mundial, em Portugal — a gente fazia França, Portugal, Japão e China, eram quatro etapas juntas —

eu estava com o irmão do Dentinho, o Marquinho (Marco Freitas), que era meu treinador — e ganhamos o campeonato. Então, fomos comemorar a vitória. Pedi um risoto de camarão e quando chegou, eu falei, "hum, não está bom, não quero". Aí, o cara foi lá e disse que fez outro. "É, ficou melhor." Só sei que eu passei mal. Tive uma infecção intestinal essa noite e tínhamos que ir para o Japão. O Marquinho acordou. "Quem está passando mal?" "Sou eu, estou péssima. Foi aquele camarão de ontem."

Ganhamos o campeonato e fomos comemorar. Pedi um risoto de camarão e quando chegou eu falei, "hum, não está bom". O cara foi lá e disse que fez outro. Ficou melhor. Só sei que eu passei mal. Tive infecção intestinal essa noite e tínhamos que ir para o Japão

Um campeonato marcante

Fomos para o Japão, doze horas de voo. Passei mal o voo inteiro, com febre, enjoada, sem comer nada, uma coisa horrorosa. Chegamos no Japão. A Sandra Pires estava perto de mim e eu falei: "Sandra, estou passando muito mal". "Mônica, calma, me deixa pegar a bagagem, tem remédio nela." E eu, "Sandra, você não está entendendo. Estou passando muito mal, vou desmaiar já, já". Aí ela: "Calma, Mônica, espera até a hora de pegarmos a bagagem" e não-sei-o-quê. Quando a gente saiu do avião, eu estava morrendo de frio e todos os cobertores estavam comigo. Tinha uma escada rolante bem grande. Chegou lá em cima, *bum!*, desmaiei.

O drama no Japão

Desmaiei na escada rolante, porque foi realmente uma diferença de temperatura. Os japoneses me puxavam, Sandra e Jackie me puxando igual a um saco, porque eu sempre fui forte e pesada, me tirando da escada rolante. Ali fiquei por quarenta minutos. Resumo da história: quarenta e dois graus no momento e eu não conseguia me levantar; se eu levantasse, desmaiava. Emagreci 8kg em sete dias, de segunda a domingo. Não sei como é que aconteceu, só sei que a gente jogou e não treinei nenhum dia. Fui assim mesmo. Eu não conseguia levantar, porque eu caía, bum!, só passando mal. E não comia nada. Mas eu disse, "temos que ir, o campeonato começa agora, quinta-feira". Todo mundo ao meu redor tinha um saquinho de açúcar e um de sal. E tínhamos que pegar um trenzinho de meia hora até chegar na praia.

O desafio físico e mental

Eu repetia, *estou passando muito mal*, e mesmo assim ia jogar. Eu jogava com um saco de gelo como se fosse um Pedialyte lá do Japão. Ficava em pé e jogava. Só sei que a gente ganhou. Então, para mim, foi o campeonato mais marcante da minha vida, em termos de superação física e mental. Eu não vi nada igual; acho que muito poucas pessoas iriam jogar naquelas condições. Eu tinha em mim aquela força. E não ia deixar a minha parceira, não iria deixar de jogar, eu ia fazer o meu máximo sempre, entendeu? E depois, a Olimpíada é a mais marcante, em termos de resultados expressivos. Foi superextraordinário tudo.

> Eu repetia, *estou passando muito mal*, e mesmo
> assim ia jogar, com um saco de gelo, como se fosse um
> Pedialyte lá do Japão. Só sei que a gente ganhou.
> Foi o campeonato mais marcante da minha vida,
> em termos de superação física e mental

O breque na carreira

E depois, pra eu parar de jogar? Eu já estava com trinta e nove anos quando meu ombro saiu do lugar. Nunca senti dor no ombro, nunca, nada, mas saiu do lugar. Falaram que eu ia ter que operar. "Tá bom, vou operar, porque eu quero fazer esporte para o resto da minha vida." Se eu fosse ficar em casa fazendo tricô, dizia o médico, "não precisa operar". Mas eu não conseguiria não fazer esporte, então, operei. E foi aí que parei de jogar, porque eu não achava que, com aquela idade, tendo ficado seis meses em recuperação da cirurgia, eu iria voltar a pular, que ia chegar entre as quatro. Eu era muito exigente comigo mesma. Não achava que era possível manter ali um bom nível, então, parei de jogar.

Mercado cruel

Resolvi ser técnica e fazer uma dupla, uma coisa bem idealista, vamos dizer assim. E foi o que eu fiz. Não me arrependo de nada. Mas aqui, no Brasil, esse mercado é bem cruel, não tem apoio de ninguém. Eu continuo. Hoje dou aula, dou treino de vôlei de praia, mas para ninguém especificamente. Consegui ficar durante cinco anos com uma dupla masculina — eu gosto mais de trabalhar com o masculino, aliás, trabalhei bastante mais com masculino —, porque, em cinco anos, consegui a estrutura para eles, mas eu não recebia nada: eles tinham dezoito anos e até Sub-21 não tem premiação, não tem nada, não ganham nada. É muito cruel. Quando eu consegui que um deles chegasse em primeiro lugar, esse menino foi para a Seleção Brasileira. Fui chamada pra fazer parte da Seleção Brasileira quando foi feito um projeto aqui, e aí ele desvirtuou. Eu não estava mais o apoiando.

Sem foco não ganha jogo

Ele tinha problema familiar. E tendo tudo, todas as chances, ele falava, "ah não, um dia após o outro... talvez". Não ia uniformizado, não tinha boa postura. E tinha comigo a chance de aprender, porque eu falava, "vai assim, vai assado, faz isso". Numa Seleção Brasileira tem mais gente, eu não posso ficar sendo a babá desse um. Eu já tinha ficado um tempo, mas ele não assimilou. Eu investi muito neles nessa época. Investi o meu dinheiro e falava, "vocês me pagam com a premiação". "Mas e se a gente não ganhar?" Eu falava sempre, "vai ganhar, mas não se pode querer mais sem esforço". Porque não adianta ter a melhor estrutura, o maior dinheiro. Não vai ganhar nada, se não focar, entendeu? Então, acho que o vôlei de praia é um esporte bem específico, porque não temos um clube por trás que nos dê segurança financeira.

> Não adianta ter a melhor estrutura, o maior dinheiro. Não vai ganhar nada, se não focar, entendeu? O vôlei de praia é um esporte bem específico, porque não temos um clube por trás que nos dê segurança financeira

O diferencial

Tudo depende de nós. Temos que ser disciplinadas, temos que correr atrás do patrocínio, temos que fazer as nossas viagens. Hoje, algumas equipes têm quem faça, mas a maioria não tem, porque não paga. Eu e a Adriana sempre fizemos tudo sozinhas. Graças a Deus foi uma carreira maravilhosa, não tivemos contusão, participamos de todos os campeonatos, porque éramos muito disciplinadas, focadas, exigentes conosco mesmas. A gente queria ganhar. Queríamos fazer o melhor, ser as melhores. Esse é o diferencial.

Os atletas de hoje

Hoje eu vejo pessoas no vôlei de praia que até vão para a Olimpíada, mas praticam sem seriedade. O técnico não pode chamar a atenção: tem que ser amigo. E assim, o voleibol de praia no Brasil está numa situação, eu acho, crítica, bem ruim, está decadente. Porque não têm profissionais realmente sérios, tanto técnicos como os atletas. Lógico que se vai sempre ressaltar um ou outro, mas antes, durante quatro Olimpíadas, nós fomos e voltamos sempre com medalhas. Em Tóquio, os jogadores do Brasil são os mesmos de lá atrás; tinha jogadoras novatas, mas tinha também as que já tinham medalha até de ouro. Aconteceu que estão mais velhos, estão na zona de conforto e praticando esporte... então, se classificam.

> **Hoje há pessoas que até vão para a Olimpíada, mas praticam sem seriedade. O técnico não pode chamar a atenção, tem que ser amigo. E assim, o voleibol de praia no Brasil está numa situação crítica, ruim, decadente. Não há técnicos nem atletas sérios**

Comodismo, não!

Teve pandemia, houve alguns problemas para influenciar no resultado em Tóquio, mas eu vejo que esses atletas mudaram o foco. Eles já não querem ser os melhores. Querem é continuar jogando. Isso para mim é bem diferente. Você mantém o seu patrocínio, mantém a sua estrutura, você ganha, você vai lá e joga e ganha o seu dinheiro... "se eu não ganhei é porque não deu". Comigo era impossível agir assim. Como que não deu? Tem que dar. Isso tornava a coisa, às vezes, até muito desgastante, mas as minhas duplas eram assim.

O bom atleta

Vem de dentro essa vontade de ser bom, de vencer, de ser o melhor dos melhores. Só ser bom não é o suficiente. Autossuperar sempre, sempre. Porque no vôlei de praia cada jogo é diferente: os adversários são diferentes, é diferente a maneira que vamos jogar, é diferente o clima; está quente, está frio, chove, não chove — e o jogo continua. O bom atleta de vôlei de praia, na minha cabeça, tem que ter estrutura, tem que saber que vai ser criticado sim, que vai ser chamado à atenção, que tem de repetir, que não tem hora para sair. A hora de sair é depois de tudo bem feito. Isso a gente fazia muito com o Marco Freitas, o irmão do Dentinho. Ele tinha vindo dos Estados Unidos e fazia uns treinos bem diferenciados. A gente só treinava contra homens. Às vezes, até o Dentinho e o Marcinho, o irmão que já faleceu, ajudavam bastante.

Puxão de orelha

Teve uma vez que a gente estava com a estafa "aqui em cima", a gente não saía do exercício. Era pra sairmos, vamos dizer, ao meio-dia, e às 14h30 a gente estava lá de volta, treinando. A gente não conseguia sair sem fazer o treino direito. Aceitávamos treinar até o nosso máximo. Hoje em dia, treinam uma hora e meia, coisa que eu faço — eu que estou aposentada há vinte anos! — e as atletas de hoje, não. "Agora eu tenho que cuidar do meu filho, agora eu tenho que ir ao supermercado, agora eu tenho que ir ali." Treinam menos de uma hora, às vezes, já bateram uma bolinha. Vai ganhar o quê? Não vai ganhar. Não vai ganhar nada, isso eu garanto.

> Hoje em dia, treinam hora e meia, coisa que eu faço — e estou aposentada há vinte anos! "Agora tenho que cuidar do meu filho, agora tenho que fazer mercado." Treinam menos de uma hora, já bateram uma bolinha.
> Vai ganhar o quê? Não vai ganhar nada

Para os de alto rendimento

Hoje há esse assunto, saúde mental, que eu acho bem polêmico. Acho que a saúde mental de um atleta de alto rendimento é o treinamento. Um atleta de alto nível é realmente exigido no mais alto grau — e ele exige dele próprio, aí é de cada um, não sei. Então, como se preparar para situações que ocorrem num jogo de vôlei de praia? Cada categoria, como o tênis de mesa, requer uma concentração diferente. No vôlei de praia é todo mundo berrando, então, você tem que treinar aquilo. Aquilo te incomoda? A torcida não incomoda ninguém, nem a favor, nem contra, porque você está treinado, está acostumado com aquilo. Agora, incomoda o tenista, porque ele está treinado a jogar no silêncio. Essa é a maneira que eu vejo: é treinamento.

Atletismo manhoso

Se você chega num treinamento e seu técnico é seu amiguinho e você está com dor de cabeça, você fala, "ai, hoje eu vou dormir mais um pouco, porque estou com dor de cabeça". Na minha época, não tinha essa; era ir para o treino e treinar. "Estou com uma febrezinha, não vou." E se tem jogo nesse dia? Você não vai jogar? Como é que fica a sua dupla? A gente pensava nisso. Hoje, não; não jogam. "Ah, ele está sentindo uma dorzinha no braço, não vai nesse campeonato porque vai perder ponto." Eu acho que mudou muito. Os técnicos e os atletas têm que repensar o que eles realmente querem.

Críticas e mais críticas

"Quero jogar vôlei de praia porque tem uma qualidade de vida legal. Eu tenho dinheiro, então, pago a minha passagem, vou lá e jogo, porque eu adoro jogar vôlei de praia. Mas ninguém pode berrar comigo." Como é que você vai ser um atleta de alto nível se não há quem te corrija, que exija de você, que te ponha numa situação difícil? Porque o jogo propriamente dito pode te colocar a maior parte do tempo numa saia justa e você tem que saber sair, tem que tentar. Isso te faz crescer, te faz ficar mais forte mentalmente, mais confiante para o que você se propõe a fazer. Porque a escolha é sua, ninguém escolhe por ninguém.

Ir tomando gosto

Na nossa época, em 1997, eu e a Adriana fomos à primeira escolinha de vôlei de praia do Brasil. Não existia, entendeu? Hoje as pessoas podem optar, "eu quero jogar na praia". Elas vão e tem campeonato da idade lá pra começar. Acho superimportante que os novos atletas participarem desse treinamento. Começa como uma brincadeira e vai tomando gosto... "ah, desse esporte aqui eu gosto." Uma criança deve fazer vários esportes, pra coordenação, pra diversificar, pra se socializar. E aí, depois, com treze anos começa, "eu gosto desse, vamos mais pra cá. É isso mesmo que eu quero? É". Aí, eu vejo hoje os atletas de vôlei de praia: você berrou, eles começam a chorar.

Influência das redes sociais

É, hoje *bombou* esse negócio de Instagram, rede social e tudo, tem essa coisa de "eu quero ter sei lá quantos mil seguidores, milhões, porque eu ganho dinheiro também com isso. Então, não posso ser cancelado, não posso ser isso, não posso ser aquilo", enfim. E eu acho mesmo que alguns atletas que vão ter essa gana e tal. Mas eu e a Sandra Pires somos muito parecidas, pelo perfeccionismo, por querer vencer. A gente não pensava em dinheiro. A gente pensava em ganhar. O dinheiro era consequência. Hoje as pessoas querem ganhar sem participar. Essa acomodação não existia para a gente. Outros queriam ser acomodados e não chegaram. Ah, e está tudo bem, também, sabe?

Tema que virou moda

Virou moda esse negócio de saúde mental, porque a Simone Biles pôs isso ali na Olimpíada, todo mundo vendo; depois, vem Gabriel Medina, depois vem sei lá quem, o próprio Djokovic. Mas, espera aí! Viveu a pressão... e agora ela pôs esse nome na mídia? Isso sempre ocorreu. Tem horas que se está mentalmente esgotado, requer pensar porque se está esgotado. "Ah, é porque estou com um 'problemaço' na minha casa, não estou conseguindo concentrar. Estou esgotada, porque não consigo fisicamente fazer esse exercício." Então, você ia no ponto, porque várias coisas desencadeiam tudo isso, você deve saber muito melhor do que eu. Eu não sou médica, não sou formada em Psicologia, nem nada. Mas na prática, nunca foi diferente. Pelo menos no vôlei de praia. Se esse atleta que escolheu vôlei de praia, não tem boas pessoas do lado e se os dois que estão dentro não tiverem essa mesma linha de chegar perto do perfeccionismo — ninguém vai chegar, mas rumo a ele — de querer vencer, antes de ganhar dinheiro. Porque o dinheiro é consequência. Eles estão aí com tudo pronto, o campeonato está aí, tem dinheiro, você escolhe. Na nossa época, não. A gente tinha realmente que correr atrás de duzentos reais, entendeu? Hoje eles têm aí vinte mil e estão insatisfeitos.

> Virou moda esse negócio de saúde mental. Mas, espera aí!
> Isso sempre ocorreu. Tem horas que se está mentalmente
> esgotado. Eles têm tudo pronto, têm o campeonato,
> têm dinheiro. Na nossa época, corríamos atrás de
> 200 reais. Hoje eles têm 20 mil e insatisfeitos

Mentalidade de campeão

É amor ao esporte, é se identificar com ele e querer ser bom, independente se vai ter dinheiro ou não. Vi vários atletas com grande potencial, mas, "ah, eu não vou, porque vou perder ponto". Então, você tira a confiança e vai por outro motivo. O treino é igual: se você está em nono lugar, adora vôlei de praia, mas tem oito na sua frente, como é que você vai chegar em terceiro? Se quer melhorar e ser realmente um campeão, alguma coisa tem que mudar. Você está fazendo menos algumas coisas, porque todo mundo é capaz. Alguns têm mais o dom, a habilidade, mas se não praticam, você vai ganhar deles na parte física, vai ganhar na parte mental, em outras coisas você vai ganhar. Você tem como ganhar deles. Agora, tem que mudar, tem que fazer mais.

Conciliar estudos e esporte

Não tinha como conciliar tudo. O esporte era a prioridade. O meu marido, graças a Deus, era do esporte e o da Adriana também. Eles conheceram a gente no esporte. Tinha anos que eu ficava mais com a Adriana do que com o meu marido, porque ele viajava muito com a coordenação de equipes da Seleção Brasileira feminina e masculina. A gente se via quando dava e estava tudo bem. Ele morou um ano na Itália e eu estava aqui treinando com a Adriana. Prioridades! Prioridades! Entendeu?

Questão de prioridades

A gente se via durante quarenta dias em um ano, porque ele morou na Itália pra ser técnico de uma equipe, lá. Prioridades. Eu falava com ele todo dia, a gente ia bem, porque aquele era o meu momento de estar aqui e o dele, de estar lá. Aqui em casa, a gente sempre lidou muito bem com datas comemorativas, mas hoje ninguém pode perder o aniversário do filho. O meu filho, coitado, faz aniversário em agosto e sempre comemorou em outubro, que era quando eu estava no Rio.

Esporte é isso!

Nossa, eu vejo cada coisa hoje em dia, meu Deus! Hoje, com atleta olímpico mesmo, é assim: "Eu não posso faltar aos oitenta anos da minha avó". Pois, não fui ao da minha: eu não estava no Brasil. E tudo bem. Todo mundo entendia, porque eu fiz que entendessem que o esporte é isso. Eu não mando no campeonato, não sou eu que decido. Hoje é assim: "Vou fazer um campeonato o ano inteiro, então, gente, tira a data do aniversário do meu filho e do meu marido..." Você tem que se preparar, independente das datas. Não tinha Réveillon, não tinha Natal: dia 24, ia pra casa; dia 25, voltava pra treinar. Réveillon, dia 31, de tarde, estava liberado; dia 1º, de tarde, estava treinando. Muitas vezes eu passava com o time mesmo, porque não tinha jeito.

Cuidado em excesso

Vejo hoje esse cuidado em excesso com atletas e, realmente, não concordo. Eu sei que uns são mais sensíveis do que outros, mas isso é uma formação, tem de aprender. Tem que vir de baixo essa disciplina, do querer vencer, ser melhor a cada dia, se autossuperar. Eu vou treinar pra melhorar o que não domino bem. Sempre tive essa consciência, vou me preparar não para ser boa e sim a melhor, para dar o meu melhor nos campeonatos. A gente não aceitava perder, nem eu, nem a dona Sandra Pires. Era uma guerra, porque, *péra aí*, alguém podia ser melhor que eu naquele dia. Aquilo ali me mexia meio mundo, eu ficava enlouquecida quando perdia, porque eu me achava boa, eu treinava para isso.

Num torneio de tênis

Quando parei de jogar, fui para o Piraquê — até eu vou ter um torneio de tênis, eu me meto em tudo, me chamam pra tudo, está bom — e me chamaram pra jogar num torneio de tênis no clube. Eu tinha recém-operado o ombro e não levantava o braço ainda, mas me chamaram. "Como é que você vai jogar?" Eu disse que nunca tinha jogado tênis e que não queria por causa do ombro e tal. Pois me botaram lá, porque alguém faltou. "Eu avisei, sou muito ruim." Então, disseram: "É no Nível C. Ela não joga há dez anos, é uma senhora". "Tá bom", respondi. Fui todo dia para o paredão do clube, porque eu tinha que ficar boa naquilo, eu tinha que acertar, porque eu era muito ruim.

Suborno com medalha

Bom, resumo da história: fui lá e ganhei de 6 a 0. O diretor chegou pra mim um belo dia e disse: "Mônica, eu queria sugerir de te dar uma medalha de honra ao mérito, porque você está ganhando de todo mundo de 6 a 0".

Olha, fiz um escândalo no Clube Naval — de militares —, porque ele queria me dar uma medalha pra eu parar no meio do campeonato, com pena das adversárias. E ele me perguntou: "Você não tem pena de ganhar de 6 a 0?". Eu falei, "oi?! Não!!! Estou aqui pra isso. Medalha eu tenho um monte na minha casa, eu estou aqui é pra ganhar. Está todo mundo reclamando de mim? Eu não vi ninguém no paredão, porque eu estava lá todo dia. Eu nem sou desse esporte, nunca peguei uma raquete na minha vida". Parou o clube. Enfim, todo mundo me ama no clube. Porque no tênis, no próprio clube, não se podia falar nada e eu jogava era berrando o tempo inteiro, "vai!, vem!, e não-sei-o-quê". Ninguém nunca viu aquilo no tênis. Então, assim se muda. E nunca teve tanta mulher jogando tênis no Piraquê, como depois que eu joguei.

Voltando no tempo

O que eu realmente mudaria? "Vamos voltar no tempo" é entender melhor o erro do outro. Hoje eu entendo algumas coisas bem melhor. Hoje eu dou treino e entendi que, "Mônica, as pessoas não têm a facilidade que você tem de enxergar o jogo". Eu armava o meu jogo e falava pra minha parceira, "pega aqui!", e armava pra pegar a outra bola, "joga ali!". E algumas parceiras entenderam — eu tive excelentes parceiras, parceiras amigas, que eu dava tudo por elas. A Adriana entendeu bastante, mas ela sempre dá uma cutucada em mim, "a Mônica não era fácil...".

As cobranças

Porém, eu lidava bem com isso. Eu tinha que me cobrar e tinha que cobrar da parceira. Às vezes, algumas eram mais sensíveis e tal; às vezes não lidavam bem. Mas essas cobranças sempre funcionaram e elas sempre confiaram em mim, o que é uma honra. Não era por falta de confiança que não faziam, nem porque não queriam. E esse entendimento, em alguns momentos, eu não tive, e parecia que era teimosia. "Você está querendo furar o bloqueio por quê? Não vai furar. Eu estou te dando a outra opção, por que você não faz?" Essa era a minha questão. Eu não pedia pra ela fazer o que não sabia. Nunca fiz isso. Mas, às vezes, a pessoa não conseguia executar o que sabia por nervosismo, por medo de jogar. E esse entendimento eu não tinha. Eu não tinha. Então, eu melhoraria nisso.

Nunca ofendi uma parceira, mas briguei muito com elas, em termos de exigir a performance, tática, tecnicamente. Mas, às vezes, a pessoa não conseguia executar o que sabia por nervosismo. E esse entendimento eu não tinha. Então, eu me melhoraria nisso

O legado

Meu legado acho que é a minha postura: a determinação, o amor ao que eu faço. Hoje tem várias atletas que treinaram comigo. Ninguém quer pagar, mesmo assim, eu dava treino de graça, eu não queria o dinheiro. Eu também era essa idealista, de mostrar para as pessoas como se joga, tendo amor. Você tem que ter amor pelo que faz, tem que querer fazer bem feito. Então, a garra, o querer vencer, não ter bola perdida, lutar até o final, dar o melhor ali, com certeza, isso eu passei pra todo mundo que viu. E dando treino, ou até brincando, todos falam que eu não gosto de perder.

Jogar com gana

Sei perder, *né*, mas não gosto. É diferente isso, "se eu perdi, tudo bem". Não, não está tudo bem. Mas hoje eu lido muito bem com isso. E acho que eu e a Sandra Pires somos muito parecidas nisso, de fazer com gana realmente de vencer. Isso me marcou muito. E esse entendimento do jogo só se tem praticando. Sem um treinador que te oriente nesse nível de jogar, você pode não aprender; se você não tem o dom, você não aprende. Você vai jogar bola, como muitos outros, mas será só mais um.

O maior orgulho

Ah, é essa superação. Realmente, é o orgulho de ter sido uma atleta totalmente disciplinada e forte — tenho uma estrutura forte, de saúde. Então, é gratidão pelo físico privilegiado nesse sentido. Mas eu corria muito pra não engordar, também. Ó, corri igual ao Forrest Gump; eu tinha até apelido na praia. Antes de treinar estava correndo. É o maior orgulho ter chegado numa Olimpíada, que foi fundamental pra minha vida. Meu marido, que já tinha ido pra Olimpíada, dizia, "não perde o foco! Tenham reunião, façam o lado de vocês" — no sentido de que, na Olimpíada, você vê ídolos do esporte o tempo inteiro.

Objetivo de vida

Eu e a Adriana fomos extremamente disciplinadas, assim como a Jackie colocou a Sandra pra ser — fica no mato lá, treinando, afastada de tudo. Eu acho que nós quatro merecíamos muito, por tudo. A Jackie tinha o jeito irreverente dela, mas ela pôs um grande objetivo de vida num esporte em que ela era realmente vencedora. Elas eram uma dupla melhor do que a minha, mas a gente foi lá e fez um jogo equilibrado, quase ganhamos um primeiro set para surpreender. Por quê? Pra passar confiança para os atletas, aos parceiros, pra equipe, de que *nós podemos*.

Ser e estar entre as melhores

Eu e a Adriana não éramos as melhores, mas estávamos entre as melhores, sempre. Não admitíamos estar fora das melhores. Isso foi muito bacana. Eu tive parceiras amigas e a gente fechava isso: vamos nos unir, porque seremos mais fortes. Não adianta eu ser a melhor aqui e você ali, porque o time não vai ser o melhor. Temos que estar juntas. Eu acho que isso é uma grande equipe, mesmo só com quatro pessoas: o Marquinho Freitas, o preparador físico, a Adriana e eu. Mais ninguém. Eles não podiam nem entrar na arena pra dar treino naquela época, eu que dava. Pedia ao supervisor, "joga umas bolas aí pra gente treinar". Eu espero que o voleibol de praia, que hoje não está numa situação boa no Brasil, volte. Mas pra voltar, tem de mudar muita coisa.

Bombonzinhos e florezinhas

No ano passado, trabalhei na Confederação Brasileira com novos jogadores pra começar um projeto mundial este ano. Fui chamada e acolhi. E o resultado foi ruim. Fui vendo isso que estou te contando: os técnicos falam e a pessoa chora! No dia seguinte, levam um bombonzinho, uma florzinha, em vez de falar: "Você tem que mudar isto ou aquilo". E eu tive que falar: "Ei, *péra aí*... quando você perde, você sai chorando e não fala com o adversário? Quê isso? Que postura é essa?". O técnico não disse nada. Eu vi isso e ia mudar isso esse ano. Mas o projeto não continuou. Na verdade, eu não pude ainda contribuir como eu gostaria, com o voleibol de praia competitivo mesmo, do Brasil, que são os novos talentos — Sub-19 e Sub-21 — pra que eles cresçam realmente como profissionais, que possam ter sucesso na carreira, serem grandes campeões, independente do resultado. Mas você vê a postura do "*péra*, eu perdi porque o outro foi melhor...". Por que ele foi melhor? Por isso. "Vamos treinar? Vamos treinar e não ficar chorando."

Os heróis

Ayrton Senna é exemplo de determinação, de superação, de confiança. Realmente, ele foi o melhor. Tem o Zico, são grandes ídolos de esportes diferentes. Michael Jordan, que a gente acaba vendo e foi o melhor. O Bernardinho é uma pessoa com quem me identifico muito. Porque ele sabe que treinou, ele sabe o que pode exigir, entendeu? Ele não ofende ninguém, todo mundo quer jogar com ele, porque sabe que ele vai te colocar num alto nível. Isso para mim é bem interessante, bem importante. E Adriana Behar e Shelda, uma dupla que veio depois da gente, são o maior barato; e são bem amigas também.

Esporte e amigos

A Sandra Pires foi minha adversária a vida inteira e quando ela parou de jogar, um pouquinho depois de mim, ela passando, eu falei, "você não quer jogar aqui?". E a gente hoje é muito, muito amiga. Eu tenho um grupo bacana de amigos, a gente se encontra todo fim de semana, viaja junto, está sempre junto, é uma família mesmo; e ela entrou pra essa família. E neste momento, estou morrendo de saudade, porque ela foi pra Miami. E é a minha parceira pra tudo, porque a gente joga *beach tennis* (tênis de praia), joga vôlei, tudo, junto. E agora estou sozinha, assim, com esse nível de competitividade no lazer. Porque a gente continua competitiva, mas, no lazer, estou sem a minha melhor parceira, que é ela.

Futebol

Zagueira, advogada: uma estrela no campo

Stellamarys de Santana Terra, *conhecida como* **Stella Terra** *(São Paulo--SP, 16.01.1987) é atualmente jogadora do Red Bull Bragantino, na posição de defensora. Teve antes passagem por clubes como Jaguariúna, Ômega, Olímpia EF, Clube de Regatas do Flamengo e da Sociedade Esportiva Palmeiras. Ganhou os títulos Campeonato Carioca Feminino e Copa Paulista Feminina.*

Goleira no quintal

Eu venho de uma família de quatro irmãos, dois meninos mais velhos e duas meninas: eu e a caçula. Desde meus seis anos de idade eu já brincava no quintal de casa com os mais velhos, que falavam, "Stella, vai lá no gol pra gente..." e eu ia ser a goleira pra eles. Só que passei a gostar de jogar na linha, porque eu os via driblando e passei a me interessar pelo que eles faziam. Comecei a brincar com eles de "bobinho", três dentro e três fora, que são brincadeirinhas mesmo de rua, e tomei gosto pelo futebol. Pelo esporte em geral, na verdade.

Na escola

Minha mãe fez capoeira, meus pais também sempre incentivaram muito a gente no esporte. Sempre estudei em escola pública e quando eu estava na quinta série, fui pra uma escola que incentivava muito o esporte em geral, futsal, basquete, vôlei, handebol. Meus pais sempre deixaram a gente praticar o que quisesse e eu jogava vôlei e futsal. E passei a jogar nos campeonatinhos interclasse de futsal e vôlei; tínhamos turmas de treinamento.

Campeonatos interclasse

Num desses campeonatos, o técnico, que era um professor do futsal, disse para o técnico de vôlei: "Poxa, em vez de jogar vôlei, a Stella podia vir jogar com a gente, porque agora vamos ter um campeonato entre escolas estaduais. Será que ela viria?". Foi quando comecei a treinar os estaduais interclasse com o time de futsal; eu estava na sétima série, tinha uns doze anos. A gente reuniu uma turminha bem legal na escola, tanto que hoje somos profissionais, eu e a Cacau, que era do Corinthians e agora está no São Paulo; estudamos juntas e até hoje estamos no alto rendimento. A Jessiquinha é outra, que por um tempo foi a melhor do mundo do futsal, mas por conta de lesões, não conseguiu seguir. Tínhamos um time bem forte mesmo e ficamos durante anos nessa escola estadual, a Jácomo Stávale, em São Paulo, participando de campeonatos.

Campeãs estaduais

Por quatro anos fomos campeãs estaduais e uma vez, campeãs brasileiras. No segundo ano da escola, fomos convidadas para os Jogos Regionais pela prefeitura de Carapicuíba. Não havia como hoje, clubes apoiando; o auxílio era das prefeituras. Era um time super jovem, todas menores de idade, e nos Jogos Regionais as equipes profissionais que já treinavam em alto rendimento é que iam para as competições. O técnico falou com os nossos pais e fomos jogar nos Regionais. Chegamos na final contra a equipe de Osasco, que era melhor de São Paulo no futsal e no campo. Perdemos pra elas, mas o técnico de Osasco convidou o nosso time titular pra equipe dele, que tinha a Aline Pellegrino — ela já servia à Seleção Brasileira. Ali tinha meninas que já estavam em alto rendimento e que iriam nos ajudar muito nesse sentido.

Crescendo no futebol

Não passamos pela base do time, fomos direto para a equipe profissional. Foi muito bacana pra mim aquele momento, pelo contato com grandes atletas. Podia ser que eu ainda tivesse coisas para desenvolver, se eu estivesse numa categoria de base, mas cresci muito no futebol, quando fui jogar pela equipe de Osasco. Eles não pagavam, davam bolsas de estudos pra gente ir pra um colégio particular e fui estudar o terceiro ano do colegial no Colégio Santana, que é vinculado à Faculdade UniSant'Anna.

Futebol e os estudos

A partir de então, entrei no alto rendimento e passei a ter esse compromisso de treinar futsal e campo todos os dias e a conhecer um pouco da vida de atleta. Passei por Osasco, pela cidade de Salto também, jogando os Jogos Regionais, os Jogos Abertos e o Campeonato Paulista. Pela equipe Jaguariúna, fui campeã diversas vezes por Jogos Regionais e Jogos Abertos, e fui vice-campeã paulista. O que o futebol me trouxe de grandioso, e que eu levo até hoje comigo, foi o conhecimento. Pude me formar em Educação Física quando eu jogava pela cidade de Jaguariúna e quando vivi os momentos mais difíceis no futebol.

Só existia "paitrocínio"

Naquela época a gente não tinha patrocínio, mas "paitrocínio", como eu costumo dizer. Felizmente, sempre tive apoio dos meus pais. A gente tem ainda certo preconceito inserido na sociedade, mas eu, principalmente por esse apoio da família, nunca senti diretamente essa dificuldade. O valor da família na minha carreira é grande. Se essa resistência viesse deles, talvez fosse difícil pra mim, mas foi o contrário. Eles é que sempre me incentivaram a jogar. Então, sempre encarei com naturalidade o futebol na minha vida.

> O futebol feminino ainda é por muito amor nosso, porque a gente não tinha o investimento que o futebol masculino tem desde cedo, que é só pensando em alto rendimento e pronto. A gente, não. Praticávamos por amor, porque era sem o incentivo

Por amor

No máximo o que acontecia era de eu ser a última escolhida quando ia jogar em algum lugar com meninos. Mas era chegar a minha hora de entrar na quadra ou no campo e eles viam, "poxa, ela joga bem mesmo". Daí, pronto, mudava a "chavinha" e na vez seguinte, às vezes, eu era a primeira a ser escolhida. Esse foi o preconceito que eu vivi por ser mulher, "porque talvez ela não jogue bem". O futebol feminino ainda é por muito amor na nossa vida, porque a gente não tinha o investimento que o futebol masculino tem desde cedo, que é só pensando em alto rendimento e pronto. A gente, não. Praticávamos por amor, porque era sem o incentivo.

Bolas murchas e comida ruim

E aí aconteciam algumas situações como no Campeonato Paulista, antigamente, em que o time mandante do jogo recebia bolas oficiais da competição. Eram quatro bolas por jogo, então, Jaguariúna mandava o jogo e recebia as quatro. Só que a gente começou a se deparar, em algumas situações, com o fato dessas bolas serem vendidas pela direção pra serem voltadas ao masculino. E nós, do time feminino, ficávamos sempre com a pior bola, a bola murcha, a bola furada, materiais ruins. Isso foi me deixando bem chateada e sempre que acontecia algo assim, eu ia e conversava, querendo algo melhor para nós, as jogadoras. Comida, por exemplo. Às vezes tinha uma marmita que ninguém conseguia comer e eu sempre ia à frente representar as meninas, "olha, não está dando pra comer, a gente precisa se alimentar".

Ameaças com armas

Teve um dia que eu fui conversar com esse diretor e ele simplesmente se virou pra mim com a mão na cintura... ele estava de casaco, abriu e tinha uma arma na cintura dele, e aí ele falou: "Olha, Stella, eu acho que você não precisa mais vir falar comigo sobre nada. Você pode ficar tranquilinha no seu lugar, porque a gente faz o que acha que deve fazer". Indiretamente me senti ameaçada, porque quando é time de prefeitura, é claro que envolve muita política, talvez ele estivesse se sentindo ameaçado com aquela situação. E me tirou do jogo seguinte — eu era titular, por vezes capitã —, mas me avisou só no dia da viagem.

> Esse diretor abriu o casaco e pôs a mão na cintura onde tinha uma arma. Aí ele falou: "Olha, Stella, eu acho que você não precisa mais vir falar comigo sobre nada. Você pode ficar tranquilinha no seu lugar, porque a gente faz o que acha que deve fazer"

A resistência das meninas

A gente ia jogar em São José dos Campos e saía de Jaguariúna antes das 6h. Cheguei lá já trocada e tudo mais, ele fala assim, "a Stella não vai viajar". E as meninas, "hein, como assim? A Stella não vai viajar? Então ninguém vai". Elas resistiram, insistiram, "se a Stella não for, ninguém vai". E ele acabou me levando. Fui e fiz o gol da vitória — gol de cabeça — e na volta, ele pediu pro técnico me parabenizar pelo viva voz. Todo mundo ouviu.

Cansaço com injustiças

Só que essa situação me deixou muito chateada com tudo. Então, terminei o último ano da faculdade e me decidi. *Não quero mais jogar bola, não vou mais jogar*, pensei. Ainda fiquei mais um ano em Jaguariúna, trabalhando, e cortei o futebol da minha vida. Resolvi voltar pra São Paulo. Voltei em 2010 e fui pra casa dos meus pais. Meu pai e minha irmã estavam estudando Direito. Eu que sempre gostei muito de estudar, de aprender, de conhecer, comecei a auxiliá-los no estudo e acabei me interessando pelo Direito.

A volta pelo Direito

Meu pai então me sugeriu fazer um semestre do curso de Direito e que se eu gostasse mesmo, eu continuaria. E outra vez o esporte entrou na minha vida, porque voltei a jogar futsal pela faculdade e consegui uma bolsa de estudo de Direito. Começou a me voltar o gostinho, esse querer de competir, porque passei a jogar nos Jogos Universitários, daí fui para o Campeonato Brasileiro Universitário e acabei Campeã Estadual Universitária. E todo aquele sentimento, aquele amor pelo esporte, reviveu em mim. Na verdade, meu amor pelo esporte nunca morreu, só ficou ali, guardadinho. E me formei em Direito também, ou seja, tenho dois cursos de faculdades.

Incentivo aos estudos

Eu sempre incentivo muito a nossa categoria de base a levar a educação junto com o esporte, porque é algo que ninguém vai poder tirar da gente — e um dia também o futebol acaba, *né?* E o que se vai poder fazer pelo esporte que a gente ama? No último ano da faculdade de Direito, eu passei num concurso público de estagiário da Defensoria Pública do Estado de São Paulo. E essa experiência foi muito bacana também. Quando eu terminei a faculdade, fui trabalhar com o meu pai e minha irmã, que já estavam advogando.

Entre o Direito e o Futsal

Quando recebi o convite de uma grande técnica do futsal, da Associação Sabesp, pra eu voltar pro alto rendimento no futsal, pensei, *poxa vida, justo agora que estou começando no escritório com meu pai e minha irmã...* Então, me reuni com a família e falei da oportunidade que tinha surgido, querendo saber a opinião deles. Minha mãe falou, "você pergunta por quê? Qual é a sua dúvida? Vai jogar". Contei da minha ideia de alternar dias e horários dos treinos com o escritório e meu pai disse pra eu ficar em paz e ir, que eles dariam um jeitinho. "Se você tiver audiência, a gente faz, se tiver que atender cliente, a gente atende." E fizemos assim durante dois anos. Jogando futsal por São Bernardo, fomos campeãs dos Jogos Regionais, dos Jogos Abertos e fui vice-campeã paulista.

Vivendo o sonho

Em 2019, fui convidada pra ir para o Palmeiras, quando já estava forte a obrigatoriedade de ter equipes femininas nos clubes. Só que eu teria que me mudar de cidade. E como ficaria meu compromisso com meu pai e minha irmã? Foi outro momento importante de conversa com eles, pra falar nessa proposta e eles: "Vai viver seu sonho. Os processos são todos digitais, o que você tiver que fazer, você faz de lá, e audiência, clientes, a gente atende. Não se preocupe".

No Palmeiras

Com a família me dando o máximo suporte, em 2019 e 2020 fui morar em Vinhedo e jogar pelo Palmeiras. Em 2019, conquistamos o acesso para a Série A1 do Campeonato Brasileiro, um momento bem legal. E no final do ano, a gente jogou a Copa Paulista pela Federação Paulista de Futebol, e fiz o gol do nosso título. Então, a minha retomada para o alto rendimento no futebol foi muito realizadora. Em 2020 a gente chegou à semifinal do Campeonato Brasileiro da Série A1. Também foi muito bacana, era uma equipe que tinha acabado de subir, e a gente conseguiu chegar nas finais.

No Flamengo e na Seleção

Em 2021, recebi a proposta de ir para o Flamengo. Foi mais um desafio, porque o Flamengo tem parceria com a Marinha. Então me formei como terceiro-sargento da Marinha e fui atleta do Clube de Regatas do Flamengo. Em 2021, fomos campeãs da Taça Guanabara e do Campeonato Carioca e em 2022, competimos no Campeonato Brasileiro. Mas em 2010 e 2011, servi à Seleção Brasileira Sub-20 e passei toda a convocação para o Campeonato Sul-Americano, que ia ter no Chile, e na última convocação, eu me lesionei.

> **Entramos no ônibus e o técnico disse: "Stella, não olhe pra trás, porque quem olha para trás não vê o futuro. Pensa só no seu futuro. É daqui pra frente". Ele falou como você, como um *coach* de alta performance. É uma frase marcante, que eu levo até hoje comigo**

Momento marcante

Foi outro momento bem dolorido na minha vida, participar de todo um processo, estar entre as jogadoras que iriam para o Sul-Americano e na última hora eu me lesionar. Ainda me lembro da frase do técnico, quando entramos no ônibus — porque eu e mais uma atleta tivemos que ir embora: "Stella, não olhe pra trás. Quem olha pra trás não consegue ver o futuro. Então, só pensa no seu futuro. É daqui pra frente". Ele falou como você, como um *coach* de alta performance fala. Foi uma frase marcante, que eu levo até hoje comigo pra quando encontro alguma dificuldade. Procuro extrair o aprendizado para poder construir coisas boas para minha trajetória.

Projeto pós-fim de carreira

Sou de uma geração anterior a esta. Vivi muito, já morei embaixo de arquibancada de estádio, foram muitas coisas que hoje me fazem valorizar esse crescimento do futebol brasileiro. Acho que as mulheres precisam ser capacitadas pra contribuir de forma bacana. E acho que as formações que o futebol me permitiu ter vão me ajudar muito no pós-térmnio da minha carreira no campo. Minha intenção é ir para a área de gestão, pra poder ajudar a tornar o futebol feminino profissional no nosso país. Têm esses dois lados, então: uma gestão bacana e atletas com cabeça de atletas, pra fazer com que o esporte seja profissional.

Coautoria de livro

Em 2020, recebi convite para ser coautora do livro *Direito e Futebol — Vol. 2* (Cartola Editora, 2020) e escrevi alguns capítulos. Falei da profissionalização do futebol feminino no Brasil. E aí eu vejo tudo o que o futebol me proporcionou. Se não fosse ele, eu não teria me formado e não teria tido essa oportunidade de ser coautora de um livro. É a importância que tem na nossa vida o esporte e a educação. Para mim, eles precisam caminhar juntos, porque vão fazer com que a gente cresça, pessoal e profissionalmente, e auxilie na evolução da nossa categoria.

Os pilares

Meus pilares são a minha família, minha disciplina com alimentação, sono, treino e o meu comprometimento e amor pelo futebol. É o que me mantém firme até hoje. E procuro me conectar com a espiritualidade, buscando boas energias, buscando ter bons pensamentos para que as coisas fluam bem no meu dia a dia. As conquistas também foram determinantes pra eu estar onde estou hoje. De fato, sou muito rigorosa comigo mesma, às vezes paro e penso, *nossa, Stella, calma!* É que não consigo me ver fora do esporte. Quando penso em parar de jogar, porque a idade vai chegando... se bem que eu quero jogar mais uns cinco ou seis anos. Vejo a Formiga com quarenta e dois anos e penso, *poxa, a gente está se cuidando pra isso.*

Reflexões

A gente passa pelo que tem que passar, mas também o que eu posso fazer pra mudar aquela situação? O que aprender dela? Minha mãe diz que desde bebê eu não era de me vitimizar e me permitir cair. Busco sempre pensar no porquê estou passando por isso, o que vou aprender pra poder fazer diferente da próxima vez. A minha lesão, depois me toquei que talvez tenha sido pelo meu sobrepeso na época. Eu ainda não sabia de fato da importância da alimentação. E o médico me alertou que sobrepeso e falta de treinamento não podem existir no alto rendimento. Ali, minha "chavinha" mudou totalmente.

As discriminações

Olha, não é nem em relação ao futebol; é algo enraizado na nossa sociedade, ver ainda a mulher inferiorizada ou que não possa assumir cargos maiores. No futebol, eu tenho muito como referência a Aline Pellegrino. Desde meu começo no alto rendimento, eu via o quanto ela trabalhava dentro de campo. Depois que encerrou a carreira, ela foi estudar e foi a primeira mulher na Federação Paulista de Futebol a coordenar o futebol feminino. Hoje ela está na CBF. Ela se qualificou e eu valorizo muito isso. É claro que a gente vai encontrar barreiras pelo que está enraizado na sociedade, mas é nosso o compromisso de nos qualificarmos pra assumir posições. Hoje a gente tem mulheres na nossa comissão técnica: auxiliar técnica, fisioterapeuta, médica. Mas eu gosto de frisar isso: a gente precisa estar lá capacitada para ser competente.

As ídolas

Tenho muita admiração pela Laura Amaro. A história da Laura é bem bacana nesse esporte de levantamento de peso, que não tem muita visibilidade. Ela mesma, com o suor dela desde pequena e o auxílio da Marinha, alcançou algo inédito nessa modalidade aqui no nosso país: foi a primeira atleta mulher a entrar no pódio de um campeonato mundial adulto. E a outra é a Aline Pellegrino, que acabei de citar. Ex-jogadora de futebol, ela tem essa trajetória também bem bacana, passando por Olimpíadas e grandes clubes no Brasil, além do pioneirismo de gerir o futebol feminino na Federação Paulista e de ser a primeira mulher coordenadora da seleção feminina na Confederação Brasileira de Futebol.

Dicas à nova geração

Nas nossas categorias de base temos o Sub-17 e o Sub-20. Talvez por não terem passado pelo que a geração anterior passou, elas não valorizam muito o que têm hoje. O Flamengo dá uma estrutura bem bacana para a base, algo que eu nunca imaginei sequer no profissional, quando eu iniciei. Falo pra elas, "primeiro valorizem que eles estão dando ferramentas pra que vocês sejam realmente profissionais e cheguem na Seleção Brasileira". Hoje há diversas equipes no exterior que são grandes referências. Estudem, porque até mesmo no campo se raciocina mais rápido numa leitura de jogo e se consegue expor ao técnico o que se pensa. É bom ler, aprender, saber se colocar pra serem grandes atletas.

Momentos marcantes

A convocação para a Seleção Brasileira, que é o sonho de todas nós, atletas, foi meu primeiro momento marcante. Depois foi o acesso pelo Palmeiras e o gol do título, que foi uma felicidade. Revezavam as zagueiras, eu jogo como zagueira, e no último jogo eu imaginava que a outra jogadora é que seria escolhida. E o técnico optou por mim e eu fiz o gol do título! Foi uma felicidade proporcionar alegria pra muita gente. E aquele momento carregou mais ainda a minha bateria. Eu realmente tinha feito a escolha certa, é nesse caminho que eu vivo, que eu respiro. Não me vejo longe do futebol.

> **No Palmeiras foi uma felicidade. Revezavam as zagueiras, eu jogo como zagueira, e no último jogo eu imaginava que a outra jogadora é que seria escolhida. E o técnico optou por mim e eu fiz o gol do título! Foi uma felicidade proporcionar alegria pra muita gente**

Olhando pra trás

Eu não mudaria nada, todas as situações me tornaram a pessoa que eu sou hoje. Talvez lá atrás, se eu não tivesse parado e voltado pra casa, não teria me formado em Direito. A pausa que eu dei, de ficar longe do esporte, deixou um vazio em mim durante os anos da faculdade, mas essa formação também construiu quem eu sou hoje, me possibilitou ser coautora de um livro, algo que eu nunca imaginava que aconteceria. Acho que tudo aconteceu como deveria acontecer.

O legado

Quero deixar como legado pra nova geração que, fazendo com amor, disciplina, dedicação, as coisas fluem, elas andam. A gente não precisa ficar no "ah, vou ter que ficar puxando saco, vou ter que ficar fazendo aquilo outro". Não, as coisas dependem da gente. Se eu quero o futebol feminino profissional no meu país? Então tem que começar por mim. Por nós. Quero servir como exemplo pra elas lembrarem que aprenderam alguma coisa comigo. E eu vejo isso já no dia a dia, quando algumas meninas da base sobem pra treinar e dizem, "Stella, vou fazer com você, tá bom?". Eu vejo que, felizmente, já estou construindo isso com as que estão aqui próximas de mim.

Carreira ou maternidade?

Olha, a única coisa que às vezes desvia o meu pensamento de não jogar até os quarenta e poucos é o meu querer engravidar. Eu tenho essa vontade de ter meu filho. Estou com trinta e cinco anos, não sei se eu teria tempo hábil de engravidar e voltar a jogar. Então, penso em fazer essa transição do campo para a área de gestão, que pode ser que esteja próxima. Mas deixo as coisas acontecerem, elas nos levam para o caminho. Pode ser que não aconteça e que daqui a sete anos você ainda me veja jogando. Ou que eu engravide e volte a jogar... não sei como seria esse retorno, tendo o bebê comigo, a amamentação e a volta aos treinos, enfim. Envolve muita coisa. E, olha, é a primeira vez que eu converso sobre isso, precisei conversar pra poder pensar. Porque eu já tinha esse bloqueio, por conta da idade. Mas não. Isso não tinha passado ainda pela minha cabeça...

O maior orgulho

Quando eu morava embaixo de uma arquibancada com não sei quantas meninas e tinha que tampar o beliche pra não acordar às seis horas com a claridade... e hoje eu estar num grande clube, ter a possibilidade de morar sozinha, alugar meu apartamento em outro estado... então eu olho a minha trajetória e realmente fico muito feliz com o que eu vivi e construí. E mais ainda, porque nunca precisei fazer nada contra os meus princípios para poder conquistar alguma coisa. Foi caminhando, às vezes com dificuldade, mas construí o que realizei até hoje.

Segredos de vestiário

Teve uma situação bem legal na minha vida, em 2020, no Palmeiras. Eles levaram uma atleta surda para a equipe. A gente estava em férias ainda, mas o diretor me ligou: "Stella, a gente contratou a Stefany, você conhece? Ela é a melhor de futsal do mundo". Eu não conhecia e falei: "Sério? Mas não é a Amandinha?". Daí ele: "Do futsal de surdos". Nossa, que legal. Éramos três meninas em cada apartamento e ele perguntou se podia colocá-la pra morar comigo. "Com certeza", falei. E foi um ano de muito aprendizado, pessoal, de me colocar no lugar dela, de dar muito valor à nossa audição. Aprendi Libras pra me comunicar com ela e hoje, quando vejo alguém surdo, ainda consigo me comunicar. E ela é uma amiga até hoje, acrescentou muito à minha pessoa, porque foi um aprendizado diário, diante das dificuldades que ela tinha por ser a única surda numa equipe de ouvintes.

Ainda no vestiário

Em relação ao vestiário, sempre que possível, eu gosto de dar uma palavra pras meninas. Quando vou pra um jogo, eu penso em tudo que eu fiz durante a semana — as dores, os treinamentos, o cansaço que a gente teve e ali temos os noventa minutos só para fazer valer a pena o nosso esforço. E é isso o que eu passo pra elas: vamos tentar dar o nosso máximo para buscar o melhor resultado, que às vezes pode não ser a vitória, mas sair de campo com a sensação de "dei o meu melhor". A outra equipe, também de onze meninas, que também deram o melhor delas, se naquele dia saírem com a vitória, está tudo bem.

> **Aí tem aquele jogo importante, que está passando no SporTV, bate medo e você pensa, *não posso errar*. E quando vem esse pensamento, é falar, "não, *peraí*, você vai acertar, vai fazer um passe legal, vai interceptar um passe, vai tirar um gol, enfim, vai fazer um gol!"**

O poder mental

Procuro não pensar em errar, porque quando a gente pensa no erro, ele acontece. No jogo, tento pensar no que eu posso fazer de acerto: eu dando um passe, cabeceando, tirando um gol. Isso me ajuda muito a entrar bem em campo e dar o meu melhor. Ter pensamentos positivos. É claro que às vezes tem aquele jogo muito importante, que está passando no SporTV, bate medo e você pensa, *não posso errar*. E quando vem esse pensamento, é falar, "não, *peraí*, você vai acertar. Você vai fazer um passe legal, vai interceptar um passe, vai tirar um gol, enfim, vai fazer um gol!". O nosso pensamento traz as coisas para o nosso dia a dia, então, procuro me ligar com bons pensamentos, para que também dentro de campo eu flua bem.

Importância do psicólogo

Não, nós não tivemos no Flamengo. Em 2020, durante dois meses, lá no nosso time de Jaguariúna — éramos sete atletas —, fizemos meditação e visualização para o que a gente queria fazer dentro de campo. Foi a única experiência que eu tive como atleta e eu trago, claro, algumas coisas dela para o meu dia a dia. Mas o que eu sempre busco é firmar meus pensamentos em coisas boas e no meu esforço, pra que possa valer a pena dentro de campo, quando eu for jogar.

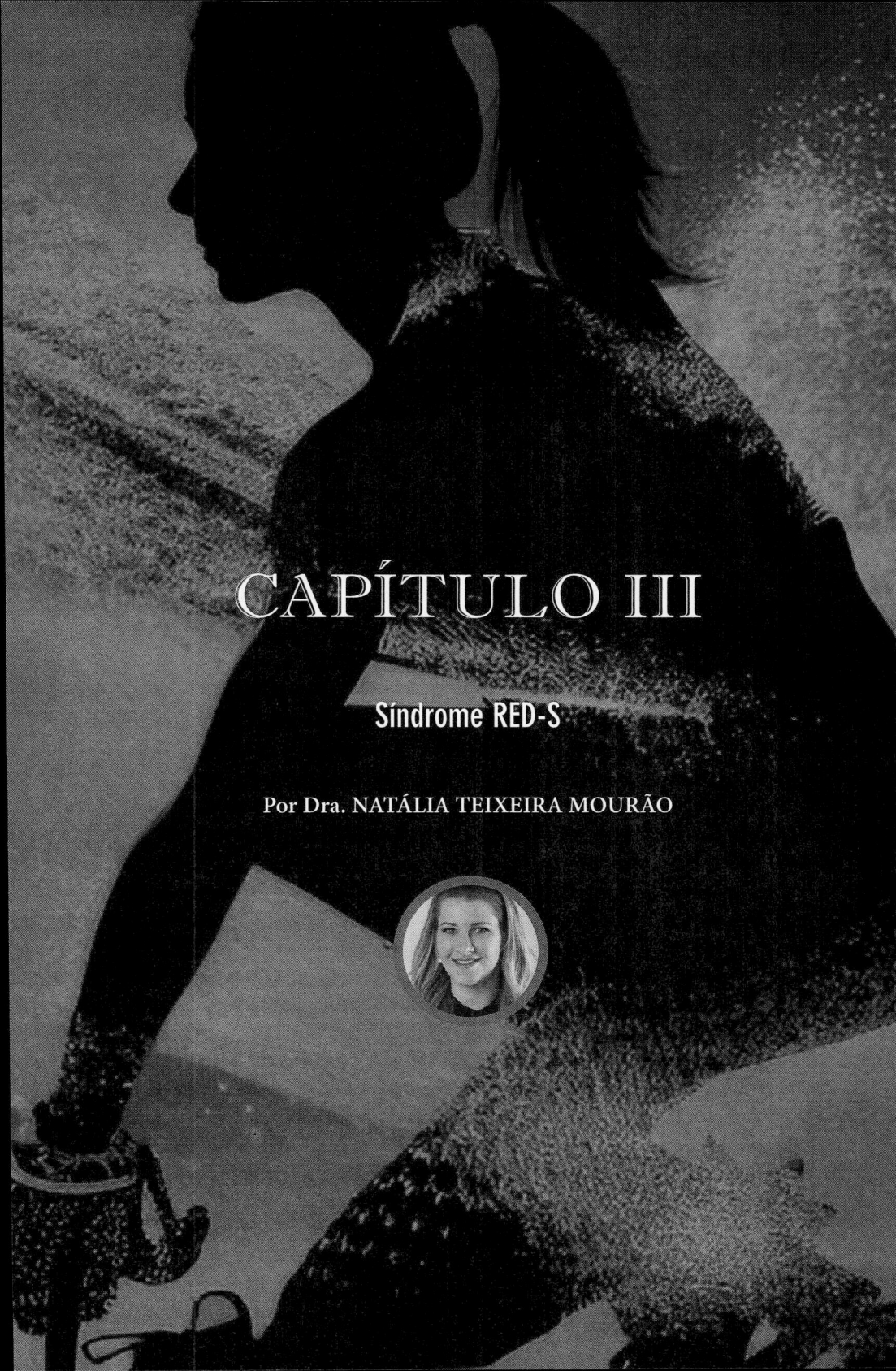

CAPÍTULO III

Síndrome RED-S

Por Dra. NATÁLIA TEIXEIRA MOURÃO

Como médica do esporte, quando fui convidada a participar deste livro, sabia que queria contribuir com informação médica relevante. Durante meus estudos, me deparei com uma reflexão sobre a antiga "Síndrome da Mulher Atleta". Sua nova descrição já não é tão recente, mas ainda é pouco conhecida, a chamada de Deficiência Relativa de Energia no Esporte (RED-S, do inglês *Relative Energy Deficiency in Sport*).

O Comitê Olímpico Internacional (COI), em 2014, atualizou o conceito de tríade e o substituiu por um termo mais amplo, que abrange um conjunto de sinais e sintomas relacionados a um déficit energético, levando a um prejuízo das funções fisiológicas.

A principal causa desta condição é o desequilíbrio entre a ingestão dietética e o gasto energético necessário para a saúde e atividades da vida diária, crescimento e atividades esportivas. Ou seja, quando o seu corpo consome menos energia do que ele precisa para sobreviver. A deficiência relativa de energia afeta muitos aspectos da função fisiológica, incluindo taxa metabólica, função menstrual, saúde óssea, imunidade, síntese de proteínas, saúde cardiovascular e psicológica. Além disso, alterações psicológicas podem preceder ou serem consequências desta doença.

A pouca disponibilidade de energia pode ocorrer pela alimentação inadequada ou pelo aumento excessivo da carga de treino. Na tentativa de se ajustar, o corpo começa a poupar energia e deixa de realizar adequadamente outras funções "menos importantes".

A alimentação desordenada é responsável por boa parte dos casos, mas outras situações — como dietas para redução rápida de peso — podem ser a causa desta doença sem necessariamente ocorrer sobreposição de questões psicológicas.

Outro desafio da RED-S é que embora tenhamos informações claras sobre níveis calóricos ideais, cada indivíduo se comporta de uma forma. Colocando em palavras simples, dois indivíduos com mesma massa corporal, idade, peso e altura podem responder de formas diferentes mesmo que submetidos a uma dieta e exercícios semelhantes. Além disso, dados obtidos em laboratório podem não se aplicar tão claramente na população em geral. É provável que outros fatores observados na população e fora do laboratório, como estresse psicológico e variabilidades dietéticas, influenciem a resposta de cada indivíduo ao treino realizado.

Uma das principais necessidades para a atualização deste conceito é que, evidentemente, a deficiência relativa de energia não é uma condição exclusiva das mulheres. Porém, curiosamente ou não, a comunidade científica passou um bom tempo considerando-a como uma doença da "mulher atleta". Até hoje é muito difícil encontrar dados desta condição em homens. Artigos descrevem que temos um vácuo de conhecimento sobre a RED-S na população masculina, mas todos concordam que ela existe. Apesar de poucos estudos nesta população, os esportes de risco tendem a ser os mesmos que para as mulheres. Em geral, são esportes sensíveis ao peso em que a magreza e/ou o peso são importantes no desempenho, aparência ou requisito para atender a uma categoria de peso de competição.

Apesar de inicialmente ter sido observada e descrita na população de atletas de alto rendimento, hoje sabemos que qualquer pessoa praticante de atividade física de maior intensidade está sujeita a esta condição.

Na tradução literal do consenso do COI está escrito que "ocorre uma inadequação de energia para suportar a gama de funções corporais envolvidas na saúde e desempenho ideais". Neste contexto, me pergunto se a mulher seria mais acometida não só pela sua predisposição genética, mas também pelos fatores culturais. Seria a tentativa das mulheres de desempenharem múltiplos papéis, como ter uma boa carreira profissional, cuidar dos filhos, casamento, ter um corpo perfeito, e ser ao mesmo tempo saudável, responsável por uma parte dessa estatística?

A RED-S está firmemente baseada em evidências científicas robustas que sustentam perfeitamente toda a hipótese, porém a semelhança entre a fisiopatologia e a realidade cultural da mulher merece, na minha opinião, no mínimo a reflexão.

Levando-se em conta a importância deste diagnóstico e sua incidência na população feminina, temos alguns pontos a comentar de maneira simplificada a título de informação e divulgação.

Transtornos alimentares
A pessoa que desenvolve distúrbio alimentar normalmente tem um

começo adequado de alimentação e exercício, utilizando ocasionalmente dietas restritivas de curto prazo, mas acaba passando para comportamentos alimentares anormais, imagem corporal distorcida, flutuações de peso, complicações médicas e desempenho atlético variável. De forma insidiosa, a pessoa vai passando de uma condição saudável para um déficit energético intenso, tornando difícil tanto para os familiares e amigos como para ela mesma perceber a mudança. Estas alterações podem evoluir com anorexia e bulimia.

Além disso, questões específicas do esporte podem influenciar os distúrbios alimentares, como dieta para melhorar o desempenho, fatores de personalidade, pressão para perder peso, início precoce de treinamento específico, excesso de treinamento, lesões recorrentes, comportamento inadequado do treinador e regulamentos. A prevalência de distúrbios alimentares é de cerca de 20% em atletas de elite do sexo feminino e 8% em atletas de elite do sexo masculino adultos.

Desequilíbrio hormonal e metabólico

Os ciclos menstruais regulares (eumenorreia) ocorrem em intervalos entre 21 e 35 dias. Em adolescentes, os ciclos variam entre 21 e 45 dias. A amenorreia primária é definida como ausência de menarca (menstruação) aos 15 anos de idade. A amenorreia secundária refere-se à ausência de três ciclos consecutivos pós-menarca. A oligomenorreia é definida como uma duração do ciclo superior a 45 dias. A prevalência de amenorreia secundária é de 69% em dançarinas e 65% em corredoras de longa distância. Disfunção menstrual sutil, como sangramento muito leve, intervalo menstrual levemente prolongado e manchas pré e pós-menstruais podem ocorrer e serem o início dos sintomas da RED-S, e podem ser subestimadas. Níveis hormonais anormais, estoques inadequados de gordura corporal, baixa ingesta calórica e estresse físico podem ser a causa de distúrbios menstruais em atletas. A redução rápida ou significativa da massa gorda, mesmo em um período curto de um mês, pode comprometer a função menstrual. O uso de contraceptivos orais pode mascarar o distúrbio menstrual na presença da RED-S.

Consequências da RED-S

O indivíduo que se mantém em déficit calórico por longo prazo pode desenvolver deficiências nutricionais (incluindo anemia), fadiga crônica e aumento do risco de infecções e doenças, todos os quais têm o potencial de prejudicar a saúde e o desempenho. Também ocorre redução da síntese proteica (menor formação do músculo), aumento do colesterol e do risco cardiovascular.

A menstruação irregular ou ausente pode ter um impacto emocional significativo, criando ansiedade e uma percepção alterada da normalidade. Também pode confundir a concepção, levando a uma gravidez inesperada, bem como a datas imprecisas da gravidez. As repercussões reprodutivas de longo prazo da RED-S para mulheres e homens são desconhecidas.

A RED-S também tem consequências adversas para a saúde dos ossos. O pico de massa óssea ocorre por volta dos 19 anos nas mulheres e 20 anos nos homens. O estrogênio aumenta a absorção de cálcio no sangue e a deposição nos ossos, enquanto a progesterona facilita as ações do estrogênio. Mesmo o desequilíbrio silencioso nos distúrbios subclínicos podem produzir alterações negativas nos ossos. Os ossos de atletas com amenorreia crônica se beneficiam menos dos efeitos de formação óssea do exercício. A perda óssea nesses atletas pode ser irreversível. Alterações na estrutura óssea levam a um risco aumentado de fraturas por estresse. Insuficiências dietéticas aumentam o risco de fraturas por estresse em ambos os sexos. Fraturas por estresse de alto risco (ou seja, colo do fêmur) ocorrem em atletas adolescentes com RED-S e podem ter sérias consequências a longo prazo.

O tratamento

Uma vez identificado o problema de déficit energético por baixa ingesta dietética, o tratamento deve envolver uma redução do exercício, aumento da ingesta calórica ou a combinação de ambos. Na presença de déficit energético associado a distúrbio menstrual, o ganho de peso é o principal objetivo.

É sempre muito importante frisar a individualidade. Muitos atletas e pacientes têm dificuldade de compreender que cada indivíduo é único e uma estratégia de treinamento e alimentação não necessariamente funciona da mesma forma para ambos.

Me recordo recentemente de uma paciente praticante de triátlon, mãe de três filhos, que amamentou durante cerca de 5 anos consecutivos e que retornou aos treinos ainda durante a amamentação; após os desmames, não percebeu que a amenorreia já era um sintoma de déficit energético. O que inicialmente era uma queixa de sobrecarga na verdade já era uma lesão por estresse ósseo em consequência do déficit energético.

Na minha opinião, o desafio maior com estes pacientes se deve ao fato de já estarem tão inseridos na rotina de treinos e no planejamento de competições que qualquer mudança na sua rotina que envolva mais do que tomar um comprimido passa a ter um peso muito maior. É sempre importante compartilhar empatia por todo tempo dedicado aos treinos dos atletas, mostrar que somos do mesmo time e buscamos a saúde e não apenas a opção mais fácil.

Como prevenir a RED-S:

- Não iniciar atividade física intensa sem acompanhamento multidisciplinar, ou no mínimo nutricional;
- Realizar a avaliação pré-participação com um médico;
- Realizar exames periódicos;
- Informar-se sobre principais sintomas;
- Redução da ênfase no peso, enfatizando a nutrição e a saúde como forma de potencializar o desempenho;
- Desenvolvimento de metas realistas e promotoras de saúde relacionadas ao peso e composição corporal.

Dra. Natália Teixeira Mourão *é Ortopedista e Médica do Esporte. Médica da Confederação Sul-Americana de Futebol (CONMEBOL) e Chefe Médica da Seleção Feminina de Futsal (CBF), especialista em Ondas de Choque.* Instagram: @dranataliamourao

JADE BARBOSA

Ginástica artística

Uma pedra rara de resiliência e tenacidade

Jade Fernandes **Barbosa** *(Rio de Janeiro, 01.07.1991) é integrante da Seleção Brasileira Permanente de Ginástica Artística Feminina. Jade conquistou a primeira medalha individual geral do Brasil em um Mundial e integrou a equipe nacional que conquistou a inédita oitava colocação nos Jogos Olímpicos de 2008. Também representou a equipe brasileira em 2007 no Campeonato Mundial de Ginástica Artística e obteve o quinto lugar. A atleta tem inúmeros títulos e medalhas por participação em certames como: Campeonato Pan-americano, Campeonato Nacional Brasileiro, Jogos Sul-americanos (2007, 2017, 2018), Copa do Mundo (Stuttgart), Copa do Mundo (Paris), Copa do Mundo (Moscou), Jogos Olímpicos (2008, 2016, 2020) entre muitos outros. Jade Barbosa integra o corpo da Aeronáutica do Brasil.*

Criança elétrica

Quando eu nasci, meu pai e minha mãe falavam que eu era muito tranquila... na maternidade; mas chegando em casa, eu só chorava. Tinha muita energia! Então, com alguns meses, meus pais me puseram numa creche e logo também em aulas de natação para podermos ter noites melhores de sono, porque eu não dormia todas as horas necessárias e eles já estavam muito cansados. Acabou que a aula de natação não ajudou. Eu continuava com muita energia e meus pais não sabiam mais o que fazer. No clube em que eu nadava, davam também aulas de ginástica. E eu, com uns cinco anos, perturbava muito a minha mãe, porque queria fazer ginástica; nem sabia o que era direito, mas queria. Era assim: eu andava no alto do encosto do sofá; as paredes tinham marcas do meu pé, porque eu fazia os exercícios e apoiava o pé na parede; e assistia TV de cabeça pra baixo. Eu era uma criança realmente muito elétrica.

O início no Flamengo

Nesse clube onde eu nadava, fiz três aulas experimentais, uma seguida da outra, no primeiro dia de ginástica. No final das aulas, o técnico falou pra minha mãe: "Eu fui treinador do Clube de Regatas do Flamengo e indico a você levá-la pra lá, porque ela realmente tem o biotipo de ginasta". Ela então me levou para o Flamengo e no dia em que cheguei lá, de cara a treinadora disse o mesmo: que eu tinha realmente o biotipo de ginasta. "Por que você não coloca a sua filha na pré-equipe? Funciona de segunda a sexta, das cinco às oito da noite". Eu tinha quase seis anos e minha mãe achou aquilo um absurdo. Claramente negou, disse que seria insustentável, pelas outras atividades durante a semana. Aquilo ficaria muito pesado pra ela.

Uma vez Flamengo...

Essa treinadora que me identificou, falou para a coordenadora do ginásio, que era a Georgette Vidor, que ela iria gostar muito de uma menina que a mãe estava receosa de deixar entrar na pré-equipe. Bem, acabei entrando, mas na escolinha de ginástica e treinava de duas a três vezes na semana, o que era pouco. Só que, segundo a minha mãe, já no dia do primeiro treino, eu dormi a noite inteira e ela viu que eu tinha, enfim, chegado no lugar certo. E essa coordenadora, a Georgette, ficou uns três meses falando com ela pra me deixar entrar na pré-equipe. Até que ela cedeu. E aí, não teve jeito: não larguei mais o esporte. Entrei quando fiz seis anos — neste ano faço trinta e dois — e continuo sendo atleta do Clube de Regatas do Flamengo.

A paixão era a ginástica artística

Eu nadava rápido, pra poder ir embora logo, porque eu não gostava. Minha mãe insistia que eu fizesse natação, por ser um esporte primordial aqui no Rio de Janeiro, cidade de praia. Acho que ela pensava na questão de segurança, de saber nadar e nadar bem. Até que eu decidi que não queria mesmo mais fazer natação, não fazia mais sentido pra mim, e ela e meu pai acabaram me ouvindo e me deixando ficar na ginástica.

Quando você passa por algumas etapas e aprende a lidar com elas, vêm outras etapas ainda mais difíceis e aquelas que você achava que eram insuportáveis, acabam parecendo pequenas. Acho que atletas têm essa característica de lidar com situações extremas

A perda da mãe

É difícil enumerar as coisas que nos fazem mentalmente fortes, mas uma das características que atletas têm é a resiliência, não é? Isso está de acordo com as suas experiências de vida. Quando você passa por algumas etapas e aprende a lidar com elas, vêm outras etapas ainda mais difíceis e aquelas que você achava que eram insuportáveis acabam parecendo pequenas. Então, acho que os atletas têm essa característica de lidar com situações extremas. Eu passei por coisas que me deixaram mais forte: perdi minha mãe com nove anos de idade, vitimada por um aneurisma. Ela ficou alguns dias em coma. Foi tudo muito rápido. Isso foi muito duro pra mim, ainda uma criança.

Lição paterna de vida

Eu tive um pai excelente, fez total diferença na minha vida a forma como ele lidou com a situação. Ele me disse que só se manteve forte porque tinha a mim e ao meu irmão, senão ele também teria ido embora. Isso nos fortaleceu muito. Meu pai fez de tudo pra que eu permanecesse no esporte. Sacrificando muitas vezes o sonho dele próprio. Então, posso dizer que tive uma figura muito importante dentro de casa, diariamente mostrando e se sacrificando para que eu e meu irmão tivéssemos as melhores oportunidades e que nada nos faltasse. Hoje tenho certeza de que tudo o que eu conquistei, e não só no esporte, devo também à resiliência e aos exemplos diários dele. Transferi isso para o esporte e para as dificuldades dentro do ginásio, porque são inúmeras.

O preparo mental

Saber lidar com lesões, com ganhar, com perder, com conseguir ou não conseguir, tem muito disso na ginástica. Você pode num dia acertar tudo facilmente; no outro dia, pode parecer que não sabe nem fazer o básico. E tem que ser forte mentalmente para aceitar que hoje não foi possível dar o seu máximo e saber que fez o que podia e também que aquele dia vai ser importante na construção da sua carreira. Tive muitos treinadores que diziam que a gente sabe quando está preparada e como se lida quando se está num dia ruim. Porque conseguir quando se está bem é tranquilo; já quando está triste ou decepcionado ou com dor de cabeça, dor de barriga e mesmo assim consegue fazer um bom treino, significa que se está preparada para competir, não fisicamente, mas mentalmente. Então os dias ruins são essenciais e todas as experiências são experiências. Experiência boa é muito bom e a ruim é melhor ainda, porque com ela você parte pra conseguir se melhorar.

Lições de treinadores

Quando você não compete bem, reavalia, *poxa, o que eu podia ter feito melhor?* Além do meu pai, eu tive treinadores importantes, que souberam lidar com as minhas fases... desde o que é ser uma atleta muito jovem e perder a mãe e todo esse estresse até tornar o ambiente do ginásio uma família para mim e mais ainda, aprender a lidar com a fama. Porque eu fui a ginasta que ganhou a primeira medalha individual geral do Brasil num Mundial. Não sei quantos anos depois, a Rebeca ganhou uma, no ano passado, ou seja, demorou bastante tempo essa renovação. E para a minha treinadora da Seleção, aquela também foi a primeira medalha mundial dela; a gente aprendeu algumas coisas juntas.

> **No seu quarto, você olha suas muitas medalhas na prateleira e aquilo só quer dizer vitórias. Mas, e o que foi feito até chegar lá? Isso que é o mais legal. Mais velha, eu me realizo com outras inúmeras coisas, além de ganhá-las**

O valor do processo

Meus treinadores foram bem sábios pra lidar com uma menina talentosa que tinha vivido essas coisas; mas também pra não deixar o talento me subir à cabeça, porque isso acontece com jovens talentosos. A gente se preocupa em ganhar a medalha, mas, às vezes, o processo é mais gratificante do que a própria medalha. No seu quarto, você olha suas muitas medalhas na prateleira e aquilo só quer dizer vitórias. Mas o que foi feito até chegar lá? Isso que é o mais legal. E agora, mais velha, eu me realizo com outras inúmeras coisas, além de ganhá-las.

Muito além das medalhas

Assim como na vida, o esporte também tem um ciclo: você começa, dali a pouco você ganha, depois dá uma baixa, depois vence de novo. E nessas baixas, eu ficava muito decepcionada... *eu sou capaz, por que não está acontecendo?* Eu achava que só me realizaria com medalhas, recordes ou coisas novas. E me realizo muito hoje por ter proporcionado uma estrutura melhor para as novas gerações. Fico feliz de ver essas meninas dentro do ginásio conquistando os eventos delas. Vejo que o esporte me realiza de diversas formas, o que é uma das coisas que me mantém muito motivada.

Medalhas e mudanças

Minha primeira competição internacional foi aos onze anos; um Pan-Americano Interclubes. Ganhei todas as medalhas: seis, de ouro. Depois, também numa competição juvenil, eu, pela Seleção, com treze anos, ganhei algumas medalhas. E após essa Seleção Juvenil, fui chamada para a Seleção Permanente, em Curitiba; de 2005 a 2008, fiquei nela e longe da família. Foi uma situação chata, porque fazia pouco tempo que eu tinha perdido minha mãe, estava extremamente unida com meu pai e meu irmão e fui tirada desse ambiente familiar pra ir morar com outras meninas.

Ossos de ambos os ofícios

Sempre que eu competia, repórteres vinham falar comigo e tocavam no assunto da minha mãe, pra que eu ficasse emotiva e chorasse. E pra mim, isso era muito difícil. Minha treinadora, uma vez, até me tirou de uma entrevista porque eles estavam supervalorizando essa questão. Tive de aprender a lidar com a mídia, também. Numa coletiva de imprensa após o Pan-Americano de 2007, no Rio — quando me tornei "a Jade Barbosa" que ganhou algumas medalhas e o Brasil conheceu melhor a ginástica como um todo —, chegaram ao ponto de me abordar assim: "Jade, no dia da competição em que você errou, você pensou, '*mãe, me ajuda!*'?".

Porque teve um dia que eu caí e chorei. Minha colega de treinamento, que era a Daiane dos Santos, me deu um beliscão por baixo da mesa e falou baixinho: "Não deixa que ele faça isso com você. Não chora! Responde".

Lidando com holofotes

Consegui voltar ao equilíbrio e responder: "De forma alguma. Não faço ginástica pela minha mãe. Mas se hoje estou aqui é por tudo o que ela pôde me proporcionar e me orgulho disso". E saiu na capa d'*O Globo*, num domingo! Poxa, era uma loucura essa inserção no mundo de TVs, jornais, rádios, repórteres. Então, é ter que aprender a lidar também com essa exposição, porque competi meu primeiro Mundial com dezesseis anos, minha primeira Olimpíada com dezessete. Muito jovem...

Um mundo esportivo melhor

Hoje eu luto muito pra que as novas gerações não passem por essas coisas. Por isso eu falo da minha realização, porque hoje elas têm um ginásio muito legal para treinar e uma equipe multidisciplinar boa — coisas que a gente não tinha. Cada vitória dessas é um degrau conquistado e você vê o lugar que a ginástica tomou. É um esporte querido, conhecido. E era um sonho meu torná-lo mais popular. Acho que tudo isso meio que me mantém ainda atleta, ainda querendo competir e trazer títulos inéditos para o Brasil.

> A terapia já é muito natural dentro do esporte; todas as minhas amigas fazem. Para o atleta hoje ter vida saudável e bom desenvolvimento, ele precisa de preparador físico, fisioterapeuta, médico, psicólogo, treinador. Uma equipe multidisciplinar é essencial

Acompanhamento psicológico

Hoje, dentro da Seleção, as ginastas têm acesso à terapia e a um psiquiatra, se necessário; em alguns casos, acabam precisando. Eu já tive *overtraining* (treinamento exagerado) e outras coisas que também exigiram acompanhamento psiquiátrico. Realmente, a terapia já é muito natural dentro do esporte; todas as minhas amigas fazem, é parte da rotina. Para o atleta hoje ter vida saudável e um bom desenvolvimento, ele precisa ter preparador físico, fisioterapeuta, médico, psicólogo, treinador. Fazer parte de equipe multidisciplinar é essencial.

Lesões e pesadelo

Tive muitas. No período da Seleção Permanente, tive muitas restrições, porque os treinadores eram russos e hábitos culturais diferentes pesam. Uma treinadora limitava muito o meu consumo de água e ainda tive distúrbios alimentares. Explico: no Mundial de 2007, quando fui medalhista em Stuttgart, peguei uma final de salto e outra de trave, mas meu segundo salto não estava entre os melhores. Ao voltar de Stuttgart, investi em melhorar esse salto para Pequim em 2008. Era bem possível que eu ganhasse uma medalha, com os dois saltos, só que com as repetições que eu fazia, mais a comida e água pouquíssimas que me deixavam consumir e uma dor terrível que me apareceu no punho, a Olimpíada virou um pesadelo.

Tendinite *fake*

Fiz exames e dava só uma tendinite. Impossível que fosse só tendinite, a dor era intensa. Acabou a Olimpíada e o sistema de Seleção Permanente, voltamos e eu, pra minha casa no Rio. Contei ao meu pai sobre o pulso, corremos para a emergência e fiz um *check-up*. Eu tinha quinze pedras no rim, estava anêmica e com uma lesão no punho que, igual, só tinham onze casos no mundo. Fraturei tantas vezes o osso que parou de circular sangue e necrosou. Aí começou a minha saga a especialistas: todos diziam que eu não ia fazer mais ginástica.

A denúncia contra a Seleção

Fiquei nove meses sem poder usar a mão, mas continuava treinando e fazendo fisioterapia pra voltar a circulação sanguínea no ponto afetado. Não voltou. Foi quando denunciei na mídia os abusos que aconteciam na Seleção. Muitos ficaram zangados comigo, diziam que eu queria acabar com o esporte. Outras me apoiavam. Foi uma loucura e os médicos afirmando que eu não ia mais fazer ginástica. Até que o último consultado disse assim mesmo: "Olha, Jade, está uma merda isso, não tem como ficar pior. Não sei se esse osso é o da necrose". Porque há vários ossinhos no punho. O que necrosou ficou com outra anatomia e os demais ossos se reorganizaram de forma diferente pra se reencaixar nele.

Toda poderosa!

Sem mais o que fazer, voltei a treinar aos poucos, num dia com uma só mão, no outro, com as duas, de 2009 a 2010, quando ganhei a segunda medalha de bronze mundial, exatamente no aparelho de salto em que eu me machuquei. A medalha, além de inédita para o Brasil, provou que eu podia sim voltar a fazer ginástica em nível mundial. E mais do que mostrar isso para as pessoas, era mostrar pra mim, porque fiz esporte a vida toda, é a minha profissão... e não posso mais fazer? Ah, *tá*, tem que fazer faculdade. Vai escolher o quê? E até pra voltar a fazer ginástica, passei por uma junta de doze médicos — todo mundo ficou com medo de mim, de eu querer processar alguém, depois da denúncia do que acontecia na Seleção, *né?*

> **Fiz esporte a vida toda e não posso mais? E vai escolher o quê? Até pra voltar a fazer ginástica passei por uma junta de doze médicos — todo mundo ficou com medo de mim, de eu querer processar alguém, depois da denúncia do que acontecia na Seleção, né?**

Traumas, trancos e barrancos

Entrei na Seleção com treze anos. Você não tem como discutir com um treinador muito mais velho que você e que vai ter outros inúmeros argumentos. Quando eu voltei, passei por isso tudo e falava pro meu pai: "Eu ainda fui medalhista, ganhei um pouco de dinheiro com isso, mas, e as meninas que foram pra lá, tiveram seus sonhos destruídos, voltaram para casa traumatizadas, não tiveram apoio, não tiveram nada?". Eu me sentia uma sobrevivente, nem imaginava como é que as outras estavam. Comecei numa casa onde tinham onze meninas, fora as outras do Paraná mesmo, e no fim, tinham quatro. Eu vi muita história, meninas que tomaram pavor de ginástica, ou que viraram treinadoras, mas também traumatizadas com algumas coisas. Então, mudar isso no esporte meio que virou uma luta minha.

Os frutos da luta

Por isso, quando hoje eu vejo que tem uma nutricionista dentro da Seleção, pra mim é realmente uma supervitória, sabe? Quando tem um preparador físico que *tu vai* lá e faz o teste de gordura — e você tem uma taxa de gordura que é segura pra você —, caramba, tudo isso são conquistas que não vão tornar aquela atleta só campeã; ela vai ter vida útil como atleta e qualidade de vida como pessoa, também. Por isso eu digo que outras coisas me realizam; porque eu passei por esse sistema na Seleção que, apesar dos resultados expressivos para o Brasil, tinha essas questões muito invasivas, traumatizantes — e muitas crianças e adolescentes voltando com uma mão na frente e outra atrás, sem condições até pra pagar um tratamento de recuperação psicológica.

Sem combinar com os russos

Hoje eu afirmo que o ambiente da Seleção é diferente, porque a gente conquistou esse trabalho em conjunto. Mas não tenho como afirmar como é feito nos clubes, posso falar do meu, o Flamengo. Provavelmente, em alguns clubes ainda existe essa cultura, porque depois que a União Soviética se dissolveu, muitos treinadores foram para outros países com o método deles, porque eles eram os melhores do mundo no esporte. Eles levaram muito conhecimento ginástico pra todos os países, mas, ao mesmo tempo, tinham esses hábitos culturais extremos. Alguns países foram cedendo e a gente acabou vendo essa cultura ginasta passando.

Apoio do pai

É muito legal se ver morando com meninas diferentes, ter a liberdade de escolher o que vai comer e várias novidades, quando a gente chega. Mas quando as coisas vão se estabilizando e começa a carga de treinamento e a ter competição é que você é inserido realmente no ambiente. E ao ir ficando complicado, principalmente na minha primeira crise renal, eu ligava muito pro meu pai e contava tudo. E isso virava um problema. A coordenadora dizia, "há coisas que você não tem que contar para o seu pai". Eu falava que ia contar, sim. Eu via que muitas meninas não contavam os absurdos para as mães, pra não serem tiradas de lá. Meu pai também tentou me tirar algumas vezes, mas eu dizia que ia suportar mais um pouco. Quando eu quis desistir, ele disse que eu já tinha passado por tantas, que talvez fosse válido ficar mais um pouco. Não o tive presencialmente, mas de outras formas, sim.

Longe da família

É, eu tive que abrir mão da Seleção Permanente, era inviável estar com a família. Creio que as meninas do próprio Paraná conseguiam isso melhor. Hoje, mais velha, eu penso se já não é hora de passar mais tempo com eles. Você fica nesse embate mesmo, porque são muitos anos de esporte e a vida passa. Tento arranjar um equilíbrio entre tudo isso, mas é complicado, como quando eu estava na faculdade. Apesar de eu morar no Rio e minha família também, eu passo a semana de treinos no apartamento do Comitê Olímpico.

O jeito possível

Vejo a família no final da semana, ou quando meu pai passa no Comitê pra me dar um beijo. Mas mantemos contato, sempre. No primeiro ano que eu fui pra Curitiba, quando eu começava a chorar muito, a treinadora falava para a coordenadora me deixar ir pra casa. Aí eles compravam uma passagem, mas só me deixavam ir porque mandavam a minha tarefa de treinamento para o Flamengo. E eu ia lá fazer, mesmo estando na casa da minha família. Tinham meninas que iam pra casa, mas não tinham como treinar, porque o clube delas era de outro estado. Eu ia no início, mas foi ficando complicado pra continuar.

Sonho de maternidade

A mulher atleta até nisso precisa se planejar. Conheço ginastas que aproveitam os dois primeiros anos do ciclo olímpico para ter filho, pra quando chegar o ano da Olimpíada, o filho já esteja um pouco maior. Vejo meninas conseguindo se adaptar a essa questão. Mas tudo depende do lugar que você treina, do país, em que situação você está, se tem patrocínio, se não tem. São muitas variáveis para a atleta ter que abrir mão ou esperar. Porque eu vejo lá pelo ginásio os homens que foram pais: mudou a vida, mas não muda como para a mulher atleta quando tem filho.

As inspirações

Tive a oportunidade de estar num ginásio com a Daniele Hypólito presente, eu a admiro desde pequena e depois, fiz parte da Seleção junto com ela e com a Daiane dos Santos. Muitas das meninas que eu admirava estiveram presentes no meu dia a dia, isso foi muito legal. Também admiro bastante o Bernardinho, porque eu penso que para o treinador deve ser complicado levar uma equipe, saber como lidar com cada atleta individualmente. E ele consegue lidar com vários e tirar o melhor deles, e são homens mais velhos. Eu via lá, ele conseguia fazer com que um atleta de trinta e poucos anos confiasse nele; mesmo que às vezes ele tivesse que gritar, falar mais rude, as pessoas respeitavam, entendiam o processo. Eu o admiro muito, porque não é todo dia que o atleta acorda com vontade de ser campeão; e o treinador *tá* todo dia ali pra lembrar que você quer isso. E ele agora está trabalhando com o feminino, não é?

> **Minha mãe foi sensacional em todos os aspectos, até nesse do cara que ela escolheu pra formar a família dela. Porque tenho certeza de que o meu pai tem um viés muito parecido com a educação que ela me daria. Não deixou a desejar em situação alguma**

Mais que ídolo

Mas ídolo mesmo... em toda entrevista, eu falo a mesma coisa: é meu pai, não existe outro. É impressionante como eu lembro dele: foi ele que me ensinou, que me fez ver de uma forma diferente a realidade, que precisava me apoiar e me apoiou. Minha mãe foi sensacional em todos os aspectos, até nesse do cara que ela escolheu pra formar a família dela. Porque tenho certeza que o meu pai tem um viés muito parecido com a educação que ela me daria. Ela faleceu e meu pai pintava a minha unha, fazia roupa para as minhas bonecas, fazia costura, tudo. Ele não deixou a desejar em nenhuma situação. Por isso eu falo da resiliência. Ele conseguiu se adequar a cada fase.

Carreira e estudos

Eu tentei, na minha primeira faculdade, fazer Design, na PUC do Rio, e fiz metade da faculdade. Não consegui levar, porque foi bem na época que eu conquistei minha segunda medalha no Mundial. Eu estava treinando muito, fazendo autoescola, treinando para o Mundial, aí, uma faculdade era difícil de manter. Por mais que eu amasse, eu gosto muito de Design, não consegui finalizar, os horários não batiam.

Dando duro

E aí, com a não classificação em Tóquio, pensei, *caramba, eu tenho que dar um jeito nisso, tenho que aproveitar esse tempo que eu tenho agora um pouco mais tranquilo pra correr atrás do ensino superior.* Foi quando eu decidi migrar para o Marketing e consegui finalizar o curso, graças a Deus. Foi difícil, não vou negar. Eu treinava nos dois períodos; acabava o treino quase perto das seis, aí, de sete às dez e pouco, era a faculdade. Foi pesado, mas foi possível.

Transição de carreira

Agora estou tentando investir noutra parte, pensando em estar pronta pra quando a transição de carreira acontecer. Por isso também que eu quis tentar o MBA de Gestão de Pessoas, porque têm muitos atletas com bastante experiência de ginásio, mas ainda sem formação pra continuar agregando ao esporte. E é isso o que eu gostaria de fazer: continuar agregando ao esporte nessa parte de gestão, com as novas gerações. Eu penso que o Brasil é muito carente de heróis e quem fez diferença no esporte, acho que tem que continuar agregando da maneira que puder. Meu intuito é trabalhar no Comitê Olímpico, na confederação do meu esporte, para continuar proporcionando uma estrutura cada vez melhor para o esporte.

Dicas às atletas

Eu tento estar presente no ginásio da forma que eu consigo. Muitas vezes eu consigo treinar com as categorias que são novas, porque treinamos todos no mesmo ginásio, em grupos diferentes, mas a gente acaba se encontrando lá. E eu tento criar um canal legal de conversa pra que elas se sintam seguras pra falar o que sentem. Trabalho muito pra tentar entender a percepção que elas têm de cada exercício que fazem. E trabalhar essa questão da fala mesmo, para que consigam se expressar comigo, pra falarem pro treinador o que estão sentindo e se precisarem conversar com o médico, que possam falar da dor que estão sentindo, que consigam se expressar.

Gente boa, solícita

Então, assim, eu tenho um canal muito legal com as meninas mais jovens. Fico muito feliz e tento ser o que a Dani e a Dai foram para mim, de referência, tipo, estando com alguma dificuldade, coisas incômodas que às vezes não se consegue enxergar, mas que a menina que é mais velha vê e diz assim: "Não, olha só, faz mais assim, faz mais assado. Tranquilo, respira". Por exemplo, agora, a equipe juvenil vai para o primeiro Mundial Juvenil. Na minha época nem tinha Mundial Juvenil, essa é uma competição mais nova. Elas ficam superansiosas, então eu tento tranquilizar, dar dicas, explicar como funciona uma competição internacional, pra que já cheguem mais ambientadas. Tento realmente estar presente, ser solícita.

O legado
Eu acho que fica toda essa parte de estrutura. Hoje existe um centro de treinamento no Rio de Janeiro que foi construído para que os atletas treinassem para a Rio 2016. E permanece. Eu digo que cada tijolo daquele é uma pessoa que se dedicou ali, desde o atleta ao treinador e, como a gente costuma chamar, "tia que limpa o ginásio". São muitas histórias, então, eu tenho certeza de que aquele centro de treinamento, tão mágico, que eu tanto queria ter quando tinha a idade delas, aquilo valeu. A gente conseguiu proporcionar isso, com a nossa história, para essas novas gerações.

> **Antes de um atleta, antes de uma máquina, está ali uma pessoa. Ver as meninas podendo ser felizes, fazendo o esporte que elas mais amam, que não são reprimidas ou assediadas moralmente, é das coisas que mais me põem orgulhosa, é das mais realizadoras pra mim**

De muito se alegrar
Acho que conquistamos também essa questão de tornar o esporte mais humano. E acho que é um dos meus maiores legados ao esporte esse tratamento individual, de, antes de ser um atleta, antes de uma máquina, está ali uma pessoa. Ver as meninas podendo ser felizes, fazendo o esporte que elas mais amam, que não estão sendo reprimidas ou assediadas moralmente, é das coisas que mais me põem orgulhosa, é das mais realizadoras pra mim.

Relação com treinadores
Fico muito orgulhosa do nosso esporte, que é conhecido por causa das

mulheres. Você pensa em ginástica e pensa em um solo, com música e uma menina saltando. E nunca sofri discriminação. De forma até contraditória, eu nunca senti. Sinto que as pessoas que trabalham com ginástica são realmente apaixonadas pelo esporte. O treinador que trabalha com a categoria de base é o cara que se dá bem com criança; o cara que trabalha com os adolescentes é o que se dá bem com adolescentes. Trabalha com adultos os que realmente se adaptam à categoria adulta. Isso é bem legal no meu esporte. E é sempre mesclado: na competição, você pode entrar com dois treinadores e podem ser duas mulheres; ou uma mulher e um homem; não podem ser dois homens. É uma regra para manter as mulheres como treinadoras. Eu tive dos dois e bom relacionamento com todos.

O maior orgulho

Sinto que eu sou uma pessoa abençoada, apesar das coisas difíceis que eu passei. Tenho uma família incrível, acabei de ficar noiva, estou muito feliz com o meu relacionamento, e conquistei a minha faculdade. Acho que isso é de fazer me sentir abençoada, porque a vida das pessoas está difícil, *né?* Está complicado hoje. As pessoas passam por muitas coisas no país que a gente vive. Só de ter conseguido conquistar essas coisas é algo muito incrível no Brasil, não é? Posso nomear minhas duas medalhas sensacionais do Mundial; sou muito orgulhosa delas. Mas os pontos que eu citei são os que mais me orgulham mesmo.

Paraquedismo

A valente pioneira da FAB no salto livre

Cássia Bahiense Neves *(Rio de Janeiro, 15.05.1983) é a primeira mulher a compor a equipe de paraquedismo das Forças Armadas do Brasil e medalhista de bronze na quinta edição dos Jogos Mundiais que, por sua vez, também contou com a participação de uma mulher pela primeira vez. Graduada em Engenharia Elétrica/Eletrônica, a 3ª sargenta da Base Aérea de Santa Cruz tem entre seus principais títulos os de: Campeã Brasileira de Precisão (2009 e 2010); Vice-campeã da Copa CTR-2 (2010); Campeã do Valentine's Meet no Arizona e do Arizona Frenzy (2011); e Tricampeã do Campeonato Brasileiro e Latino-Americano (2011, 2012 e 2013). Integrou a Seleção Brasileira Militar no Campeonato Mundial Militar, na Alemanha (CISM, 2017), no Campeonato Mundial de Precisão na Argentina (2018), além de na China (CISM, 2019) e na Áustria (CISM, 2022), entre outros.*

Na vanguarda

Eu não entrei como atleta; eu virei atleta dentro das Forças Armadas, incentivada pelo meu marido, que também era paraquedista. Na época, éramos noivos e o sonho era dele, mas acabou que eu realizei. Nunca passou pela minha cabeça saltar de paraquedas, aí ele veio com essa ideia, que eu achei um pouco maluca... mas fiz um curso e me apaixonei pelo esporte. Eu já estava dentro das Forças Armadas. Era sargento da Força Aérea. Isso foi em 2006. Em 2008, conheci um militar da equipe de paraquedismo da Força Aérea — eles procuravam uma mulher, que seria a primeira a ingressar na equipe de salto livre. Como eu já tinha o curso, fui fazer os testes; passei e entrei em 2008. E assim, fui a primeira mulher da equipe de salto livre das Forças Armadas.

Início do projeto

Em 2009, existia um projeto nas Forças Armadas para dar início a uma nova Seleção e quem passasse iria representar o Brasil em 2011, que foi aqui, no Rio de Janeiro. Era para as Olimpíadas do meio civil, que acontecem de quatro em quatro anos. Fui para essa seletiva, que não era seletiva feminina, era só masculina; eu era a única mulher que estava lá nesse evento. As autoridades viram que havia ali uma mulher e, então, decidiram tentar compor também uma equipe feminina. A partir daí começaram a procurar novas meninas para ingressar e montar essa primeira equipe feminina militar.

Começando n'Os Cometas

Ainda em 2009, fui adida a "Os Cometas", que é a Brigada de Infantaria Paraquedista do Exército, justamente para começar o processo de procura das meninas para uma nova equipe. Foi quando eu conheci mesmo o paraquedismo desportivo e que começou toda uma história de dedicação ao esporte. Eu sempre fui atleta, mas ser atleta é uma coisa; ser atleta de alto rendimento é completamente diferente. É uma abnegação muito grande. Eu não era casada na época, mas tinha o meu noivo, a família. Deixei de fazer muitas coisas para ser atleta. Tudo tem seu preço e o atleta tem de renunciar a muita coisa. O preço do atleta de alto rendimento é alto, mas a recompensa é grande.

> Sou a única sobrevivente daquela época, estou sempre à procura de medalhas. Em 2022, conseguimos na Áustria o 2° lugar na categoria estilo, outro marco no paraquedismo feminino. Os meninos conseguiram a 1ª medalha masculina no *overall*. Foi emocionante

Desistência entre mulheres

A medalha de bronze nos Jogos Mundiais Militares em 2011 foi que alavancou minha carreira de paraquedista. Esse projeto foi feito em 2009 e em 2011 a gente já conseguiu a primeira medalha militar do CISM, no paraquedismo, na categoria formação em queda livre. A gente ainda continua com a equipe no CISM, mas com outras meninas; muitas desistiram. Porque nós somos mulheres, *né?* Casam, engravidam e aí, muitas desistem. Eu ainda continuo, sou a única sobrevivente daquela época. Estou sempre à procura de resultados, de medalhas. No ano passado, a gente conseguiu na Áustria o segundo lugar na categoria "modalidade de estilo", que também é um marco no paraquedismo feminino. Os meninos conseguiram a primeira medalha masculina no *overall*, também; 2022 foi um ano muito emocionante pra gente.

Os desafios

Formar uma boa equipe é difícil e com a mulherada não é fácil de lidar, *né?* Tiveram que contratar um psicólogo pra dar continuidade a um projeto, senão, não ia dar certo. E esse psicólogo foi de fundamental importância na época para a gente conseguir essa medalha em 2011. Então, eu acho que a maior dificuldade mesmo é conviver, porque a gente acaba ficando muito mais tempo com as meninas fora de casa do que dentro. É um relacionamento bem difícil.

Difícil aprendizado

O maior problema é aprender a conviver com a outra pessoa por vinte e quatro horas, porque acabamos fazendo tudo juntas e dormindo no mesmo lugar. O paraquedismo é uma modalidade à parte, porque não se consegue treinar aqui no Rio de Janeiro; a gente tem que viajar. Muitas das vezes estamos dentro do alojamento, todo mundo junto, então, a gente tem que sempre respeitar a particularidade da outra pessoa.

> O feminino logo ganhou uma medalha que o masculino,
> durante anos tentando, nunca conseguiu. Isso pra gente
> foi legal, foi uma coisa boa pro feminino. Mas
> automaticamente a gente carregou uma raiva,
> uma angústia do masculino por não ter conseguido

Preconceito e inveja machista

Sim, a gente sente certo machismo e preconceito, porque a princípio a equipe foi formada só para representar como a primeira equipe feminina.

Não foi pensada pra ganhar medalhas e veio a medalha! Uma medalha que o masculino nunca conseguiu. Durante anos tentando, eles nunca tinham conseguido. Isso pra gente foi legal, foi uma coisa boa pro feminino. Mas automaticamente a gente carregou uma raiva, uma angústia do masculino por não ter conseguido e pelas glórias do feminino. Até hoje a gente ainda sente esse embate. E eles falam, "não, é porque o campeonato feminino é mais fácil do que o masculino...", mas em todo esporte é assim. A fisiologia é diferente, então vai ser sempre assim.

Ser atleta e ser mãe

Por ser um esporte de risco, muitas mulheres depois da maternidade acabam desistindo do paraquedismo. No meu caso, eu planejei muito o meu filho e o tive no momento certo. Fiz de tudo pra que eu tivesse parto normal e poder voltar o mais rápido possível. Voltei quando o meu filho estava fazendo três meses. Eu estava num campeonato brasileiro e foi emocionante, porque eu tinha que parar para amamentar. Conversei com o diretor técnico e ele falava no microfone: "Olha, gente, agora vamos dar uma parada de meia hora pra Cássia amamentar o Daniel". Aí o campeonato parava para eu amamentá-lo. Foi bem legal. Até hoje é falado sobre isso. Foi um campeonato que marcou por causa do Daniel. E ele subiu no pódio comigo, depois. Foi muito emocionante.

Significado da família

Ah, busco as minhas forças na família. A família pra mim é muito importante. Eu fico muito ausente, com as minhas viagens, mas sempre que estou em casa eu prezo estar com eles, porque sem eles eu não sou ninguém. Eu acho que a família é a mais importante fonte de energia para todo mundo.

Os ídolos

Um dos meus ídolos, que eu coloco no topo como o meu patamar, é justamente o que era o técnico em 2011. Era técnico e psicólogo, o André Ferraz. Ele estava lá no campeonato brasileiro com a gente, inclusive ganhou também. O André é dez vezes campeão brasileiro, um excelente atleta de paraquedismo e também um psicólogo excepcional. Eu dou graças a Deus, e a ele, por ele ter topado estar com a gente naquele período, porque eu acho que sem o psicólogo tudo teria sido muito difícil. Hoje a gente vê muito isso, de o atleta precisar de um psicólogo, ainda mais depois das últimas Olimpíadas. Eu sempre achei que o psicólogo tem grande importância na vida de um atleta. Porque o atleta não é só o corpo dele, a cabeça é que manda, ela determina muita coisa. Se você não estiver bem fisicamente, não vai performar e competir como deseja, não adianta. E meus ídolos no paraquedismo são o André Ferraz e uma menina da França, a Leocádia, que hoje pra mim é referência no paraquedismo feminino mundial.

Tratamento de choque

Vou dar um exemplo que eu sempre dou: nós estávamos empatados no último salto com a China e ficamos a manhã inteira esperando o salto que não ocorreu. Aí, deu a hora do almoço e a gente foi almoçar. Logo que acabamos, fomos chamados para o salto. A gente sabe muito bem que depois do almoço dá aquela lombeira, aquele desânimo. E a gente estava num salto determinante do campeonato, precisávamos estar bem.

Banho gelado e salto

Chegamos no local, meio que todo mundo com sono, o André Ferraz, o psicólogo, vira pra gente e fala, "Olha..." — era em julho, estava frio — "... quero todo mundo debaixo do chuveiro, na água fria. Preciso de vocês acordados!", e botou todo mundo no chuveiro. Eu falei, "que loucura, André! Não, pelo amor de Deus, está frio! A gente vai subir, vai saltar!". E o André: "Confia em mim, eu quero vocês debaixo do chuveiro". Eu acho que a gente ganhou a medalha ali, porque todo mundo se fortaleceu, *"vambora, garra!"*. Fomos para o salto e conseguimos a medalha, graças a Deus.

> O Brasil tem disso, eles visam muito aquele momento, depois se esquecem da gente. Foi o que aconteceu em 2011. Ganhamos a medalha e depois ficamos meio que esquecidos. E sem o apoio psicológico. Cada um foi para um canto. E eu sigo praticamente sozinha

Ostracismo e refúgio

Infelizmente, depois desse campeonato, o psicólogo foi retirado.

Houve um projeto para 2011 — e o Brasil tem disso, eles visam muito aquele momento e depois eles se esquecem da gente, *né?* Foi o que aconteceu em 2011. A gente ganhou a medalha e depois ficou meio que de lado, esquecido. Não tivemos mais apoio psicológico. Aí, cada um foi para um canto. E eu sigo praticamente sozinha. Essa parte psicológica é importantíssima para o alto desempenho. Hoje em dia não tem nem como se questionar mais. Uma coisa que ele, o psicólogo, também sempre falava era pra você pegar um momento alegre da sua vida; pessoas alegres, coisas, lugares. E eu sempre visualizo o sorriso do meu filho, que agora está com oito aninhos. Sempre quando eu estou com medo, ou com algum receio de alguma coisa, sempre estou com o sorriso dele na minha mente.

Filho de peixe

Daniel tem oito anos e ele é atleta do Flamengo de ginástica artística. Talvez vire ainda do alto rendimento. É difícil para uma criança saber que precisa treinar todos os dias, ter disciplina, foco, persistência. Ele treina todos os dias, mas tem vezes que não quer, não tem vontade. E botar isso na cabeça dele é muito difícil, é uma criança de oito anos. Eu tento dar o exemplo para ele, mas não é fácil. E a ginástica artística tem uma particularidade: eles começam muito cedo a ter essa responsabilidade que não chega à adolescência. Quando estão na adolescência, já têm que estar prontos. Passa a infância sem terem vivido como crianças. É muito puxado, mesmo. Até botei o Daniel no psicólogo pra ver se trabalha a cabecinha dele. Não há como a gente pôr pra frente uma maturidade que ele hoje não tem.

Segunda família

Eu encaro minha equipe como minha segunda família, porque eu fico mais com eles do que com a minha própria família. Às vezes também ela tem as suas brigas e os seus momentos, de não querer ficar perto, tem de pôr limites nos atritos. Mas a gente sabe respeitar o limite do outro. A hora que a gente diz, "ó, não quero falar, não quero", a gente se entende. Existe sempre uma competição entre o feminino e o masculino, isso é fato. E quando alguém se destaca da equipe feminina, já vêm falar besteira, alguma coisa pra nos deixar pra baixo. Coisas de equipe. E estes comentários mexem com a autoestima, *né?* Sempre treinamos masculino e feminino juntos.

A pressão é mais forte dentro do quartel, porque não fui formada para ser paraquedista. Entrei na Força Aérea como técnica eletrônica para fazer manutenção nas aeronaves de caça. Indo para a equipe de salto livre, estou fora da função e preciso dar resultado

Contornando situações

A pressão é mais forte dentro do quartel, porque eu não fui formada para ser paraquedista. Entrei na Força Aérea como técnica eletrônica para fazer manutenção nas aeronaves de caça. E indo para a equipe de salto livre, estou fora da função e preciso dar resultado. A pressão é grande com relação a isso, mas tento, de boa, contornar a situação da melhor maneira. Com o público também sempre tento conversar e tirar um pouco a expectativa do pessoal, porque é um campeonato: não existe melhor nem pior. É o momento do atleta. Ele pode estar muito bem no treino e na competição não ir tão bem. É uma derrota ou uma vitória, então, deixa o meio-termo ali, deixa as coisas acontecerem.

O atleta e a derrota

Se tiver medalha, a gente comemora, e se não tiver, comemora também, pelo esforço e sacrifício de todos pra estar ali. Não é uma derrota que define o atleta como pessoa. Ele deu o seu máximo e isso é também motivo de comemoração. Porque o atleta está sempre se preparando para uma competição e a preparação é muito dura. Eu sempre digo, a vontade de treinar tem que ser muito maior do que a de competir, porque, chegando numa competição bem treinado, ele encara aquilo como um treinamento.

Receita a futuros atletas

Pra chegar ao alto rendimento é preciso ter muita determinação e vontade de fazer o que tem que ser feito. Foi o que você falou na sua *live* também, Francisca, as pessoas querem muito o *status* do atleta que está no topo, mas ninguém quer carregar a cruz que ele carregou. Chegar até ali é muito difícil. Às vezes, as pessoas só veem o 1%, que é a medalha. O restante, os 99%, são de muita dedicação, foco, clareza; é muita abdicação de tudo na sua vida. É treinar todos os dias e mentalizar. Tem que emergir nesse mundo do atletismo e realmente dizer, "eu quero ser um atleta". E os atletas são pessoas fora do normal. Estamos sempre no limite do que uma pessoa normal faz. Tem-se que estar bem decidido do que se quer na vida.

O essencial planejamento

Durante a gravidez, fiquei um pouco longe da atividade e terminei a faculdade depois que o meu filho nasceu, porque aí eu pude respirar. Tudo na vida é planejamento. É claro que às vezes não sai do jeito que a gente quer, mas é preciso se planejar sempre.

Legado construído

Bom, eu deixo aí pra essas meninas: que continuem o que eu estou fazendo, principalmente dentro da Força Aérea Brasileira. Estou sempre tentando trazer novas meninas para a carreira, pra que quando eu saia definitivamente, não se acabe o feminino do paraquedismo na FAB. Estou há catorze anos na equipe. Houve dias em que eu quis sair e não saía justamente porque eu não tinha ainda um legado construído. Hoje tenho quatro meninas de carreira e ingressando como atletas de alto rendimento. Há atletas de sessenta anos fazendo paraquedismo. Eu acho que parar é na hora em que o coração disser, *chega, não dá mais*, ou quando a performance não está mais adequada ao que realmente se quer. Eu ainda sigo, mas planejo ser mãe novamente, no momento certo.

Olhando para trás

Eu gostaria de ter tido, anos atrás, a mesma maturidade que tenho hoje. Isso não acontece, mas eu gostaria de ser essa Cássia que sou hoje, porque houve brigas, houve vários desentendimentos que não levaram a nada. Eu mudaria isso.

Momento traumático

Eu faço três modalidades: a precisão de aterragem, o estilo e a formação em queda livre. Estávamos treinando para o campeonato brasileiro uma semana antes e na precisão a gente precisa pousar num colchão e num alvo de dois centímetros. É uma particularidade do paraquedismo: na parte da tarde existem muitas ondas térmicas que fazem com que o paraquedas suba. Eu não soube administrar isso e pousei mais forte fora do colchão. Acabei quebrando o tornozelo e não participando da competição.

Ao retornar à atividade depois do acidente, me diziam que quando eu chegava no colchão, meu corpo se recolhia, querendo se proteger. Hoje isso não acontece mais, mas acontece o lance da respiração, te falei, Francisca, ela fica mais ofegante

Sinais que o corpo dá

Não poder participar da competição me causou um trauma enorme — mais ainda porque vejo que meu rendimento caiu um pouco. Não que eu pense nisso quando estou no paraquedas, mas meu corpo me dá sinais de que alguma coisa está acontecendo. Ao retornar à atividade depois do acidente, me diziam que quando eu chegava no colchão, meu corpo se recolhia, querendo se proteger. Hoje isso não acontece mais, mas acontece o lance da respiração, te falei, Francisca, ela fica mais ofegante e eu não consigo controlar isso. Na verdade, nem noto que ela está mais forte. Só descobri porque quem estava em volta do colchão me falou e pude constatar vendo no vídeo.

O alto preço do estresse

Perceber que depois desse acidente meu rendimento diminuiu me deixa um pouco chateada. Agora, quando vou treinar e vou pra uma competição, sinto o estresse, a insegurança de poder me machucar novamente. Porque a queda foi um trauma muito grande pra mim. Fiquei dois meses com o pé pra cima, depois veio a fisioterapia. Foi tudo muito delicado para mim, pois rompi os ligamentos, rompi tudo e tive que entrar em cirurgia. Essa foi realmente a lesão que mais me marcou.

A queda *quase* livre

E agora, na Áustria, tive um acidente com o meu paraquedas. Tive que jogar o principal fora e, assim, depois de dois mil e quinhentos saltos, eu tive o primeiro reserva da minha vida. O freio, com que a gente comanda o paraquedas para ser direcionado para o chão, ficou preso um lado. E quando ele prende um lado, ele entra em giro; se você não desconectar, acaba entrando no chão e morrendo, *né*? A gente sempre salta com dois paraquedas e eu tive que fazer esse procedimento de segurança. São acidentes que podem acontecer com paraquedistas iniciantes ou até mais pra frente, como foi o meu caso. Só que, em dezesseis anos de paraquedismo, eu nunca tinha feito.

Consciência alerta

Mas esse acidente na Áustria não foi um grande trauma pra mim porque a gente, paraquedista, está sempre preparada pra fazer esse tipo de procedimento. Depois que eu pousei, continuei na competição sem grandes problemas. Eu não fico remoendo o acontecimento, é o subconsciente que remói isso aí, porque sempre tem aquela vozinha que fala, "cuidado, você teve um acidente", e eu, assim, "ah, deixa pra lá, não vai acontecer nada". A gente fala com a gente mesma, mas, infelizmente, a mente comanda mais do que o nosso corpo quer, *né?*

Traumas teimosos

Eu venho pesquisando sobre essas coisas que acontecem com atletas — mas que acontecem também com não atletas, principalmente com estes. A pessoa tem um acidente de moto e não quer mais subir na moto de jeito nenhum. Isso é um trauma também. Até hoje eu sinto o tornozelo; ele incha e eu não posso fazer certas atividades. Não consegui voltar com todo o arco do movimento do tornozelo. Francisca, o tornozelo é uma parte muito, muito sensível, não é? Ele praticamente sustenta todo o nosso corpo.

Francisca responde

Os pés são uma das partes mais importantes do corpo humano e muitos não cuidam tanto dos seus pés. É preciso cuidar, porque eles realmente nos sustentam. O tornozelo em si é uma parte muito sensível, mas o que ficou em você foi mais o medo de forçar, de um forte impacto, e de voltar a se machucar. Nós somos guerreiras e você vai superar isto.

JEANE ALVES

Turfe

Uma cearense no mundo do turfe

Jeane Alves *(Acopiara — CE, 11.06.1988) é a única joqueta no Jockey Club paulistano e a primeira mulher a vencer, em 2016, o Grande Prêmio São Paulo de Turfe, que é disputado anualmente há um século. Hoje, aos trinta e quatro anos, Jeane acumula inúmeros prêmios conquistados em competições realizadas no Brasil e no exterior. Ela tem passagens de sucesso pela Inglaterra, Suécia, Bélgica, Peru, além de Emirados Árabes e de Macau, uma região autônoma, de língua portuguesa, próxima à costa da China, entre outros países e rincões do planeta.*

Desconhecimento sobre turfe

"Joqueta" é como eu falo. No Brasil, quando chego em um lugar, entro em lojas, o pessoal vê o meu porte físico e: "Pelo jeito você é atleta. E de quê?". Respondo: "Joqueta". "Mas o que é joqueta?" Explico e dizem que achavam que o termo seria amazona. Reafirmo que é joqueta. E já começam a entrar no meu Instagram e a me acompanhar. Falta conhecimento das pessoas sobre o turfe aqui no Brasil. Aqui tem mais o hipismo, o adestramento, não é?

Paixão desde bebê

Eu sempre "transpirei cavalo". Meu sangue sempre foi cavalo. Desde bebezinha. Nasci na fazenda do meu pai, em Acopiara, uma cidade do interior do Ceará. E desde pequenininha, com cinco anos, eu corria no meio dos cavalos, dos bois, das vacas, acompanhando meu irmão mais velho, que fazia prova de vaquejada; ele faleceu já tem dez anos. Sou a caçula da família, então, era aquele grude comigo. Ele me carregava e me colocava na cela do cavalo com ele. E criei essa paixão por cavalos; eles me tranquilizam. Posso estar com o problema que for que, quando chego perto dos cavalos, as coisas mudam.

O início em vaquejadas
Fui crescendo e fazendo prova de vaquejada, que é uma modalidade no Ceará com um boi e dois cavalos. Eu fazia a parelha para o meu irmão. Comecei brincando, me divertindo com ele, passeando com os cavalos na pista de vaquejada. Mas minha mãe sempre foi contra. Não queria meu envolvimento com os cavalos e mais que isso, vamos dizer, não queria me ver no meio dos homens. Era o meu irmão com os amigos, a turma dele, e só eu de menina, adolescente, no meio deles.

Receios maternos
Minha mãe tinha medo de eu cair, de me quebrar. E mais mesmo porque era esporte de homem. Quase não tinha mulheres fazendo vaquejada, eram pouquíssimas. Já o meu irmão sempre me apoiou muito, meu pai também; ele me deixava fazer o que eu queria. Eu sempre tive essa liberdade do meu pai, que não me diferenciava em relação aos filhos homens, sabe? Por mais que ele fosse do interior, tinha cabeça aberta. Era um pai que falava: "Gosta? Já que gosta, então, faz". Ou: "Gostou? Vai fazer, vai".

Mudança para São Paulo
Quando cheguei aos dezoito anos, um primo que morava em São Paulo e hoje mora na Inglaterra, montava no Jockey. Eu tinha muito contato com esse primo, a gente é da mesma idade. Eu era pequenininha quando a irmã dele, que é mais velha, saiu lá da nossa cidade; então, com ela, eu não tinha tanto contato. Ela foi primeiro pra São Paulo e o levou. Pela minha ligação com ele, eu acompanhava a carreira dele e comecei a falar que queria ir pra lá também. "Arruma pra mim!" Aí, completei os dezoito e ele me avisou que ia abrir vaga no Jockey Club de São Paulo, falou com o professor da escolinha do Jockey, fez minha inscrição e me avisou: "Vem mesmo, porque são muitas vagas".

Apoio da família

Avisei ao meu irmão, o mais velho, que me acompanhava, "vou pra São Paulo". Falei para o meu pai e ele só disse, "tá, tá bom". Mas deu conselhos, de como era a vida fora, que era totalmente diferente, que o mundo ensinava, pra ter cuidado com companhias na cidade grande, pra não me envolver com coisa errada. Eu sempre fui muito concentrada no que eu queria e acho que isso os deixava mais tranquilos. Falei, "quero dinheiro pra ir pra São Paulo", e meu pai: "Tá bom, te dou". Meu irmão me ajudou, vim pra São Paulo e graças a Deus, deu certíssimo. Na escolinha, a gente entrava com dezoito anos, eu já estava com quase dezenove, mas como eu tinha experiência com cavalos, consegui entrar e fui passando nos testes. Com seis meses, já estava dentro.

> Vou falar, tem dia que não dá nem vontade de entrar no Jockey. Porque, ainda hoje... graças a Deus, sou muito bem sucedida na minha profissão, sou respeitada, com muitos títulos e, mesmo assim, ainda sofro muito preconceito

Os desafios no Jockey

O desafio maior é o preconceito, por ser mulher num mundo que é mais só de homem. Isso é muito desafiador, você tem que ter a cabeça muito boa pra aguentar tudo o que você passa. Vou falar, tem dia que não dá nem vontade de entrar no Jockey. Porque ainda hoje... graças a Deus, sou muito bem sucedida na minha profissão, sou respeitada, com muitos títulos e, mesmo assim, ainda sofro muito preconceito. E isso me machuca, na hora. No outro dia, já quero provar que não estão certos e aquilo me dá mais força; mas no mesmo momento, me machuca. Não sei de onde eu tiro força, de onde vem, mas volto mais forte. Acho que o sucesso que eu tive até hoje é por essa minha determinação, a disciplina, a minha persistência.

Lidando com discriminações

Às vezes, escuto comentários na internet e mesmo pessoalmente que ofendem, *né?* Às vezes, me tiram de torneios por eu ser mulher; já aconteceu diversas vezes. O meu primeiro Grande Prêmio São Paulo era para eu ter ganhado em 2014. Foi o cavalo que ganhou esse Grande Prêmio, que nunca antes uma mulher tinha conquistado. Faltavam quinze dias para a prova quando trouxeram um jóquei brasileiro que estava montando na Argentina, famoso; hoje ele já parou de montar. A desculpa que me deram foi por eu ser mulher, sem tanta experiência, porque o cavalo era muito bom, estava sendo vendido fora do Brasil e tinham que pôr um nome famoso. E me tiraram.

Pelo fato de ser mulher...

Já perdi vários, já me trocaram muito, o treinador chega e me fala: "Jeane, desculpa, mas eu vou ter que te tirar do cavalo, porque o proprietário quer que põe um homem". Fala na minha cara, entende? Mesmo eu sendo líder estatístico — já ganhei duas estatísticas de jóquei aqui em São Paulo, pelos vários grandes prêmios obtidos; sou a primeira mulher a ganhar um grupo em São Paulo e a primeira a ganhar um grupo no Rio. Luto com isso todos os dias. Não é porque vão dizer que a Jeane está ganhando, que ganhou estatística, ganhou São Paulo, por isso ela não sofre. Não, ela sofre.

O insistente machismo

Recentemente eu perdi um páreo e tive de escutar: "Ah, se fosse um homem, tinha ganhado. Faltou braço". É gente de fora, às vezes. Mas noutras... o proprietário mesmo, o dono do cavalo Roxoterra, com que eu ganhei o São Paulo, por exemplo, me apoia muito. De um lado, há os que discriminam, mas têm os que me apoiam e para esses, nem passa pela cabeça deles que é uma mulher montando. O Dr. Renato Junqueira com a família me reconhece. Ele nunca ficou duvidando que eu fosse perder com o cavalo dele por eu ser mulher.

Maturidade e resistência

Ele, o Dr. Junqueira, sempre põe na frente o meu trabalho, minha dedicação e quando as pessoas falam, ele nem gosta de entrar nesse assunto. São essas pessoas que acabam dando mais força pra gente lutar contra o preconceito que existe de mulheres competindo com homens. Talvez, se eu competisse só com mulher, não teria essa discriminação e sofreria. Como é com o homem, pesa. Mas, com as porradas que eu já levei da vida, das coisas que vi e ouvi, eu me abalo, mas me refaço. Fui criando resistências próprias, com a maturidade.

A perda de pai e irmãos

Teve uma época em que eu fiquei muito mal. Tive começo de depressão, quando morreram meu pai e meus dois irmãos. Praticamente desisti de montar. Entrei em choque, minha cabeça não funcionava. Fiquei por quase um ano assim. Pensava em desistir, sumir. E mais ainda: passar pelo preconceito exige muito que você esteja bem. É uma profissão que exige de você estar super bem e eu fiquei muito frágil. Mas tive pessoas que me abraçaram muito. Um foi o dono do Roxoterra, o Dr. Renato Junqueira e a família, que me deram muito apoio. E os cavalos foram uma terapia. Eu conversava meus problemas com o cavalo, chegava a me abraçar com a cabeça dele e abrir o coração ali. Foi indo, fui dando a volta por cima e não tive mais essas crises.

Mágoas e mais mágoas

Mas quando fui montar o cavalo que eu ganhei o São Paulo, em outubro passado... Era um menino que montava nele e ele, o menino, "se quebrou" faltando uns vinte dias pra disputar o grande prêmio. O treinador, o Dr. Renato e o Eduardo Garcia me convidaram pra assumir a montaria do cavalo. E quando saiu a nota de que eu iria montar o cavalo, foi um choque tremendo. Ele estava sendo considerado o melhor de São Paulo e começaram as críticas: "Ih, agora acabou, o cavalo não vai ganhar mais, pode riscar". Fiquei ouvindo aquilo até o dia da corrida, aguentei tudo calada. Fui para a prova e o cavalo ganhou mais fácil do que quando era o menino que montava. E eu chorei. Aí o proprietário perguntou: "Por que você está chorando?". "Porque ouvi muita coisa e estou chorando de felicidade, pois dei conta do recado", respondi. E ele: "Eu não tinha dúvida nenhuma de que ia dar tudo certo".

A união da equipe

Esse dono do Haras Fazenda Boa Vista é muito humano comigo. Ele e o treinador me abraçaram dizendo da certeza da minha competência. Ficamos nove meses com esse cavalo e a gente veio a ganhar a prova mais importante do turfe de São Paulo. Dois meses antes dessa prova, o treinador faleceu de infarto e o irmão dele, Emerson Garcia, assumiu a responsabilidade de treinar o cavalo até a prova, junto comigo, o veterinário, os cavalariços, o galopador, a equipe toda. E a resposta que a gente deu, então, foi que mulher tem que estar onde ela quiser. Eles te passam energia boa, te apoiam, você vai com alta confiança e acaba esquecendo o que os de fora falam.

No exterior

Fui várias vezes montar em torneios como convidada, representando o Brasil. Ganhei na Inglaterra, em Macau, em Abu Dhabi, na Suécia, na Bélgica, em vários países, até vir a pandemia. Mas tenho vontade de ir pra fora. Até converso com o Eurico (Rosa), que é uma pessoa nota mil. Quando cheguei em São Paulo, ele já não morava mais aqui, mas eu o conheci quando ele vinha passear. De uns três anos para cá, a gente começou a conversar pelo WhatsApp. Ele me deu várias dicas, eu ouvi e tem dado resultado. Aí eu brinco que ele tem que arrumar um lugar pra mim no exterior, agora que ganhei de novo a estatística de jóquei. A gente conversou antes do Grande Prêmio de São Paulo e ele me deu o maior apoio, depois, me mandou mensagem parabenizando. É bem bacana ele.

> **Em todos os lugares que fui pra competir no exterior, tive uma aceitação totalmente diferente da no Brasil. Achei que as mulheres são mais valorizadas, mais respeitadas, têm mais reconhecimento. E tem esse negócio: "É brasileira!", aí, já pegam o seu currículo**

Valorizadas no exterior

Em todos os lugares que eu fui pra competir, ficar uns oito dias e voltar, eu tive uma aceitação totalmente diferente da no Brasil. Achei que as mulheres são mais valorizadas, têm mais reconhecimento, são mais respeitadas. E quando a gente chega, tem o negócio de ser brasileira. "É brasileira!", aí, já pegam o seu currículo. Os brasileiros são muito respeitados fora do Brasil como jóqueis. Isso é muito gostoso. Você chega num lugar e ouve: "Nossa, o Eurico! Nossa, o Silvestre! O Moreira, ah, é amiga deles". Não senti preconceito. Teve páreos que eu disputei só com mulheres, outros com homens e mulheres misturados e senti ótima aceitação.

Estar e ficar no topo

Até o ano que vem eu pretendo ir embora. Quero desafios, coisas novas.

Tive um relacionamento de cinco anos, me separei há três anos e ainda não tenho filhos. Todo mundo me pergunta se não vou parar pra ter um filho. Calma, gente, calma. Daqui uns três anos eu penso nisso. Quero conhecer o mundo, montar fora, fazer várias coisas. Já realizei em São Paulo praticamente todos os meus sonhos, realizei coisas que eu nem imaginava um dia conseguir. Fizeram essa pergunta pra mim quando eu ganhei o São Paulo: "Você tem ideia da importância da sua história no turfe?". Não tenho, porque nem paro pra pensar, fico pensando é no próximo passo. *Ah, ganhei o São Paulo, tá bom, e daí? Daqui uns dias ninguém vai lembrar.* Então, é estar sempre no *top*, tentar estar sempre entre os melhores.

Gol Tricolor

O São Paulo é o prêmio que todo jóquei sonha ganhar, mas tive muita vitória que me levou até ele. A história começou com o pai do cavalo, quando eu estava com depressão e o Dr. Renato Junqueira me deu a oportunidade de montar um dos melhores cavalos do Jockey, que era dele: o Gol Tricolor, que ele tirou de outro jóquei. Ele sabia de tudo o que eu estava passando, me deu a montaria do cavalo e com ele ganhei o Grande Prêmio. Então, o Gol Tricolor me fez renascer, porque eu tinha quase quatro anos de carreira, quando aconteceu a tragédia na minha família e ali meus sonhos tinham acabado. Eu não sonhava em ganhar um grupo um e nem uma estatística, que eram os meus sonhos de antes. Eu estava interiormente morta; era uma morta-viva.

Autoestima recuperada

E quando o Dr. Renato de novo me apoiou e eu ganhei aquele Grande Prêmio, todo mundo ali comemorando, aquela vibração gritou mais alto e voltei a correr atrás dos velhos sonhos. Isso foi em 2012. Pouco tempo depois, fui convidada pra representar o Brasil na Inglaterra e ganhei. Nossa, voltei com autoestima, com tudo e já com contrato com haras grande. Voltei a ganhar no Rio e em São Paulo, ganhei as estatísticas e várias provas de grupo um, até chegar ao São Paulo.

Planos divinos

Todos os Grandes Prêmios me foram muito importantes, mas o que me deu uma alavancada no coração e me fez voltar a ser a joqueta Jeane

Alves do início foi mesmo o Gol Tricolor. E depois de quase dez anos, ganhei o Grande Prêmio de São Paulo com o filho dele, o Roxoterra, e a gente teve toda uma história durante nove anos. Então, você vê, a gente pode não saber, mas Deus está ali escrevendo a historinha todinha e só Ele sabe. Foi tudo uma coisa planejada por Ele, desde 2012, para acontecer.

Sou feliz na profissão, mas no meu coração tem um vazio enorme. Eu queria estar comemorando esses títulos com a pessoa mais importante na minha vida de sonhos. Eu trocaria todo o meu sucesso pra ter um pouquinho mais meu pai e os dois irmãos comigo

A tragédia familiar

Ali se foram os meus dois irmãos e meu pai. Com o mais velho, que éramos o xodó um do outro, que a gente se falava três a quatro vezes ao dia, a diferença era de treze anos entre nós. Ele estaria hoje com quarenta e sete anos. Eu sou feliz na minha profissão, mas no meu coração tem um vazio enorme. Porque eu queria estar comemorando todos esses títulos com ele, que foi a pessoa mais importante na minha vida de sonhos. Eu trocaria todo o meu sucesso pra ter um pouquinho mais, que fosse, deles comigo, meu pai e os dois irmãos, que foram assassinados.

Luz e proteção

Quando dou entrevista, eu falo que são eles que me guiam, que cuidam de mim. Veja só: um dia, fui montar no Rio de Janeiro e eu estava na concentração, atrás do boxe, parecendo que eu conversava com o meu irmão. Antes da largada, pedi pra ele me guiar. Acho que isso me deu uma calma e uma confiança, que ganhei o páreo. E aconteceu a mesma coisa no São Paulo. Muita gente se assustou por eu estar com tanta segurança durante a semana toda. No dia da prova, meu patrão e o filho dele falaram que toda a equipe estava nervosa, a única serena era eu. Sim, eu estava calma, porque pedi muita proteção aos meus falecidos. Eu senti ali do meu lado, principalmente, esse meu irmão. Eu tento me conectar com eles dessa forma espiritual.

Dicas às jovens joquetas

Tem que ter muita coragem, em todo sentido, e saber o que quer, saber se posicionar, porque é uma profissão que tem tudo para dar errado e não só pelos perigos. Tem que ter muita força de vontade, disciplina, ser muito profissional e se dar ao respeito. Quando aparece alguma joqueta, eu falo, "olha, não é fácil; você está num meio que tem só homem; vai receber mil e uma cantadas de tudo que é jeito, porque você trabalha num lugar que tem mil funcionários, fora o público que vem, que é mais de homem também e você tem que se dar ao respeito". Quando eu vejo que alguma coisa não está indo bem, eu falo: "Opa! Eu te respeito e quero respeito de volta".

Assédios na profissão

Eu respeito do mais novo ao mais velho e quero respeito igual. Porque você sofre assédio. Eu sofri, diversas vezes. De treinadores, trabalhadores, já recebi comentários assim, "você monta pra fulano porque você tem um caso com ele". "A Jeane é queridinha de fulano porque deve ter um caso com ele." Escuto muito isso, entendeu? Isso machuca, porque a pessoa não está vendo que aquela outra é profissional, é trabalhadora, que fez por merecer. No mundo do turfe, acontece com treinadores que não respeitam a mulher nesse esporte, assim: "Vamos sair; se você sair comigo, você monta todos os meus cavalos". A gente tem que estar com a cabeça bem preparada; pega um dia em que você não está bem e o cara faz isso com você! No começo da carreira, era pior; hoje já não fazem essas ofertas pra mim porque já sabem que vão levar de volta. Eu falo, "respeita pra ser respeitado!".

Relacionamentos amorosos

Só tive com gente do meio. É aquela coisa, às cinco horas da manhã eu vou pro Jockey e não tenho muito tempo pra mais nada. No final de semana, onde você está? No Jockey. Pra você conhecer gente diferente, você está onde? No Jockey. Então, você acaba se relacionando com gente que tem vínculo com o Jockey, não tem jeito. Meu primeiro relacionamento, quando cheguei em São Paulo, foi com um jornalista, mas do marketing do Jockey. Sempre o vínculo com o Jockey, não adianta. Vivi cinco anos com o filho de um proprietário e diretor do Jockey Club. Pra onde correr? Tenho poucos amigos que não são de lá. E quando eu saio com primos, amigos de infância que moram aqui em São Paulo, não dá pra juntar com os amigos do Jockey. Não combina, não dá liga.

As cobranças

Eu só consegui tudo porque sou muito exigente comigo mesma. Tenho raiva de mim, às vezes, por isso, eu gostaria de sair fora da linha um pouco. No meu trabalho, odeio pessoas sem disciplina e sem comprometimento. Odeio marcar uma coisa e a pessoa não fazer o combinado. Pode ser um ponto positivo pra mim, mas eu me desgasto com cobranças. E tem gente que fala pra mim, "não se cobre tanto assim".

O sonho de ser veterinária

Quando entrei no Jockey, eu pensava, *assim que eu terminar a escolinha e passar pro profissional, vou fazer faculdade e ser veterinária.* E certo dia, eu já perto de me tornar joqueta, um cavalo "se quebra" comigo na raia. Foi a primeira vez que isso aconteceu comigo e não conseguiram salvar o cavalo. Foi fratura exposta e não tem jeito: sacrificaram o cavalo. Ah, ali acabou o meu sonho de ser veterinária. Eu pensei, *meu, eu sou tão apaixonada por cavalo, não vou ter coragem se eu precisar sacrificar algum.* Aí, não tinha outra coisa na minha cabeça, outra profissão, uma formatura em outra área. Eu queria algo no meio dos cavalos mesmo.

Amor pela Gastronomia

Agora já sonho em fazer faculdade de Gastronomia. Criei uma paixão, muitos anos depois, por comida. Gosto de cozinhar. E ninguém acredita quando eu falo isso, mas falo que é uma terapia também. Adoro. Tenho uma amiga que, no domingo que eu não monto, me chama pra eu ir fazer um almoço na casa dela. Faz um ano que estou vendo, estudando um pouco, pra entrar em alguns cursos de Gastronomia, mas tem quem ainda me incentiva a fazer Veterinária. Só que quem é apaixonada como eu por cavalos, pra sair do ramo... Todos no Jockey me veem como treinadora. E na minha cabeça, estou pensando noutra atividade.

Não só por dinheiro

Quando estive num evento no Rio de Janeiro, fui jantar com uns proprietários de lá mesmo. Aí, conversando, me perguntaram, "quem cozinha pra você?". Respondi: "Eu". "Mas, como assim? Você cozinha? Não acredito, você não tem cara de que cozinha." Falei, "tenho e vou te dizer: vou ter um restaurante". Uma sobrinha que estava comigo confirmou, "minha tia cozinha e super bem". Eu falo que as pessoas têm que fazer o que gostam, juntando o útil ao agradável. Não se pode fazer coisas só por dinheiro. Aí está o meu segredo de ser até hoje uma joqueta bem-sucedida: é o amor que eu tenho pela profissão e pelos cavalos. Quando a profissão vira uma rotina que não dá mais aquele friozinho na barriga, perde a graça.

Chances perdidas
A única coisa, acho que era a de ter ido embora do Brasil oito, nove anos atrás, quando recebi o primeiro convite. Hoje eu me arrependo. Eu estava passando para o profissional e fui convidada pra ir para Dubai duas vezes. E não fui. Tive medo por não ter ainda tanta experiência, por ser jovem e tudo. E me arrependo de não ter feito inglês. Só há oito meses que eu comecei a fazer. Devia ter começado antes e juntado com a minha profissão. Recebi os convites pra ir para fora e fiquei meio assim, por não falar a língua. O Eurico me incentivou muito a fazer inglês.

> **Vou deixar no turfe uma história muito linda pra outras mulheres se espelharem. Escrevi tristezas e alegrias. Passei muitas dores na minha vida pessoal e profissional. Quebrei clavículas, braços, pé; tive ligamento rompido, estourei o pulmão, tive muitas lesões**

O legado
Vou deixar no turfe uma história muito linda, até o momento, pra outras mulheres se espelharem, *né?* Escrevi uma história com tristezas e com muitas alegrias. Passei muitas dores na minha vida pessoal e na profissional. Tive muitas lesões; já quebrei clavículas, braços, pé; tive ligamento rompido, estourei o pulmão, foram mil e uma lesões. E acho que vou deixar uma história bacana no turfe de São Paulo. Uma cearense, que jamais imaginava conseguir o que atingiu. E de viajar para vários cantos do mundo e do Brasil afora. E meu legado, pra frente, ainda quero mais realizações: ganhar um Brasil, que é no Rio, e competir fora, carregando a nossa bandeira.

Os heróis
Ah, pai e irmão. Principalmente o irmão. Se hoje tem Jeane Alves no Jockey Club de São Paulo e montando fora do Brasil, fazendo história, foi

por causa dele, o meu herói, meu eterno herói. E não tenho palavras para agradecer ao Dr. Renato Junqueira e toda a sua família. Sou muito grata a eles, aos filhos, à esposa e à nora, os netinhos dele, que são apaixonados por mim. Ele tem um netinho, uma criança que é um doce e que ama cavalos, é alucinado, como eu. Devo a ele um pouco do sucesso de eu ter alcançado o meu sonho.

Gratidão expressa

Mas fui e sou muito bem abraçada também por outros proprietários no Brasil, como o Dr. Enio Buffolo, o Marco Antônio e muitos outros. Sou muito grata a todos. Vários anos lutando e, hoje, você chega num evento em que estão vários deles e todos vêm te parabenizar, oferecer montaria, falar do orgulho que é a sua carreira. E eu sinto esse carinho. Das mulheres deles também, porque eu carrego a bandeira feminista. Eu carrego a bandeira das mulheres. Vejo muitas falarem que eu sou espelho para as filhas delas. Isso é muito bom de ouvir. E, bem, obrigada, Francisca, obrigada mesmo! Adorei conversar com você, me senti super à vontade. Eu sei como é o processo: a pessoa se afoga muito no trabalho para fugir das coisas que aconteceram, não é?

Levantamento de peso

Garota de peso e de precoce maturidade

Laura Amaro *(Rio de Janeiro, 27.10.2000) bateu três recordes nacionais no Campeonato Brasileiro de levantamento de peso e é a primeira brasileira a conquistar uma medalha de prata em um campeonato mundial da categoria. Formada pelas Forças Armadas do Brasil, Laura jogou futebol até os 13 anos de idade. Depois, foi para o Programa Forças do Esporte, no CEFAN, da Marinha do Brasil. Principais títulos: 2º lugar: arranco (78k), no Campeonato Pan-americano Sub-17 (em 2016); 3º lugar: arremesso (94k.) e total (172k), no Campeonato Pan-americano Sub-17 (em 2016º); 1º lugar: no Campeonato Brasileiro Sub-17 (em 2016); Melhor Índice Técnico do Campeonato Brasileiro Sub-17 (em 2016); 1º lugar: no Campeonato Brasileiro Sub-20 (em 2015); 1º lugar: no Campeonato Brasileiro Sub-17 (em 2015); 3º lugar: no Campeonato Brasileiro Adulto (em 2015).*

O começo em Cascadura

Moro em Cascadura, perto de Madureira, um dos bairros mais tradicionais da Zona Norte do Rio, e comecei a ser atleta na minha rua, que é sem saída e sempre teve muita criança. Então, desde pequena, eu brinquei muito na rua, porque lá não passam muitos carros, só os dos moradores. E não tinha essa de discriminação. Os meninos brincavam de boneca e todas as meninas jogavam futebol. Criamos um repertório motor ali, sem saber, sem ter consciência, porque a gente brincava de tudo, o tempo todo, todos os dias. Eu sempre digo que a minha carga horária de treino começou a contar a partir dali...

De tudo um pouco no esporte

Eu fiz muitos esportes. Sempre fui uma pessoa muito ativa, justamente por conta das brincadeiras na minha rua. Eu gostava muito de educação física na escola. Fiz balé, na verdade, quando eu era bem menorzinha, mas o futebol que foi a minha primeira identificação. Entrei para o futebol e joguei dos dez aos treze anos, só com os meninos. E aos treze anos, fiz o teste para levantamento de peso. Fui lá por convite de uma atleta e o tio dela falou: "Elísia, bota a Laura lá no levantamento de peso pra fazer um teste, porque ela tem o biótipo. Pode ser que ela se dê bem".

O ingresso na Marinha

Com essa indicação, fui lá, na Marinha, fazer o teste com o meu treinador atual. Temos nove anos de caminhada juntos. Com ele consegui as nossas medalhas. E a medalha mundial. No primeiro dia, ele falou: "Fica, que você vai ser uma campeã". Meus pais foram comigo lá no quartel — foi no quartel da Marinha esse teste, no CEFAN, onde treino até hoje. Quando virei as costas, eu falei, "mãe, não vamos voltar aqui nunca mais. Que negócio chato esse de ficar levantando peso. Vou voltar para o meu futebol, pro meu gol. Como é bom fazer um gol. Ficar levantando peso não está com nada".

Entre o futebol e o peso

Mas minha mãe, sabendo o que poderia acontecer, tendo essa visão de que eu poderia virar militar, o quanto eu poderia melhorar, me tornar uma grande atleta, o quão grande seria o meu voo, se eu engrenasse mesmo nesse esporte — porque essa atleta que me indicou já viajava de avião como se pegasse ônibus —, meus pais, então, meio que foram me incentivando, insistindo um pouco ali para que eu continuasse com o levantamento de peso. E não deu outra. Eu ia treinar de chuteira, pra você ter noção do quanto eu gostava de futebol, mas, na minha primeira competição, em 2013, eu senti a adrenalina do que é o levantamento de peso e aí não precisou mais do esforço deles. Eu me apaixonei pelo esporte e daí foi só fluindo, com a continuidade nos treinos.

O impulso na carreira

O título que me impulsionou a ficar quando eu vi que poderia realmente continuar no esporte, foi o da medalha que eu ganhei, em 2014 ou

2015, no brasileiro Sub-15. O Brasileirão de futebol é tão disputado, os clubes todos disputam, e eu ali no levantamento de peso, com 15 anos, e já ganhando medalha no campeonato. Acho que isso me fez olhar de outra forma para o esporte. E meus pais me apoiaram desde o começo. A gente vê pela força que eles me deram, mesmo eu não tendo gostado. Eles tinham essa visão. Foi nesse campeonato que a minha chave mudou.

A Olimpíada de Inverno

O que muitos não sabem é que, em 2016, além do levantamento de peso, eu participei de uma Olimpíada da Juventude de Inverno. Fui a primeira mulher do Brasil a fazer o *skeleton*, que é um esporte de inverno. Existe o *bobsled*, que é o do carrinho, do filme *Jamaica abaixo de zero*, e também o *skeleton*, que é esse que eu disputei. A classificação foi em 2015, e em 2016, competi na Olimpíada e fiquei numa colocação razoável. Ao voltar, tive que decidir entre continuar no levantamento de peso ou ficar nessa jornada no esporte de inverno. Acabou que conversei com muitas pessoas, fizemos ali algumas projeções e eu decidi pelo levantamento de peso. E acho que foi uma boa decisão. Essa medalha no nosso último Mundial confirma isso.

Ídolos e outros deslumbramentos

O maior título, sem dúvida, foi a medalha no Mundial do ano passado. Foi o meu primeiro Mundial adulto e a primeira medalha feminina do Brasil em Mundiais. O Fernando Reis já tinha conseguido uma medalha de bronze e eu vim trazendo a nossa primeira medalha de Mundiais adultos. Foi muito gratificante, logo no meu primeiro, quando eu estava tendo o primeiro contato real com os meus ídolos. Porque vira a chave: uma coisa são as competições juvenis, mas, quando você passa para esse estágio do adulto, aí é... sei lá. Você acompanha a Marta a vida toda — apesar de ser do futebol, ela ainda é minha ídola... Provavelmente as meninas que pegam a primeira Seleção com ela ficam muito deslumbradas.

> **Quando vi que peguei essa medalha para o Brasil, foi a coroação de um trabalho construído desde 2013, então, poxa! E meu nome está escrito na história, *né*? O privilégio de ter sido a 1ª mulher brasileira medalhista em um Mundial de adulto também deixa essa medalha com gostinho de quero mais**

Com a medalha no peito

Foi muito legal eu estar em contato com os meus ídolos internacionais no meu primeiro Mundial adulto. Ainda mais quando me vi com a medalha no peito! Quando vi que eu peguei essa medalha para o Brasil, foi a coroação de um trabalho que tem sido construído desde 2013, então, poxa! Além disso, meu nome está escrito na história, *né?* E o privilégio de ter sido a primeira mulher brasileira medalhista em um Mundial de adulto também deixa essa medalha com um gostinho de quero mais. E eu sinto que é um dever, o de manter essa porta aberta, de fazer com que as pessoas e mais meninas também acreditem em seu potencial e no nosso esporte brasileiro.

Discriminação e estigma

O meu esporte é o levantamento de peso, então, eu estou diretamente trabalhando esse estigma da mulher forte. Porque sempre dizem que o homem é que tem que ser forte, que tem que ter músculo, e se a mulher é musculosa, se tem um pouco mais de músculo, as pessoas falam: "Ah, você não vai passar". Eu, ainda criança, com treze anos, quando comecei a fazer levantamento de peso, várias pessoas vieram falar: "Ó, mas você não vai ficar que nem aquelas mulheres fortes, não, *né?*". A gente é discriminada, julgada, desde o começo. Esse esporte já traz esse estigma. E isso me trouxe consequências.

Ter que esconder o corpo

Eu vim da fisioterapia, estava fazendo musculação antes e estou com uma blusa de alça agora aqui, vê? Mas antes eu não usava. Faz uns dois anos que eu trabalhei isso na terapia, uma psicóloga me ajudou e comecei a usar blusa de alças, porque eu só usava das que tapassem meus ombros. As pernas as pessoas não ligam muito, porque acham bonito a mulher ter perna malhada, mas o braço, as pessoas sempre olham de uma forma diferente e falam. Então, eu desconstruí isso na terapia.

Relação com o corpo

Desde pequena eu tinha medo de ficar forte, eu não queria ter músculos, e isso atrapalhava a minha performance, porque eu não queria fazer os fortalecimentos necessários. Até que na terapia eu comecei verdadeiramente a desconstruir esse pensamento que a sociedade implantou em mim. E a partir daí, minha relação com o meu corpo mudou totalmente. Isso se refletiu no meu desempenho, o que é muito legal. No meu guarda-roupa, há uns dois anos, só tinha blusas de manga, cara. Olha só que doido. E agora eu uso as minhas blusas de alças.

Desmontando falsas crenças

Eu tenho muito orgulho dos meus músculos. Quero ficar cada vez mais forte — não para os outros, mas por achar bonito mesmo. Ao desconstruir isso com a minha psicóloga, o quê que aconteceu? Eu estava trabalhando essas falsas crenças e começando a usar blusas de alça quando fui num aniversário e o menino falou assim: "Nossa, Laura, que braço é esse de homem?". Aí, me justifiquei: "Não, não, é porque está vindo aí o campeonato de adulto e eu tenho que fortalecer. Minhas cargas vão aumentar". Então, observa, eu me justifiquei — e já estava em processo de terapia. Levei isso pra sala de terapia e minha terapeuta falou: "Laura, por que você está se justificando? O seu corpo é o de uma mulher que levanta 100kg. É o corpo de uma mulher medalhista internacional, você tem que se empoderar dele". Essa sessão de terapia foi outra virada de chave.

> Quando levei isso para sala de terapia, minha terapeuta falou: "Laura, por que você está se justificando? O seu corpo é o de uma mulher que levanta cem quilos. É o corpo de uma mulher medalhista internacional, você tem que se empoderar dele"

O corpo como trabalho

É isso, meu povo. Meu corpo é o de uma mulher que levanta 100kg, caramba. Uma mulher campeã brasileira, uma mulher recordista brasileira, medalhista mundial. Como eu vou esconder isso? O meu corpo é o meu trabalho. Ele significa muitas coisas. Então, hoje em dia eu me amo e sempre que posso eu converso com as meninas que estão começando. Muitas meninas vêm com esse paradigma, da mulher forte que não pode ser forte. E a gente reafirma isso, que a mulher pode ser o que ela quiser, e eu, como mulher, como mulher negra também, eu me empodero muito disso. E isso, com certeza, reflete o meu peso.

A força mental

Eu recomendo a todo mundo ter um acompanhamento com psicólogo. Em qualquer esporte é importante, mas eu falo do meu. Nós treinamos o físico todos os dias, mas no momento final, não tem jeito: quem comanda é a cabeça. Desde 2018, tenho a minha psicóloga. Ela é uma profissional incrível e, aí, eu consigo fazer essa preparação, consigo estar presente para o meu processo. Porque você tem que ser paciente. Tem que estar presente pra você, para a sua evolução, senão, uma hora você desiste. Se não chegou na hora de uma competição, você surta. Um profissional qualificado consegue botar as cartas na mesa pra facilitar o seu desempenho. As pessoas costumam negligenciar, mas é um lado que eu super levo. As pessoas romantizam muito: "O atleta tem que ter cabeça boa, ele tem que saber. O atleta bom é o que sabe se virar".

Dureza divertida

Diversão também é uma palavra-chave — pra me manter forte, pra estar presente em mim, consciente do meu processo, pra ser gentil comigo mesma, saber me amar, me respeitar, porque estou fazendo o que eu amo. Tenho nove anos de carreira — e considero a minha carreira curta, mas ainda estou com vinte e um anos de idade, começando agora o meu segundo ano como adulta. Há uns três anos, eu ia para a competição torcendo pra acabar logo. Foi outra coisa que eu consegui com a terapia: conscientizar que tem de ser divertido, porque você faz o que ama. O esporte tem um lado lúdico, então, tem algo errado aí, no momento em que não se vê mais diversão. Hoje eu levo as competições pra esse lado, penso sempre que estou fazendo o que eu amo, então, tenho que deixar aquilo acontecer e aproveitar o momento. Diversão é muito importante. E passa despercebido. Porque realmente é muito treino, vira um trabalho e a pessoa para de se divertir.

Lesões e Covid-19

As lesões que eu tenho não me dão grandes dificuldades. Foram momentos difíceis, mas que não destaco na minha carreira. Acho que o momento mais difícil foi o da pandemia, quando eu ia para o meu último ano como juvenil, como sub-20, e estava pela primeira vez com chances de medalha em Mundial Juvenil. A passagem já comprada, o grupo feito, tudo pronto e começa a pandemia da Covid-19. Nossa, o Mundial que seria na Romênia foi cancelado e o mundo virou de cabeça pra baixo! Fiquei em casa, presa, que momento difícil, porque meu treinador dispôs o peso pra galera treinar em casa e foi um conflito pra mim, pela grande frustração de ter perdido meu último Mundial Juvenil e eu ainda estava na fase da terapia de não acreditar que poderia pegar medalha no adulto. Eu estava assim, *nossa, o Brasil não tem medalha do Mundial Adulto, como é que eu vou pegar essa medalha?*

Lidando com frustrações

Fiquei muito mal. Eu tinha os pesos aqui em casa, mas não conseguia treinar. Eu olhava para o peso, o peso olhava pra mim... foi bem difícil. Mas depois que isso aconteceu, foi outra virada de chave. Quando a gente analisa o meu resultado e o resultado de hoje das meninas fora do Brasil, que são as minhas principais adversárias, a pandemia foi o momento em que eu consegui chegar nelas. Meninas que antes da pandemia estavam com 10kg, 20kg na minha frente. Virei a chave e encostei. E, com certeza, a ajuda da psicóloga teve muita influência nisso também.

> A partir do momento em que me olhei e me reconheci, eu me empoderei. Porque eu alisei o cabelo por um padrão estético, uma justificativa, e voltar com o meu cabelo cacheado, nossa! Foi muito legal. Eu me vi grande, ao me conscientizar dessas questões

Cabelos ao natural

Outra coisa que aconteceu na pandemia foi a minha transição capilar. Eu usava o cabelo liso, mas como fiquei em casa, parei de fazer escova progressiva e decidi assumir o meu cabelo enroladinho. Foi a melhor coisa que fiz na vida, assumir o meu cabelo natural, que também acabou refletindo na minha performance. A partir do momento em que me olhei e me reconheci, eu me empoderei com o meu cabelo; entendi que ele faz parte de mim, entendi toda a história por trás de você ir contra o padrão estético. Porque eu alisei o cabelo por um padrão estético, uma justificativa, e voltar com o meu cabelo cacheado, nossa! Foi muito legal. Eu me vi grande pra ir fazer o meu treino, pra ir pra uma barra que é mais pesada que eu, ao me conscientizar dessas questões.

Fontes de energia

Meus pais, com certeza, são meus maiores heróis. O apoio que eles sempre me deram é imensurável. Eu tenho a energia deles, que são muito fortes, eles são a minha força de afirmação, de mostrar que posso conseguir o que eu quiser e isso foi se moldando na minha carreira. Eu falava pra minha psicóloga nas primeiras sessões, "é duro dizer, mas eu realmente não me vejo como uma atleta de sucesso, não me vejo". Então, de onde eu tiro essa força para continuar, sem dúvida é das minhas raízes; das pessoas que me apoiam, também. Quando eu falo sobre alguma conquista, eu afirmo que *somos nós* que conquistamos: os meus pais, o meu treinador que está comigo todos os dias, a minha equipe que está por trás, os meus amigos, as pessoas que se inspiram em mim no Instagram, que falam que são meus fãs e que acompanham o meu trabalho. Ter esses indícios, lembrar dessas pessoas que se inspiram em mim, é importante para os momentos de dúvida. E de glória também.

Aprendendo o amor-próprio

Eu tive uma fase na carreira em que passei por um relacionamento e aí, quando acabou, eu recalculei a rota pra aprender a ter amor-próprio e me pôr em primeiro lugar. Pra aprender que, antes de ser filha, antes de fazer um esporte, antes de se relacionar amorosamente, você tem que estar com você própria em primeiro lugar. Esse amor tem que falar mais alto, senão, a vida não anda. O processo foi muito doloroso, mas foi aí que as coisas foram acontecendo. A minha psicóloga fala isso, que é muito bonito a forma como as coisas foram acontecendo na minha vida.

Enfrentar a dor na terapia

O processo é sobre estar disposta, também — como psicóloga você sabe bem disso: que as pessoas fazem terapia, mas às vezes não estão dispostas a enfrentar a dor, a fazer as mudanças, a refletir. Então, foi um processo muito bem construído e eu fico muito feliz de ter tido pessoas incríveis do meu lado, como a minha terapeuta, o meu treinador, os meus pais. Eu falo que todo privilégio tem uma responsabilidade, por isso eu sempre trago essa palavra para as pessoas: façam terapia, estejam presentes pra vocês, prestem atenção eu suas atitudes, que as coisas andam. As respostas muitas vezes estão dentro de nós mesmos.

A calma ao competir

Manter a calma é o segredo, é o maior desafio. Eu posso competir muito melhor sob pressão, eu ajo melhor sob pressão. Quando ponho as minhas competições em cheque, eu sempre estava sob pressão. Tinha que fazer? Fui lá e fiz. E recorro muito às memórias que eu tenho da rua da minha infância, porque era assim: "Laura, duvido você ir lá na esquina e voltar, vamos ver quem ganha". "*Bora!*" E íamos, entendeu? Mas quando se está sob pressão, o problema é não encarar como um desafio, uma brincadeira como de criança, mas como algo sobrenatural. *Ai, meu Deus, que medo, será que vou conseguir ganhar?* Quando criança, na rua, eu não tinha medos, estava entregue a me divertir. Então, nesses momentos, a gente tem que estar concentrada e entregue. E é muito isso o que acontece, eu procuro trazer essa memória afetiva da minha rua da infância para reproduzir lá na competição. Acho que vou conseguir fazer com que você entenda, Francisca, o que eu quero dizer. Vou até te mostrar a minha rua, *peraí*, quero que você conheça minha rua.

> Sempre fui muito crítica, sempre gostei muito de conversar,
> de falar. Então, eu e o meu treinador conversamos e
> tivemos uma melhor clareza na nossa comunicação.
> Nosso processo também fluiu muito mais e
> foi evoluindo, graças à terapia

Respeito faz a diferença

O ambiente de treino é muito importante porque é onde a gente passa a maior parte do tempo, mais até que com a família. Estamos na sala de treino duas sessões por dia. Então, cultivar o respeito com as pessoas no ambiente é muito favorável e foi algo que eu sempre busquei. Minha relação com o treinador também foi desenvolvida na carreira. Teve um momento de crescimento em que a gente sentou e conversou, "olha, a nossa relação tem que ser minimamente linear", porque eu nunca fui o tipo de atleta que segue como os outros dizem. Sempre fui muito crítica, sempre gostei muito de conversar, de falar. Então, eu e o meu treinador conversamos e tivemos uma melhor clareza na nossa comunicação. Nosso processo também fluiu muito mais. Sobre a minha equipe, também nunca tive dificuldade e também destaco aí essa relação com o meu treinador, que foi evoluindo graças à terapia no processo.

Fascínio pela Psicologia

Levar o trabalho da pessoa a sério, da terapeuta... bem, sou suspeita pra falar. Tenho licenciatura em Educação Física e vou completar o bacharelado, e a minha segunda faculdade, eu quero que seja Psicologia. É difícil conciliar o esporte e os estudos, não tem como dizer que é como se fosse algo normal. Não é. Estou parada há dois períodos, porque foi na época em que acabei focando no Mundial, quando eu trouxe a medalha. Mas vou voltar pra terminar o bacharelado e a minha pós-graduação. Então, é difícil, mas ao mesmo tempo é algo que acaba descansando a mente. A psicóloga fala isso, que se você está muito ali naquela rotina, naquele *looping*, a sua mente acaba surtando. Então, eu tirava os meus momentos de estudo justamente para descansar a mente. E foi prazeroso na medida certa.

Estudar e treinar

Na medida certa, tudo o que se faz pode ser prazeroso. Minha mente saindo daquele *looping* de treino e indo aprender, trocar conhecimento, é muito importante. Eu aproveitava ao máximo os momentos em sala de aula pra aprender, porque eu sabia que, ao me sentar para estudar, eu ia acabar falhando por causa dessa rotina doida de treino. O meu foco é conseguir as medalhas e hoje, não é exercer a função como educadora física. É de conscientização de qual o meu objetivo no momento. Então, em aula, eu trocava ideia com o professor e acabava não me sentando para estudar. O que eu tiro da minha faculdade é isso. Tenho muitas informações, mas sinto que me faltou tempo pra estudar. Com o tempo, acho que vou conseguir correr atrás.

Viver só do esporte

Eu consigo viver totalmente do esporte, graças à Marinha. Comecei no projeto social na Marinha do Brasil e com dezoito anos eu já tinha resultado pra virar sargento. Hoje recebo como sargento da Marinha, apesar de a minha única e exclusiva função ser treinar e dar resultado. Sou das poucas pessoas que têm esse privilégio como atleta. E vivo repetindo: privilégio vem com responsabilidade e a minha é justamente aproveitar disso, da melhor maneira possível, e fazer e continuar.

> Meu sonho não é trabalhar como treinadora, mas na
> gestão esportiva, pra que no futuro a gente consiga
> fazer boas políticas para a valorização dos atletas e do
> esporte em si. As pessoas não têm noção da
> ferramenta que é o esporte hoje

Valor do esporte

Meu sonho, na verdade, não é trabalhar como treinadora, mas sim na gestão esportiva, pra que no futuro a gente consiga fazer boas políticas para a valorização dos atletas e do esporte em si. As pessoas não têm noção da ferramenta que é o esporte hoje. Alguns países já têm esse estalo, do quanto, a longo prazo, a gente pode melhorar uma sociedade inteira por meio do esporte. A gente fala de saúde, de qualidade de vida, de educação, de valores, tudo isso caminhando junto com o esporte. O Brasil não valoriza tanto o esporte quanto deveria.

Viver com prazer

Nossa vida está acontecendo enquanto somos atletas. Eu não sou a Laura do "ah, só vou começar a viver depois de ter sido atleta". Acho que é muito necessário prestar atenção no mental, na socialização, em estar presente também para a família e organizar a vida de forma que ela seja prazerosa, sem extrapolar o limite do cansativo. Minha energia está justamente, por exemplo, em passar o tempo com a minha família no final de semana, ir à praia, que é uma coisa que eu amo, estar com os meus amigos e valorizar esses momentos, propositalmente. Não é estar focada só em ser atleta, "não vou viver porque preciso ganhar minha medalha". Sim, mas você também precisa ter saúde mental, senão isso não vai acontecer. Você vai surtar daqui a dois anos e vai largar tudo. Então, o que eu prezo é justamente organizar a minha rotina de forma que seja prazeroso, pra estar com a minha namorada, com os meus pais, com meus amigos. Hoje eu amo muito a minha vida, porque as coisas estão fluindo dessa maneira.

> Não é estar focada só em ser atleta — "não vou viver
> porque preciso ganhar minha medalha". Sim, mas você
> também precisa ter saúde mental, senão você vai surtar
> daqui a dois anos e vai largar tudo. Eu organizo
> a minha rotina de forma prazerosa

Atleta 24 horas

Eu fui aprendendo no decorrer da carreira, mas quem está com um atleta tem que ter o mínimo de noção do que é a nossa vida. Dá pra conciliar esporte e relação amorosa, mas a pessoa tem de saber como funciona a vida do atleta — que não é uma vida normal, sem sombra de dúvidas. A minha psicóloga fala que a dificuldade é que a gente é atleta 24 horas por dia. Tem profissão que, acabou o período do dia, você desliga a luz e vai viver a vida, sem se preocupar com o trabalho. Mas o atleta tem que estar 24 horas por dia se preocupando com tudo, com alimentação, sono, descanso, com o mental e quem está se relacionando com ele tem que ter essa noção da rotina dele. Hoje eu namoro e estou bem feliz, justamente porque isso se ajustou na relação. É uma pessoa que também é atleta, portanto, entende muito esse lado, e eu também entendo o lado dela, então, fica tudo bem ajustado. Ela é da área do peso, assim, uma dá apoio à outra, fica tudo em casa.

Olhando para trás

Ah, eu falo muito isso, o que eu mudaria. Eu queria que a Laura de, sei lá, três anos atrás tivesse a experiência que a Laura tem hoje. Com certeza — eu falei para a minha psicóloga —, eu surtaria muito menos, porque hoje eu sei melhor sobre ter paciência, sobre como o treino funciona. Eu diria pra Laura de antes acreditar nela mesma e eu a mudaria pra ter mais confiança nessa experiência. Mas eu não mudaria nada na minha carreira, nas minhas atitudes. Acho que tudo serviu para que eu me tornasse quem eu sou hoje. Até as coisas ruins acabaram servindo.

Expectativas alheias

É um lado que provavelmente vou começar a experimentar este ano, pelo ano passado ter sido de grandíssimas conquistas. Já comecei a falar sobre isso na terapia, porque é difícil lidar com as expectativas dos outros, que não são as suas; não é o que você se programou. Minha psicóloga já disse que a expectativa é amiga da decepção e eu parei pra pensar nisso. Quando eu converso com as pessoas no Instagram, eu cultivo muito o respeito do processo de estarem me acompanhando, não por eu sempre ganhar, mas por estar me divertindo e dando o meu melhor. Então, a linha que eu vou seguir é o que está no meu controle, pois não posso controlar a expectativa das pessoas sobre mim.

Legado em construção

O meu legado, eu sinto que não para nessa medalha mundial e que está nessa coisa do humano, sabe, em eu sempre incentivar as pessoas a estarem bem consigo mesmas, a primeiro se amar, se observar, se perceber, competir se divertindo, pra que façam o mesmo. Mas meu legado, óbvio, está nessa primeira medalha mundial do levantamento de peso. Fico feliz que tenha sido eu, justamente por me confiar a responsabilidade de passar essa mensagem, que eu sinto que tem que ser passada. Não a mensagem romantizada do esporte, porque as pessoas romantizam, "você tem que trabalhar duro e só isso importa". Não, vamos nos amar, vamos fazer terapia, vamos nos conscientizar e vamos treinar muito também.

Dicas aos principiantes

Eu diria para estarem conectados com eles mesmos e fazerem o que amam, porque assim as coisas fluem de um modo que a gente não consegue explicar. Galera: acreditem em vocês e façam sempre o que vocês amam, que a nossa felicidade vem sem precisar forçar. Ela vem, seja competindo, seja treinando e isso faz com que o seu processo aconteça, sem que você precise juntar forças demais pra isso.

Olhando para o futuro

Quero estar no pódio de uma Olimpíada, espero eu. E, mais no futuro, espero que trabalhando com a ferramenta do esporte pra mudar a vida de mais pessoas. Porque eu sei o poder dessa ferramenta, então, acho que vou poder trabalhar bastante com ela e fazer com que mais pessoas sintam o que eu sinto em relação ao esporte.

Treinador Carlos Aveiro: o "cara"

Há nove anos, meu treinador vem acreditando no meu trabalho mais do que qualquer outra pessoa. Ele é da Marinha e implantou um projeto social que mudou a vida de muitas pessoas. Eu sou uma delas. Então, eu sou muito feliz mesmo de ter esse cara na minha vida. O nome dele é Carlos Aveiro; é quem deu destaque à minha carreira. É algo que as pessoas não exploram tanto porque o treinador fica bem ali, como diretor do espetáculo, mas é quem está dando o sangue todos os dias dentro da sala de treino. Eu sou muito grata mesmo, por ele e também pela nossa relação. Desde que ele disse "fica que você vai ser uma campeã" até a nossa medalha no Mundial. É uma história legal. Estamos trabalhando muito e daremos o nosso máximo pela medalha olímpica. E muito obrigada também a você, Francisca, por nos dar a oportunidade de contar a nossa história e nos ajudar.

CAPÍTULO IV

A mulher como agente esportiva FIFA

Por STEPHANIE FIGER

Nasci numa família que já trabalhava com futebol. Meu avô começou na década de 1970 e, antes, trabalhou como diretor das categorias de base do Peñarol, no Uruguai — a terra natal dele —, mas nunca como profissão. Somos de família judia e no Uruguai ele trabalhava com vendas de tecidos e como representante de eletrônicos, mas sempre amando o futebol. A irmã dele e o marido vieram para o Brasil com os meus bisa-vós, dando sequência a essa atividade de vendas no Bom Retiro, e eles mandavam notícias de que era muito bom viver aqui. Então, meu avô quis vir também com a minha avó, meu pai e minha tia, ainda com dois aninhos de idade.

Logo meus avós se separaram e ele, querendo uma mudança de vida profissional, decidiu trabalhar com futebol. Meu avô tinha seus quase quarenta anos quando começou a fazer a ponte Brasil-Uruguai. O pri-meiro trabalho foi um jogo amistoso do Peñarol com o Flamengo, no Maracanã, onde compareceram cerca de cem mil pessoas. Ali abriram-se as portas do mundo do futebol para ele. Em seguida, veio a primeira ne-gociação de transferência de atletas ao trazer o Pablo Forlán, do Peñarol, para o São Paulo Futebol Clube. E seguiu assim, intermediando atletas e organizando jogos entre seleções e excursões.

Nesse meio tempo, meu pai fez dezesseis anos e começou a trabalhar com meu avô, nem tendo a oportunidade de fazer faculdade. Como era apaixonado por futebol, ficou na cola do meu avô e seguiu na atividade. Após alguns anos, o meu tio também veio e passou a surfar a onda ao lado dos dois. Nos anos 1990, eles já estavam superoperando o mercado, com muitas negociações internacionais. E, abrindo o mercado japonês, eles levaram também jogadores para o Japão. Enfim, trabalharam um bocado.

Por consequência, eu nasci e sempre estive no mundo do futebol. Meu pai, avô e tio foram para a Copa do Mundo de julho de 1990, quan-do eu estava recém-nascida, e os três eram muito internacionais. Minhas recordações são a de uma família que sempre trabalhou com esporte, que é apaixonante, e que estava sempre viajando, falando com clubes, com jogadores. Lembro de, na escola, os meninos chegarem em mim e ficarem meio que me acusando: "O seu avô e o seu pai estão tirando o jogador tal do meu time, assim a gente não vai ganhar o campeonato".

Apesar de conviver nesse meio, eu não entendia nada, não tinha a mínima ideia de que no futebol jogavam onze contra onze. Só sabia que os colegas falavam nomes de jogadores da Seleção Brasileira e de clubes importantes. E eu pensava, *nossa, eles fazem uma coisa muito legal, que gera muito assunto, viagem, idiomas diferentes.* Fiquei com isso na cabeça. Mas eu não tinha afinidade com o futebol. Até ia a alguns jogos com eles, os da família, mas sem saber qual campeonato era, que jogadores representavam, não fazia ideia disso.

A vida foi seguindo e chegou a hora de prestar o vestibular. Por me achar comunicativa desde a adolescência, escolhi fazer faculdade de Comunicação e Marketing. Eu amei, me deu essa veia publicitária e entrei nesse mercado de trabalho. Estagiei na área e depois trabalhei numa agência de publicidade. Entrei pela porta do atendimento e ficava em contato na linha de frente com clientes e marcas. Eu atendia a Disney, a Microsoft, empresas multinacionais e achava legal, prazerosa essa relação de falar com cliente, cada hora um assunto diferente. Passados dois anos, vi que não era bem o que queria, a ponto de me fisgar para continuar na área.

Abordei então o meu pai: "Seguinte, eu não entendo o que você faz, mas queria uma chance de trabalhar com você". Eu tinha vinte e dois anos. Ele ficou surpreso, não imaginava que eu fosse fazer esse pedido, mas disse que as portas da empresa estavam abertas para eu contribuir na minha especialidade. Apesar dessa atitude aparentemente encorajadora, senti que ele botava zero fé que eu iria gostar de trabalhar ali e ser um braço importante da empresa. Enfim, topei. Dividi a sala com meu tio e ficava com os ouvidos sempre atentos.

Quando comecei a frequentar a empresa, o meu avô me perguntou: "O que você está fazendo aqui?". Prontamente, respondi: "Eu quero trabalhar com você e fazer o que você faz". E ele: "Você está louca? Isto é trabalho de homem, é extremamente masculino, não tem mulher agente no futebol. Você vai ter que entender de futebol, viajar e negociar com homens e eles não vão te respeitar. Vai trabalhar com publicidade e marketing, que é o que você estudou". Reagi: "Não vou. Você não está entendendo, a gente não está falando o mesmo idioma, meu senhor. Eu vou ficar na sua cola e vou aprender o que você faz". E ele desdenhando, nem aí para mim. Mas eu estava determinada: ficava pesquisando, tentando entender o que é o futebol, as regras, como funciona em cada país, o nome dos clubes, fazendo uma imersão nesse mercado.

Eu percebi que meu avô não tinha suporte do meu pai e do meu tio em alguns aspectos. Vi ali uma brecha, uma oportunidade de atuação como uma secretária executiva: "Eu te acompanho, levo o contrato, leio, te ajudo, fico quieta, vou só ouvir o que você está falando, mas quero ir à reunião com você". Muito mais velho do que eu e gostando da minha facilidade com tecnologia, além da boa vontade de quem quer aprender, ele retrucou: "Beleza, vem comigo, então". Mas isso só veio depois de muito custo. E eu era muito perguntadora: "O que você vai oferecer na reunião? Quanto vai pedir nesse jogador? O que tem no contrato?". Ele via meu interesse. Logo comecei a viajar para determinado clube para entender sua estrutura, como funcionava, para ver um jogador. Foi então que comecei a falar a língua do meu avô.

Ele foi percebendo que, de fato, eu era muito responsável, era sempre a primeira a chegar na empresa, ficava lendo as notícias, querendo entender. Eu falava um monte de abobrinhas, ainda não entendia bem do meio, e ele me corrigia e ria da minha cara. Mas eu não me ofendia, não ficava desmotivada. Até achava engraçado: *Ora, por que ele está rindo da minha cara? Estou aprendendo, me deixa.* Já tinham se passado uns três anos quando eu pedi para meu avô me levar numa viagem nacional e ele me levou. Estávamos almoçando, ele ficou me olhando e depois perguntou se era isso mesmo o que eu queria. Afirmei que sim. Daí ele disse: "Ótimo, então, eu vou te preparar para ser uma grande executiva no mundo do futebol". E começou a ser meu mentor. Eu colei nele e a gente fazia tudo junto.

Por estar ao lado dele, as portas se abriam e me recebiam com cara de surpresa: "Nossa, seu Juan, sua neta? Que bacana, uma mulher sendo preparada por você, que legal". Meu avô falava, "Olha, marquei uma reunião para gente ir oferecer o jogador tal no clube tal". Eu entrava no site do clube, entendia o elenco, via os últimos jogos deles para saber o que estava se passando, o que podia ter de mudanças e trocava ideia com o meu avô: "Vamos oferecer quem? Se um jogador está para sair, é uma carência do clube nesse momento". Quando eu não sabia, ficava quieta. Vi que ele foi curtindo ter meu apoio nessa nossa parceria. Ligeira com tecnologia, eu já acessava no iPad vídeos de um jogador de interesse, o currículo, o contrato. "Nossa, seu pai e seu tio nunca fizeram isso. Você resolve, facilita, é muito bom".

Viajei para a Europa com ele, que me apresentou para vários clubes, me prestigiou. Meu avô começou de fato a me preparar e me massacrava com contratos, me fazia reler e refletir. Ordenava: "Liga para o advogado, manda ele vir aqui, vamos entender o regulamento, o que mudou, como vai ser a nossa estratégia de atuação diante dessa negociação". Eu me sentia mais segura até para começar a dar a minha opinião e já ir tocando algumas coisas em paralelo. Pela idade avançada e devido às condições de saúde dele, comecei a viajar por ele, e assim fui ganhando espaço. Tive a oportunidade de ir para o mercado asiático sem ele me acompanhar. Eu ligava e mostrava para ele na câmera que eu estava em negociações com os chineses. E depois que ele realmente me abençoou, por assim dizer, as coisas foram se desenvolvendo e criei uma afinidade muito grande com ele.

Essa relação realmente foi construída pouco a pouco, no processo do trabalho. Durante a minha infância, ele era o meu avô empresário, que eu via talvez umas quatro vezes ao ano, em festas e reuniões de família. Eu não era uma neta querida, por quem ele tinha um olhar diferente. Lembro que certa vez um primo até se aventurou a pedir uma oportunidade e óbvio que ele foi muito mais receptivo do que foi comigo, mas o primo não teve gosto pela atividade. Quando me perguntam se alguma vez eu já sofri preconceito, eu respondo que o primeiro foi o dele, o meu avô. Mas acho que fui uma grata surpresa, porque ele não tinha expectativas em relação a mim, então tudo desabrochou de forma leve, prazerosa. E, de fato, por ter sido treinada por ele, o meu mentor, é que dez anos depois estou aqui contando essa história.

Quando meu avô trabalhava com meu pai e o tio, ainda não existiam as categorias de base em nível de gestão de carreira. Eles só trabalhavam com jogadores profissionais. Isso mudou quando meu avô já desacelerava o passo. Foi então que surgiu a minha oportunidade de fazer a primeira negociação do nosso escritório: a venda de um jogador de dezoito anos, do

Sub-20 do Cruzeiro, que ainda não tinha debutado no profissional, para o Inter de Milão. Isso veio por eu iniciar a gestão de carreira de jogadores que não eram titulares nos seus times. Tive a vantagem por ser mais jovem e saber me comunicar usando o meio digital para isso. Surfei na onda que todo mundo hoje surfa, por uma questão de demanda do mercado.

O acesso à tecnologia faz com que as famílias e os jogadores pesquisem muito. Se você se aproxima deles e diz, "o Inter de Milão está interessado em você", eles vão no Google e na hora descobrem onde fica a cidade, onde poderá morar, quem são os jogadores lá, o idioma, a comida, tudo isso. Com a tecnologia à disposição, não é mais tão difícil quanto era no passado. Por outro lado, essa nova geração apresenta dificuldades que as gerações anteriores não tinham, porque os jogadores jovens ainda estão em processo de formação. Antes, meu avô, meu pai e meu tio trabalhavam com os jogadores já formados.

Hoje os clubes estão comprando jogadores jovens, estão investindo muito no desenvolvimento das categorias de base e entendendo isso como oportunidade de mercado. Eu entrei também nessa condição e foi muito natural para mim, até pela minha idade: quando você fala de atletas muito jovens, você envolve a família. E penso que aí entra um pouco do meu lado mulher, pelo tato para falar com esse público jovem e com famílias que também são jovens, e que normalmente têm muito presente a figura da mãe.

Dedico o meu olhar e mostro para as famílias e para o atleta que ele precisa focar nestes quatro pilares: físico, técnico, tático e mental. Quando eu começo a trabalhar com um jogador de quinze anos, ele, ainda em processo de maturação, às vezes fica inseguro: "Ah, eu ainda não estou maturado, quem vai de titular já está", ou "por que o treinador está fazendo essa escolha?". Isso me obrigou a pôr o foco nos quatro pilares, e acredito que essa é a única maneira de dar conta do recado, porque é uma gestão de carreira totalmente diferente da que era no passado.

A parte mental é um pilar muito importante para o jogador, porque hoje nós vivemos um caos de ansiedade, tudo é para ontem, tudo com muita pressão. Você começa uma negociação e todo mundo descobre, já vira notícia, o jogador fica nervoso, a família preocupada. Isso mexe com o atleta. Nas redes sociais, ele faz alguma coisa que não foi positiva e já vem uma avalanche de pessoas criticando. Isso mexe com a insegurança dele. São muitos os desafios de autoestima, por conta de comparação, "Ah, porque o fulano...", e também de imediatismo: "Então eu vou mudar de clube, porque aqui eu nunca vou ter chance".

Por eu ser um pouco mais velha e ter passado pelo que eu passei para viver isso aqui hoje, tenho uma maturidade diferente. E tive que trabalhar muito isso, em mim e neles, para nós conseguirmos bater um bumbo com mais coerência e organização, com a parte mental mais equilibrada. Eu não posso entrar na pressão, no caos deles, e deixar que façam a gestão de suas próprias carreiras, assumindo suas vontades e acatando suas decisões. Porque eles não sabem o que, de fato, pode ser o melhor para suas carreiras.

Muitas vezes, preciso trabalhar esse aspecto: *Calma, respira, você precisa de ajuda psicológica neste momento, precisa se adaptar ao mercado em que está, à mudança de treinador, ao desafio familiar que está vivendo, à saída de casa.* Enfim, são inúmeros desafios que eles enfrentam nessa carreira e que exige deles um desenvolvimento de maturidade na marra, diferente dos que não são atletas de alto rendimento. Afinal, eles têm jogo atrás de jogo, pressão atrás de pressão, existe a cultura do mercado brasileiro, a quantidade de jogadores que vêm o tempo todo nas novas safras. Nesse sentido, acredito que a parte física, técnica e tática sejam mais fáceis, porque é algo que eles enxergam, leem, aprendem.

A parte mental também exige uma questão de cultura, de quanto o atleta já conhece e entende que é benéfico. Vejo, às vezes, um pouco de conflito religioso e aí preciso explicar que isso não vai brigar com a religiosidade dele, seja qual for, e estimulá-lo a ir às primeiras sessões, para poder praticar no dia a dia. Os jovens precisam muito desse tipo de ajuda, mas os mais velhos também, pelas pressões do nosso tempo atual, que levam as emoções a borbulharem. E os atletas de maior adesão ao chamado acabam tendo um desempenho melhor.

Muitas vezes tenho que envolver a família no processo. Ao longo da carreira, o jogador vai do núcleo familiar de origem à nova família que ele constitui com esposa e filhos. E o desmame também acaba sendo um pouco conturbado, dolorido, difícil para os dele, que acabaram abrindo mão de trabalho, carreira, um monte de coisas, e aí começam os conflitos. Percebo que o jogador se embaralha também nesse sentido. Então, tento ajudá-los para terem discernimento e conseguirem tomar decisões coerentes e necessárias às regras do jogo, os limites, os combinados, nessa transição que passam.

Nisso eu também acabo me sentindo muitas vezes estressada, sobrecarregada, ansiosa, porque trabalho com um portfólio significativo de jogadores: são mais ou menos quarenta atletas. Em paralelo, são quarenta famílias, que às vezes têm pais separados. Aí me liga uma parte de uma família, outra parte da outra e, às vezes, um tio, um avô, a ex-esposa. Tento fazer vários grupos família no WhatsApp para passar a informação de uma só vez, mas cada um quer expor a sua própria visão. Então, acaba tomando muito do meu tempo conciliar tudo isso. Por tabela, tudo o que aprendo com os psicólogos em sessões que acompanho, eu pratico no meu dia a dia para estar equilibrada e dar conta do recado.

Tenho dificuldade em conciliar a vida pessoal com a profissional, talvez por eu ser muito apaixonada pelo que faço. De fato, eu me entrego além da conta – não que eu me veja como uma coitada, porque eu faço por gosto mesmo. É que meu trabalho me dá tanto prazer, mas toma tanto do meu tempo, que sinto dificuldade de pôr limite nisso e temperar com a minha vida pessoal. Com o passar do tempo, tive que fazer ajustes nas amizades, pois com algumas a afinidade não era mais a mesma de quando éramos estudantes. Certas amigas são muito festeiras, acabam bebendo muito e nunca fui do tipo que precisa beber cerveja e dar uma relaxada no fim do dia de trabalho. Por eu ser dona da minha empresa, eu até poderia, mas sendo responsável por tudo, o meu expediente não acaba às seis da tarde.

Na parte amorosa, também acabo tendo um pouco de dificuldade com o preconceito. Acontecem situações como, "você trabalha com futebol? Trabalha só com homem?". Acho que a pessoa cria uma fantasia na cabeça dela do que deve ser o meu dia a dia e isso causa estranhamento. Ou o contrário: a pessoa acha que o meu tema é tão legal que quer saber tudo e ficar dando opinião. Já tive namorado que me falou "eu quero largar tudo, quero trabalhar com você, é muito legal isso". Tive que colocar um freio: "Opa, opa, meu amigo, você no seu trabalho e eu no meu". Outra questão é que meu trabalho muitas vezes é noturno, tenho que ver um jogo, viajar, e acho que boa parte dos meus ex-namorados gostaria de uma mulher com uma rotina mais convencional. Mas eu sempre priorizei me realizar no meu lado profissional.

Estou há dois anos solteira, com dificuldade de arrumar um namorado. Por um lado, me pega ver todas as minhas amigas se casando, tendo filhos. Nunca imaginei que com trinta e dois anos eu não fosse estar casada e com filhos. Mas também não imaginava que iria trabalhar com o que trabalho e nessa intensidade. Então, às vezes me sinto um pouco frustrada. Ao mesmo tempo, faço uma coisa errada, que é me afundar no trabalho para compensar outras coisas. Acho que, de certa forma, para mascarar esse vazio. Tento justificar: Tenho muito o que fazer, de certa forma me iludir e deixar isso de lado. Mas o que tiver que acontecer, vai acontecer. Quero uma pessoa bacana, legal, que me admire e com quem possa ter uma boa relação.

Vale dizer que não é como se eu só fizesse coisas incríveis, maravilhosas e meu trabalho fosse prazeroso o tempo inteiro. Sou dinâmica e gosto de todos os dias ter algo diferente para fazer. Mas essa sou eu. Tem muita gente que ama tranquilidade, estabilidade: "Adoro ser bem paga para trabalhar das nove às seis da tarde, de segunda à sexta, e os problemas serem do dono". Não é o caso de florear que a Stephanie vive a vida perfeita, assim como veem a vida do jogador de futebol. "Ele ganha milhões, joga no clube tal, a vida do cara é as mil maravilhas." Lógico que não. Ele tem problemas também; as pessoas esquecem que em volta há uma família, doenças, mortes, mil outras questões.

Vejo que o papel do agente vem mudando; a própria FIFA vem fazendo ajustes no regulamento, o que nos exige uma flexibilidade de camaleão às transformações do mercado. Algumas pessoas acreditam que o agente vai ser substituído por plataformas, e os clubes vão negociar entre si. Pode ser, pode não ser. Hoje, no mercado brasileiro, os atletas ainda vêm de uma condição socioeconômica e cultural muito ruim; são dependentes de um intermediário para gerir, apoiar. É um papel que vai continuar existindo. Na atual circunstância me agrada, mas, futuramente, como vai ser? Quem sabe eu me volte para o lado educativo, que também me realiza bastante.

Quando eu abri um canal de comunicação com atletas e famílias, comecei a ser muito abordada, recebendo dúvidas, vendo casos de gente se passando por minha família e que roubava dos pobres dos jogadores e de suas famílias, que acreditaram e perderam investimentos feitos, achando que iam ter portas abertas. De acordo com a estratégia de atuação da minha empresa, meu trabalho de gestão de carreira é, por um lado, arrogante: eu escolho o topo da pirâmide para trabalhar. E tem uma base inteira que não vai se tornar jogador de elite. Mas sonhos, demandas e necessidades são as mesmas, em proporções diferentes: o de elite e o da várzea assinam os mesmos contratos, em valores e obrigações diferentes, mas são contratos, há responsabilidades. Quando eu me vi fazendo isso, pensei: E esse bando de gente que me procura e acaba não tendo sequer acesso a conhecimento e informação? Claro que compete ao talento deles e às oportunidades que surgem, mas eles têm o direito de entender e de ter, falando de mim, a minha orientação e palavra, para sentirem segurança e tomarem melhores decisões nas suas carreiras.

Foi quando resolvi criar minha assinatura digital, que é o programa Quero Jogar Futebol, em que eu descomplico a carreira do jogador. Eu não foco numa consultoria individualizada. Gravo os conteúdos e faço *lives*, falando para todos sobre o mesmo assunto, que sei por vivência, que é a demanda da maioria das famílias e dos atletas, pelo valor irrisório de R\$19,90. E, graças a Deus, muitos atletas conseguiram reverter problemas, puderam deixar de ser enganados, conseguiram assinar seus contratos, entrar num clube, passar em peneira. Se eu tive a grande oportunidade de ter meu avô como mentor em tudo isso, por que vou ser egoísta e "arrogante" de só dividir com esse topo, se posso compartilhar e ajudar tanta gente?

Eu amo dividir e compartilhar o que eu sei. Gosto de ajudar as pessoas. Não quero estar sentada numa pepita de ouro sem poder dividi-la com tantos que não têm condições de ler o regulamento, entendê-lo e falar: "Certo, então eu tenho que ir por esse caminho". Com a minha vivência e experiência, posso ajudar a pessoa a pensar de forma diferente, recalcular a rota e fazer as mudanças necessárias. Foi assim que surgiu essa minha ideia de trabalhar a parte educativa. Não sei se os jovens que eu ajudo vão virar grandes atletas, mas me sinto mais humilde podendo compartilhar o meu conhecimento com eles.

Não trago grandes arrependimentos, mas apesar de ter amado a minha faculdade, acho que hoje eu escolheria outra. Eu teria ido talvez para o Direito, para o Comércio Exterior. Eu me envolveria mais no esporte, como praticante mesmo, porque sou inepta; nunca vislumbrei ser atleta, um pouco por falta de motivação própria. Eu poderia ter convivido com diferentes tipos de pessoas. Cresci, querendo ou não, na bolhazinha de uma família muito bem estruturada. Mas minha mãe me deu esse outro olhar. Certa vez fui trabalhar e ajudar numa creche durante as férias, porque ela falou para mim: "É importante, você precisa ajudar o próximo, precisa ter noções de outra realidade". Com o público que eu lido hoje, preciso saber transitar nisso tudo.

Hoje me pedem bastante para dar palestra, curso, tem até quem me chame de doutora. Eu falo, meu bem, eu não sou doutora. É muito amplo o curso de Direito, mas quando é preciso entrar numa parte mais específica, por eu trabalhar nesse dia a dia e gostar também muito disso, acabei entendendo. Mas óbvio que não como uma advogada desportiva. Mas se eu tivesse optado por esse caminho, poderia hoje me agilizar em tomadas de decisão, em determinados momentos durante negociações.

Eu teria estudado também mais idiomas. Falo inglês, português e um espanhol bem básico, um portunhol. Então, eu capricharia mais nisso, que para minha profissão abre muitas portas. Sei que ainda posso, mas eu poderia ter aproveitado minha época infanto-juvenil para me desenvolver mais nisso.

Quando penso nas pessoas que me inspiram, meu avô acaba sendo uma pessoa que eu idolatro, porque realmente ele foi fantástico para mim. Há mulheres que não têm a ver com futebol, mas que sempre admirei: uma é a Oprah, fantástica nas conquistas que teve como mulher; outra é a princesa Kate, que sonhou ser da realeza, conquistou e cumpriu o papel dela, dando continuidade à tradição bonita da Inglaterra. Admiro a Margaret Thatcher pelo que fez pelo país e a Angela Merkel, ex-chanceler da Alemanha, uma grande mulher. Vi uma série sobre a Madam C.J. Walker, uma mulher negra, vinda de família pobre, que aprendeu a fazer creme para alisar cabelo e construiu um império no mundo dos cosméticos. Eu sempre me identifiquei com histórias de fortalezas de mulheres, que conquistaram a vida dos sonhos por mérito próprio e de viver o propósito delas.

Eu também quero deixar minha marca. Quero mostrar que ser agente de futebol também é para mulher e quero que, no futuro, falem assim de mim: "A Stephanie contribuiu muito para a gestão de carreira e o conhecimento das pessoas; ela compartilhou muita informação, descomplicou a carreira de muita gente, deu chance de entendimento para as pessoas conseguirem conquistar os objetivos delas". O futebol é para todos e independe hoje do seu nível. Você é que vai se construir com o seu talento, sua dedicação, seu conhecimento e com as oportunidades que vão aparecer. Isso vai dar segurança para a sua melhor performance possível. O que eu puder deixar de legado, que seja isso.

Agradeço pela entrevista, foi uma experiência muito bacana. Ficamos reflexivos quando nos escutamos, não é verdade?

Stephanie Figer *(São Paulo-SP, 13.01.1990) é graduada em Comunicação e Marketing pela ESPM|SP, pós-graduada em Marketing de Serviços pela FAAP/SP, com aperfeiçoamento em Gestão Esportiva pela FIFA/CIES/ FGV. É uma das professoras do Programa de Formação de Intermediários da CBF Academy, do MBA de Gestão do Esporte da USP, e idealizadora do curso on-line Super Agente de Futebol, em parceria com a THE360. Desde 2012, Stephanie é diretora executiva do Grupo Figer, empresa familiar, fundada por seu avô Juan Figer, o empresário uruguaio de Maradona e um dos precursores da intermediação no futebol e na gestão de carreira de atletas.* Instagram: @stephaniefiger / www.grupofiger.com.br / Instagram: @grupofiger

Juan Figer e Stephanie Figer

Vôlei de praia

A gigante das areias

Sandra Tavares Pires *(Rio de Janeiro, 16.06.1973) é uma ex-atleta de voleibol indoor e de praia. Entrou para a história ao se tornar a primeira mulher brasileira a conquistar uma medalha de ouro em Jogos Olímpicos (Atlanta, 1996) juntamente com sua dupla, Jacqueline Louise Cruz Silva (Jackie Silva). Em 2000, ganhou a medalha de bronze nos Jogos Olímpicos de Sydney ao lado de Adriana Samuel, e ficou em quinto lugar nos Jogos Olímpicos de Atenas, em 2004, com Ana Paula. Foi bicampeã do Circuito Mundial com Jacqueline em 1995 e 1996, e em 2003 conquistou o tricampeonato com Ana Paula — juntas, somaram 3.864 pontos, 174 à frente das norte-americanas Misty May e Kerry Walsh, que ficaram com o vice-campeonato. Ganhou a medalha de ouro nos Goodwill Games de Brisbane, em 2001, com Tatiana. Ao lado de Jacqueline, foi bicampeã do Circuito Banco do Brasil em 1995 e 1996, e em 1998 foi tricampeã com Adriana Samuel. Foi vice-campeã do Circuito Banco do Brasil em 2003 e eleita Revelação do Ano em 1994 pela Associação Americana de Vôlei de Praia (AVP). Foi eleita pela Federação Internacional de Voleibol (FIVB) como a melhor jogadora de vôlei de praia dos anos 90. Foi eleita a melhor atacante do Circuito Banco do Brasil em 1998, 2000 e 2001. Também considerada o melhor saque do Circuito Banco do Brasil em 2000, foi tricampeã do torneio Rainha da Praia em 2000, 2001 e 2009, e foi induzida ao Hall da Fama do Voleibol em 2014 (Volleyball Hall of Fame). Ao todo, Sandra conquistou 20 medalhas de ouro no Circuito Mundial de Vôlei de Praia.*

Só diversão

Como a maioria dos atletas da minha época, tudo começou na escola. Acho que a escola sempre foi uma excelente referência para a gente descobrir a modalidade favorita, porque eram oferecidos vários esportes aos alunos. Eu fui uma criança agitada, gostava de correr, de brincar de pique-cola, pique-bandeira, pique o que tivesse. Estava o tempo todo brincando. Comecei a estudar em uma escola municipal que até tinha uma quadra, mas não com as dimensões corretas para se praticar esporte. Lá a gente fazia Educação Física, mas não praticava esporte, era bem lúdico. A Festa Junina, o Dia das Mães, dos Pais, tudo era comemorado naquela quadrinha aberta.

Oportunidade com a escola

Tive uma grande chance quando fui para o Colégio Cenecista Capitão Lemos Cunha, na Ilha do Governador, onde eu morava. Lá, sim, tinha estrutura para o esporte: quadra coberta, professores especializados, e não só aulas de Educação Física, mas até mesmo escolinha de vôlei. Quando cheguei lá, gostei de cara e comecei a participar da escolinha. Isso com onze anos, na quinta série antiga do ensino primário. Antes disso, pratiquei um pouco de atletismo, só que de rua, corrida na rua, porque na outra escola não tinha quadra — a gente dava salto em altura, caía num colchão; salto em distância, caía numa caixa de areia. Era tudo muito rústico, lúdico, e eu gostava das corridas de 100 metros, daquela coisa toda.

Preparação para a carreira

Esse treino, mal ou bem, estimulou minha musculatura, me deixou um pouco melhor preparada quando comecei no voleibol aos onze anos. E já comecei me destacando entre as meninas, porque eu tinha noção corporal, um pouco mais de força, e sempre fui comprida — bem, naquele tempo eu era alta; hoje tenho 1m75 e agora sou baixa, muito baixa, mas naquela época, ainda era uma estatura possível para o vôlei. Eu joguei um bom tempo no vôlei de quadra em clubes na Ilha do Governador, e aos dezessete anos comecei jogando na minha primeira equipe profissional, o Rioforte, time que treinava no Forte da Urca. Foi aí que comecei a ver o lado profissional de uma equipe

Levando o vôlei a sério

Meu primeiro time profissional foi o Rioforte, onde comecei com dezessete anos. Eu já tinha terminado o segundo grau e falei, "agora vou experimentar o vôlei, porque a universidade pode esperar um pouquinho. Vôlei é uma carreira curta e não pode esperar". Foi um momento de tomar decisões, de arriscar, e eu arrisquei. Antes, com quatorze anos, fui convidada para jogar no clube do Flamengo, no time da Supergasbras, time já bem mais estruturado, clube grande, mas eu segui jogando lá na Ilha do Governador. Jogava torneios, de vez em quando apareciam e times grandes me convidavam, mas eu estava estudando, morava longe, e a distância da Ilha do Governador até a Zona Sul era grande, e ficava difícil conciliar tudo, pegar ônibus sozinha, era longe. Não tinha terminado o segundo grau, não conseguiria estudar, nem treinar, jogar, competir. Assim continuei jogando em clubes da Ilha do Governador, até que aos dezessete anos comecei a jogar profissionalmente na equipe da Rioforte, que era uma equipe estruturada, disputava as competições federadas, onde aprendi realmente a lidar com equipe.

Karina e a opção pelo vôlei de praia

Comecei com 17 anos a jogar vôlei de quadra no time profissional da Rioforte. Fiquei ali dois anos, até que a Karina Lins e Silva me convidou pra fazer dupla com ela no vôlei de praia. Essa modalidade era muito mais forte no masculino; no feminino já tinha se iniciado, mas ainda eram poucas duplas. Karina tinha pontos no ranking e morava na Urca. Então eu aproveitava e, como já treinava lá mesmo na Urca com o vôlei de quadra, conseguia conciliar com o de praia. Primeiro treinava o vôlei de quadra nos dois períodos do dia; no intervalo, treinava com a Karina o vôlei de praia, também na Urca.

Fomos conciliando assim, até que não deu mais. Os calendários eram distintos, a parte física era diferente, tive que optar. E escolhi o vôlei de praia, porque me identifiquei muito e me dei muito bem com a Karina. A gente subiu muito rápido no ranking e aquilo te dá uma motivação. E eu me achava baixa para o vôlei de quadra — na época, não tinha ainda a função do líbero, que é o jogador baixinho; hoje, qualquer time tem um líbero. Era só gente grande mesmo e eu me achava pequena perto das atletas muito mais altas e mais fortes. E aí veio o vôlei de praia, que exige mais habilidade que altura. A altura ajuda, mas sem habilidade não se joga vôlei de praia. Você tem que ter força física pra se deslocar na areia. E fui bem, logo de cara.

Jacques (Neto), meu auxiliar técnico no vôlei de quadra, já via que eu tinha aptidão, velocidade, rapidez, fibra rápida, deslocava rápido, saltava bem. Ele viu isso e falou para a Karina, "tem uma jogadora jovem aí que se movimenta muito bem; por que você não a chama?"

Divisor de águas

Ali foi um divisor de águas na minha carreira. Eu achei mesmo que teria mais sucesso no vôlei de praia do que no de quadra, só que ele ainda não era um esporte olímpico. Como eu era bem jovem, fui com o coração fazer o que eu mais gostava. Nem passava pela minha cabeça se era ou não esporte olímpico. Eu queria era estar feliz ali jogando. E o convite veio da Karina e do Jacques (Neto), o meu auxiliar técnico no vôlei de quadra. Ele já via que eu tinha a aptidão, as características de velocidade, rapidez, fibra rápida, deslocava rápido, saltava bem. Ele viu isso e falou para a Karina, "tem uma jogadora jovem aí que se movimenta muito bem; por que você não a chama?"

Entre as melhores

Eu não posso reclamar de nada, porque conquistei quase tudo o que almejei e que me programei. Graças a Deus, não tive lesão que me deixasse fora por muito tempo. Eram lesões normais, nunca tive que operar nada, porque você perde força física, perde pontos no ranking, e para chegar ao nível que se conquistou, demora, é uma ralação. Isso me equilibrou para eu estar sempre entre as jogadoras principais. No meu segundo ano de praia — para você ver como foi bem a parceria com a Karina — a Jackie Silva me chamou para jogar, com a intenção de participar de Olimpíada, porque o esporte ia se tornar olímpico. Então, joguei só um ano com a Karina.

A primeira medalha de ouro em Atlanta

Fui jogar com a melhor jogadora do mundo na época, a Jackie Silva.

Foi um grande desafio ser parceira dela, mas encarei. Isso me deu um salto de qualidade, porque você se juntar com quem conhece o jogo, as jogadoras, as estratégias, só te puxa para cima. Mas para quem já está em cima, ter que descer vários degraus para subir comigo não foi fácil. Mas conseguimos; eu consegui virar uma grande jogadora, a gente conseguiu virar uma grande dupla, uma dupla imbatível na época. Daí que trouxemos a medalha de ouro. Já comecei minha carreira com uma medalha de ouro. E pensei, empolgada, quero outra, quero outra!

Nova parceria vitoriosa

Eu já tinha jogado um ciclo inteiro com a Jackie Silva, foi maravilhoso e aprendi muito. A Jackie Silva era mais velha do que eu e isso faz diferença. Foi então que troquei de parceira e fui jogar com a Adriana Samuel. Juntas fomos para a Olimpíada de Sydney e conquistamos o bronze, minha segunda medalha, o que foi outra grande conquista.

O desejo de mais medalhas

Quando a Ana Paula e eu formamos a dupla, nem tivemos tempo de treinar. A gente se juntou e foi para as etapas do Circuito Mundial. Ganhamos quase todas. Quando não ganhávamos, a gente ficava em segundo. Então, sem treinar, cada uma fez muito bem o seu papel. E nos classificamos para a Olimpíada de Atenas sem pressão nenhuma, fomos as primeiras do ranking. Nem precisávamos ser as primeiras na classificação para a Olimpíada, mas éramos as primeiras do ranking mundial, jogando muito bem.

Obstáculos no caminho

Começamos a preparação Olímpica do ano de 2004, e aí a Ana Paula se lesionou. Uma lesão muito ruim, uma fratura por estresse no punho, o que não a deixava fazer nada. E o nosso planejamento de jogar a etapa tal, tal e tal, não jogamos, fomos perdendo o ritmo. Eu também tive uma lesão na panturrilha, porque também fiquei muito tempo sem jogar. Não pudemos participar, por causa da Ana Paula e por minha causa também. Quer dizer, não jogamos nada, a preparação foi péssima e fomos assim mesmo para a Olimpíada.

Em quinto lugar

Começamos muito mal, fora de ritmo, e perdemos um jogo que não devíamos perder. Cruzamos com a Shelda (Bedê) e a Adriana (Behar) antes do tempo. Ali, a gente já estava ganhando mais ritmo, porque se vai ganhando ritmo na competição, mas nem sempre o suficiente — o ideal é estar voando! E, ganhando ritmo, fizemos um bom jogo contra a Shelda e a Adriana, mas perdemos, ficamos em quinto lugar. Para mim, foi muito ruim, porque Olimpíada é de quatro em quatro anos.

Lidando com a derrota

A minha dupla com a Ana Paula era uma dupla fortíssima, a gente era cotada para disputar a medalha de ouro com a Walsh (Kerri Walsh) e a May (Misty May-Treanor). Éramos as únicas a conseguir fazer as finais contra elas. Fizemos várias em 2003, mas ali na Olimpíada elas ganharam e ficamos na quinta colocação. Foi difícil lidar com aquilo. Fazer o que depois? A gente sempre acredita que na última hora vai conseguir, mesmo não jogando tão bem, mas não aconteceu. Eu já tinha duas medalhas, queria muito a terceira. Como brasileira, ter três medalhas olímpicas, nossa! Seria um diferencial para mim. Esse foi o meu momento mais difícil na carreira. E depois, recomeçar...

Segredo da mentalidade campeã

Eu sempre tive meus objetivos claros e os motivos, que impulsionam a dar sequência aos objetivos. E vai-se aprendendo também com o esporte, que é muita repetição, muita resiliência. Você perde, mas tem que lidar com aquilo assim: perdi aqui, mas vou ganhar lá. É um processo natural no esporte, porque são muitas etapas a ultrapassar. Você joga a etapa do Circuito Mundial e a do Circuito Brasileiro, torneios de dois em dois anos, exibições, Rainha da Praia, desafios. Você tem sempre objetivos e metas, que são esses torneios pequenos, e aí sim tem o longo, que é a Olimpíada. Então, a gente está sempre motivada pela próxima chance.

Conselho materno

Era assim que eu sempre pensava, *ah, perdi aqui, mas vou treinar e não vou repetir o que eu errei lá*. É um ciclo virtuoso que o atleta cria. E eu sempre fui motivada pelos desafios, mais ainda quando eu era bem jovem.

Hoje penso duas vezes, assim, *será que eu vou? Vou inventar isso pra quê?* Acabo indo, mas antes ia de cabeça, eu queria muito me realizar profissionalmente. Minha mãe sempre falava, "você tem que ter o seu dinheiro, o seu trabalho, a sua realização, não tem que depender de ninguém", porque ela sempre dependeu do meu pai e odiava isso. Cresci com essa vontade de aprender, de melhorar, de evoluir.

Montando metas

Você tem que ter ambição, senão você não anda. Tem que ir montando as suas metas, mesmo que pequenas. Eu continuo assim. Fiz faculdade de Educação Física (Universidade Estácio de Sá, RJ) e concluí em 2014. Fiz o meu MBA em Gestão de Projetos no IBMec e concluí em 2022. Fui embaixadora do Banco do Brasil durante doze anos, de 2010 a 2022. Fui comentarista da TV Globo, no SporTV, de 2008 a 2018, e hoje dou aula de vôlei nos Estados Unidos. Acho importante estudar, estar interagindo com outras áreas, aprendendo alguma coisa, sempre se reinventando. Eu sempre fui resiliente, com muita vontade de evoluir; tudo o que faço, faço com excelência, me dedicando ao máximo.

Técnicos de excelência

Acho que tive sorte no vôlei de praia. Na verdade, nós é que escolhíamos os nossos técnicos, e escolher com quem você quer trabalhar faz uma grande diferença. Porque éramos nós que pagávamos, então a gente escolhia os que nos tratavam bem. Nunca sofri discriminação e nem abuso em relação aos profissionais com quem trabalhei. Foram todos excelentes, graças a Deus. Com certeza, eu cheguei aonde cheguei também por causa deles, que sempre trabalharam muito bem, nunca me quebraram. Às vezes, o técnico perde um pouco a noção e quebra o atleta, que não consegue jogar por tantos anos. E a gente se tornou amigos, como foi com o Dentinho. Sou superamiga de todos, trocamos informações até hoje.

> Quando ganhamos o ouro e a prata na primeira Olimpíada, fomos ao presidente falar: "Agora a premiação tem que ser igual, porque o masculino não tem medalha nenhuma e o feminino tem duas, senão, vamos atrás disso". Ele entendeu o recado e igualou a premiação.

Igualdade nas premiações

Agora, se a gente for falar do voleibol masculino e do feminino, tinha sim diferença na premiação. O masculino ganhava mais quando eu comecei. A gente sempre reclamava e eles alegavam, "tem mais times de homens do que de mulheres, por isso que a premiação é maior", e blá, blá, blá. Quando a gente foi para a primeira Olimpíada e ganhamos o ouro e a prata, fomos direto falar para o presidente, "agora a premiação tem que ser igual, porque o masculino não tem medalha nenhuma e o feminino tem duas, senão a gente vai correr atrás disso". Ele entendeu na hora o recado e igualou a premiação, foi bacana.

Maternidade e esporte

Olha, não é nada fácil. Eu não tenho filhos — até pensei em ter, quando eu jogava, mas vi que era bem complicado, porque minhas parceiras tiveram. Quando comecei a jogar com a Karina Silva, ela levava o Igor para todos os lugares e eu tinha que ajudar. Meus pais, às vezes, ficavam com ele no colo, e a gente jogando. É bem complicado. Depois, joguei com a Ana Paula, que também teve filho. Quando estávamos jogando na China, ele quebrou o braço; estava com o pai, mas mesmo assim achei bem difícil não poder levar o filho, ainda mais sendo pequeno. Imagina ela lidar com aquilo à distância. E você vai para uns países em que as comidas são estranhas, e tem que levar alguém para cuidar, porque você está jogando. Você leva a criança e tem que levar também esse outro alguém. Geralmente, a Ana Paula levava a mãe dela pra ajudar.

Sempre pagando o preço

As atletas hoje param um período, depois voltam. E agora tem o ranking feminino, mudou isso também. Porque para ter filho você fica quase um ano e meio sem poder treinar, e nesse caso perdia todos os pontos que tinha antes. Entrando zerada, nunca mais se recupera. Porque é a mulher que tem que gerar o filho. É ela que tem sempre que pagar o preço alto. No caso, ou abandona a profissão, ou tem filho depois que para de jogar e perde os pontos. Está sempre perdendo alguma coisa. Mas eles mudaram a regra, para que fique pelo menos com X por cento dos seus pontos. Aí até dá para recomeçar mais de cima.

Esporte e estudos

Você não sabe aonde o vôlei vai te levar. Está começando e renuncia ao que todo mundo acha que é o certo fazer, como a faculdade, para depois dar outros passos. E interrompe aquele ciclo ali. Mas hoje, com o ensino online, pode-se estudar de onde estiver. Fácil não vai ser, porque atleta quando está em viagem fica bem cansado. E vai ter que abrir mão, mais ainda, do lazer, que é quando não está treinando, quando volta para casa e fica junto da família. Mas o estudo vai fazer falta depois, com certeza. A minha graduação eu fiz depois que parei de jogar.

Geração X e Geração baby boomers

A Geração X é a minha e existe a Z, que cresceu com a internet e outra mentalidade. Eles não querem trabalhar com o que não gostam, não querem ter estabilidade; querem é viver bem a vida. É diferente do esporte, aonde se vai construindo. Não está satisfeito com aquele treino? Mas vai ter que fazer. Então me preocupa essa geração que desiste logo de cara. Acho que o esporte pode ajudá-los a não desistir na primeira, nem na terceira, nem na quinta, nem na décima dificuldade, porque uma hora eles vão conseguir e se sentir realizados. Nada surge sem esforço. No esporte, os treinos mudaram da quantidade para a qualidade, ou seja, facilitaram algumas coisas para essa nova geração. Vi em uma entrevista o Gustavo Borges dizendo "pô, eu nadava muito mais do que o Cielo, mas muito mais". E o Cielo ganhou uma medalha de ouro, o Gustavo tem, acho, três medalhas olímpicas.

> "Caiu? Levanta. Errou? Repete. Errou? Repete. Errou? Repete. Só vai sair daqui quando acertar." Entendeu? É não desistir por causa de erros. Tem que fazer muito para achar que não vai dar. Você vai praticando e percebendo a melhora, dia a dia. Em tudo é assim.

O poder da repetição

É a minha dica: não desistir, não se preocupar, pelo menos no esporte. Estou falando no esporte — porque eu sei que eles não gostam de serem chamados à atenção, não sabem lidar muito bem com isso, ficam frustrados. E nós do esporte, não. "Caiu? Levanta. Errou? Repete. Errou? Repete.

Errou? Repete. Só vai sair daqui quando acertar." Entendeu? É não desistir por causa de erros. Tem que fazer muito para achar que não vai dar. Isso não existe. Você vai praticando e percebendo a melhora, dia a dia. Em qualquer coisa é assim.

O legado

É a minha história de perseverança, de resiliência, de sair da classe baixa de onde eu vim, e conseguir conquistar tudo o que eu conquistei. É passar pelos lugares que eu passei, pelas mensagens que eu deixei esse tempo todo como comentarista, colaborando com o esporte. Os amigos que me conhecem no dia a dia sabem o quanto eu sou guerreira, o quanto tenho foco, disciplina. É aquele exemplo de atleta mesmo e eu sempre me orgulhei dessa vida. Meus pais me acompanharam — minha mãe não está mais aqui, mas em 2014 ela foi até o Hall da Fama comigo. Uma filha de quem ela cuidou tanto. Quando eu era menina, ela descia com uma vitamina, porque eu não queria parar de jogar vôlei e ela ia lá levar, dizendo, "bebe essa vitamina aqui, pelo menos".

Exemplo para a família

Acho que deixei o exemplo para a minha família também. Tenho um primo que joga vôlei, inspirado em mim, o Raphael. Hoje ele joga no time de Verona, na Itália, é levantador. Está quase parando, também. Acho que vários atletas que me viram jogar perceberam a minha garra, se inspiraram em mim. Mais do que as palavras, os exemplos que ficam são as nossas atitudes, como a gente é. O esporte realmente te faz uma pessoa ética.

Olhando para trás

Eu parei de jogar muito rápido, poderia ter jogado um pouquinho mais. Tem algumas coisas que eu faria diferente, outras, acho que fui bem. Aceitei o desafio, fiz minhas escolhas e acertei, na maioria. Errei algumas. Talvez, se eu tivesse buscado mais informações, quando se tem um familiar que te passe, mas eu não tive. Às vezes, o atleta fica muito bitolado no que ele está vivendo ali. Também, na minha época não tinha essa coisa de psicólogo, isso surgiu depois. Hoje é essencial para atletas terem psicólogos, conselheiros, um *coach*.

Importância do *coach*

Se eu tivesse tido um psicólogo, um *coach*, eu teria conquistado ainda mais medalhas, sabe? Porque em alguns momentos, estando irritada, você acaba perdendo a concentração do jogo. E se quando irritada eu já conhecesse a metodologia e tivesse o autoconhecimento mesmo, eu trabalharia melhor aquele momento. Hoje vejo isso em outras situações da minha vida. Mas, na época, a gente ia atropelando tudo, sem parar para pensar, se organizar e ter mais paciência para lidar. Fiz o curso de *coach* e vi que tenho uns sabotadores que eu nem desconfiava!

O perfeccionismo ajuda e atrapalha

O perfeccionismo foi fundamental na busca dos meus títulos, porque me impulsionou a buscar a excelência e melhora constante, mas também me criou algumas vezes um ambiente de negatividade, minando a autoestima e a confiança dos meus parceiros. Até porque a cobrança e pressão excessiva podem gerar ansiedade e até mesmo um desempenho inferior devido ao medo do fracasso. Vendo por esse lado, eu acabava não ajudando a equipe e colocava mais pressão, e nem todos os atletas reagem bem a tanta pressão. Porque nós, perfeccionistas, somos bem críticos com nós mesmos e com os outros também. Aliás, os perfeccionistas estão o tempo todo tentando fazer tudo certo porque são sensíveis a crítica externa.

Hoje em dia procuro ser menos crítica aos outros e a mim mesma, até porque sei que é fundamental errar para aprender! E sempre que começamos algo novo, temos que ter paciência para aprender e entender o processo e o principal, que é a liberdade para errar, pois só dessa forma se chega à perfeição.

O grande problema do perfeccionista é ter padrões e metas altos, pouco realistas e inflexíveis, que ele impõe a si mesmo e aos outros, o que às vezes o impede de dar um passo atrás. Perde-se coragem e perde-se tempo tentando alcançar esse padrão.

Enfim, hoje percebo que todo profissional tem que trabalhar cada elemento da sua personalidade para que o perfeccionismo não o leve a ficar mais distante da qualidade.

A hora de parar

Parar foi a decisão mais difícil da minha vida. E me decidi precipitadamente. Troquei de parceira, mudei de equipe quando já estava acostumada com a minha equipe, mudei o patrocínio, deixando o que eu já tinha. Aí a dupla não deu certo e durou muito pouco tempo. Isso me frustrou, porque combinei uma coisa e não foi cumprida. Daí decidi que era hora de parar e foi tudo muito rápido. Não me planejei e isso não é nada bom, nem para o corpo e nem para a mente. Você tem que fazer uma desaceleração, eu acho. Sai o mundial de cena, vai jogando o brasileiro, depois vai parando geral, mas não interromper, assim, pá! Estar por vinte anos fazendo aquilo e no dia seguinte, acabou...

A vida nova

Aí comecei a inventar coisas para fazer. A primeira foi estudar, para preencher minha cabeça e não ficar depressiva. Logo me tornei embaixadora e comecei a trabalhar e viajar, porque o Banco do Brasil fazia muitos eventos de relacionamento. Tive que aprender a fazer palestra e fui criando outro meio de vida, fazendo esses eventos, workshops, desenvolvendo um lado que eu não exercia. E o lado de atleta foi ficando para lá. Mas leva um tempo para você se distanciar da vida que tinha. É aquela coisa, sai a Sandra-do-vôlei e entra a Sandra-eu. É bem complicado. Mas descobri outro esporte, o *beach tennis*, que virou outra paixão, porque se joga em tudo que é lugar, com um grupo de amigos. Agora vim passar uma temporada nos Estados Unidos e estou dando aula de vôlei após concluir meu MBA em Gestão de Projetos no IBMec.

Os heróis

Minha mãe é minha heroína. Apesar do pouco estudo, era uma mulher sábia, que percebia as coisas. Agora, atletas, o Ayrton Senna, que me motivava muito. E aquela musiquinha que nunca saiu da nossa cabeça e a bandeirinha do Brasil? Não tinha quem não se arrepiasse. Ele deixou um legado enorme.

Gosto muito também da postura do Karch Kiraly, jogador que eu vi treinando do meu lado, na Califórnia, em 1994. Ele treinava sozinho, concentrado, repetia o movimento, o gesto, e ganhava tudo. Eu estava começando a jogar e ficava vendo, depois via como se comportava na quadra. A Maria Esther Bueno, fantástica também, conseguiu ganhar vinte Grand Slams, naquela época.

CAMILLA ORLANDO

Futebol

Moderna e ousada como a Capital do Brasil

Camilla Orlando *(Brasília-DF, 12.05.1984) formou-se em Educação Física na Lincoln Memorial University (EUA). Foi atleta da Liga Universitária dos Estados Unidos e atuou, também, no Brasil pelos clubes Cresspom-DF e Capital-DF, quando comandou o elenco Sub-18 e auxiliou as categorias de Sub-16 e Sub-14. Em 2012, Camilla parou de jogar e passou a atuar como técnica de futebol feminino, fazendo história no Brasil. Foi auxiliar da equipe do Internacional e, após, foi contratada pelo Red Bull Bragantino, onde conquistou a Série A2 do Campeonato Brasileiro Feminino. Desde 2021, Camilla Orlando vive e trabalha em Dubai, nos Emirados Árabes, como técnica da Seleção feminina do país.*

De cara, o preconceito

Quando eu nasci, o futebol tinha acabado de ser liberado para as jogadoras mulheres; antes era proibido. Com isso, eu me sinto parte da evolução do futebol, mas passei ainda pela fase de muito preconceito, de bastante barreira contra o esporte para atletas do sexo feminino. Minha família nunca me impediu, nunca negou que eu pudesse jogar, mas inicialmente não era aquele mega apoio. Por exemplo, fui atleta de natação e tive todo o apoio deles. Participei de clínica de natação nos Estados Unidos, eu tinha o melhor maiô, entrei em várias competições, mas no futebol achavam que era uma brincadeira. E da parte de pessoas que estavam ao meu redor, eu tinha nomes pejorativos — a gente sabe bem como era naquela época.

Contradição brasileira

O futebol sempre foi um desafio, uma superação para mim e uma paixão muito grande. E eu não conseguia entender: o nosso país é movido por futebol — eu via futebol no intervalo, assisti à Copa de 1994, à de 1998, então, tive a oportunidade de fazer parte de um momento do futebol masculino brasileiro muito interessante —, e por que eu não podia também fazer parte daquilo? Era bem estranha essa rejeição. Mas fui galgando essa carreira aos poucos.

Eu me questionava: por que é que eu tinha que ir para os Estados Unidos pra viver aquilo que era o meu sonho? Por que no Brasil a gente não conseguia viver aquela realidade esportiva também?

De intrigar

A grande mudança na minha vida foi quando eu tive a chance de jogar futebol e de estudar nos Estados Unidos, porque você abre a sua mente para uma perspectiva muito maior de possibilidades. Eu queria muito, mas, ao mesmo tempo, eu me questionava: por que é que eu tinha que ir para os Estados Unidos pra viver aquilo que era o meu sonho? Por que no Brasil a gente não conseguia viver aquela realidade esportiva também? E logo que eu me formei lá, em 2007, voltei para o Brasil, mas ainda tinha desejo de jogar.

Novos rumos

A Copa estava em alta, então eu ainda quis vivenciar um pouco desse momento do futebol brasileiro como atleta, mas não durou muito. Desde 2008, eu já alternava como atleta e treinadora aí no Brasil e, então, em 2012, decidi parar de jogar futebol e me dedicar exclusivamente a atuar fora do campo. Como Brasília não é uma cidade que tem uma supertradição no futebol — a gente não tinha grandes equipes, grandes investimentos no futebol — eu fui por outro caminho.

Capital Feminina

Tentei ir por um caminho meio empresarial, digamos assim, de construir o meu clube-empresa: uma escola de futebol feminino. E aí, de 2012 a 2017, desenvolvi um projeto chamado *Capital Feminina*. Eu não tenho isso confirmado, mas acho que foi uma das primeiras escolas exclusivas de futebol feminino do Brasil. E foi muito legal, porque, mesmo tão pequena, eu via como tudo evoluía. Tipo assim, se eu quisesse atender duzentas meninas, tinha menina para atender. Eu vi como eram necessários os espaços para as mulheres jogarem futebol — meninas, principalmente.

Brasília no pioneirismo

Como eu também joguei em Brasília por muito tempo, de vez em quando, apareciam umas meninas de doze, treze anos, querendo jogar com a gente. Elas eram boas, mas ainda começando. A gente sabe a diferença de uma menina de doze anos para uma de vinte e dois, então, eu optei por sempre abrir espaço para essas mais novas, porque não existia lugar para elas jogarem. Mas também abri espaço para adultas, que eram as que não tiveram possibilidade de jogar futebol, sabe, assim, que aos dezessete anos o pai não deixava e aí foram fazer faculdade, começaram a trabalhar e nunca tiveram a oportunidade de jogar. Então, eu também atendi esse público. E a ideia era formar essas atletas.

> **Criei um projeto social esportivo na comunidade da Cidade Estrutural, na periferia de Brasília, onde ficava o maior lixão a céu aberto da América Latina. Foi outra grande experiência ver como as pessoas vivem de catar lixo. É uma profissão, mas que louco isso**

O projeto brasiliense

O Barcelona sempre foi um projeto muito interessante, em nível de você ir, passo a passo, adquirindo uma formação completa: mente, corpo, técnico, tático, físico, conhecimento do jogo, enfim. E depois da Copa do Mundo, em 2015, eu participei de um programa pelo governo dos Estados Unidos, o *Sport for Community*. A ideia era usar o esporte para o desenvolvimento social. E eu sempre gostei do social — na verdade, o futebol feminino, na minha opinião, sempre foi social. Aí, em 2015, eu criei um projeto social, também com viés esportivo, numa comunidade da chamada Cidade Estrutural, na periferia de Brasília, onde ficava o maior lixão a céu aberto da América Latina. Fechou, depois de um tempo, mas a comunidade gira em torno dessa situação — o que também foi uma grande experiência para mim, ver como as pessoas vivem de catar lixo. É uma profissão, mas como é louco isso.

Lei para o Feminino

Em 2017, a Conmebol fez a legislação que os clubes tinham que ter para o futebol feminino. Pensei, *bom, daqui a pouco não vou conseguir competir com clubes como Flamengo, Corinthians, São Paulo, Inter, Palmeiras, enfim, os grandes, já que vai ser obrigatório ter futebol feminino*. Então, dei uma reformulada no meu projeto e ele passou a ser um projeto de formação. Minha ideia era formar atletas para irem pra onde elas quisessem. Claro, nesse processo, jogávamos também, porque jogar é o que gera a experiência para elas.

Juntando experiências

Desde 2014, eu tive a oportunidade de trabalhar no Comitê Organizador Local da Copa do Mundo e também entrei em um grupo de organizadores de eventos esportivos. Trabalhei num torneio internacional de futebol com a equipe do Canadá em 2015 e com a equipe da Rússia, em 2016. Também trabalhei nos Torneios de Desenvolvimento, que vieram por conta do legado da Copa do Mundo. Nesse processo, comecei também a querer galgar mais como treinadora. Eu gostava muito de estar ali, mas queria alguma coisa a mais. E foi quando, em 2019, surgiu uma vaga no Inter para categoria de base, o sub-18.

No Internacional

Foi no Inter, em 2019, o meu primeiro passo de viver realmente como treinadora exclusiva. Eu era treinadora na escola, mas era também gestora de escolinhas. Eu tinha outras escolinhas de futsal espalhadas por Brasília — masculinas inclusive. Tinha um público infantil, eu gostava desse momento, que é o de formação e é muito interessante você ensinar a paixão pelo esporte nessa fase. Na verdade, antes de sair do país, eu já tinha dois anos e meio de faculdade: entrei em 2002 e fui para os Estados Unidos em

2005. Então, de 2002 a 2005, eu também fui treinadora de futebol em escolas de Brasília. E nos Estados Unidos só foquei em jogar. Quando voltei, só joguei. E em 2012, parei de jogar.

> **Em 2020, fui para o Red Bull Bragantino iniciar o projeto de futebol feminino lá; ou seja, fui a primeira treinadora do futebol feminino do Red Bull e em 2021, a gente foi campeã brasileira A2. E desde 2022, estou aqui nos Emirados**

Chances especiais
Em 2019, fui para o Sport Club Internacional, no Rio Grande do Sul, uma experiência fantástica. Logo de cara a gente foi campeão brasileiro Sub-18. Trabalhei com atletas de altíssimo nível. Em 2020, fui para o Red Bull Bragantino iniciar o projeto de futebol feminino lá; ou seja, fui a primeira treinadora do futebol feminino do Red Bull e, em 2021, a gente foi campeã brasileira A2. E desde 2022, estou aqui nos Emirados.

Passos de boa sorte
Foram quatro anos bem intensos, de muitas oportunidades. Mas o Red Bull foi também muito importante pra mim, porque foi a minha passagem da base. Lá em Brasília eu trabalhei muito com a base, de modo que foi a minha passagem da base para uma categoria adulta. O Inter também foi muito marcante, mas eu acho que o Red Bull, como eu ajudei a formalizar o projeto e tudo mais, foi especialmente marcante. E, claro, a construção do meu projeto em Brasília foi bem especial também, me ensinou bastante. E tenho consciência do apoio financeiro da minha família para eu fazer os cursos e para iniciar a minha própria escola. Não constituí família e nem tive filho cedo. Assim, sempre tive a possibilidade de investir na minha carreira.

De grão em grão
Em 2019, quando eu fui para o Inter, foi um desafio, porque eu ganhava pouco, entende? Era um salário baixo para o momento e eu tive que investir mesmo, tive que acreditar naquilo... mas eu sei e acredito que as coisas vão seguir se desenvolvendo no futebol. Fui depois para o Red Bull com um salário melhor do que o do Inter, mas ainda almejando mais.

Também tive a possibilidade de palestrar sobre futebol feminino num seminário organizado pela CBF e ali entrei nesse mundo de pessoas do Brasil que fazem parte da modalidade. Mas, como eu disse, acho que faço parte do desenvolvimento do futebol feminino.

Fazendo história no feminino

Eu tive a possibilidade de fazer a licença C em 2016, então, logo no início, quando poucas mulheres tinham essa licença. Em 2019, fiz a licença B e tudo isso também foi me permitindo crescer. Tive a possibilidade de participar de um curso que a CBF fez, de especialização em futebol feminino, e ali também estive entre grandes treinadores, pioneiros também do futebol feminino. Tive a alegria de fazer o Brasileiro Sub-18 e ali entrei para a história do futebol brasileiro — foi o primeiro campeonato de base organizado pela CBF, onde treinei atletas. Então, eu sempre estive nesse meio. Mas nunca é fácil. Acho que não posso falar que é sorte, mas, aparentemente, de fora parece assim.

> **Agora estou comandando uma seleção num mercado que se sabe ser um pioneirismo vir para cá, para a Ásia — um mercado não só da Ásia, mas um mercado árabe, que é novo. As coisas fluíram, mas desde 2012 eu vinha me preparando para chegar nesse momento**

Talento + sorte + trabalho

As atletas que eu tive a oportunidade de treinar eram as que já tinham jogado na Copa do Mundo Sub-17, atletas de uma possível projeção no cenário brasileiro. Algumas delas foram convocadas para a seleção principal, estão na Sub-20, e outras estão em grandes clubes. Então, somando tudo, vê-se que fluiu tudo muito positivamente. E agora estou comandando uma seleção num mercado que a gente sabe que é um pioneirismo vir para cá, para a Ásia — um mercado não só da Ásia, mas um mercado árabe, que é novo. Então as coisas aconteceram, mas desde 2012, vim me preparando para conseguir chegar nesse momento.

Nos Emirados

Aqui eles querem progredir no Futebol Feminino, só que a gente está na frente, em termos de anos de modalidade, de abertura para a mulher. O Brasil está na frente nesse quesito. Mas futebol é uma missão para mim e nessa missão tem o empoderamento feminino, tem o desejo de ser uma referência também como mulher e de abrir portas — não só isso, mas também de fortalecer outras mulheres para que elas acreditem nelas e no potencial delas.

Os velhos preconceitos

A gente é sempre muito puxada para baixo, somos sempre questionadas, "será que é boa mesmo? será que entende de futebol? foi sorte?". Somos sempre postas numa condição de que não somos boas profissionais. Então, eu sempre tenho buscado aceitar desafios que projetam as mulheres para que elas entendam que a gente pode, sim, só que temos que ser profissionais, e sim, que entendam que estamos fazendo algo no início e que não somos tão bem-vistas, como se fossem os homens fazendo isso que está sendo feito.

> A gente é sempre muito puxada para baixo, somos sempre questionadas, "será que é boa mesmo? será que entende de futebol? foi sorte?". Somos sempre postas numa condição de que não somos boas profissionais

Conquistas por direitos

Eu instigo as minhas atletas a quererem constituir família porque acho que isso também precisa ser bem quebrado. Mas financeiramente falando, eu ressalto, por exemplo, que não se teria condições de ter uma família, a não ser com um parceiro, com uma parceira, junto nesse processo. Isso é difícil no futebol feminino, porque... como você vai levar a pessoa com você, sabe? É tudo um desafio que a gente tem que ir batalhando pra que seja possível. E eu tenho o desejo de inspirar isto para outras mulheres: sim, você pode constituir família, mesmo não ganhando tanto e mesmo tendo que viajar, porque no masculino isso é muito simples, *né?* No contrato já está a passagem da esposa, a casa do filho, e eu vejo que isso está sendo construído para o esporte feminino.

Igualdade para a atleta feminina

Não sei como é para outras modalidades, mas no futebol feminino ainda não existe esse pensamento de igualdade. Acho que também é um enraizamento da sociedade... quem é o provedor? É o homem, provavelmente, *né?* A Tamires (Cássia Dias de Britto), atleta de futebol feminino, é quase uma única referência de mulher que se casou, teve um filho e levou o marido junto para a Europa. Então, é uma questão cultural e não só uma questão financeira como eu falei antes, de as atletas se sentirem capacitadas para enfrentar.

Família em alojamentos

Uma coisa que eu percebo: durante muito tempo, e acredito que até hoje, atletas da equipe principal de alguns clubes moram em alojamento. Como você vai constituir família morando em alojamento? Tanto que, no Red Bull Bragantino, as meninas não moram em alojamento, mas nas casas delas. E eu acho isso muito bom. Eu falava para as atletas, "gente, eu sei que, aparentemente, *putz*, que saco, vou ter que fazer a minha comida, pagar a minha conta, mas isso vai fazer vocês entenderem o que é ser uma mulher independente. Já na sua casa, você vai poder receber a sua mãe, seus familiares, um amigo, mas não vai convidar uma pessoa pra se relacionar dentro do alojamento". É todo um processo pra que isso vire realidade.

Salto na carreira

Se eu não tivesse passado pelo Inter, talvez não conseguisse chegar no Bragantino. Sem dúvida, o salto foi naquele momento em que o Sport Club Internacional confiou em mim. Claro que isso é algo imprevisível, não tem como falar "vai ganhar", mas o projeto foi montado pra ser campeão Sub-18, para impulsionar a base do Brasil. E eu estava lá à frente com essas meninas. Foi uma grande oportunidade que eu tive e ainda mais de ganhar de um projeto como o de São Paulo, que era um pouco mais consistente. Até porque o estado de São Paulo está na frente em termos de futebol feminino, então, ganhar do São Paulo lá no Pacaembu foi mesmo muito gratificante e marcante.

Dicas às atletas

Sempre que eu posso, compartilho com elas a minha história. Eu acho que ter ido para os Estados Unidos foi a melhor escolha que eu podia ter feito *pro* meu plano de carreira. Não só pela minha faculdade que, claro, foi essencial, porque eu tinha o desejo de ser educadora física em escola — eu queria poder compartilhar o futebol dentro da escola —, mas também pela oportunidade de aprender inglês. O fato de eu falar inglês me permitiu trabalhar na Copa do Mundo, nas Olimpíadas, em torneio internacional. Pude acompanhar as seleções e entender como era o futebol de alto nível. E não só acompanhar as seleções, mas ver a Seleção Brasileira trabalhando.

Estudar abre portas

Aqui nos Emirados todo mundo fala inglês, mas no Brasil, quase ninguém fala. Acho que 4% da população brasileira fala inglês... quase ninguém, *né?* E falar outra língua, nossa, é fantástico, você consegue estar com gente do mundo inteiro. Que nem agora, estou aqui do outro lado do mundo porque eu falo uma segunda língua. Falar inglês me permitiu estar aqui. Talvez outros treinadores brasileiros também quisessem estar aqui e não tiveram essa oportunidade porque é preciso falar inglês. Então, estudar é fundamental. Sempre que eu posso, eu falo com as atletas: estudem!

De olho no futuro

Confesso que tenho incentivado as meninas muito mais na transição de carreira delas; incentivo a pensarem, *eu quero ser treinadora, eu quero ser uma fisioterapeuta*, porque, praticamente todas querem seguir na área do esporte. Claro que alguma pode querer fazer administração, mas isso não a impede de ser uma gestora esportiva. Procuro sempre conversar sobre a transição de carreira, mas não com todas. No Red Bull, por exemplo, tive atletas que estavam meio que iniciando a carreira, tipo, nunca tinham sido campeãs brasileiras. A média de idade delas era de vinte e três anos, um grupo muito jovem.

Prudência no exterior

Eu não tenho entrado muito no âmbito cultural, tenho ido mais com calma. Temos primeiro de entender muitas coisas dos outros países e respeitar seus limites. Procuro fazer um entendimento do jogo, mais do que tocar em assuntos que ainda não sei como eles recebem. Só que eu acredito que, se eu conseguir formá-las como atletas, consequentemente vou auxiliar na formação delas fora do campo, pra serem mulheres mais determinadas, mais focadas, mais unidas.

A gente tem dificuldade de se comunicar como mulher — eu acabo falando para uma amiga sobre a outra e não para a própria sobre ela. A velha fofoca. Tento quebrar esse paradigma de falar pelas costas. Não, temos que falar na cara. Claro, com sensibilidade

Competitividade feminina

Falo muito com elas sobre essa questão da competitividade entre nós, mulheres, que é algo também muito enraizado, que a gente tem que competir entre a gente, uma tem que ser melhor que a outra, uma tem que ser mais bonita do que a outra. Tento quebrar isso e trazer também uma questão de comunicação: a gente também tem dificuldade de se comunicar como mulher — eu acabo falando para uma amiga sobre a outra e não para a própria sobre ela. A velha fofoca. Tento quebrar esse paradigma de falar pelas costas. Não, temos que falar na cara. Claro, com sensibilidade, sem ultrapassar o limite — a sua verdade pode não ser a da outra pessoa. E se há algum problema, você resolve diretamente. Presenciei muitas situações em que nós, mulheres, não resolvíamos os nossos problemas. A gente simplesmente ficava com raiva, não falava mais com a pessoa e ela, às vezes, nem sabia o porquê. A gente não evoluía como mulher. Então, eu sempre tento deixar um pouco dessa situação contando coisas da minha própria história pra elas.

Eu sempre fiz terapia. Uma vez, me machuquei e minha psicóloga falou se não era uma autossabotagem. Nos EUA, o Michael Jordan e outros grandes atletas diziam acreditar no poder da mente, da visualização, do querer. Meu treinador também já falava isso

O autoconhecimento

Eu acredito muito na parte mental. Tenho dois fatos importantes sobre isso. O primeiro é que eu sempre fiz terapia, sempre tive acesso ao conhecimento pessoal. Uma vez eu me machuquei e minha psicóloga falou se não era uma autossabotagem. Fui entendendo um pouco sobre a mente, como atleta e também como treinadora. O segundo é que o Red Bull Bragantino foi muito especial para mim também, porque lá eu tive o apoio de uma psicóloga — não só de psicóloga, mas também de uma pedagoga e de uma assistente social. Quando eu estava nos Estados Unidos, o Michael Jordan e outros grandes atletas diziam acreditar no poder da mente, da visualização, do querer e meu treinador também já falava isso. Então, eu incentivo muito as minhas atletas a terem atenção com essa questão.

Treinando visualizações

Treinei isso, pratiquei várias vezes, até mesmo pra ser campeã brasileira. Todo dia eu treinava, eu tomava banho falando que era campeã, vibrando. E ia compartilhando assim com as atletas, "gente, se eu sozinha fazendo isso pode dar certo, imagina se tivermos as trinta pessoas aqui todo dia vibrando". Tive oportunidade lá nos Estados Unidos de ver aquele vídeo *O Segredo* e aprendi ali a como fazer terapia e deixar a mente um pouco mais aberta para acreditar nisso. Porque no Brasil existe um preconceito, a mente é um pouco fechada para essa parte, *né?* É claro que vem sendo quebrado esse preconceito, mas ainda existe. Tipo, "fazer terapia? Não, isso aí é coisa para quem não consegue se controlar"...

Meditação na pandemia

Na pandemia, tive a oportunidade de me aprofundar ainda mais na parte mental. Pratiquei muito a meditação, ficando em casa. Sou um pouco ansiosa, então, eu praticava diariamente. Fiz um curso de respiração lá em Brasília, conheci um pouco sobre o poder da respiração e também apliquei nas meninas do Red Bull. Com o apoio da psicóloga, que acreditava nesse processo, claro, toda vez antes dos treinos a gente fazia um a dois minutos de respiração. A parte mental é muito importante na minha rotina. Como treinadora, eu sempre me concentrei. Sempre me preparei mentalmente. E visualizava. O que eu falava para as atletas fazerem, eu fazia também.

Tático, mental e espiritual

A capacitação profissional é muito importante. Só que é preciso entender que o futebol, o esporte em geral, é um reflexo da vida. Na minha opinião, não é só tático, técnico e físico, ele também é mental, também é espiritual. É um desenvolvimento completo, pra que isso reflita dentro do campo. Isto me deixou muito feliz: tive a oportunidade de praticar visualização com as minhas atletas, nas duas vezes em que fui campeã. Passamos pela situação de ter que virar um jogo e durante uma semana a gente falava, todo dia, que íamos virar aquele jogo. Claro que eu disse para elas, "beleza, você fala, mas você tem que agir"; é também treinar, se preparar, é dedicação completa para o seu objetivo. Outra coisa que eu carrego muito comigo é que nem sempre se vai ser campeã, mas a gente pode sempre ser vencedora.

Olhando para trás

Acho que eu não mudaria nada. Tudo que eu passei me fez chegar aqui. O que eu quero fazer de diferente é daqui pra frente: ser mais dedicada, ser melhor, evoluir ainda mais, amadurecer ainda mais, compartilhar mais, conhecer mais o jogo, conhecer mais da mente, conhecer mais as minhas atletas individualmente, estudar mais sobre como as pessoas aprendem. No Red Bull, a pedagoga fez aquele teste de conhecimento com as atletas, então, "olha, Camilla, essa atleta aprende vendo, essa atleta aprende você pegando nela e mostrando, essa atleta assim e assim...". Quero entender cada vez mais a personalidade humana. Afinal de contas, como treinadora não tenho mais uma influência dentro do campo. Tudo o que passou me preparou para o que estou vivendo hoje.

Fases difíceis na carreira

Aos dezesseis anos, vivi outro momento de fortalecimento mental. Olha o que aconteceu: rompi o ligamento e estava vendo TV uns dois dias depois, "o jogador fulano de tal voltou a campo três meses depois, sem cirurgia de LCA". Pensei, *não, como assim? Não é possível!* Aí, conversei com meu médico que o tal cara voltou, etc., e ele: "Mas ele é profissional, é homem, a musculatura é diferente". Falei, "cara, então vamos fazer o seguinte: eu quero tentar voltar sem cirurgia". E ele, "então tá, vamos fazer o seguinte: vou deixar você fazer tudo como se fosse voltar sem cirurgia". A previsão dele era de que, no primeiro momento dentro de quadra, meu joelho fosse folgar de novo. "Se isso acontecer, não tem discussão, é cirurgia". Eu disse, "então, combinado".

> Eu ia de muletas pra natação, nadava; me falavam que
> era bom tomar pó de gelatina em jejum, eu tomava;
> falavam que era bom ir na igreja YXZ, eu ia na igreja.
> Tudo o que você imaginar, eu fiz. Voltei três meses
> depois, sem cirurgia. E até hoje não fiz

Xô, mente negativa!

Passei três meses fazendo tudo o que você pode imaginar de fortalecimento. Eu ia de muletas pra natação, nadava; me falavam que era bom tomar pó de gelatina em jejum, eu tomava; falavam que era bom ir na igreja YXZ, eu ia na igreja. Tudo o que você imaginar, eu fiz. Voltei três meses depois, sem cirurgia. E até hoje não fiz. Também parei de jogar, mas meu joelho não me deu problema algum no processo. Claro que eu tinha que estar no fortalecimento muscular diário. Quando eu engordava meia graminha, já sentia uma fisgadinha no joelho, então, eu tinha que ter disciplina, mas consegui. Foi um momento mental muito crucial da minha vida. Claro, com o apoio também de uma psicóloga me fortalecendo e eu não pensando nos gatilhos de uma autossabotagem: o que me levou realmente a romper aquele ligamento? Será que foi somente algo físico ou foi mental, também? Eu nunca tive nada que me preocupasse muito, porque sempre acreditei que tinha muita coisa na minha mente e que eu não ia deixá-la me parar.

O legado em construção

Acho que ainda estou construindo meu legado. Mas o que eu quero deixar acho que é isso: a força do esporte. O futebol é muito poderoso, ele consegue chegar a lugares inimagináveis — como este em que eu estou, aqui, nos Emirados Árabes. Quem diria, *né?* Uma mulher treinadora de futebol aqui. Mas não é só que o futebol é muito poderoso. Ele também impacta outras vidas. O futebol é a minha missão mesmo de vida e eu quero que isso fique registrado. E se junto vierem vitórias, acho que essa ideia se fortalece ainda mais. Mas as vitórias não são tudo o que eu quero. O que eu mais quero é deixar essa sementinha nas mulheres: de serem mais unidas, mais fortes, mais determinadas. De lutarem pelos seus sonhos, de acreditarem nele e não desistirem.

Sonhando bem alto

Futebol é muito dinâmico. Por exemplo, eu não estava planejando vir pra cá. Eu tinha ainda contrato com o Red Bull Bragantino e de repente, quando eu vi, surgiu essa oportunidade. Então, estou deixando o universo agir aí um pouquinho. Mas sonho desde sempre em comandar a Seleção Brasileira e vamos realizar isso aí. Esta é a grande meta da vida (ri). Sonho em jogar numa Champions League. Se você quiser me levar pra Alemanha, pode me levar. Combinado? Então, ainda tenho alguns sonhos, mas estou vivendo este momento especial aqui nos Emirados, momento de um grande amadurecimento pessoal e profissional. Mas quero seguir e quero mais. Também sou muito apaixonada pela competição, gosto de desafio, de algo que parece que não vai dar e, aí, usar tudo isso que a gente conversou aqui, todas essas ferramentas, e tornar realidade o que eu quero muito, ainda.

Os ídolos

Ah, eu tenho tantos ídolos! Eu me espelho em tantas pessoas! Como é que vou falar sobre isso? Porque, na verdade, eu gosto de muitos atletas. Na minha infância, o Michael Jordan me marcou muito. E quando eu fui para os Estados Unidos, fiquei ainda mais apaixonada por ele. Na fase da natação lá, eu tive a oportunidade de assistir a um jogo de basquete. Eu sempre achei o basquete — não o esporte em si, mas como os atletas pensam — muito magnífico. E o Michael Jordan para mim era demais. E logo na sequência, o Ronaldo Fenômeno, *putz*, assim, louco! Realmente fiquei maluca nele, pelo jogo dele, pela força dele. Um cara que veio de lesões que ninguém acreditava que ele poderia voltar. E ele sempre voltava ainda mais forte. Um cara muito humilde e hoje um grande empresário, uma referência também. Então, ele, o Ronaldo Fenômeno, é um cara que é muito marcante na minha vida.

A louca do treino

Na época de faculdade, tive a oportunidade de ler os livros do Bernardinho (Bernardo Rezende) e de pensar, tipo, *nossa! eu quero ser que nem o Bernardinho! Eu quero ganhar tudo, quero ser que nem ele, quero ser a louca do treino.* E sigo ouvindo o *podcast* do Bernardinho até hoje, acompanhando algumas histórias dele, tipo: "O ginásio está fechado? A gente treina no asfalto. Ah, não tem bola? A gente compra". Quero ser esse tipo de treinadora. Não só quero. Busco ser.

Mais ídolos

Nessa sequência, também tenho a Marta (Vieira da Silva) e a Formiga (Miraildes Maciel Mota) como referências. A Formiga é uma mulher que leva o nosso nome pelo mundo afora, também por ser uma grande mulher: saiu cedo de casa, do interior do Nordeste. São mulheres vencedoras. E para fechar, o Cristiano Ronaldo, que hoje é um baita exemplo do que é ser um atleta de alta performance. Acho que o cara é praticamente uma máquina. Está conseguindo ficar melhor do que era. Essas são grandes pessoas, grandes atletas que marcaram a minha história em vários sentidos.

> Eu não vou mentir. Essas duas vezes que eu saí me deixaram bem claro que eu amo o Brasil. Apesar das nossas dificuldades, eu realmente gosto muito do Brasil. Sou apaixonada pelo Brasil. Quero poder compartilhar sempre o meu melhor com o Brasil

A solidão no exterior

Eu não vou mentir. Essas duas vezes que eu saí me deixaram bem claro que eu amo o Brasil. Apesar das nossas dificuldades, eu realmente gosto muito do Brasil. Sou apaixonada pelo Brasil. Quero poder compartilhar sempre o meu melhor com o Brasil. Agora, eu vivi e sofri a solidão lá nos Estados Unidos, só que é uma adaptação diária e eu estava muito feliz com a oportunidade — é o que eu também vivo aqui em Dubai. Sinto saudade do Brasil, mas passei pela adaptação à cultura, aos costumes e estou feliz porque são essas oportunidades que fazem a gente sair da zona de conforto, ir além e evoluir mesmo. No Brasil, você está acostumada com tudo, é a sua cultura, você sabe como lidar, como reagir e como as pessoas reagem, você viveu aquilo a sua vida inteira. Apesar das dificuldades, eu recomendo a todas as pessoas buscarem a chance de morar fora. É desafiador. É engrandecedor.

Agradecimento

Obrigada, Francisca, pela oportunidade de poder falar da minha história. Só te agradeço, de verdade. Fico muito feliz de poder fazer parte de um livro, de deixar um pouquinho nele e de compartilhar, que é o que eu mais quero. Eu adoro compartilhar, porque sempre que se compartilha, a gente se abre para as possibilidades e emana pro universo tudo o que a gente quer. Inclusive gratidão pelo que eu tenho vivido. Sei que sou uma mulher privilegiada e que tenho de agradecer, mas eu quero mais. Quero que outras mulheres possam encontrar o caminho delas. Então, muito obrigada de verdade, a você, uma mulher à frente deste livro, desse projeto, uma brasileira, vivendo também fora do Brasil. Eu te desejo toda a sorte.

Taekwondo

A introversão que vale ouro, prata e bronze

Milena Titoneli *(São Caetano do Sul-SP, 06.08.1998), lutadora profissional de taekwondo, atleta da Seleção Brasileira desde 2016, compete na categoria 67kg e se destaca na história do esporte: foi a primeira classificada para os Jogos Olímpicos da Juventude e foi também a primeira mulher no Brasil a conquistar medalha de ouro, nessa modalidade, nos Jogos Pan-Americanos de 2019. Milena, que já enfrentou grandes lutadores, como a texana Paige McPherson, coleciona os seguintes títulos: Aberto do Rio (Ouro 2015); Aberto Pan-Americano (Prata, 2016); Aberto da Argentina (Ouro, 2018): Aberto da Costa Rica (Ouro, 2018); Jogos Mundiais Militares (Ouro, 2018); Pan-Americano de Lima, Peru (Ouro, 2019); Aberto dos Estados Unidos (Ouro, 2019); Aberto da China (Ouro, 2019); Aberto da Suécia (Ouro, 2020); Pré-Olímpico (Ouro, 2020); WT Presidents Cup (Prata, 2019); Aberto da Espanha (Prata, 2019, 2020).*

Encontro com o taekwondo

Na verdade, eu nunca tive *essa* vontade de lutar e quando comecei, não foi porque eu procurei o taekwondo. Foi um acaso. Eu tinha me mudado de São Paulo pra São Caetano e era uma época em que eu estava comendo muito e não fazia esporte; estava com quase 14 anos. E lá em São Caetano tem o Programa Esportivo Comunitário, o PEC, que permite ao morador da cidade fazer qualquer esporte de graça. Eu estudava em período integral e minha mãe viu um horário livre no taekwondo. Acabou que ela me inscreveu.

Virou paixão

Eu queria fazer tênis de mesa, minha mãe queria que eu fizesse vôlei ou basquete; mas só tinha vaga pra judô ou taekwondo. Judô eu tinha feito quando criança e não gostei. E não conhecia o taekwondo. Conheci e me apaixonei. Depois de um ano, eu tinha me desenvolvido tanto que comecei a ir para competições como faixa preta. Entrei na Seleção depois desse um ano de prática. Então, eu não fui atrás do taekwondo. Ele que me encontrou.

Lugar certo

Fui uma criança que sempre aprendeu as coisas muito rapidamente. Mas eu sempre fui introvertida, não me encaixava em lugar nenhum, nunca tive muitos amigos, nunca sabia onde era o meu lugar e fico feliz de ter encontrado esse lugar no taekwondo. Contribuir para o esporte e para o meu país é uma satisfação enorme para mim. Ainda tenho muito a trilhar e a conquistar e fico feliz por isso, por ser nova e ter ainda um longo tempo de carreira. Vou poder conquistar muito mais ainda pelo meu esporte e pelo meu país.

O apoio paterno

Eu tive várias fases na minha carreira, mas uma das maiores dificuldades mesmo foi no início, antes de me tornar uma atleta de destaque no país. Tive que viajar para fora do país pra poder começar a rodar o *ranking* mundial e eu não tinha nenhum apoio, não recebia nada. Foi meu pai que desembolsou tudo pra me levar para as viagens até eu conseguir me destacar um pouco. Só em 2017 a Marinha me convidou para fazer parte das Forças Armadas. Desde 2014, quando comecei a lutar internacionalmente, até 2017, era o meu pai quem pagava tudo — e até mais adiante, até 2019, ele ainda me ajudou muito. Essa foi das maiores dificuldades; minha família fez de tudo pra me levar para as competições porque eles acreditaram em mim. Perguntaram assim, "qual é o seu sonho? É isso que você quer? Então, vamos te ajudar". Meu pai fez uma grande dívida na empresa dele pra poder bancar o meu sonho.

> Quase entrei em *burnout* e depressão pré-Olimpíada, por conta de alguns convívios, uns conflitos que eu tinha na antiga equipe. Antes de ir para as Olimpíadas, decidi sair dessa equipe e recomeçar em um lugar totalmente diferente, com um técnico diferente

Esgotamento antes das Olimpíadas

Passei também por um momento difícil antes dos Jogos Olímpicos. Eu fazia parte de uma equipe em São Caetano, onde comecei, mas algumas coisas não estavam indo da forma como eu concordava. Passei por questões de quase entrar em *burnout* e depressão pré-Olimpíada por conta de alguns convívios, uns conflitos que eu tinha na antiga equipe. Antes de ir para as Olimpíadas, decidi sair dessa equipe e recomeçar em um lugar totalmente diferente, com um técnico diferente.

Pedras do caminho

Isso aconteceu num período muito próximo do maior desafio da minha carreira. Três meses antes de competir, tive que mudar de cidade, de treinador, mudar toda a minha rotina, mudar tudo. Foi um grande desafio, mas consegui vencer e cheguei nas Olimpíadas. Não tive medalha, mas cheguei muito perto: fui a atleta de melhor desempenho do Brasil no taekwondo. São as pedras do caminho, que a gente vai colhendo para construir um grande castelo no final. Mas, graças a Deus, passou e agora eu estou esperando a próxima...

As maiores realizações

Com certeza, as competições que foram as maiores realizações da minha carreira são o Campeonato Mundial de 2019, quando eu ganhei a medalha de bronze — o Brasil teve cinco medalhas nesta competição, a gente teve uma marca histórica e eu fui uma das medalhistas. Ali, com certeza, foi onde eu fiquei mais conhecida. E logo em seguida, fui a primeira mulher do Brasil a conquistar uma medalha de ouro nos Jogos Pan-Americanos, no taekwondo.

Os toscos preconceitos

Dentro do esporte não tive discriminações, mas em comentários que a gente recebe na rua mesmo, sim. Recentemente eu passei por isso. Por exemplo, eu ando muito com roupa de esporte e fui ao Detran pegar a minha carteira de habilitação. Estavam por ali uns cinco homens parados e um me perguntou: "Você é jogadora?". Respondi: "Não, eu luto". Quando eu disse que eu luto, ele: "Nossa, eu não vou mexer com você. Coitado do seu namorado". Esse tipo de brincadeira é muito desconfortável. Acho que falta um pouco de respeito da parte de algumas pessoas nessa questão.

Vergonha pelos outros

E também por falarem muito do meu biotipo. Às vezes falam que eu sou muito grande, comentários que eu acho desnecessários mesmo. Mas acho que toda mulher, de qualquer esporte, passa por isso. Dá até vergonha. Às vezes, a gente não quer nem usar um *short* mais curto por conta de comentários de pessoas na rua que nunca viram você e acham que têm o direito de falar alguma coisa.

Na nova equipe

A nova equipe em que eu estou é tranquila, a gente é muito amigo. Só que eu vejo dois grupos separados, os mais velhos e os mais novos. Isso é natural, *né*, só que fico olhando os mais novos e pensando, *caraca, que legal a felicidade deles, a alegria entre eles, o companheirismo*. Os adultos não são tanto assim. Mas fico feliz de ver que eles estão ali e de saber que eu estou sempre amparada. Então, eu fui muito bem recebida nessa equipe e hoje me sinto em casa.

Noutras culturas

Hoje eu consigo me adaptar mais rápido, mas no começo foi muito difícil me adaptar às viagens. Até de ter que falar outra língua. Às vezes, a gente viajava e a galera não falava inglês, por exemplo. Então, eu fui desenvolvendo, porque a galera ou não falava ou tinha vergonha. E eu que tinha de tomar a frente e falar por todo mundo. Também na questão de alimentação, que é realmente bem diferente e a gente tem que bater peso, é difícil pra gente. Mas aprendemos que, se for uma viagem mais curta, dá pra levar marmita daqui. Ou a gente vai ao mercado, compra o que dá para fazer e aluga um lugar que tenha cozinha pra fazermos o mais próximo do que a gente come aqui. Já tivemos que comer coisa que nem sabíamos o que era; e treinar em lugar aberto, ao ar livre, com frio. É sempre ir buscando adaptação, sempre dando aquele jeitinho brasileiro.

O esporte e a autoestima

Já comentei que fui uma criança muito quietinha, chorona, e que era difícil pensar que eu poderia ser eu e ganhar uma luta. Então, quando eu consegui realmente ganhar, nossa! Conversei com uma amiga sobre isso, que eu sou de botar tudo pra fora, eu sempre me emociono muito. Até as minhas fotos nos Jogos Pan-Americanos, quando eu ganhei, estou lá chorando. Porque eu dou 100% todos os dias e sempre foi muito difícil acreditar em mim mesma, então, aos poucos eu vou quebrando essas barreiras. Quando eu ganho, me emociono muito, mas quando perco, também; porque é 100% todo dia, é sofrimento todo dia. Então, é indescritível quando eu consigo realizar, porque fico muito feliz.

Esporte e estudos
Tive sorte com os estudos quando criança, fiz inclusive muita aula de inglês. Mas em questão de escola, faculdade e o esporte, tive dificuldade de conciliar tudo, porque eu sempre queria dar o máximo no treino e na hora de estudar eu estava cansada. Hoje, que eu tenho as minhas metas estipuladas na cabeça, já consigo me organizar melhor. Mas até o ano passado foi muito difícil. Fiz dois anos na faculdade de Nutrição e por um ano eu não me formei. Eu não queria mais o curso, mas meu pai me pediu pra terminar. Tentei, fiquei mais um ano, mas não era mesmo o que eu queria.

O plano B
Agora, estou fazendo Engenharia de Software e estou quase completando o segundo semestre. Estou gostando bastante do curso e as matérias são difíceis, tem-se que realmente estudar. E eu chego cansada do treino. Tem dia que não quero estudar, mas eu faço. Se você não tiver na cabeça que realmente você precisa estudar, você não faz. Porque a vida do atleta é curta e a gente nunca sabe se pode acabar antes devido a uma lesão. Sempre tem que ter aquele plano B. Então, estudar é difícil, mas é muito importante, porque tem atleta que não tem o que fazer fora do esporte e não se pode ficar sem fazer nada.

> Uma vez perdi a competição e fui pedir desculpas pro meu pai, e ele falou que eu não tenho que me desculpar, que acontece, que eu tenho que estar ali por mim, tenho que fazer por mim e não pensando nos outros. Porque eles se sacrificaram muito pra me apoiar

Gratidão aos pais

Ah, o maior orgulho da minha vida é poder olhar para os meus pais e ver que eles têm orgulho de mim, que valeu a pena, sabe, aquele sofrimento todo que eles tiveram no início da minha carreira pra poder bancar o meu sonho. Não tem nada que supere isso. Sou muito grata aos meus pais. Teve uma vez que eu perdi a competição e fui pedir desculpas pro meu pai, e ele falou pra mim que eu não tenho que me desculpar, que acontece e que eu tenho que estar ali por mim, tenho que fazer por mim e não fazer pensando nos outros. Eles são a minha motivação. E eu nunca ter sentido essa pressão deles, de não poder perder, senão vão ficar decepcionados... porque eles vão me amar, independente de eu ganhar ou perder, eu vou sempre ser a filha deles. Mas teve uma época que eu tive um grande sentimento de culpa de que, se eu perdesse, estaria decepcionando-os. Porque se sacrificaram muito pra me apoiar em toda essa trajetória.

Engolindo sapos

Se pudesse, eu mudaria muitas coisas. Por exemplo, nas vezes em que eu fiquei calada e aceitei muitas coisas que as pessoas queriam me obrigar a fazer e eu não estava de acordo. Só que eu aguentei. Por ter esse medo de me impor, de abrir a boca pra falar alguma coisa, eu sempre fui posta para fazer coisas que eu não concordava. Se eu pudesse voltar no tempo, eu mudaria isso: teria mais voz própria, falaria mais e colocaria as minhas opiniões e mais limite nas outras pessoas, sem medo.

Vida solitária

Gosto muito de ouvir música e ouço muito. E gosto dos meus cachorros, que me tiram o estresse do dia; eu adoro ficar com eles. Se eu pensar nas pessoas que eu gosto de conversar são os meus pais, a minha irmã e o meu namorado. São essas quatro pessoas que sabem tudo da minha vida, que eu conto tudo. Eles são o meu refúgio. Eu sempre falo para o meu namorado que eu não tenho amigos. É difícil dizer que tenho um que eu possa ligar e conversar. Sei que tenho pessoas com quem posso contar, tenho colegas, mas um amigo de verdade... não consigo pensar em nenhum, justamente por causa dessa minha rotina doida. Realmente, é uma vida muito, muito solitária.

Companheiro de vida

É o meu preparador físico desde 2018. Ele fazia parte da minha antiga equipe e aí a gente saiu juntos. Um dos motivos foi o dessa questão... que eu não botava limite nas pessoas. Quando eu comecei a me envolver com ele foi um problema, porque aquelas pessoas queriam mandar na minha vida pessoal. Então, acabamos saindo da equipe e vindo pra cá, pro Rio.

As gostosuras

Ah, eu adoro comer! E sou apaixonada por cachorro, tipo, não só os meus, todos os cachorros. Um dos meus grandes sonhos é conseguir abrir uma ONG ou algo do tipo para eu poder ajudar cachorros abandonados, cachorros de rua, cachorros maltratados. Eu tenho um amor muito grande por cachorros. Se você quer me deixar feliz, é botar um cachorrinho na minha frente! E quando eu fico muito tempo fora do país, eu choro, viu? Antes das Olimpíadas, fiquei seis meses na Sérvia. Nossa, eu sofri muito. Mas aí eu ligo de vídeo e peço pra me mostrarem meus cachorros. Aí, fico feliz!

> Eu não conseguia mais dormir, ia treinar *virada*, sem a mínima motivação. Só chorava de madrugada, não conseguia falar com ninguém, não saía do quarto pra nada, me isolei de tudo e todos. Foi um período muito ruim. E é muito desgastante lidar com isso sozinha

Tratamento psicológico

É bom saber que sempre tem o começo e o fim da viagem. Ter data para voltar é o que me deixa mais tranquila. Foi nesse período em que eu fiquei na Sérvia que comecei a desenvolver o *burnout* e quase entrei em depressão séria. Eu não conseguia mais dormir, ia treinar *virada*, sem a mínima motivação. De madrugada eu só chorava, não conseguia falar com ninguém, não saía do quarto pra nada, me isolei de tudo e todos. Foi um período muito ruim. E desenvolvi ansiedade antes das viagens. Mas hoje, com o tratamento psicológico, consigo me controlar melhor quando tenho esses picos negativos.

A quase desistência

É sempre bom encontrar alguém ou algo pra se distrair, senão você fica ali pensando só em uma coisa, você se exige muito e aí vêm os medos e a insegurança. E é muito desgastante lidar com tudo isso sozinha. Nessa fase da minha carreira eu quase desisti de tudo, quase entreguei a minha vaga, quase que não fui para as Olimpíadas. Eu me sentia paralisada, com medo e angústia. E naqueles momentos, o psicólogo foi fundamental. Mas hoje fico muito feliz por ter tido escolhas e ter conseguido reverter isso tudo. Hoje eu sei que o taekwondo é o que me faz bem. Se eu tivesse desistido, pela doença emocional, eu nunca teria me perdoado.

Xô, pressões!
Às vezes, a pressão nem é tão grande. É a gente que coloca essa pressão na cabeça, de que tem que ganhar. E isso fica ali e vai dando insegurança, medo, até não termos mais controle. Nesse momento, é bom ter pessoas por perto que você sabe que pode desabafar, como o psicólogo. Pessoas que vão te acalmar, que vão aumentar a sua confiança, a sua autoestima, que vão tirar as coisas negativas da sua mente. Você tem que estar livre de pensamento negativo. Eu sei, claro, que vêm os pensamentos negativos, porque, querendo ou não, as Olimpíadas é um grande evento.

Efeitos nefastos
Eu não podia ter nenhum momento ruim, que as pessoas logo falavam, "desse jeito você vai perder, é melhor colocar outra pessoa no seu lugar". Isso não faz nada bem para atletas. É importante se afastar de pessoas negativas. Quando o atleta é muito jovem, claro que não existe ainda aquela autoconfiança, o autocontrole, mas existe muito essa influência negativa de outras pessoas, que acaba levando a gente realmente a estados de *burnout* e depressão. Às vezes não é o atleta que está em momento ruim, mas sim os outros, que põem nele um sentimento que não estava ali. As Olimpíadas são um evento que todos sonham em ganhar e claro que ali, por si, a pressão já é muito grande. A atleta tem que estar muito autoconfiante e mentalmente muito centrada, pra fazer a coisa acontecer.

Os heróis
Na minha carreira, eu sempre vou falar que meus heróis são os meus pais. Eles são inspiração pra mim, pela história de vida deles. O meu pai sempre passou muita dificuldades. Ele morava na Paraíba e foi pra São

Paulo, isso, aos sete anos de idade. Ainda criança começou a trabalhar, morou sempre de favor em casas de outras pessoas para conseguir trabalhar. Ele saiu do nada, mas hoje, graças a Deus, ele tem uma vida melhor. Sustenta uma família, tem casa, tem escritório, tem empresa. E ele nunca reclamou, nunca contou história triste, ele sempre procurava uma solução para os problemas. E eu levo muito isso pra minha carreira.

Mãe coragem

A minha mãe também foi sempre uma mulher independente, uma mulher muito forte. Ela também jogava quando mais nova e sempre quis ser atleta. Infelizmente, ela não conseguiu realizar o sonho dela e hoje sou eu a atleta. E eu acho que isso é muito legal. Ela nunca levou desaforo para casa, sempre brigou pelo que acredita. E comprou o primeiro carro dela sem ajuda de ninguém. O apartamento onde eu nasci, o primeiro em que eu morei, foi ela que comprou com o dinheiro dela. Depois chegou o meu pai. Então, eu levo a história dos dois como motivação e eu quero, no mínimo, ser como eles, senão melhor. Porque tenho que honrar tudo o que eles me ensinaram.

O legado

O legado que eu vou deixar é isso: você nunca deve se esquecer de onde veio, independente do que as pessoas queiram fazer ou dizer a você. É sempre ter na mente a certeza do que você é. Porque você sempre vai encontrar pessoas negativas, destrutivas, que vão falar de você e tentar te pôr pra baixo, te derrubar, te fazer acreditar que você não é o que é. Mas se você sabe do que é capaz, bastará isso pra você conseguir se realizar. Não tem que ficar ouvindo desaforo de ninguém, não. Seja quem você é e mostre isso ao mundo.

Ser obstinada

Eu demorei muito pra criar autoconfiança e ainda nem tenho 100%. Mas sei que ninguém pode falar o que eu posso e o que eu não posso fazer e ser. Ou o que eu vou conseguir conquistar e o que eu não vou conseguir. Se eu acredito em mim, se tenho isso na minha cabeça, eu vou dar o máximo pra chegar aonde eu quero, de uma forma ou de outra.

ALINE MILENE

Futebol

Ferroviária, meu clube e meu amor

Aline Milene de Lima *(Contagem-MG, 08.04.1994) é meia-atacante e joga atualmente no São Paulo Futebol Clube. Aline começou a jogar aos sete anos de idade. Formada pelo Atlético Mineiro, onde atuou de 2007 a 2012, foi para os EUA e defendeu o Monroe Mustangs (universitário, 2015) e o Baylor Bears (2016-17); jogou na Seleção Brasileira, em 2018, sob o comando de Vadão, quando ergueu a taça de campeã da Copa América, ao lado de grandes jogadoras que a inspiram; jogou também pela AFE Associação de Esportes de Hidroginástica (2019). Após cinco temporadas atuando fora do Brasil, chegou ao Ferroviária, onde ficou por quase quatro anos (2019-2022). Seus principais títulos são Copa Brasileira Feminina (2018), Copa América Feminina (2019) e Copa Libertadores Feminina (2020) — onde fez o gol do título. Na última partida, contra o Red Bull Bragantino, a meia Aline Milene completou o seu centésimo jogo com a camisa da Ferroviária.*

Amor à bola desde criança

Tive uma família bem próxima do desporto: meu pai, minha mãe, super fãs de futebol e meus irmãos jogaram, mas não no nível profissional. Então, eu sempre tive gosto pelo esporte. Aos sete anos, já comecei a pegar as cabeças das bonecas e fazer de bola, até meu pai me dar uma bola de verdade. Aos dez anos, fui para a minha primeira escolinha, mas jogava com meninos. Naquela época não existia time só de meninas. Nessa escolinha fui dando seguimento à carreira de atleta. Aos treze anos, fui para o Atlético Mineiro, meu primeiro grande clube. Lá, mesmo como amadora eu já jogava na categoria adulto e o meu primeiro contrato profissional foi também lá, no Atlético, aos dezesseis anos.

Aos sete anos, já comecei a pegar as cabeças das bonecas e fazer de bola, até meu pai me dar uma bola de verdade

Atleta estudante

Joguei no Atlético até 2012, depois fui até o Paraná jogar um pouco de futsal. E fui aos Estados Unidos, pela primeira vez, em 2013. Daí foi a transição para a fase como *college athlete*, que é o atleta estudante. Era um desejo meu e do meu pai manter os estudos e eu conseguir fazer faculdade. Então, a melhor forma de poder conciliar estudo e futebol era ir para os Estados Unidos. Graças a Deus, tive essa oportunidade; uma amiga já estava jogando lá e me convidou. Fui aceita na primeira universidade, no Wyoming. Vivi lá nos Estados Unidos por cinco anos.

A fase americana

Em 2015, voltei ao Brasil e fiquei um ano aqui, estudando na minha primeira faculdade, onde eu tinha ganhado uma bolsa de 80%, mas que inicialmente disseram que seria uma bolsa total. Meus pais tiveram que arcar com um custo muito alto e tive de sair daquela faculdade e ficar esperando outra oportunidade. Naquele mesmo ano, voltei aos Estados Unidos pra jogar num colégio em Nova York — onde eu ganharia uma bolsa de 100%. Aí, engrenei e fiz a faculdade. Em 2016, me transferi para a Baylor University, que é uma "Divisão 1"; terminei a faculdade e os dois anos de elegibilidade que eu tinha no futebol lá. Em 2019, retornei ao Brasil, porque eu tinha o desejo de jogar profissionalmente. E voltei pra jogar no Ferroviária.

Adaptação no exterior

O começo sempre é difícil, principalmente pelo afastamento da família. Os três primeiros meses foram os mais difíceis, porque eu também não falava inglês... fui com a cara e com a coragem. Literalmente "sem nenhum dicionário em inglês", como se diz, porque não tive oportunidade de estudar aqui. Mas encarei. Então, tive que procurar ajuda. Tive um amigo de Moçambique que já falava inglês fluente e ele me ajudou muito. Foi então que comecei a aprender.

Bons tratos

Nos primeiros meses eu só queria voltar pra casa, porque era uma situação muito constrangedora; você não consegue se comunicar com as pessoas, você quer se comunicar, mas não tem como. E as pessoas tentam te entender, ou tentam até fazer com que você fale, mas é bem difícil. Mas depois me adaptei bem. Fui muito feliz em todos os lugares onde passei. Fui muito bem acolhida, as pessoas me ajudavam, me respeitavam, gostavam de mim e sempre me incentivaram. Eu não tive nenhum problema, nem mesmo o de injúria racial, dentro de um país que também é muito racista.

> Por eu ser negra e ter o cabelo afro, sofri um pouco de preconceito. Fora isso, os técnicos masculinos sempre me tratavam bem. E, assim, naquela época, a gente nem sabia tanto o que era esse machismo e se houvesse, passava despercebido

Machismo e preconceitos no futebol

Em relação ao machismo, até que não foram tantos os problemas com a equipe ou com treinadores. A única dificuldade nesse sentido foi em relação ao meu cabelo, por eu ser negra e ter o cabelo afro. Sofri um pouco de preconceito nesse quesito. Fora isso, os técnicos masculinos que eu tive foram bem tranquilos, sempre souberam lidar e me tratavam bem. E, assim, naquela época, a gente nem sabia tanto o que era esse machismo e se houvesse, passava despercebido.

Conflitos interpessoais

Acho que os conflitos ocorrem sempre. Eu sou uma pessoa muito justiceira de caráter e de índole. Então, quando eu quero defender demais as pessoas, eu acabo me ferrando por esse espírito de querer justiça, de ajudar aos outros. Às vezes, têm umas discussões com treinadores que eu acho que são normais. Costumam tratar a nós, atletas, muito como uma máquina, mas no fim do dia, somos seres humanos. E vai ter dia em que a gente vai estourar, que não vai estar tão bem, mas isto faz parte do esporte, faz parte da rotina do atleta de alto rendimento. Temos que saber lidar com isso também. E no decorrer das nossas vidas como atletas, vamos aprendendo a ser pessoas mais tolerantes.

Sabedoria pessoal

Sou uma pessoa fácil de me relacionar. Sou extrovertida, alegre, muito aberta. Então, dentro do vestiário com as minhas companheiras eu tento, com muita alegria e positividade, ser eu mesma naquele ambiente. Sempre tive bons relacionamentos, no clube também, com diretoria, com a comissão geral. É como eu disse, às vezes têm briguinhas, em todo trabalho a gente vai ter. O importante é saber contornar isto. Durante as passagens por times têm desentendimentos, às vezes um deles dói um pouquinho mais, outro, nem tanto. A gente tem que ter maturidade e força pra jogar aquilo ali de lado e continuar seguindo.

Manter-se no alto rendimento

Eu sempre tento aprender bastante como profissional, principalmente nesses últimos anos. Claro que houve uma mudança da Aline que chegou dos Estados Unidos para esta aqui, no Brasil. Lá, eu estava num nível alto, mas a cobrança não era tão grande, como a de quando se joga no profissional. Como se diz, é a minha profissão e eu recebo pra isso, é um pouco diferente. Eu também tenho a minha própria cobrança que, no decorrer desses anos, fui aprendendo a diminuir, a ser menos exigente comigo mesma. Às vezes, o perfeccionismo excessivo atrapalha.

> Sou emotiva e oscilações dentro do jogo, a gente tem que tentar controlar da melhor forma, pra não sair do eixo, o equilíbrio emocional. Eu precisava aprender mais sobre essas técnicas e foi o que fiz. Busquei ajuda pra ficar mentalmente mais preparada

Psicologia Esportiva

Fiz um treinamento de *coaching* mental pra poder aprender algumas técnicas. Aprendi as de visualização e faço muito. Hoje tenho uma rotina mais organizada, com muita disciplina em relação ao meu aspecto mental. Tenho meu momento de meditação, de visualização, tenho o meu diálogo interno, que aprendi para poder me controlar. Porque sou uma pessoa emotiva e essas oscilações dentro do jogo, a gente tem que tentar controlar da melhor forma, pra não sair do eixo, o equilíbrio emocional. Eu precisava aprender mais sobre essas técnicas e foi o que fiz. Busquei ajuda pra ficar mentalmente mais preparada, ter mais paciência, saber como devo reagir após cometer erros. Saber lidar com essas contradições durante os treinamentos, os jogos e até mesmo com coisas que eu não concorde, me ajudou muito como atleta.

Fora das quatro linhas

Fiz o treinamento mental e mantenho o acompanhamento psicológico, também. As duas coisas são muito importantes. O treinamento mental, pra poder entender e aprender mais do lado da minha profissão e o acompanhamento psicológico, pra essa parte do meu eu humano, fora das quatro linhas. Temos uma psicóloga no clube que faz o acompanhamento conosco; ela tem o trabalho individualizado e tem o coletivo. Acho que é preciso, porque hoje o esporte é muito mental. E tudo isso tem me ajudado muito.

Espelhos na carreira

O maior suporte sempre vem da minha família. Sou muito grata porque eles me apoiaram em tudo desde o primeiro dia. Meu pai, principalmente, porque minha mãe ficava meio com medo, por ser um esporte de muito contato, de me machucar, essas coisas — como aconteceu várias vezes. Meu pai foi sempre o maior incentivador. Como atleta, eu sempre me espelhei muito no Ronaldinho, que acho um cara com uma identidade, de um talento técnico absurdo e uma alegria muito grande pra jogar futebol. Sempre me chamava atenção o jeito que ele entrava no campo: ele trazia alegria e leveza para o futebol. Ronaldinho foi um dos meus espelhos nessa parte tática dentro do esporte.

Lesões e depressão

Tive três lesões fortes. Fiz a primeira cirurgia e voltei um pouco antecipada, com quase seis meses depois. Aí, no primeiro treino, sofri outra lesão e precisei de nova cirurgia. Fiquei basicamente dois anos parada e foi dos momentos mais difíceis da minha carreira. Eu estava com dezessete anos, foi um baque enorme e tive um começo de depressão; eu não tinha ainda entendimento das coisas, parecia que estava perdendo muitos anos da minha vida, por esse tempo que eu ficaria fora. E aí, tive a terceira, em 2018, depois da Copa América, que eu disputei com a Seleção. Foi um período mais longo, pela lesão ser recorrente, no mesmo joelho, mas psicologicamente foi um tempo mais tranquilo. Acho que eu estava mais bem preparada, com entendimento de como seria o processo. Fui tentando lidar com aquilo tudo sozinha, mas tendo o suporte da família. Eles não me deixaram cair.

Esporte e a vida dia a dia

O futebol toma muito tempo da gente. E é família, é cachorro — e eu tenho dois. Mas dá pra conciliar tudo. Temos tempo, mas não é como se gosta — não temos final de semana, nem momentos com os familiares. A gente vive numa bolha. Mas a gente sempre tenta ter momentos de lazer, momentos com outras pessoas, ter um relacionamento. E as pessoas também têm que entender como funciona a nossa vida. Por estarmos sempre viajando, às vezes três dias, semanas, meses fora de casa, então, a gente estando num relacionamento, o outro tem que entender como é tudo isso.

O legado a deixar

Essa pergunta é boa e difícil. Eu sempre falo que eu quero deixar um legado, não só como atleta, mas da Aline como pessoa. Tive vitórias individuais, coletivas, títulos, mas acho que eu quero realmente ser lembrada por ser a Aline, pelo que eu construí como pessoa. Um legado de pessoa boa, que gosta das pessoas, que quer ajudar o próximo. No Ferroviária, meu clube e meu amor, eles sempre fizeram um contrato mais longo comigo, as pessoas gostam de mim, isso é uma grande vitória. Acho que são poucos jogadores que conseguem construir carreiras longas em apenas um clube. Sou feliz por estar aqui, tenho mais um ano de contrato, então, são cinco anos garantidos com o Ferroviária. Não sei o que vai ser a seguir, mas é basicamente isso.

> É o máximo poder alcançar de representar o seu país numa Copa, treinar na Granja Comary, onde jogam todos os atletas de elite do futebol brasileiro, masculino e feminino. Como prêmio individual, isso é muito importante pra mim

Valor das vitórias

Coletivamente, acho que a história que estou construindo na

Ferroviária, de títulos como a Libertadores, de campeã brasileira, são de grande valia pra minha profissão e para a minha história. E, claro, as minhas vitórias individuais, como a de chegar na Seleção Brasileira, que era um sonho desde pequena. Eu acho que todo atleta sonha com isso, pois é o máximo poder alcançar de representar o seu país numa Copa. É o máximo treinar na Granja Comary, onde jogam todos os atletas de elite do futebol brasileiro, tanto masculino quanto feminino. Como prêmio individual, isso é muito importante pra mim. Claro que pretendo voltar sim à Seleção, mas é um processo.

A alavanca da carreira

O Campeonato Brasileiro foi o título que mais alavancou a minha carreira. Com a Seleção Brasileira eu apenas ganhei a Copa América, mas o Campeonato Brasileiro, que eu joguei em 2019, quando voltei ao Brasil, era meu desejo jogar este campeonato. Conquistar esse título e no meu primeiro ano foi o máximo. A Libertadores fica também como um grande marco, até pela forma como a gente a conquistou, passando por altos e baixos, me deixou muito feliz.

Tudo o que dá a carreira

Eu me orgulho de tudo que eu passei, desde o começo. Nunca foi fácil. Ter lesões, ir para os Estados Unidos, conquistar a minha graduação, tudo é muito importante pra mim. Voltar para o Brasil e ser uma referência, também. Mas me deixa muito feliz a forma como a minha família também vivencia isso, o meu pai... eu brinco que sou a única que deu orgulho porque eu fui para o futebol. E ele é um cara apaixonado pelo futebol. Ele gosta de falar para as pessoas, "essa é minha filha, que joga em tal lugar, jogou na Seleção". Pra mim é muito gratificante saber que... torcer por mim é óbvio... mas que eles ficam muito felizes com as minhas conquistas.

Olhando para trás

Eu não mudaria nada. Acho que tudo aconteceu como tinha de ser. Sou uma pessoa que acredita muito que tudo acontece por uma razão: Deus tem os planos escritos e tem que acontecer dessa forma. E depois de tudo, eu hoje tento levar as coisas com muito aprendizado. Tudo o que aconteceu na minha vida, tento pegar e aprender com aquilo. Eu me pergunto, por exemplo: *por que aquilo aconteceu? Por que sou reserva? É porque eu tenho que aprender alguma coisa com isso.* Estou trabalhando, mas faz parte do processo, faz parte da vida. Então, eu não mudaria nada.

Dicas a jovens atletas

Nunca desista dos seus sonhos; a gente tem que trabalhar muito e ter muita resiliência, porque há momentos em que se pensa em desistir. Mas o nosso sonho é único e a gente tem que lutar por ele. E aproveitar cada momento, que é único também e não vai voltar. Principalmente na carreira curta do atleta, a gente tem que aproveitar, porque eu não sei o dia de amanhã; pode ser terminado por uma lesão ou, simplesmente, pela nossa idade. Então, é aproveitar como se fosse o último dia. E eu falo muito para os jovens estudarem, não é só praticar o esporte, é tentar fazer um curso, seja qual for.

Ter um plano B

É como a gente fala: o plano A é viver do esporte, mas temos que ter um plano B. Eu deixo isso para esses jovens, as meninas e os meninos: hoje é bem mais fácil. Marta, Formiga, Sissi fizeram um caminho muito longo para a gente poder aproveitar. E essas meninas da nova geração vão aproveitar ainda mais, tanto a valorização quanto a imagem, mostrando o verdadeiro significado do futebol feminino. Então, que elas aproveitem disso cada vez mais.

Novas metas

Eu pretendo trabalhar muito pra retornar à Seleção Brasileira. Ainda estou nova, tenho mais um tempinho de futebol pela frente. E quero ainda conquistar títulos com o Ferroviária; o Paulista é um que não conquistei ainda e estou nessa busca. Tenho vontade de jogar fora do Brasil, mas criei um laço muito grande aqui. No entanto, se aparecer uma oportunidade que realmente faça o meu coração palpitar novamente, eu vou. Tenho vontade de voltar aos Estados Unidos, é um país que eu gosto bastante, me deu muita coisa, fui muito feliz lá; e sonho em jogar num grande clube, como o Barcelona. E, claro, continuar entregando o meu melhor, sendo um diferencial, conquistando mais e mais títulos, individuais e coletivos.

Esse meio do futebol ainda não é justo. Eu pretendo trabalhar com crianças, ter uma escolinha e fazer essa parte de base mesmo — não profissionalmente. Ser treinadora no nível profissional acho que também não quero, nada é preto no branco e isso me deixa um pouco confusa e chateada

O pós-carreira

Fiz o curso de gestão de futebol, do Felipe Ximenes, excelente curso. Mas não é exatamente a área em que estou querendo entrar, porque acho que é um pouco difícil. Eu vejo que aqui as pessoas pensam ou preto ou branco, é uma relação que dificulta um pouco esse meio. Esse meio do futebol ainda é muito... não é justo. Eu pretendo trabalhar com crianças, gosto muito da ideia de ter uma escolinha e de fazer essa parte de base mesmo — não profissionalmente, ser treinadora no nível profissional acho que também não quero, porque também não é nada preto no branco e isso me deixa um pouco confusa e chateada. Mas eu gostaria muito de ter esse processo com as crianças.

Lidar com a mídia

Eu acho que a gente tem que se bloquear. Aprender a lidar com isto. Eu vou te falar, não é fácil você escutar a torcida te xingando. Não é fácil você ver um narrador falando mal de você e tantas outras coisas. Mas a gente tem que tentar se bloquear disso, porque senão é uma bola de neve. É uma ferida que se você não tiver controle, ela pode cada vez mais se agravar e dificultar o seu processo profissional. Então, eu tento me blindar disso; como eu falei, não é fácil, às vezes a gente vai escutar coisas que não gostamos, mas é confiar no seu potencial, no seu talento.

Não é fácil você escutar a torcida te xingando, um narrador falando mal de você e tantas outras coisas. Mas a gente tem que tentar se bloquear disso, porque se você não tiver controle, ela pode se agravar e dificultar o seu processo profissional

O Futebol é mais mental

Têm jogadores que estão numa fase que não é tão boa. E a gente tenta,

tenta de todas as formas e parece que não melhora. Mas é trabalhar, seguir, somos seres humanos. É igual eu falo: hoje, pra mim, o futebol é muito mais mental do que qualquer outra coisa. Porque a gente tem que saber lidar com tudo o que está acontecendo à nossa volta e a gente não é perfeito, a gente não tem controle de tudo. Então eu tento me blindar disso. Tento focar em outras coisas, focar no meu talento, no dom que eu tenho e me trabalhar cada vez mais para evoluir nisso, e saber que com o trabalho, a gente vai ser recompensado.

Têm jogadores que estão numa fase que não é tão boa. E a gente tenta, tenta de todas as formas e parece que não melhora. Mas é trabalhar, seguir, somos seres humanos. É igual eu falo: o futebol hoje é mais mental que qualquer outra coisa

Meu maior herói

Meu pai, meu pai é um cara que eu tenho muita admiração, muito respeito. É um cara que saiu de uma escola, aquela em que você fica o dia todo. Que os pais trabalham e não têm como ficar com você, tipo internato. Ele foi um cara que morava numa favela e foi para o lado bom, ele estudou, ele quis ser o melhor e entregou isso, e fez o melhor pra nós, seus quatro filhos. Então, ele é meu herói. E também por sempre me apoiar. Ele que esteve comigo desde o momento que eu comecei a jogar bola, porque ele já era aposentado, então ele tinha tempo pra me levar, pra me incentivar. E é um cara que nunca me criticou, ele sempre foi muito sensato, ele não foi aquele pai que "ah, mas você tem que fazer isso, você tem que fazer aquilo". Não, ele sempre foi centrado, ele sempre me apoiou, ele soube muito bem me cobrar.

Duas gigantes

Eu pude vivenciar a parte da Seleção com elas — com a Marta e com a Formiga. Eu admiro muito a Formiga, a forma que ela joga, a forma também como foi a luta dela. Uma mulher negra, lésbica, uma mulher que sai do Nordeste pra enfrentar tudo isso e construir uma história gigantesca no futebol, jogar até os quarenta anos, hoje ela está com quarenta e três, e continuar jogando; aposentou da Seleção, mas continua jogando. Eu tenho muita admiração e respeito por ela e vivenciei um pouco dentro da Seleção com ela, então, aquilo ali para mim foi incrível. Duas gigantes.

Agradecendo(-nos)

Eu te agradeço muito, Francisca, pelo convite. Fiquei lisonjeada e é muito bacana isso. Você já fez com os homens e agora está podendo fazer conosco, mulheres, é muito interessante. E que você continue também alcançando os seus objetivos. Você é uma grande psicóloga e *coach* mental. Então, que você também continue ajudando outras pessoas nesse trabalho tão importante para nós, atletas, e pra outras pessoas.

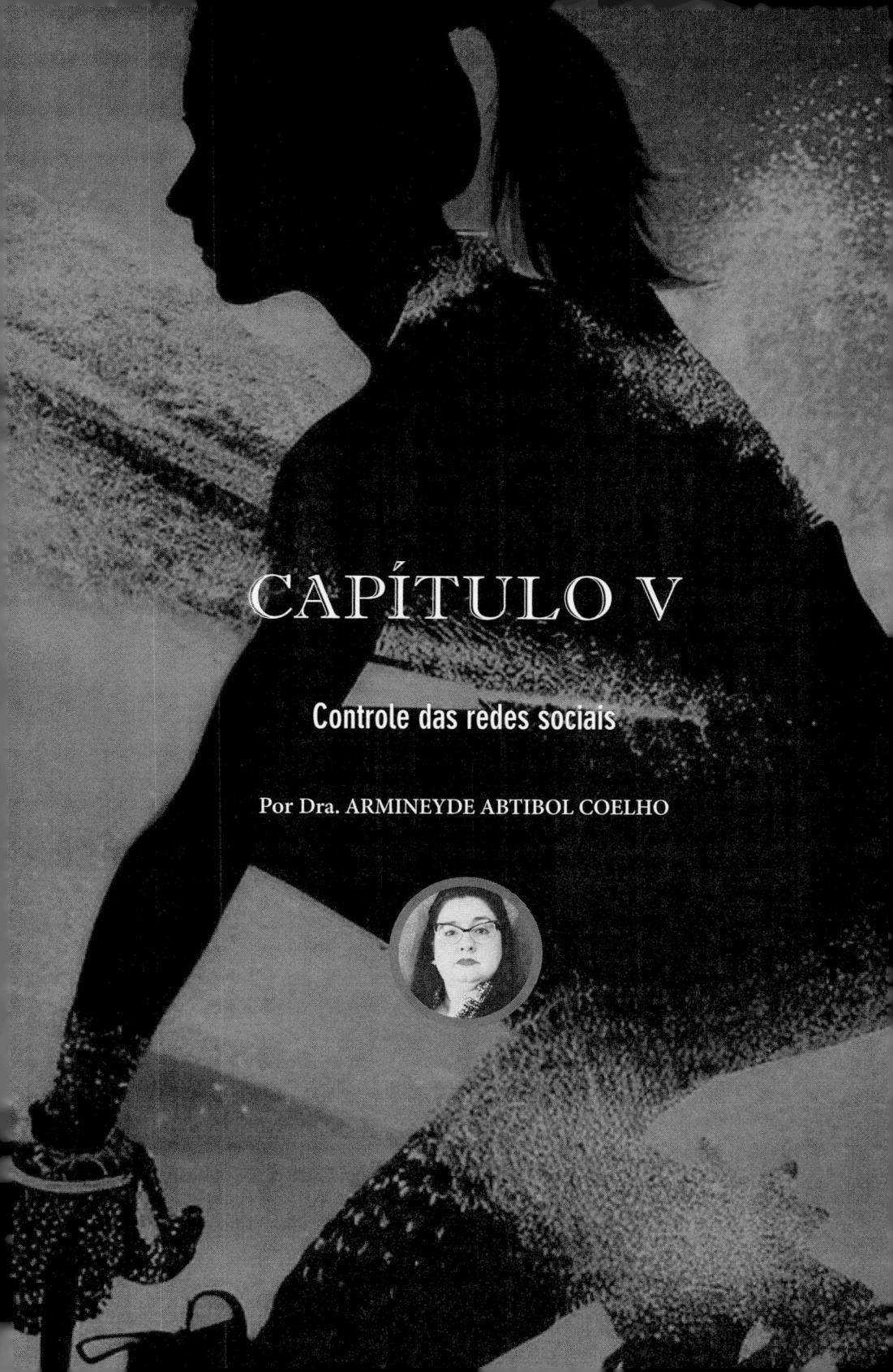

CAPÍTULO V

Controle das redes sociais

Por Dra. ARMINEYDE ABTIBOL COELHO

Devido ao processo de globalização, o mundo moderno vem passando por grandes transformações tecnológicas e sociais. Importante registrar uma frase mencionada pela autora Patrícia B. Teixeira em sua obra *Caiu na Rede. E Agora? Gestão e Gerenciamento de Crises nas Redes Sociais* (Ed. Évora, 2013) que define perfeitamente a atualidade: "Vivemos todo o tempo no palco e com telhado de vidro. Nunca tudo foi tão exposto e transparente como agora".

As relações constituem o cotidiano de todos nós. Nesse caso específico, chama-se atenção para a relação de trabalho entre empregado(a) (atleta) e empregador (Entidade de Prática Desportiva) e como o mundo virtual, através das redes sociais, gera consequências na vida real do(a) atleta. Diante dessa conjuntura, promove-se uma reflexão acerca do limite da liberdade de expressão do(a) atleta e o Poder Diretivo, Poder Regulamentar, Poder Disciplinar e Poder Fiscalizatório do Empregador.

O empregador, mesmo antes da contratação, já utiliza como um dos mecanismos de contração a pesquisa nas redes sociais sobre a vida do(a) possível futuro empregado(a) com intuito de gerenciar os riscos, tendo em vista que há um crescimento exponencial das demandas levadas ao Poder Judiciário concernente ao uso dessa tecnologia.

No ordenamento jurídico brasileiro, a liberdade de expressão tem previsão expressa como direito fundamental em todas as Constituições brasileiras desde 1824. Na atual Constituição Federal, vigente desde 1988, a liberdade de expressão tem previsão no art. 5º, inciso IX, e a liberdade de pensamento no inciso IV, e constitui cláusula pétrea, nos termos do art. 60, parágrafo 4º, IV. Isso significa que toda pessoa tem o direito de expressar suas opiniões, ideias e pensamentos de forma livre, sem que seja punida ou censurada pelo Estado ou por terceiros. A liberdade de expressão é uma garantia fundamental para a promoção da pluralidade de ideias e da diversidade cultural, além de ser essencial para o exercício da cidadania e para a fiscalização do poder público. No entanto, cabe frisar que a liberdade garantida constitucionalmente não é absoluta e pode ser limitada em determinadas situações, pois não dá o direito a ninguém de ferir e/ou violar o direito alheio e, quando essa liberdade é utilizada de forma inadequada, causando prejuízos materiais ou morais, pode gerar direito a indenização.

O poder empregatício decorre da lei (art. 2º da CLT) e do Contrato Especial de Trabalho Desportivo que gera, para as partes envolvidas, deveres recíprocos. Desta forma, à Entidade de Prática Desportiva cabe pagar de forma pontual o salário com os acréscimos ajustados, prover um ambiente laboral saudável, a realização de exames médicos e clínicos periódicos, a participação nas competições, entre outros.

A respeito do poder disciplinar, a Lei Pelé no art. 48 assevera as sanções aplicáveis pelas entidades de administração do desporto e da prática desportiva, entre outras:

1) Advertência verbal;
2) Censura escrita;
3) Multa;
4) Suspensão.

Quanto ao dever do(a) atleta profissional, cabe subordinação e, consequentemente, seguir as cláusulas estipuladas no contrato de trabalho, regulamento interno e código de conduta. Além disso, deve-se cumprir com diligência e esforço as tarefas designadas durante os treinos e jogos oficiais, e não se envolver em condutas cujo impacto possa afetar diretamente a imagem e reputação da Entidade Desportiva.

Portanto, nessa esteira, é importante que atleta (empregado(a)) e Entidade Desportiva (empregador) compreendam os limites dos seus direitos, em consonância com as balizas da legislação e jurisprudência.

A fim de corroborar com o tema, Alexandre Belmonte dispõe: "Outrossim, na vida profissional os direitos e liberdades tem por limites a reputação alheia, a finalidade da empresa e as características do contrato de trabalho, não podendo o(a) empregado(a) assacar contra a imagem da empresa, a honra de seus dirigentes e colegas de trabalho, ou atentar contra a boa-fé e lealdade contratuais quer tornando públicas informações sigilosas, quer desrespeitando ou expondo o empregador, quer praticando atos incompatíveis com a ideologia da organização para qual trabalhe".

Nesse contexto, será que a legislação e jurisprudência permitem que a entidade desportiva possa fiscalizar e disciplinar a vida extralaboral dos seus empregados nos grupos de WhatsApp e redes sociais? É possível inserir cláusulas no contrato de trabalho a respeito do assunto?

Para ambas as perguntas, a resposta é sim. No entanto, o poder disciplinar do empregador deve estar norteado por alguns requisitos, dentre eles a proporcionalidade entre o ato faltoso e a punição correspondente. E mais, a dispensa por justa causa somente poderá ocorrer se demonstrada a prática de falta suficientemente grave, capaz de romper o elo de fidúcia entre empregado(a) e empregador.

Os requisitos para aplicação da justa causa se corporifica na presença de elementos subjetivos, objetivos e circunstanciais, tais como: gravidade/proporcionalidade (falta grave o suficiente que impeça a continuidade do vínculo empregatício); tipicidade/taxatividade (previsão legal anterior das condutas do(a) empregado(a)); dolo/culpa (autor da falta teve a intenção de praticar o ato ou o fez de forma imprudente/negligente/ imperita); inteiração da punição (a penalidade aplicada não pode ser substituída por outra mais severa); equidade (empregador não pode tratar diferentemente a mesma conduta praticada por empregados diversos); gradação de penalidade (advertência e suspensão antes da aplicação da justa causa); imediatidade da punição/atualidade da falta (conduta gravosa do(a) empregado(a) deve corresponder a uma resposta punitiva breve do empregador); causalidade entre o fato e a dispensa (a conduta obreira deve ter sido a causa da punição); singularidade/*non bis in idem* (a uma conduta faltosa equivale a uma penalidade); passado funcional do(a) empregado(a) (condutas inadequadas cometidas anteriormente); e ausência de perdão tácito/renúncia da aplicação da pena (práticas não punidas são consideradas esquecidas).

Destarte, para evitar que sanções sejam aplicadas no(a) atleta (empregado(a)), é papel do empregador orientar, ministrar treinamentos e elaborar manuais de boas práticas que visa conscientizar seus empregados sobre os riscos de postagens, curtidas, compartilhamentos e comentários indevidos.

O(a) empregado(a) não poderá, sem autorização da entidade desportiva, realizar a exposição indevida, falar em seu nome ou fazer postagens com alguma identificação da entidade. Deve-se estabelecer limites quanto a possibilidade de postagens feitas no interior do ambiente laboral, além de ser vedado fazer postagens sobre descontentamento com a remuneração.

Concernente ao contrato de trabalho, pode ser pactuada mediante termo individual de contrato de trabalho, regulamento interno e código de conduta, cláusula especial de regulamentação sobre comportamento nas redes sociais e WhatsApp com objetivo de regulamentar a forma de utilização, fiscalizar e disciplinar as atitudes adotadas pelo(a) empregado(a) contrárias aos valores da entidade desportiva.

Clubes de futebol estão inserindo nos contratos de trabalho dos(as) atletas algumas cláusulas no sentido de coibir comportamentos inadequados que colidem com os seus valores. Podemos citar: cláusula sobre comportamento nas redes sociais e em grupos de WhatsApp; cláusula de bom comportamento sobre corte de cabelo, roupas extravagantes e se comprometer com um estilo de vida saudável; cláusula antimordida; cláusula antirracista, xenofóbica e homofóbica; cláusula moral; cláusula que pune episódios de doping, escândalos públicos ou conduta tipificada como crime; cláusula que veda apostas eletrônicas; e cláusula no tocante a questões políticas.

Importante frisar novamente que é primordial não só estipular as vedações no contrato de trabalho, mas realizar os treinamentos de conscientização, além das cartilhas educativas. Toda essa cautela e prevenção fazem parte do plano de gerenciamento de riscos, pois o(a) atleta, na maioria das vezes, ganha dinheiro, conquista fama, transforma a sua vida e a de seus familiares da noite para o dia. Por isso, o senso do certo e do errado pode falhar.

Exemplificando algumas atitudes do(a) atleta que violam os deveres que deve ter com sua entidade desportiva empregadora: entoar o hino do clube rival; torcer publicamente para o time adversário; manifestações públicas de inconformismo sobre a entidade desportiva empregadora ou à sua história; fazer uso excessivo de bebidas alcoólicas ou substâncias alucinógenas que comprometam seu rendimento desportivo; e ser flagrado em exame antidoping por uso de drogas ilícitas.

Sem mais delongas, é indiscutível que o processo de globalização vem passando por grandes transformações tecnológicas e sociais, mormente as redes sociais, em que a atitude adotada no mundo virtual repercute diretamente no mundo real.

Desta forma, é assegurado ao empregador (entidade desportiva) o Poder Diretivo, Poder Regulamentar, Poder Disciplinar e Poder Fiscalizatório na relação contratual. Quanto ao(à) atleta, cabe subordinação ao seu clube empregador. Vale ressaltar que qualquer atitude inapropriada poderá culminar em falta grave, haja vista o contrato de trabalho ser norteado pela lealdade, boa-fé e ética.

As postagens, curtidas, compartilhamentos e comentários em redes virtuais têm o poder de atingir inúmeras pessoas instantaneamente e, portanto, a uma exposição devastadora do conteúdo publicado, influenciando diretamente seus seguidores e causa impacto notório nas relações de trabalho.

Dra. Armineyde Abtibol Coelho: *Advogada Especializada em Direito Desportivo, Especializada em Compliance Trabalhista e Gestão de Pessoas, Founder & CEO na IJOKER Consultoria e Treinamentos Corporativos, jurídico do SINTREFUTRJ (Sindicato dos Treinadores Profissionais de Futebol do Estado do Rio de Janeiro), Presidente do Superior Tribunal de Justiça do Desporto Eletrônico da Confederação Brasileira do Esporte Eletrônico (CBDEL), Advogada de atletas, clubes e Agente FIFA, Palestrante e autora de artigos jurídicos.* Instagram: @armineyde

IVI CASAGRANDE

Futebol e treinadora

Quando a medicina forma uma atleta para a vida

Ivi Casagrande *(Passos — MG, 20.02.1991) começou no Futsal aos cinco anos, em Belo Horizonte. Dez anos depois, iniciava a carreira profissional no Atlético Mineiro. Nos Estados Unidos, fez bacharelado em Pré-Medicina/ Ciências Aplicadas à Saúde, na Bowling Green State University. É mestre em Educação em Movimento Humano/Estudos de Esporte e Lazer e é especialista em Cinesiologia de Coaching, cursado no Arsenal FC e no Aston Villa, na Inglaterra, e no FC Basel, na Suíça. Trabalhou como voluntária em Olimpíadas e em organizações como a We Are One Team. Em 2018, ofereceu suporte na US Soccer, como cientista esportiva, para todas as seleções femininas juvenis dos EUA. Em 2018, foi diretora de Desempenho Esportivo para o Centro de Treinamento Atlético Juvenil Redline Athletics. Em 2019, foi Head Strength and Conditioning Coach (coach de condicionamento em resistência) do Orlando Pride, time feminino profissional da Flórida, EUA, que compete na NWSL (Liga de Futebol Feminino). Atualmente é consultora técnica da FIFA, da UEFA e da Alta Performance da Seleção Brasileira Feminina, entre outras instituições.*

Família de jogadores

Sou de uma família de jogadores. Meu pai biológico, Joni Casagrande, conhecido como *Casinha*, jogou profissionalmente no Botafogo de Ribeirão Preto. Desde bebê, minha mãe me levava pra vê-lo jogar e eu entrava no campo com ele. Eu olhava o meu pai como um ídolo. Meu padrasto, José Marques, que considero também como um pai, era goleiro de futsal e foi igualmente um ídolo meu. Minha mãe e meus dois pais foram pessoas-chave pra mim, me deram todo o suporte, sem me pressionar pra ir para o futebol; eles viam que eu tinha enorme paixão pelo esporte. Com cinco anos, entrei numa escolinha, em BH, onde tinha outra menina; todos os outros do grupo eram meninos. E eu não tinha medo algum.

Sortuda, de fato

Fui muito sortuda: nunca ouvi comentários horríveis. Lógico que várias vezes falavam: "Você é menina, não pode jogar". Mas era só eu começar e eles levantavam a sobrancelha: "Nossa! Ela sabe jogar!". Eu não dava margem pra me encherem o saco. Aos treze anos, comecei a jogar com meninas num time de futsal do Colégio Santo Antônio. Com quase dezesseis anos, fiz a primeira peneira de futebol de campo, em Belo Horizonte. Foi uma superpeneirada da Seleção Brasileira. A comissão veio toda pra fazer essa peneira da primeira Seleção Sub-17 formada.

Na Seleção Mineira

Meu tio me avisou que estava tendo uma peneirada de futebol de campo. Eu nunca tinha jogado e nem tinha chuteiras de futebol de campo, só a de futsal, mas decidi comprar e fazer a peneirada. Foram quatro dias só com atletas *top*, muitas meninas do Atlético Mineiro — eram quase duzentas —, e entre as vinte e duas selecionadas para a Seleção Mineira, fui escolhida para a Sub-17.

Tamires de suporte

Comecei a conversar com as meninas do Galo, onde até a Tamires jogava. Engraçados os círculos da vida: ela foi fundamental naquela minha transição para o Atlético e hoje eu a treino na Seleção. Eu era uma menina sem autoconfiança, não tinha noção do próprio valor como atleta e a Tamires estava lá, do meu lado, o tempo todo dando apoio e contando histórias. A gente acabou tendo uma amizade legal enquanto estive no Atlético. Sou muito grata a ela e acho bonita essa inversão. Fiquei dois anos com o Atlético e foi um superdesafio enriquecedor. Eu não tinha experiência no futebol feminino, tive que aprender na marra, porque o ambiente profissional é diferente e foi muito bom pra mim.

Fui crescendo e vendo que, se ficasse no Brasil, eu teria que desistir dos meus estudos, coisa que eu não queria, pela minha formação familiar. Eles sempre valorizaram os estudos. E acabei estudando numa escola muito difícil nos Estados Unidos

Desejo de sair do Brasil

Foi quando eu percebi que queria sair do Brasil. Minha mãe contava que, com uns oito anos, eu repetia que queria ir pra fora. Fui crescendo e vendo que, se ficasse no Brasil, teria que desistir dos meus estudos, algo que eu não queria, pela minha formação familiar. Eles sempre valorizaram muito a importância dos estudos e acabei indo para uma escola muito difícil, nos Estados Unidos. Mas tive de sair do Santo Antônio, que era o meu lugar favorito, para valorizar o futebol. Fui, então, para uma escola que dava um pouco mais de abertura pra eu ir para o Atlético. Eu saía do colégio, pegava dois trens e um ônibus direto pro clube e ficava lá até dez da noite, todo dia. E não tinha fim de semana.

Saindo do Galo

Precisei sacrificar os amigos e os colegas para ir pra uma escola mais tranquila e conseguir essa oportunidade. Eu sabia que era a hora de valorizar o futebol, sem deixar o estudo de lado. Foi quando tive a proposta para ir pra uma escola americana de BH, onde também podia treinar. Precisei sair do Galo, outra coisa que também me deixou triste, porque eu gostava do Atlético, mas precisava aprender inglês. Eu sabia que nos Estados Unidos conseguiria jogar profissionalmente numa liga competitiva e ter o diploma que eu sempre quis. Na verdade, eu queria fazer Medicina.

Nos Estados Unidos

Ganhei uma bolsa com a ajuda do Eduardo Serafini, um dos meus treinadores. Ele ajudava a fazer contatos, era muito firme e sabia que eu precisava disso, porque conhecia o que eu iria enfrentar. Ele foi fundamental nisso. Em 2008 ou 2009, já na escola americana, vários técnicos de fora estiveram lá pra me ver jogar. Acabei acertando com uma faculdade em Tampa, da divisão 2, com bolsa integral. Estava pronta pra ir quando me ligaram para avisar que tinham cortado o financiamento da bolsa. Fiquei muito triste. Era o meu sonho. Pensei, *será que vou conseguir outra bolsa a essa altura do campeonato?*

A bolsa integral

Tive um treinador muito especial. Ele contou que não tinha bolsa integral pra me oferecer, mas que mandaria o meu vídeo para vários contatos, pra ver o que poderia acontecer. Acabei com cinco propostas de bolsa integral, escolhi a melhor, deixei minha família pra trás e fui para Ohio. Lá, fiz quatro anos de pré-Medicina e joguei. O futebol foi uma experiência difícil, mentalmente bem exaustiva, porque tivemos quatro técnicos em quatro anos, mas foi um período maravilhoso.

Depois que me formei, fui pra Califórnia por um ano, estudar para a minha prova de Medicina, com um agente que eu contratei. Esse cara me passou a perna, pegou meu dinheiro e foi embora. Meu visto estava quase no fim e eu não queria voltar para o Brasil

Levando tombo

Depois que me formei, fui pra Califórnia por um ano, estudar para a prova de Medicina, com um agente que eu contratei. Esse cara me passou a perna: pegou meu dinheiro e sumiu. Meu visto estava quase no fim e eu não queria voltar para o Brasil. Na época, fiquei meio perdida, porque deveria voltar com as minhas sete malas para o Brasil, sem saber se retornaria para os Estados Unidos.

A sorte batendo à porta

Tive muita falta de autoconfiança a vida inteira por causa do futebol. Eu treinava bem, mas chegava no jogo e não conseguia fazer nada. Era muito frustrante. Tive várias psicólogas, até que, em Ohio, encontrei uma que me ajudou muito a entender um pouco sobre mim, sobre quem eu era como atleta, sobre tudo. Ela era a coordenadora do Mestrado lá da faculdade. Aí, quando eu estava no aeroporto, a caminho do Brasil, recebi uma mensagem dessa psicóloga, assim: "Ivi, a gente está abrindo as vagas para o Mestrado em Fisiologia do Exercício e pensei em você". Foi um e-mail certeiro, porque eu estava confusa, não sabia se iria para a Medicina, pois não teria dinheiro pra pagar o curso nos Estados Unidos. E eu já estava nessa transição difícil, achando que como atleta, já tinha dado pra mim no futebol.

Transição importante

Foi triste tomar essa decisão, mas acabou que voltei para o Brasil por quatro meses; fiz a aplicação para o Mestrado, passei e em dezembro de 2015, voltei para a mesma faculdade pra cursar Fisiologia do Exercício. E foi ótimo, porque foram dois anos de Mestrado, eu estava apaixonada pelo tema e fiz vários estágios nesses dois anos. Foi aí que me apaixonei pela performance e que tapei o buraco aberto com a frustração de não ter seguido como atleta profissional na Europa. Mas virou essa alegria, por eu conseguir passar minha paixão para os meus atletas e ajudá-los a performar o melhor possível — coisa que não tive enquanto atleta.

Encerrando um ciclo

Enquanto eu estava no Mestrado, fui chamada pra jogar num time de futebol semiprofissional e foi maravilhoso, porque fechei um ciclo jogando um verão. Eu estudava performance e treinava com as ferramentas que eu estava aprendendo. Isso foi primordial pra mim e para o que consigo hoje passar aos meus atletas: treinei e coloquei minha filosofia de trabalho em prática, primeiro comigo, pra ver se funcionava. Foi um experimento bem legal. Depois de dois anos, fui pra Michigan trabalhar num centro de esportes pra crianças e fui chamada para a Seleção Americana de Base Feminina. Fiquei dois ou três anos fazendo *camps* (acampamentos) com eles no mundo inteiro, enquanto trabalhava em Michigan. E, então, recebi a proposta de ir para Orlando, em 2018, que era o meu sonho.

> **A Marta é aquela atleta que eu sempre admirei. A gente olhava pra ela como ídola, desde quando jogávamos, e eu mentalizava: ainda vou treinar a Marta! E a oportunidade surgiu quando vieram falar comigo que o emprego estava aberto**

De atleta à preparadora física

A Marta é aquela atleta que eu sempre admirei. A gente olhava pra ela como *ídola*, desde quando jogávamos, e eu sempre mentalizava, *ainda vou treinar a Marta! Ainda vou treinar a Marta!* E a oportunidade surgiu quando vieram falar comigo que o emprego estava aberto. Fiz a entrevista e fiquei em Orlando por dois anos. Foi uma experiência árdua, mas profissionalmente boa para mim, porque minha confiança como treinadora também estava muito baixa. Foi minha primeira experiência profissional e era muita pressão. Tive que lidar com muita coisa pra não desistir, pra conseguir meu espaço e ter autoconfiança, sendo mulher e atuando na área de performance — um trabalho difícil no esporte.

Dos Estados Unidos à Europa

Em 2020, eu estava casada e minha companheira perdeu o emprego por causa da Covid. O visto estava acabando e decidimos vir para a Europa, porque não dava mais pra ficar nos Estados Unidos sem o visto. Foi uma decisão difícil, porque eu estava muito feliz com o meu trabalho em Orlando. Mas, pra mim, foi a melhor coisa que aconteceu: vim trabalhar na liga principal, no time feminino do Brighton, que me trouxe outra perspectiva. Nos Estados Unidos e aqui, pude entender no que o futebol feminino estava se tornando.

Na Inglaterra

Estou em Brighton há quase três anos e decidi sair do esporte profissional integralmente. Saí do clube no ano passado para abrir minha própria empresa de consultoria. Comecei a trabalhar com a UEFA, com a FIFA, com o time daqui — o Lewes, da segunda divisão —, com a Under Armour e com a Seleção, que apareceu no ano passado. Então, estou com cinco projetos ao mesmo tempo, mas está sendo muito legal. Tenho uma perspectiva global do que posso trazer para o futebol feminino, de como colaborar com outras pessoas e de aprender. Parece que, em treze anos, desde que saí de casa, muita, muita coisa aconteceu. Mas me sinto no meu lugar aqui em Brighton e consigo aterrar, um pouco, pela primeira vez, depois dessas mudanças todas.

Conexões essenciais

Na verdade foi muito complicado, porque eu ainda estava determinada a jogar e treinava com muita força, era algo que eu desejava demais.

Ao mesmo tempo, eu tinha uma visão realista do que estava acontecendo: eu sabia que meus pais não conseguiriam me sustentar. Eu precisava me virar. É lógico que tive muita ajuda, de muita gente e deles também. Meus pais deram o máximo possível, mas, querendo ou não, era a hora de eu fazer a minha vida. Assim, o que eu aprendi ao longo dos anos foi construir uma rede de suporte. Era muito importante ter essa rede de mentores e de pessoas em quem eu confiasse no meio esportivo.

> **Quando estamos com pessoas que nos dão um grande suporte, pessoas que sabem o que fazer e que você sabe que realmente estão ali pra te ajudar com tudo o mais, quando a gente faz o que tem que fazer e corre atrás, as oportunidades sempre surgem**

Aperreios e chances

Provavelmente, essas pessoas teriam me falado, "Ivi, você deve tomar cuidado com essa pessoa, precisa se preparar, ter o plano A, o plano B, o plano C...". Mas são coisas que precisamos enfrentar sozinhas para aprender. Eu sempre fui uma otimista em relação à vida, sempre dizendo pra mim mesma, *beleza, isso está acontecendo, mas se é isso, vou encontrar como usar essa minha paixão pelo esporte de outra forma*. Foi quando essa oportunidade surgiu. Quando estamos com pessoas que nos dão um grande suporte, pessoas que sabem o que fazer e que você sabe que realmente estão ali pra te ajudar com tudo o mais, quando a gente faz o que tem que fazer e corre atrás, as oportunidades sempre surgem.

Ouvindo a intuição

Aprendi muito com a oportunidade de fazer o Mestrado. Consegui completar a transição e, lógico, foi difícil, mas eu estava completamente apaixonada pela Fisiologia do Esporte, por ser uma parte da medicina atrelada ao esporte e perfeita pra mim. Quando eu estava na Califórnia, tive quatro ou cinco empregos de pesquisas nos maiores hospitais e nas universidades, para descobrir se era aquilo mesmo o que eu queria e se eu sentiria falta do esporte. Então, temos que saber escutar o coração, sempre ouvir a intuição e a minha estava certa. Eu precisava voltar para o esporte de qualquer forma!

O futebol feminino no Brasil

Quando eu saí do Brasil, o futebol feminino ainda estava engatinhando, mas hoje é outra história. Agora tem muito mais investimento, muito mais profissionais, têm pessoas que conhecem muito sobre ele. Mas eu sempre quis sair da zona de conforto, eu sempre quis desafios, nunca pensei, *ah, os Estados Unidos são melhores do que o Brasil*, ou *a Europa é melhor que o Brasil*. Eu só pensei que precisava me atirar em situações fora da minha zona de conforto: aprender outra língua, ter acesso a outras perspectivas. Eu sentia que, em BH, por exemplo, o pessoal era muito cabeça fechada.

Desejo de crescimento

Eu queria expandir, queria trabalhar com pessoas que me dissessem, "Ivi, isso está errado". Ou: "Não, Ivi, têm maneiras melhores". Ou, "beleza, tem essa parte, mas têm outras perspectivas, outros jeitos e caminhos pra chegar a Roma". Então, tanto na Europa quanto nos EUA, essas experiências foram pra eu saber que há outras formas de pensar e outros modos de se enriquecer. E que o acesso à informação é um pouco maior nos Estados Unidos ou na Inglaterra, ou na Europa como um todo, para o que eu queria aprender.

> "Ok, beleza, é importante saber e é importante se dedicar ao futebol, mas também é importante se autoconhecer e saber quem é você sem a bola, e tudo o que você construiu, que é muito mais do que o futebol"

Investir em estudos

Eu busco passar para as atletas que eu treino, principalmente para as mais novas, a importância do acesso à informação, de ter a oportunidade de saber o que é a vida fora do futebol, de construir uma identidade própria, fora do futebol. Eu trabalhei com vários atletas que viviam completamente nessa bolha do futebol: se qualquer coisa acontecesse, não saberiam como resolver, entende? Na minha filosofia de trabalho, eu tento passar isso para as meninas e os meninos: "Ok, beleza, é importante saber e é importante se dedicar ao futebol, mas também é importante se autoconhecer e saber quem é você sem a bola e tudo o que você construiu, que é muito mais do que o futebol".

Além do esporte

Eu acho que muitos atletas, hoje, ainda não têm esse autoconhecimento sobre o corpo e sobre a personalidade deles. Se a pessoa está numa Liga, por exemplo, aqui na Europa ou no Brasil, e trabalha com futebol, principalmente por causa do investimento, ela vai meio que no piloto automático. A pessoa acorda, tem que respirar futebol, tem que estar na mídia, tem que trabalhar a sua mídia, precisa estar nas redes sociais, tem o patrocínio e não sei mais o quê. Não sei se os atletas conseguem separar o que eles são fora do campo, ou da quadra, e ter esse tempo necessário para proteger a saúde mental deles, entender seu corpo como é preciso, quais as ferramentas necessárias pra conseguir relaxar.

Fisiologia e Psicologia

E é aqui que a fisiologia e a psicologia se encontram: elas estão muito atreladas, e precisam estar atreladas; acho que não conseguem se separar. Eu me preocupo muito com essa geração dos atletas que vão partir para o investimento total no futebol, com cinquenta jogos por temporada. É muita coisa. Se eles não desenvolvem o autoconhecimento e também as maneiras de se autorregular (*self-regulation*), não vão conseguir entender o que o corpo sente e o que ele precisa pra não se quebrar. É por isso que hoje ocorrem tantas lesões. Não acredito que o motivo seja porque as mulheres têm mais risco, por exemplo. Não, é por causa da estrutura, do que não é investido no futebol feminino. É sobre as informações que as atletas têm e as que elas precisam.

Fatores psicológicos das lesões

Existem duas coisas importantes no processo para sermos proativos ao prevenir as lesões e melhorar a performance: é educar as atletas para que desenvolvam ferramentas de como cuidar melhor do corpo e da mente — mas é também educar a comissão técnica e todos os que trabalham no ecossistema de um clube ou em um sistema mais complexo. Precisamos educar o ecossistema do esporte para que as pessoas entendam que existe a fadiga mental e não só a fadiga física, e que uma afeta completamente a outra. Muita gente não pensa nisso e faz diferença conversar mais com a atleta, escutá-la mais, ouvir o que falam, saber do que precisam.

Precisamos educar o ecossistema do esporte pra que as pessoas entendam que existe a fadiga mental e não só a fadiga física — e que uma afeta totalmente a outra. Muitos não pensam que faz diferença conversar mais com atleta e ouvi-las sobre o que precisam

Trabalhando no ecossistema

Acho que as atletas não têm a liberdade pra falar com o treinador sobre o que normalmente elas falam com as preparadoras físicas. Mas se montarmos um ecossistema de comunicação entre todos os departamentos, podemos fazer circular essa informação: "Esse é o feedback da atleta, como podemos encontrar um meio para lidar com isso?". Até a programação das reuniões, dos treinos e da quantidade de coisas que são colocadas numa semana afetam a performance das atletas. Quando os treinadores estão preparando uma programação, eu busco chegar, junto com a psicóloga, e falar: "Bem, como podemos amenizar essa fadiga mental? Talvez no começo da semana a gente possa fazer essas reuniões um pouco mais longas; mas, perto do jogo, melhor termos menos reuniões e mais espaço para as atletas respirarem, terem o tempo delas, para se proteger e relaxar, também".

Um novo sistema

A gente sempre se pergunta: "Como podemos prevenir lesões?". "Temos que fazer esses exercícios, por causa da LCA(Ligamento Anterior Cruzado), e de não sei mais o quê..." Ótimo, isso faz parte, mas hoje o buraco do futebol feminino está muito mais embaixo. É o investimento e a informação que a gente passa, não só para as atletas, mas de como montar um sistema em que todos os departamentos possam se comunicar para o melhor desempenho delas e sem medo de se desafiar uns aos outros: "Eu vejo o seu lado, mas olha o meu também". "Ok, então, vamos nos encontrar no meio, porque eu tenho essa informação das atletas, da psicóloga, da parte médica e da técnica, e como a gente consegue trabalhar juntos para o melhor da atleta? Eu sei que, em muitos clubes, os departamentos trabalham separados, não têm essa interação..."

Humanas e não robôs

Esse foi um trabalho que eu comecei a fazer aqui no Lewes, time que quase não tem investimento, a gente tem que ser criativo. Aqui eu vi o quanto vale montar uma estrutura em que as pessoas veem as atletas como seres humanos e não como robôs, que é o que acontece hoje em dia. É bem mais importante do que montar uma estrutura com todos os equipamentos tecnológicos. Mas se não temos a base, que é esse entendimento de como esses departamentos funcionam em harmonia, acho que fica bem difícil conseguir fazer esse trabalho. O que eu faço é buscar trazer juntos os departamentos para ouvir e entender o que as atletas passam com as pressões que têm que lidar, mas com mais investimento e pessoas de olho nelas, e vermos como dar esse suporte que elas merecem.

Superar tabus

Com as mulheres, é preciso superar tabus e falar do ciclo menstrual, da maternidade, temos condições pra isso acontecer. Por exemplo, as atletas nos Estados Unidos levam os filhos para os jogos. Eles têm uma estrutura chamada *player care*, com uma pessoa designada para cuidar da atleta como um todo. É lógico que essas coisas precisam ser exploradas e faladas com elas, mas vai muito de saberem sobre o próprio corpo e de entender o que acontece em cada ciclo, no menstrual, por exemplo, falando: "Normalmente eu tenho esses sintomas, nessas partes". Então, como nós, os preparadores físicos, ou os da área técnica, podemos dar as ferramentas necessárias para elas verem isso de forma mais saudável? O que comer nessa fase do ciclo para reduzir a inflamação? Ou, como poder dormir melhor?

Hábitos "de elite"

Lá, na Seleção, a gente fala sobre os hábitos "de elite" que se podem desenvolver para conseguir mudar o comportamento. Quando eu coloco novas estratégias, novos modos de trabalhar, novos exercícios, para os times em que eu trabalho, o que importa é a mudança de comportamento da atleta, mais do que a adaptação fisiológica àquilo. Porque ao falar, "agora que tenho um pouco mais de entendimento do meu corpo, eu vou ser mais determinada e disciplinada", as coisas funcionam muito melhor. Mas se as estratégias são jogadas sem se desenvolver um relacionamento com a atleta, que é o fundamento, não vamos conseguir muito quanto à adaptação fisiológica.

> Ok, vou tirar minha emoção de lado e me dizer: *há alguma coisa que eu precise mudar pra ter o respeito dessas pessoas?* Como profissional eu tiro esse rótulo de que, por ser mulher, serei discriminada. Notei que sem ser assertiva, sem reagir, era mais fácil ser discriminada

Pouca discriminação

Poucas vezes aconteceu comigo, porque, quando tive situações assim, respondi: "Nossa! Estão me discriminando porque eu sou mulher!". Na verdade, eu sempre olhei primeiro pra mim: *ok, vou tirar minha emoção de lado, primeiramente, e dizer a mim mesma: beleza, há alguma coisa que eu precise mudar pra ter o respeito dessas pessoas?* Como profissional, eu tiro esse rótulo, *porque sou mulher, serei discriminada.* Ao começar a pensar assim, notei que eu precisava ser mais assertiva, falar o que eu penso, porque, antes, quando eu não reagia, era mais fácil alguém pisar em mim, pela minha falta de confiança de dizer: "É isso que eu acho, é isso o que eu posso". Mas, pra chegar aí, temos que passar por testes, umas situações, e refletir: *Putz, não vou aceitar isso, eu acredito no meu trabalho, sei que eu não sou perfeita, mas sou boa no que eu faço, tenho muito a aprender e ainda vou cometer vários erros.* Todos os dias eu cometo erros na minha vida profissional e pessoal, mas é importante entender que isso é parte do processo.

Autoconfiança é tudo

Depois que comecei a ter mais autoconfiança, não deixei ninguém pisar em mim. Eu preciso ter a habilidade de falar o que penso e se estou num ambiente em que não consigo, onde os meus valores não se alinham com os demais, eu saio fora. Eu não fico. Mas tento, até pensar: *Ok, acho que os valores não estão alinhados, meu trabalho não é valorizado. É a hora de eu sair fora e ir pra outro lugar que me dê mais suporte quanto a isso.* É um processo difícil; eu mesma tive problemas com a confiança, mas ao começarmos a desenvolver os relacionamentos, com atletas e a comissão técnica, fica mais fácil exercer essa autoconfiança: *Confio no meu trabalho, porque quero o melhor pra essa atleta e pra esse time.*

O valor do processo

É muito importante reconhecer que não vai ser fácil achar um lugar onde é possível expor o que se quer e a pessoa entender e responder: "Eu acredito no que você faz e vamos fazer isso aí mesmo". Porque isso nunca vai acontecer. Terão sempre pessoas pra te desafiar e dizer: "Eu não concordo". Então, é preciso ter um pouco dessa resiliência, pra não desistirmos logo no começo. Ao reconhecer as dificuldades, temos que acreditar que cada processo será um novo aprendizado, para o seu próprio crescimento. Eu digo sempre para as minhas tutoras, no meu programa de mentoria: "Vocês devem acreditar no trabalho de vocês, mas também entender que, pra chegar lá, têm que ir de escadinha em escadinha. Não dá para chegar e dizer, estou pronta e vou ganhar essa posição. É preciso passar pelas etapas, até sentir confiança no próprio trabalho".

O legado

O que eu acho bem bacana na minha experiência, desde que comecei a treinar atletas, foi que, em 2014, comecei a treinar crianças e iniciei essa jornada. Quando volto, por exemplo, pra Michigan, eu sempre recebo mensagens de pais, ou das atletas que eu treinei treze anos atrás e que agora contam: "Você me deixou um aprendizado que foi muito além da parte física". É uma das coisas mais importantes, pra mim, atletas falarem: "Você nos viu como pessoas, como humanos, e isso a gente não vê muito". Pra mim, o principal legado é empoderar todas as pessoas que cruzam o meu caminho e aprender, com eles, que existe mão e contramão. O aprendizado da troca é tão importante.

> Eu aplico a fisiologia atrelada à psicologia na minha filosofia de trabalho, para afirmar: "Eu quero que você foque na sua respiração. Controlar a respiração vai te ajudar a ser mais apta, a ter mais resistência fisiológica e a treinar o seu corpo nos momentos de estresse"

Aprendendo a ouvir

Tudo o que eu aprendi foi por escutar as minhas atletas, as pessoas que trabalhavam comigo da comissão técnica e outros. Ouvi a perspectiva deles e vi que nunca uma coisa está certa ou errada. São formas diferentes de lidar, *né*? O que importa é dar para a atleta esse empoderamento de que, com as ferramentas necessárias, ela consegue ser o melhor que ela pode, também como pessoa. Depois de encerrar essa jornada no esporte, que ferramentas fisiológicas e mentais ela terá para manter a resiliência? Eu aplico a fisiologia atrelada à psicologia na minha filosofia de trabalho, pra afirmar: "Olha, estamos fazendo um treino de condicionamento e quero que você foque na sua respiração. Controlar a respiração vai te ajudar a ser mais apta, a ter mais resistência fisiológica e treinar seu corpo a controlar os momentos de estresse".

Reconhecendo o estresse

Eu falo com atletas assim: "O seu corpo não diferencia o estresse profissional daquele que você está passando em sua vida pessoal. Seu corpo vai lidar do mesmo jeito. Então, se você aprender a ter o controle de lidar com seu corpo, de modo a poder dizer, 'eu percebo o estresse e consigo controlar', isso é muito importante, porque a resiliência física e a mental são ferramentas pra se levar e usar em qualquer circunstância que acontecer, pra vocês serem bem sucedidas, não só no esporte, mas na vida mesmo".

Os heróis

Meus dois pais, minha mãe e minha avó foram tudo pra mim, porque me deram todo o suporte que eu precisava. Eles fizeram tudo que puderam pra que eu me desenvolvesse como atleta e como pessoa. Heróis são também os mentores que eu ganhei pra vida inteira e os amigos que, na hora que o negócio apertou, estavam ali do meu lado, falando: "Relaxa, vai dar tudo certo, confia no seu trabalho, confia em você". Essa rede de suporte é essencial pra mim e são vários os meus mentores, que até hoje estão do meu lado. "Putz, não sei se vou dar conta", e eles te puxam: "Vai dar conta sim, vai ter que dar". São essas pessoas que, em vez de falar, "não fica triste", afirmam: "Você vai acordar amanhã, que é outro dia, e vai dar tudo certo". É importante ter os que falam, "sente mesmo, porque é difícil", mas também os que dizem: "Sacode a poeira, não fica esperando, vai pra frente".

Conselho a atletas

O caminho é árduo. Não tenha medo, porque haverá dias em que você vai acordar e sentir: "Está difícil". É aceitar que isso é tranquilo. Eu era muito perfeccionista até bem pouco tempo: "Nossa, estou me sentindo mal, não vou conseguir treinar". Tudo bem, relaxa. Ser humano é sentir os altos e os baixos, mas o atleta de performance, o "atleta de elite", *né*, como é chamado, e os hábitos de elite, são aqueles que não permitem titubear quando a montanha russa está lá embaixo. Mas você sabe o seu valor e o da sua história e entende que nada vai ser fácil. Escuta o coração, o que a intuição diz. Tudo é um aprendizado. Se há uma situação difícil, não desista fácil, porque o que está acontecendo é pra você aprender algo que vai te servir mais para a frente.

Acentue o positivo!

É importante ter um sistema de suporte ao seu redor, com pessoas que querem o seu sucesso e não te sugar, tirar sua energia. O que não te serve, deixa para lá e vai em frente. Escolha as coisas que te enchem a bateria. E isso é imprescindível para um atleta. Para mim, isso é também se desligar da mídia e das redes sociais por um dia ou por um tempo, ir para a natureza e estar com pessoas que realmente se importam com você e que querem o seu melhor.

MICHAELA FREGONESE

Surfe

"O mar é o meu templo sagrado"

Michaela Fregonese *(Curitiba) começou a surfar em Joaquina, no Gravatá, e foi a primeira surfista mulher a vencer um campeonato de ondas grandes no Brasil. Sua coragem e determinação a levaram a surfar em vários países, em ondas como Pipeline, Waimea Bay, Puerto Escondido, Jaws e recentemente ela desbravou a gigante Nazaré.*

De *bodyboarding* às ondas grandes

Sou natural de Curitiba, Paraná, então, lá onde eu nasci nem tem praia, *né?* Foi Florianópolis que me possibilitou crescer na carreira. Eu era surfista de final de semana: ia pra praia e praticava, primeiro, *bodyboarding*. Comecei com *bodyboarding* aos doze anos. Aos quinze, mudei para prancha e aos dezessete já comecei a competir. Depois que me formei, fui morar no Havaí. Fiquei entre o Havaí e a Indonésia, onde eu treinava muito. Mas morei também um tempo na Europa. Quando me casei e engravidei, dei uma pausa e quando voltei já foi focada mais nas ondas grandes. Em 2017, tive a oportunidade de ver ao vivo o campeonato de ondas grandes em Puerto, no México, e me identifiquei totalmente. Era isso o que eu queria. Falei, "eu quero ser uma das melhores surfistas de ondas grandes do mundo". E deu certo, porque em 2020, fui vice-campeã mundial.

Viver só do surfe

Eu não vivo só no mundo do surfe. Tenho outra profissão paralela, uma agência de turismo, um nicho especial de clientes e estão todos viajando por conta da profissão deles, nesses dias. Então, assim, é cliente que perdeu mala, é cliente que perdeu voo e eu tenho que resolver tudo. E às vezes não dá para deixar esperando. Mas eu consigo, sem problema algum, conciliar o surfe com esse meu trabalho, porque é *home office*. Posso trabalhar de qualquer lugar em que eu esteja no mundo. Dá para ser surfista profissional e manter esse trabalho. Como ajuda, no surfe, tenho patrocinadores. Um me dá salário. E como apoio, uns me dão às vezes uma passagem, outro me dá alimento, outro me dá umas quilhas e tal, protetores, parafina, coisas assim que a gente usa muito no dia a dia, no surfe.

Desafios de surfistas

A parte física é uma das maiores dificuldades. Tem-se que estar sempre super bem-preparada, não só de força, mas também de não ter lesão, estar sempre alongada, sem dores, sempre 100%. E mentalmente... pra lidar com onda grande tem que estar primeiramente com o físico muito, muito preparado. E naquele momento em que você está pegando onda grande, tem que estar com bons pensamentos, pensamentos positivos. Nas horas que precedem, não pode ter estresse. Se você estiver estressada e vai entrar no mar, não é legal. Então, tem que ficar bem calma, bem tranquila, com pensamentos bons, pensando em coisas boas, para não acontecer nada de ruim, porque a probabilidade é grande.

> **Se você estiver estressada e vai entrar no mar, não é legal. Então, tem que ficar bem calma, bem tranquila, com pensamentos bons, pensando em coisas boas, para não acontecer nada de ruim, porque a probabilidade é grande**

Esporte de risco

Surfar em ondas gigantes é um esporte de risco. Até com onda pequena você está em risco de a prancha bater em você, sei lá, alguma coisa, a quilha. Imagina então a onda grande! É mil vezes mais perigoso. Então a gente tem que tentar estar ao máximo preparada, física e mentalmente, e com equipamento adequado. O equipamento tem que estar em dia. O colete salva-vidas é muito importante nessas horas. Tudo isso somado, dá certo.

Conexão com a natureza

Eu sempre peço muita proteção antes de entrar no mar, sabe? Sempre rezo muito também, quando estou dentro da água. Sempre que estou esperando a onda, estou rezando, pedindo a Deus e agradecendo sempre. Isso tudo realmente é muita conexão, porque não costumo ir muito à igreja, não vou a cultos, a minha conexão com Deus é ali, dentro do mar. É ali onde eu me encontro com Ele. Ou, então, quando eu subo uma montanha para fazer um treinamento físico, também paro e dou uma meditada, penso em Deus e agradeço. É nessas horas, em contato com a natureza, que eu me conecto mesmo e que agradeço e peço a Deus, focada nos meus objetivos. Agradeço pela minha família, minha saúde e por tudo o que eu tenho. Com certeza, o mar é o meu templo sagrado.

Os altos e baixos da vida

Todo surfista tem um pouco de altos e baixos, até mesmo porque o mar não está bom todo dia. Então não é um esporte constante, que você pode estar sempre surfando. Às vezes, não se pode estar fazendo o que gosta, daí, a cabeça também não fica muito boa, então tenho que trabalhar isso dentro de mim. Eu costumo fazer yoga pra me acalmar e ver como consigo superar um caldo dentro do mar. É relaxando, é esperando o caldo passar, é meditando... é assim que eu levo a vida, os estresses diários, os altos e baixos: tentando deixar passar o tempo e mantendo a calma.

Maternidade e esporte

Antes de o meu filho nascer e logo depois que me formei, comecei a viajar. Fiquei viajando, até que engravidei. Aí, voltei e tive o bebê aqui. Desde então, não viajo mais; só vou participar de campeonato e volto. Ou faço temporadas curtas, no Havaí, por um mês, no máximo por dois meses e volto, sabe? Depois que ele fez uns dez anos, comecei a engrenar mais. Mas de jeito nenhum vou morar em outro lugar, longe do meu filho. Na gravidez não se pode surfar muito, mas surfei até os cinco meses. Depois eu já não me sentia confortável, porque ficava com medo d'ele sacudir muito. Tem mulher que surfa até parir, mas eu não tive essa coragem, não. Até a barriga incomodava. Então, parei no quinto mês e só voltei depois da quarentena.

Na gravidez não se pode surfar muito, mas surfei até os cinco meses. Depois, eu já não me sentia confortável, porque ficava com medo d'ele sacudir muito. Tem mulher que surfa até parir, mas eu não tive essa coragem. Até a barriga incomodava

As lesões no surfe

Eu estou voltando agora de uma lesão. Estava surfando, fui sair da onda e ela me pegou no joelho. Há quatro semanas e meia que estou me tratando. No início eu estava bem ansiosa, bem triste, estava me dando altas ondas na cabeça. Mas depois, me acostumei. Já fiquei melhor de cabeça e comecei a focar mais na minha recuperação mesmo e no meu trabalho paralelo. Agora estou na reta final e já voltando a surfar, graças a Deus.

Dicas para alto desempenho

Tudo é dedicação e treino. O surfe, você tem que gostar muito, senão, logo você desiste, no começo. Você vai levar caldo, a prancha vai bater em você, várias coisas vão acontecer, então, você tem que ficar insistindo. Às vezes é bom ter alguém do seu lado te motivando, igual eu faço com o meu filho e igual eu tive. O meu primeiro namorado era surfista, era ele quem me motivava. Então é bom quando alguém motiva o próximo a fazer aquilo, senão é "hum, está um pouco frio"... e você já não quer. É bom ter alguém do lado falando, "não tem problema que está frio, vamos, vamos". Aí você acaba indo e gostando.

Não pensar, mas se atirar

Ou então está muito no sangue e não precisa de ninguém te incentivando — o que eu acho até um pouco raro, porque não é um esporte muito fácil no começo. Eu acho que com a maioria das pessoas é assim: sempre tem algum amigo, aquele amigo que chama. No meu caso, que não nasci perto da praia, então, foi mais complicado ainda. Talvez esses meninos que nascem na beira da praia, para eles, talvez seja mais fácil se identificar com aquilo. No meu caso, não foi assim. Mas é isso: quando o mar estiver ruim, é não ficar pensando muito e entrar. Não ficar numa de "ah, será que dá para entrar?". Não pensa, pega as coisas e vai surfar.

Paixão pelo Havaí

Eu gosto muito do Havaí, me identifico muito com o país. Lá é tudo estruturado, bem organizado. E eu gostava muito da Indonésia, também. Apesar de não ser um país com muita estrutura. Mas lá tem um clima muito legal, as coisas são baratas, têm altas ondas, então foi um momento muito feliz na minha vida, quando morei lá. E eu gosto de lugar quente. Penso em morar na Europa, mas aí já lembro do frio e desisto. Eu tentei morar na Europa no início da minha carreira e logo fui embora. Começou a ficar frio, vazei!

Pelos mares europeus

Eu fiquei um tempo em cada lugar na Europa, porque fui representar a Itália num circuito mundial — eu tenho passaporte italiano. Aí fiquei um pouco em cada lugar, competindo em Portugal, Espanha, França. Na própria Itália, eu surfei em alguns lugares. Até na Inglaterra eu surfei; fui com o circuito mundial. Foi legal, uma experiência boa, só que naquela época eu não era surfista de ondas grandes, mas de ondas regulares.

Ídolos mundo afora

Eu acho que todo mundo que veio na minha geração serviu de inspiração pra mim. Todo atleta campeão mundial, Kelly Slater, os surfistas de ondas grandes, Rodrigo Resende, Carlos Burle, todos me serviram de inspiração, com certeza. Eu ainda tenho o maior orgulho do Kelly Slater, que é doze vezes campeão mundial. A Justine Dupont, ela é francesa, diversas vezes atleta campeã mundial da França, de ondas grandes e surfa muito bem ondas pequenas, também. Aqui no Brasil tem o Lucas Chumbo, que é inspiração pra mim; ele surfa muito bem onda grande, onda pequena. Tenho vários ídolos.

Nunca encontrei uma forma de conquistar mais seguidores no Instagram, então, prefiro seguir com a minha carreira que ficar nessa de blogueiro, de muito blá-blá-blá. Às vezes é uma falsa realidade, são pessoas vazias, que nada têm a oferecer

Imprensa, torcida etc.

Acho que o mundo hoje gira muito em torno do Instagram, o que pra mim não é uma coisa muito bacana. Mas a gente tem que se adaptar a essa nova modernidade. Porque, eu não sou blogueira, não gosto de ficar tipo, "oi! Agora estou aqui, blá-blá-blá", então, acaba que eu não tenho muitos seguidores, sabe? E não sei se isso me prejudica em relação a ter mais patrocínios. Eu nunca encontrei uma forma de conquistar mais seguidores no Instagram, então eu me baseio mais nos meus títulos mesmo, nos campeonatos, nas ondas que eu vou surfar e tal. Eu prefiro seguir com a minha carreira, em vez de ficar nesse lado aí blogueiro, de muito blá-blá-blá. Às vezes é uma falsa realidade, são pessoas que nada têm a oferecer, pessoas vazias.

Orgulho da carreira

Na minha vida profissional, meu maior orgulho foi esse segundo lugar, que eu peguei um tubo em Jaws. Fui a primeira mulher a pegar um tubo de *tow-in* em Jaws e fiquei em segundo lugar. Era para eu ter ficado em primeiro, mas por questões políticas... é como às vezes acontece. A primeira colocada é da Red Bull, o campeonato é da Red Bull, então acabaram dando a colocação pra ela. Sempre tem essa questão política no surfe, como em outros esportes. E na minha vida pessoal, com certeza, meu filho é o maior orgulho de minha vida. É a minha maior conquista.

Carreira e profissão

É complicado querer conciliar a carreira com a profissão e tudo mais. Ando bem estressada, sabe, porque tenho muitos clientes para atender. Fui levar a minha mãe no aeroporto, voltei e tinha até esquecido dessa reunião com você, é tanta coisa, tanta coisa. É ser mãe, ser atleta, eu tenho que cumprir com os meus patrocinadores, aí, tenho que atender o cliente, tenho que levar a minha mãe, tem o meu marido. É difícil.

Abraçando o mundo

A gente quer abraçar o mundo, mas não dá muito certo. Fico muito estressada mesmo, fazendo muitas coisas ao mesmo tempo. Tenho de parar, relaxar, acalmar, colocar tudo em ordem, senão acabo não fazendo nada direito e ainda tendo o alto rendimento que quero alcançar. Enquanto eu tiver saúde, quero estar surfando. Claro que profissionalmente eu não vou durar muito tempo, mas graças a Deus tenho o meu outro trabalho, no turismo. Então, já estou bem encaminhada.

> Nós, mulheres, conseguimos estar lá no meio de homens, não tem essa de que mulher não pode. A gente consegue pegar a mesma onda que eles, não tem diferença de sexo. Somos todos humanos

O legado a deixar

Eu acho que é ser uma das melhores surfistas de ondas grandes do mundo, passar isso para as meninas que estão começando e dizer pra elas que nunca desistam de seus sonhos, que corram atrás, sempre, para serem a melhor versão delas mesmas. Que nós, mulheres, conseguimos estar lá no meio de homens, não tem essa de que mulher não pode. A gente consegue pegar a mesma onda que eles, não tem diferença de sexo. Somos todos humanos. Desde que a gente saiba fazer o que a gente gosta, e faça direito, a gente pode muito bem fazer tão bem quanto qualquer um, seja homem, mulher.

Um outro passado

Acho que eu não mudaria nada, faria tudo igual a hoje, porque estou num momento feliz da minha vida, com o meu filho, a profissão, a carreira. Talvez eu tivesse tido mais um filho, porque depois eu parei. As competições já não deixavam mais e eu já não queria mais atrapalhar, tendo mais um filho. Talvez, se eu tivesse tido mais um naquela época, teria sido melhor. Mas não tem problema, eu consegui ter um, já é o suficiente e bom demais.

Ser vice-campeã

Ah, foi um momento de glória na minha vida, até financeiramente. Eu ganhei vinte e três mil dólares na época — o dólar estava bem alto, como está hoje —, então foi legal, dei entrada em um terreno em Florianópolis. Conquistar coisas com o nosso próprio mérito é muito bacana, ver o nosso trabalho reconhecido depois de anos e anos tentando. Já tive muitos "nãos" em relação a patrocínios, aí, depois que eu peguei essa onda e fui vice-campeã mundial algumas portas se abriram. Então, com certeza, isso foi a melhor coisa que aconteceu. E espero repetir. Que venham mais títulos.

Esteio de vida

Eu, particularmente, tenho que ter outro trabalho, porque o problema não é ter os contatos pra chegar nessas empresas que patrocinam as pessoas. A empresa que me patrocina é da minha cidade, Curitiba, eu conheço o dono desde criança, então foi mais fácil. Mas essas empresas grandes, eu precisaria de um empresário para correr atrás pra mim. E hoje em dia é difícil, sabe, para uma mulher no surfe, já mais velha e tal, como eu. Então, não é fácil. Não é fácil. O surfe não é um esporte que paga bem, não é um esporte que dá para viver tão fácil disso, não.

Futebol

O gol da vitória como meta de vida

Kaylane Cristina Jufo de Mello *(Rio de Janeiro, 10.04.2005) é atacante e atualmente joga na categoria de base Sub-17, pelo Flamengo. Jogou no Bangu, no Instituto Bola pra Frente e no Team Chicago Brasil. Competiu no Brasileiro Feminino Sub-17, Carioca Feminino Sub-17 e conquistou a taça Guanabara. Títulos: Campeonato Estadual Feminino Sub-17 (Vice-campeão 2022) e Taça Guanabara Feminino Sub-17 (Campeão 2022).*

Filha adotiva

Desde meus três meses eu vivo com minha mãe adotiva. Pra mim, ela é a minha mãe. Ela sempre me disse com toda a delicadeza e cuidado que eu sou "filha de coração". Eu era pequenininha quando viajamos pra cidade onde mora minha mãe biológica, no Espírito Santo; ela é irmã do meu tio, que é meu pai adotivo. Então, minha mãe adotiva me disse, alertando, que mãe é quem cria, porque ela tinha certeza de que ia chegar gente lá falando que minha mãe é a Rosemary, a mãe biológica, e não ela. Eu tinha que ter isso em mente, *nossa, vou chegar lá e vão perguntar... mas não entendendo nada ainda.* E foi o que aconteceu, muitas pessoas disseram que minha mãe era a Rosemary. Eu, criancinha, fiquei em choque, mas falei que não, que mãe é a que cria.

Os pais biológicos

Minha mãe biológica é surda e muda. Como ela não teve escola, não chegou a aprender a falar por libras. Mas me comunico com ela, porque ela mora junto com outra minha tia e tenho primos lá, que também moram com ela. Às vezes mando mensagem pra eles perguntando como ela está. Meu pai, eu não sei da existência dele, não fiquei sabendo quem era. Não sei até hoje. Quando eu era criança, eu ficava pensando em quem devia ser o meu pai. Já pensei muito, mas não penso mais nessas coisas tristes.

Sentimento de adotada

Não sei explicar, mas eu não gostava de tirar foto com minha mãe biológica, de ficar perto dela. Eu chorava muito. Todas as vezes que a gente viajava pra lá, eu ia, tipo assim, *boladona*. Não queria ir. Eu tinha essa mágoa. Mas com o passar do tempo, fui entendendo mais certas coisas. Eu não tenho muita relação com ela, pelo fato de minha mãe biológica morar em outra cidade e pela deficiência auditiva. Não tenho muito contato, mas pra mim é super *de boa*. Eu sempre considerei minha mãe adotiva como minha mãe mesmo. E minha mãe biológica acabou sendo uma tia pra mim. Não tenho o que falar sobre ela, porque não temos uma conexão de mãe e filha. É normal. Ela está lá, eu estou aqui. Eu sei que fui gerada na barriga dela e tudo mais, mas não envolve muito sentimento, porque não houve convivência.

Sorte grande

Minha mãe adotiva já tinha quatro filhos quando eu cheguei. Sou a mais nova aqui em casa e todos me chamam de irmã. A gente é irmã, é irmão, sabe? As tias deles são minhas tias, eu fui acolhida como da família, *pô*, cresci aqui, no meio de todo mundo. Pra mim, ser filha adotiva foi magnífico, porque onde minha mãe biológica mora é uma cidade muito pequena, agradeço a Deus de verdade por ter me colocado aqui. Lá eu não teria a oportunidade de fazer o que eu mais amo, que é jogar bola. E a minha família sempre me apoiou em tudo. Meu avô, que não tinha obrigação de ser meu avô, me acolheu como neta. Então foi algo magnífico, não tenho o que falar sobre ser filha adotiva como algo ruim. Pra mim, foi muito bom.

Sortuda, de fato

Hoje eu me considero uma pessoa muito sortuda por ter dois pais e duas mães. Óbvio que ainda não sei quem é meu pai biológico, mas não ligo mais para isso. Não faz muita diferença agora. Tipo assim, é o meu tio que é meu pai, que me criou desde pequenininha. E meu outro tio, o cunhado da minha tia, que é a minha mãe, me registrou oficialmente como filha pra poder me ajudar com documentação, porque era minha mãe biológica que tinha de assinar papéis. Era um leva e trás de papéis... mas agora acabou e meu pai assina tudo. No cartório, ele é o meu pai.

Ter dois pais e duas mães

Eu tenho dois pais e duas mães, e isso é maravilhoso. Tenho muito orgulho de falar: "Esse é meu pai e esse aqui também é meu pai; essa é minha mãe, aquela ali também é minha mãe". Sabe? Se ter uma mãe já é bom, ter duas é melhor ainda. É muito gratificante. Acabei entendendo o que a mãe biológica me fez passar quando pequena e levo isso super *de boa*. Essa relação de mãe, essa confusão, tinha que acontecer. Não existe o pai biológico, mas encontrei pessoas como o Xavier, meu agente, que me acolheu como uma filha. Ele é um paizão para mim, me orienta na carreira, me ajuda em tudo que eu preciso.

A "bobinha"

Com seis anos, comecei a jogar bola com meus irmãos. Eles me faziam de bobinha e eu ficava lá, brincando com eles. Até que eles falaram pra minha mãe que eu tinha talento, que era pra ela me pôr numa escola de futebol. Só que ela não apoiava muito o futebol, tinha preconceito, receios, tinha um pé atrás. Meus irmãos insistiam, "põe, porque ela é diferente, ela não é tão bobinha assim". Aqui perto da comunidade onde eu moro tem o Instituto Bola Pra Frente, com diversos esportes, futebol, vôlei, e meus irmãos e minha irmã já fizeram parte desse projeto. Ela então foi lá e me colocou.

> **Lá no Instituto me apresentaram a Marta, mas eu não sabia quem era ela. Quando voltei pra casa, no primeiro dia, fui pesquisar sobre futebol feminino, sobre a Marta, e aí vi que o futebol feminino existia de verdade. E me toquei, *é isso o que eu quero pra minha vida***

Encontro com a Marta

Eu não sabia sobre futebol feminino, nem quem era a Marta (Vieira da Silva), a jogadora da Seleção Brasileira. Só estava ali pra brincar, por gostar de jogar. Aí, no Instituto, eles me apresentaram a Marta, mas eu nem sabia quem era ela. Quando voltei pra casa, no primeiro dia, fui pesquisar sobre futebol feminino e sobre a Marta, e vi que o futebol feminino existia de verdade. E me toquei, *é isso o que eu quero pra minha vida, é realmente o que eu quero*. Só que eu nem sabia jogar, eu era muito ruim. No instituto, vários professores me ajudaram muito nessa questão do futebol. E fui pesquisando tudo sobre o futebol feminino. Vi que tinha até clubes e tudo mais.

Amor pelo futebol

Eu estava doida para jogar num clube logo e ficava com medo da minha mãe não querer. Fiz até uma cartinha, eu devia ter uns sete anos, pedindo isso pra ela, porque eu tinha vergonha de falar diretamente e de levar um não, de cara. Só que ela falou: "É isso que você quer mesmo? Então, vamos buscar". E a gente foi pesquisando, entrando nas redes sociais, vendo peneira em clubes daqui do Rio, mas não tinha nada para a minha idade, porque eu era muito novinha. Então ela disse: "Você vai continuar no Instituto, por enquanto, porque, se tiver de ser, a sua hora vai chegar".

A primeira peneira

Aí apareceu uma peneira lá no Team Chicago Brasil, na Zona Sul. Eu fui para lá, joguei lá por um tempo com meninas e foi uma experiência incrível. Mas tive que sair, porque eu era nova e era muito longe de casa. Meu pai, minha irmã tinham sempre de me levar. Era muito gasto, eu pegava dois transportes pra ir e dois pra voltar, quatro passagens, eu não tinha condição financeira. Saí de lá e fiquei no Instituto aqui perto de casa por um tempo. Até que o Instituto criou aqui perto o núcleo Zona Oeste, que é do Alexandre Xavier. Fui lá conhecer e fiquei lá treinando com eles. O Xavier é gente finíssima, sou muito grata por tudo que ele fez por mim, até hoje.

Um dedinho de Deus

Ficar lá no Instituto eu acho que foi realmente coisa de Deus, porque quando eu comecei não tinha estrutura, não tinha bola, não tinha meninas, não tinha nada. E larguei mão de tudo pra estar lá com o Xavier, acreditei no projeto. Antes eu buscava um clube e teve uma peneira na escolinha do Flamengo, com porcentagem de bolsa para atletas. Fui fazer avaliação e ganhei 75% de bolsa. E fui treinando lá por um tempo, só com meninos — lá no Flamengo eram só meninos.

Fome de jogar

Fiquei treinando em dois lugares diferentes: ia pra escola de manhã, voltava, tomava banho e ia pro centro esportivo do Xavier; à noite, ia aqui pro instituto e no outro dia eram o Instituto e a escolinha do Flamengo. Eu não parava em casa, eu tinha uma fome muito grande de jogar, jogar e jogar, e vivia nessa correria. Aí, chegou o dia em que eu ganhei bolsa para estudar e jogar futebol, e foi o Instituto que me proporcionou essa oportunidade.

Eu não parava em casa, eu tinha uma fome muito grande de jogar, jogar, jogar e vivia nessa correria. Aí, chegou o dia em que eu ganhei bolsa para estudar e jogar futebol e foi o Instituto que me proporcionou essa oportunidade

Agarrando a chance

Agarrei essa chance no Instituto Bola Pra Frente e todo dia eu treinava em dois lugares diferentes. Chegava em casa machucada e tentava disfarçar. Só que mãe é fogo, não tem como esconder nada da mãe, elas logo sacam as coisas. E ela falou que não dava mais pra eu ficar nos quatro, que era pra escolher um só. Escolhi o Team Chicago. Renunciei a tudo e lá não tinha estrutura alguma, em comparação com o Instituto Bola Pra Frente, com a escola, com a escolinha do Flamengo. Lá estava começando do zero. Então foi mesmo uma coisa de Deus, *né,* porque tudo que eu tenho hoje foi por causa do Team Chicago, foi por causa do Alexandre Xavier. Lá que deu o *up* na minha vida.

A hora do salto

Mas chegou uma hora que eu falei, "Xavier, poxa, eu quero algo mais, quero estar em algum clube". Porque a minha idade já estava batendo, eu estava indo para os quinze anos. E ele: "A gente vai arrumar isso aí pra você". Aí, fiz a peneira para o Flamengo naquela época pós-pandemia.

Não passei, mas continuei treinando. Fiz o teste no Botafogo e não passei também na primeira semana. Mas sempre tive o pensamento de que não seria a primeira nem a segunda vez que me fariam desistir. Continuei batalhando duro, treinando, porque eu sabia que minha hora ia chegar.

Subindo e subindo
Quando recebi a notícia, eu estava treinando: minha mãe ligou e avisou que o gerente do Botafogo queria que eu comparecesse lá. Fiquei toda empolgada. E entrei no grupo do Botafogo. Treinei por uns tempos, só que eles acabaram com a base, o Sub-17. Não participei de nenhum campeonato lá. Deu uma confusão entre eles e acabou virando o Duque de Caxias, onde fiquei treinando, mas também no Instituto do Xavier, óbvio.

Portas se abrindo
Até que surgiu a oportunidade de participar da Copa Zico. Pedi permissão pra participar pelo Team Chicago e lá, na Copa Zico, eu fui destaque. Fui uma das artilheiras da competição. E ali outra porta se abriu e tive a chance de jogar o estadual adulto, pelo Bangu. O Xavier ficou maluco, "você tem que ir e não sei o quê". Fui e joguei o Campeonato Carioca Adulto, pelo Bangu, com dezesseis anos.

Fora do jogo
Nesse Campeonato Carioca, fui parada no meio do caminho. Na quarta rodada sofri uma lesão no tornozelo. Fiquei muito chateada, porque eu tinha certeza de que naquele campeonato minha vida ia melhorar, pela visibilidade que eu ia ter ao mostrar o meu futebol pra outras pessoas. Tive um rompimento no tornozelo direito e aí, desabei. Pensei que meu mundo ia acabar. Chorei, pensei em desistir. Mas sempre tive ótimas pessoas do meu lado, que nunca me deixaram desistir. Então, continuei ali, com o tornozelo machucado, me recuperando.

Flamengo, time do coração
Logo em seguida, o gerente do Flamengo entrou em contato com o Alexandre Xavier, disse que me queria no grupo. O Xavier falando que eu estava machucada, com o tornozelo lesionado, mas eles me quiseram mesmo assim. Fui para o Flamengo toda ferrada, as meninas me racham

até hoje lá, falando que eu sou *migué*, mas fui muito bem acolhida. Cheguei lesionada e eles tiveram toda a paciência, todo o carinho e cuidado comigo. Tentaram agilizar o processo pra eu participar da Copa Nike, só que, infelizmente, não deu para eu ir. Continuei com a cabeça levantada. Depois de tudo que passei, eu não podia desistir. Estou no Flamengo, meu time de coração, então, eu batalho duro. Cada dia é uma chance de mostrar o porquê de eu estar ali.

Uma segunda lesão

Passou a Copa Nike e a gente foi se preparando para o Campeonato Brasileiro Sub-17. Eu já estava toda feliz de novo, toda empolgada pra participar, dando o meu máximo nos treinos. Aí, novamente torci o mesmo tornozelo. De novo chorei muito, pensei em desistir de novo, *meu Deus, toda hora, todo campeonato eu me machuco*. E me machuquei fora do clube, não foi nos treinos. Fiquei muito preocupada com o que ia acontecer lá dentro, só que novamente eles foram muito pacientes comigo.

Gratidão

Sou muito grata a todo mundo que está lá hoje, porque me ajudaram muito. E me recuperei novamente e estou treinando, me preparando pra, se Deus quiser, estar no Campeonato Carioca. Vai ser a minha primeira competição vestindo a camisa do Flamengo e estou muito feliz por isso. Sou grata à minha família em geral, eles sempre acreditaram em mim. E ao Alexandre Xavier, que nunca me deixa pensar negativo, que me coloca pra cima de tudo. Eu acho que se não fosse por ele, eu já teria desistido. Eu tinha que ter muita cabeça e pessoas do bem ao meu lado pra não desistir.

> **Sempre teve esses comentários misóginos. Eles falam que mulher não pode jogar futebol. Ih, ouvi muitas coisas ruins desde pequena. Mas isso nunca me afetou. Nada vai atrapalhar meu sonho de chegar na Seleção e ser a melhor do mundo, como a Marta**

Preconceitos e misoginia

Sofri sempre muitos preconceitos, porque eu jogava bola com os moleques na rua e eram só meninos. Minha mãe ficava pra morrer, às vezes eu voltava pra casa com o dedão machucado. E sempre teve esses comentários misóginos. Eles falam que lugar de mulher não é no futebol. Que mulher não pode jogar futebol. Ih, ouvi muitas coisas ruins desde pequena. Mas isso nunca me afetou. Mantive a cabeça erguida e dizia que essas palavras não iam dar em nada. E estou aí até hoje, firme e forte, lutando. Nada vai atrapalhar meu sonho, se Deus quiser, de chegar um dia na Seleção e ser a melhor do mundo, como a Marta.

No colo da mãe amada

Em momentos muito difíceis, num jogo em que não me saio muito bem, prefiro ficar sozinha e refletir um pouco sobre as minhas ações, analisar o que não deu resultado. Quando tenho um dia ruim, eu penso mesmo é sozinha. Faço o *backup* dos meus treinos. Mas costumo compartilhar com a minha mãe, ela é a minha base de tudo, está comigo desde pequena. Ela realmente foi, e é até hoje, uma mãezona. Às vezes chego triste, seguro o choro do treino até em casa pra chorar nos braços dela, porque sei que ali tenho total acolhimento. O maior orgulho da minha vida é ver a minha mãe feliz pelo que eu venho conquistando. Na verdade, o orgulho dela é o meu orgulho. Retribuir tudo o que ela fez por mim.

Em montanha-russa

Hoje eu creio estar muito mais forte que ontem por tudo que eu passei. Passei por muitos baixos, muitos baixos mesmo, até chegar aqui no Flamengo. A minha montanha-russa subia, mas na hora de despencar, despencava com tudo. E creio que isso foi pra me fazer mais forte, então, não penso mais nesses dias ruins, só nos felizes. Agora só penso em viver no alto, focar no alto. E às vezes nem adianta pular etapas, aprendi isso. Etapas são para o autodesenvolvimento, me fizeram ficar mentalmente forte.

Os apoiadores

As meninas têm me apoiado muito, ainda mais quando eu voltei após as lesões. Tive uma semana de treino e logo em seguida já tinha um amistoso. E não me saí bem nesse amistoso. Mas elas foram muito pacientes comigo, me acolheram e me ajudaram. Meu treinador também, desde o início confiante em mim, mesmo com essas minhas duas lesões seguidas ele está ali, ó, "você consegue, você pode". A vida não para e eu tenho muitos planos, muita coisa pra conquistar ainda.

O estudo e o esporte

Estudo muito. Às vezes prefiro passar meu tempo estudando. Faço curso de inglês. Chego do treino, descanso e estudo, eu sei que é importante. Minha mãe vive falando isso, que o estudo é muito importante no futebol. "Ai, menina, se acontecer uma lesão grave e tu não puder mais jogar futebol, o que você vai fazer da sua vida?" Então eu passo o meu tempo estudando e ouvindo música. Gosto muito de ouvir músicas, às vezes aquela música que levanta, que dá energia.

Lidando com expectativas

Vou te falar, eu não gosto muito que as pessoas criem muitas expectativas de mim. Mas criam, porque uma coisa se liga à outra, *né?* Quando eu estava no Bangu, eu não sabia que ia para o Flamengo, mas estavam ali, ligados, esperando alguma coisa acontecer. Quando eu saí do Bangu, o Flamengo pôs muitas expectativas em mim. Infelizmente não pude mostrar ainda, porque só fui lá machucada, não participei de nenhum campeonato. Espero estar no Campeonato Carioca para poder mostrar pra eles o porquê de eu estar lá lutando a cada dia. Eu só não gosto muito que criem muitas expectativas. Mas eu não me estresso com isso. Não é nada que tire o meu foco.

Olhando para trás

Eu não mudaria nada na minha vida. Às vezes até fico pensando nas fases das lesões que eu tive, *poxa, e se eu não tivesse feito isso ou aquilo...* Porque a segunda lesão que me aconteceu foi tipo por uma bobeira, sabe? Fico pensando, *e se eu não tivesse tido essa lesão? Eu já teria participado de tal campeonato.* Mas eu não mudaria nada, porque acho que tudo o que vem é pra nos deixar mais fortes.

Olhando para o futuro

Quando olho pro meu futuro, eu falo pra minha mãe que não quero ser a melhor do mundo. Quero apenas ser reconhecida pelo meu trabalho, pelo meu futebol, e por inspirar crianças. É isso que eu vejo no meu futuro; só de poder mostrar isso já será suficiente. Mas se Deus quiser que eu seja uma das melhores do mundo, está bem. Estamos lutando para isso. Eu penso em deixar inspiração para as meninas que estão vindo depois de mim e até mesmo para as mais velhas. Porque já chegou muita menina mais velha falando que se inspira em mim. E isso me deixa muito feliz.

Concorrência brutal

Eu falo para algumas meninas que já conheço e até para as que estão entrando agora no Flamengo, as que vieram fazer a avaliação, pra elas terem cabeça, pra não desistirem, porque não é fácil. Pedi pra elas acreditarem nelas, porque vão ouvir muitos comentários, bons e ruins. Eu já ouvi muitos comentários ruins de que eu não ia conseguir, me perguntavam o que eu estava fazendo ali, que eu não ia ter chance. Porque têm muitas meninas que te botam pra cima, mas têm também muitas que te põem pra baixo. Que não querem que você conquiste a vaga delas, ou a posição delas.

As malvadezas

Andei muito chateada, muito triste, de ver uma companheira que está comigo desde cedo, desistir do futebol por conta de comentários destrutivos, tipo, "você é ruim" e isso e aquilo. E eu falei, "cara, tem que ter muita cabeça, muito psicológico para digerir certos comentários que acabam afetando a atleta". Quando eu voltei de lesão, voltei numa fase ruim e ouvi muitas coisas desse tipo. E às vezes nem era na minha cara, mas por trás, eu ficava sabendo por outras pessoas.

Os ídolos

As pessoas mais importantes na minha vida, com certeza, são os meus pais que me criaram. No esporte, me espelho na Marta. Porque, como eu tinha falado antes, eu não sabia nada de futebol e nem da existência do feminino. Foi o professor do Bola Pra Frente que mostrou a foto pra gente e falou que aquela era a Marta, jogadora de futebol. Aí me encantei e ela é a minha inspiração, com certeza.

As barras da trajetória

Dificuldade financeira eu tive e muita, porque aqui em casa somos uma família humilde. Éramos sete, mas uma já foi morar sozinha, e sempre foi muito sacrifício. Até pra comprar chuteira, pra tudo, sempre foi muito apertado nessa questão financeira. Um momento feliz na minha carreira foi de aos pouquinhos estar conquistando as minhas coisas. Não tinha ainda patrocinador e na época, o único clube que me ajudou foi o Bangu, eles me deram o dinheiro da passagem. Porque ficava longe também, eu ia sozinha e voltava já de noite pra casa. O Flamengo fornece o uniforme, o short, o meião, mas a chuteira eles não dão, não. Chuteira a gente tem que comprar. E momentos difíceis, eu já falei, foram as lesões, que deram uma trava no meu sonho. Mas segui em frente, *né?*

Troféu da felicidade
Fiquei muito feliz em ser a artilheira da Copa Zico e de ganhar o troféu. Sonhei com esse troféu e hoje eu o tenho na prateleira aqui do meu quarto. Eu falo pro Xavier, meu agente, "ó, fulano falou isso e aquilo". Tanto é que, quando eu estava no Duque de Caxias e recebi a proposta pra jogar o estadual pelo Bangu, eles não quiseram me liberar. E nem eu queria sair, porque eu já tinha aquele grupo, aquela amizade. Mas ele falou "sai, sim, vai pro Bangu, confia em mim". E eu sempre confiando nele, sim, de olhos fechados.

Agradecimento
Obrigada, Francisca, por me dar a oportunidade de falar de minha história. Eu só tenho mesmo a te agradecer, por poder participar deste seu livro contando sobre mim, das minhas dificuldades e vitórias, e sobre as pessoas que eu amo e que fazem parte de minha vida.

ADRIANA BENTO

Vôlei de praia

Mestra dos canadenses na arte do voleibol

Adriana Bento *(São Paulo, 20.04.1970) chegou ao topo do mundo do Vôlei de Praia compilando vinte resultados entre os dez primeiros, seis resultados entre os cinco primeiros e uma medalha de ouro em torneios da FIVB. Adriana foi tricampeã Sul-americana, além de eleita entre as seis melhores jogadoras do Brasil. Em 2010, ela se mudou com a família para o Canadá e atua, desde 2019, como treinadora de vôlei no Centennial College. De 2018 a 2020, foi treinadora de vôlei feminino no Centenário da Universidade. De 2014 a 2022, foi a principal treinadora da Equipe Nacional de Vôlei Canadá Beach e da Seleção de Vôlei do Canadá. Atualmente trabalha dando consultorias de* Coaching Indoor *e de Vôlei de Praia em vários países do mundo.*

Achada por acaso

Quando eu comecei a jogar, praticamente, o clube apareceu na minha vida sem eu ir buscar. Jogando voleibol na escola, machuquei o joelho e fui parar no hospital. Naquela época, por incrível que pareça, professores de Educação Física usavam uniforme branco e os alunos tinham também que usar roupa branca pra fazer ginástica. E eu cismei com a cara de uma pessoa, que também tinha ido levar um aluno que se machucou e perguntei: "Mãe, ele é professor de educação física?". Fui chamada pra fazer o raio-X do meu joelho e quando voltei, este professor estava perguntando pra minha mãe, "ela pratica algum esporte?". "Joga vôlei na escola", ela respondeu. "Olha, a gente tem um clube, você quer levá-la lá?" Ele era o treinador de voleibol do Corinthians.

Situação impensável

A gente morava em Arujá, muito longe, duas horas pra chegar no treino. Mas minha mãe me levou num domingo e eles tinham um jogo. O tal professor me disse, "você vai vestir o uniforme, entrar na quadra, se aquecer com elas, mas só pra ver a diferença entre a escola e o clube". Fiz o que ele disse, depois me sentei no banco e vi o jogo. No final, ele disse pra eu voltar no dia seguinte. Do nada, foi acontecendo. Eu tinha uns treze anos na época e nem cogitava fazer algum esporte competitivo, porque eu era do interior, morávamos afastados de tudo e ninguém na família tinha tendência para o esporte. Eu gostava porque jogava na escola e aprendendo, você vai gostando.

Salva pelo irmão

Na escola, fui direto pro vôlei, porque meu irmão mais velho jogava lá também. Como nossa diferença de idade era de dez anos, quando eu cheguei, ele ameaçou, assim, "olha, se ela não participar, eu vou pegar essa bola e vou jogar em cima do telhado". Eu gostava de jogar, ele sabia que eu gostava e convenceu os colegas a me deixarem participar, mesmo eu sendo mais nova. Vivíamos em um sítio e meu pai criava passarinhos, que se assustavam porque eu batia bola na parede de casa.

Do campo à cidade

Mas tive que mudar pra cidade, porque a rotina ficou difícil pra mim. Eu já tinha dezesseis anos, jogava no Banespa, em Santo Amaro. Entrava na escola às sete horas, saía às duas e meia da tarde e ia direto treinar. Voltava pra casa perto da meia-noite. No dia seguinte, tinha de acordar às quatro da manhã e seguir nessa rotina. Nunca reclamei porque eu gostava de jogar e o Banespa pagava a escola particular pra mim. Mas eu tinha que estudar perto de lá. Era uma vida muito diferente da que eu tinha no campo, o esforço era cansativo, mas o prazer era maior; valia a pena por isso.

Com estrelas do vôlei

Eu joguei muito tempo na quadra, quando tínhamos oportunidade de jogar em diferentes clubes e atletas. Joguei com consagradas na Seleção Brasileira, a Ana Richa, a Ida, a Dora, mas nunca despontei na quadra. Meu último ano em quadra foi 1995, quando a gente jogava no Translitoral/

Guarujá, com o Ênio Figueiredo, a Andréa Teixeira. E o Ênio nos deixou, Andréa e eu, jogar vôlei de praia. Teve um campeonato lá no Guarujá, estávamos de folga e ele falou: "Quer saber? Vocês podem jogar. Vão lá e joguem". Aí, eu e a Andréa, duas ponteiras, ficamos em terceiro lugar. Batemos em Rose e Roseli, e subimos no pódio com a Isabel, a Jaqueline, com todo mundo, na primeira vez que jogamos.

Da quadra à praia

Acabamos batendo atletas que não esperávamos. Jogamos com a força de jogadoras de quadra e acabamos pegando nosso primeiro troféu nesse campeonato. A Andréa continuou durante muito tempo na quadra — tanto é que foi Seleção Brasileira na quadra. Eu ainda fiquei mais uns dois anos na quadra e me decidi. Gostei da praia, *que esporte legal, diferente e tal*. Pensei em fazer alguns contratos legais e assim investir em mim quando fizesse a transferência, pra poder continuar jogando. E fiquei só na praia.

O inesperado

Foi uma época muito legal, foram muitas as parceiras com quem tive a chance de jogar. E tive a oportunidade de ir para os Jogos Pan-Americanos, mas infelizmente aconteceu uma fatalidade. Esperávamos jogar a final contra a Adriana Behar e a Shelda, mas a gente não conseguiu chegar nas finais. E depois daquele Pan-Americano, eu fiquei meio desanimada com a praia. Meu período na praia foi curto. Algumas coisas que aconteceram, principalmente depois desses Jogos, me fizeram refletir se eu queria mesmo continuar jogando ou não. Porque foi muito pesado: meu pai morreu exatamente no dia em que eu tinha que viajar para os Jogos.

A perda do pai

Eu estava jogando na França quando ele faleceu. E meu conflito foi o de voltar pra casa ou ir direto para o Pan. Decidi pelo Pan, mas não foi fácil, porque lá também aconteceram várias coisas que, emocionalmente, me abalaram muito... mas que também, depois, me fortaleceram. E eu não tive ajuda pra encarar, acho que faltou ter uma ajuda pra que eu não me quebrasse tanto, mentalmente, naquela época. Talvez tenha sido a confusão em relação a "se você vai procurar um profissional de psicologia, você está com problemas...".

Sem poder bancar

O vôlei de praia é um esporte que você precisa pagar tudo. Você paga técnico, paga sua estrutura, paga pra viajar. Se não estiver bem estruturada, você vai ter o estresse da competição, do seu dia a dia e o de como pagar um psicólogo pra trabalhar com você. E aí você fica assim, *vou gastar com esse profissional que eu preciso, mas não vou ter dinheiro pra bancar outras coisas*. Existiam psicólogos, mas não especializados na área do esporte de alta performance.

O diferencial de atleta

Eu tive uma pessoa trabalhando com a gente, mas como ela não era especialista na área, ela não soube lidar com a dupla e com os nossos problemas. Praticamente ela tinha que ser levada aos nossos treinos e talvez a competições, pra ver como a gente se portava. E esse custo seria ainda maior; não era possível fazer isso. Hoje já estão dando mais credibilidade nesse sentido. O emocional, o mental do atleta tem que ser mais forte, não tem como. A diferença dos grandes atletas é exatamente o lado mental.

> Hoje, se você não se desligar um pouco do que comentam, você tem isso na sua cabeça direto. O atleta agora performa pra ele, para o técnico e para as pessoas que pensam que são técnicos deles. Tem muita gente se achando técnico das atletas que estão jogando...

Muita opinião

Eu acho que agora a pressão é muito pior. Se você for avaliar o que nós tínhamos quando éramos atletas... Antes, ninguém dava opinião, só se alguém cruzasse com a gente na rua, se nos encontrasse nas competições. Dificilmente você ia escutar alguém falar de você. Hoje, se você não desliga um pouco do que falam, você tem isso na sua cabeça direto. O atleta agora performa pra ele, para o técnico e para as pessoas que pensam que são técnicos deles. Tem muita gente se achando técnico das atletas que estão jogando...

As críticas

Eu vejo os atletas como um todo, não importa pra qual time eles jogam. Que nem o meu filho joga no Minas. Quando eu vejo um atleta muito bom, que faz o que me agrada, que faz coisas que eu, como técnica, o ponho num pedestal mais alto, eu não vou criticar, dizer que ele não é bom, sabendo que é fantástico. É o prazer de você ver os jogadores fazendo bem feito. Morreu esse lado, a realidade é outra.

Lembranças da Jackie
Eu tenho dois pódios de quando eu joguei com a Jackie Silva. Grande atleta. Jogar com ela era um prazer, porque era um aprendizado. Não importava o nível em que você estivesse, ela falava, "nós temos que ir juntas". Ela realmente te puxava pra um nível acima do normal. Eu tenho duas fotos engraçadas com ela. A gente subiu no pódio em duas competições. Na competição em que fizemos a final e perdemos, estamos as duas com o troféu na mão; eu, sorrindo por estar ali, e a Jackie com cara de querendo matar um pela derrota. E na que a gente ficou em terceiro lugar, ela está supercontente e eu também, o que é normal pra mim, porque era uma vitória. A gente falando do terceiro e do segundo lugar, a sensação devia ser, *poxa, mas fomos pra final!*

Tudo é experiência
Eu não tive campeonato que eu possa dizer que foi um supercampeonato, que eu achei que fez toda a diferença. Lógico, eu joguei o Pan-Americano aqui em Winnipeg, no Canadá. Um supercampeonato, que eu esperava muito mais dele; a gente ficou em quinto e eu esperava chegar numa final. Então são lembranças, foram experiências, mas não posso dizer que foram maiores do que eu esperava, mas pequenas lembranças, como a de ter jogado com a Jackie e essas situações de perder e ganhar.

Carreira e maternidade
Todas as mulheres têm esse problema, como conciliar filhos e carreira. Quando eu tive a minha primeira filha, ainda estava jogando e tinha que tentar conjugar o esporte com os cuidados com ela e com tentar voltar o mais rápido possível. Sete meses depois que ela nasceu eu já estava me preparando pra voltar. Só que é preciso ter toda uma estrutura pra fazer isso funcionar. Se não tiver, você não consegue fazer com uma velocidade maior, pra voltar a jogar. E se consegue, como é que vai se desligar da filha, que só tem sete meses, e voltar a treinar, competir e viajar? Foi até

interessante, porque foi difícil, mas consegui conciliar, com ela, que foi a primeira.

Corpo e gravidez

E, então, eu falei assim, *já que eu tive a primeira, vamos fazer o segundo*. Aí foi mais difícil, porque não era mais só uma criança. Mesmo assim, com o segundo bebê, fiz de tudo pra voltar. Só que, no caso, o corpo da mulher pra voltar à forma antiga, depois de dois partos, é um pouco mais complicado. A parte física já não era a mesma e mostrou um problema de hérnia de disco na G1-5 que eu nem sabia que existia. Só apareceu e se agravou depois da segunda gravidez, porque, como eu tinha um corpo forte, trabalhado fisicamente, não demonstrava ser um problema mais sério.

Decisão após o parto

Quando a mulher engravida, tudo muda. A gente fala que as articulações abrem e depois tentam fechar, mas você não é mais a mesma; seu corpo não é o mesmo. Mentalmente, você acha que é, mas não é. E vai vendo... *peraí, o que está acontecendo? Por que a mudança? Por que não vai rápido? Por que não funciona? O que eu vou fazer? Vou continuar? Não vou continuar?* Quando o Arthur nasceu, eu vi que tinha de decidir entre continuar e fazer uma mudança radical, ou parar e seguir outro caminho. É lógico que a lesão fez com que eu me decidisse rápido. Eu tinha que desistir. Foi muito louco, porque eu estava morando no Rio, meu marido estava em São Paulo, então, eu tinha que montar uma estrutura pra mim e, sem ele por perto, tudo ficou muito complicado.

> Quando eu me aposentei, eu tinha que focar nos dois pequenininhos, eles eram a prioridade. E acabou que não fui técnica no Brasil e isso é a grande pergunta que eu tenho na minha cabeça o tempo todo: como é que seria se eu tivesse sido técnica no Brasil?

A decisão

Parei de jogar e decidi que ia cuidar das crianças, iria ficar 100% com eles, que ainda estavam muito pequenos. Mas não pensava em ser técnica. Depois, conversando com alguns amigos, eles sugeriram que eu devia ser técnica. E algumas pessoas que jogaram contra mim também falaram que eu tinha todo o jeito pra isso. Eu dizia, "espera um pouquinho, gente", porque na minha cabeça, naquele momento em que eu me aposentei, eu tinha que focar nos dois pequenininhos, eles eram a prioridade. E acabou que não fui técnica no Brasil e isso é a grande pergunta que eu tenho na minha cabeça o tempo todo: como é que seria se eu tivesse sido técnica no Brasil?

Mudança para o Canadá

Meu marido foi transferido para o Canadá quando eu estava conversando com o pessoal do Clube Pinheiros pra montar um projeto olímpico de vôlei de praia lá dentro. As coisas já estavam se encaminhando pra dar certo quando ele falou, "vamos nos mudar para o Canadá, porque a empresa quer que eu mude". A empresa em que ele trabalhava no Brasil era canadense. Então, a minha vinda para o Canadá se deu em função dele. Não teve nada a ver com o esporte pra mim.

A sorte bate à porta

Quando nos mudamos, eu pensei, *e agora, como é que vai ser?* De novo as pessoas falaram, "você só tem sorte". Eu não sei, o destino põe algumas coisas na sua frente, que nem foi com a questão do hospital, quando o técnico me achou. Chegamos ao Canadá, estou passando de carro com meu marido em frente à Universidade de Toronto e quem atravessa a rua na minha frente, no semáforo? Uma atleta canadense que eu joguei contra ela. Falei pro meu marido, "eu conheço aquela pessoa, é a Kristine Drakich. Jogamos, ela pelo Canadá e eu pelo Brasil". Estávamos parados no sinal, eu desci e fui falar com ela.

> A Kristine me olhou e disse: "Adriana! O que você está fazendo aqui?" — ela é a técnica do voleibol feminino da Universidade de Toronto até hoje, tem quase trinta anos de carreira lá. "Peraí, se você veio para o Canadá, então vamos trabalhar juntas!"

Os sinais falam

Foi engraçado demais, porque a Kristine me olhou e disse, "Adriana! O que você está fazendo aqui?" — ela é a técnica do voleibol feminino da Universidade de Toronto até hoje, tem quase trinta anos de carreira lá. *"Peraí*, se você veio para o Canadá, então vamos trabalhar juntas!". É, às vezes a sorte aparece na nossa frente e a gente não entende que são sinais que falam, "ó, têm coisas acontecendo pra você". E a gente só precisa saber se são mesmo, o que se tem que fazer, *né?* Porque foi assim que as coisas aconteceram, tanto pra eu começar a jogar quanto pra ser técnica aqui no Canadá.

Sem dominar o idioma

A Kristine Drakich sabia que eu não estava com fluência no inglês, mas procurou conversar comigo de uma forma que a gente se entendesse. Teve o cuidado de falar, "ela não está fluente, mas a gente vai se organizando pra fazer a coisa funcionar". São muitas as pessoas interessantes que estão ao seu redor, como outra que eu conheci aqui, um técnico fantástico, jamaicano e canadense, que até trabalhou com o meu filho. Ele tinha uma coisa assim: "Adriana, eu não quero saber da língua. O voleibol fala a mesma língua, não existe língua diferente. Se você não vai falar em inglês, só de demonstrar, você já mostra saber o que está explicando". Então, existiram pessoas que, ao chegarmos, eu me aproximei delas e me senti acolhida, porque era sempre desconfortável não saber a língua fluentemente. Mas fizeram com que eu deixasse de ficar tão preocupada, "ai, não sei o idioma, não vou conseguir fazer", só me dizendo, "dá para fazer sim, mesmo não tendo fluência".

Sempre estrangeira

Eu diria que a discriminação é real, ela nunca acaba e nunca vai acabar. Vou dizer o porquê: eu nunca vou ser canadense por completo. Sou brasileira, moro no Canadá, eu me adapto à realidade canadense, mas lógico, existem os prós e os contras; há coisas que eu adoro e coisas que eu me pergunto, *meu Deus do céu! O que acontece aqui?* E tenho que tomar cuidado pra não pegar o jeito canadense de ser, porque daí eu me mudo como pessoa. É um perigo. Quando você é estrangeiro, você é sempre estrangeiro; não se muda essa característica morando em outro país.

Experiências no Canadá

Eu já estava trabalhando para a Seleção Canadense por mais de oito anos, mas quando eu voltava ao Brasil, o pessoal falava "eu não sabia que você está no Canadá e nem que trabalha na Seleção". Minha função era formar novas atletas que, no Canadá, é diferente do Brasil. Elas só podem entrar para a Seleção depois que terminam a Universidade, aos vinte e um, vinte e dois anos, quando eu começava a formá-las, pra depois seguirem o caminho profissional que tivessem que seguir, na Seleção de Vôlei de Praia.

Atuando em dois grupos

Aquele era o grupo *full time* (em tempo integral), que a gente fala. É o grupo do verão, do pessoal que vem, fica um período treinando com a gente, depois volta pra Universidade. Eu poderia trabalhar a vida inteira na Seleção, mas, profissionalmente, eu vi que não estava crescendo como técnica. E isso me incomodou demais. E eu fazia um período na Seleção Canadense e trabalhava um período também com o vôlei de quadra, onde estou 100% agora, que é o *Centennial College*, com o vôlei masculino.

A carta do presidente

Comecei na Seleção com os dois, porque eu era responsável pelo feminino e pelo masculino da nova geração. Depois eles fizeram uma separação: existia um técnico para o feminino e outro para o masculino, mas antes era eu que trabalhava com o dos dois gêneros. Eu não tinha problemas em me acostumar com um ou com o outro; as diferenças são gigantescas, mas sempre foi normal. E, veja, quando nos mudamos, o presidente da Confederação Brasileira mandou uma carta para o presidente da Seleção Canadense avisando que, se eles precisassem de alguma coisa, "a Adriana Bento está chegando".

Competitivo e ardiloso

Aí foi interessante, porque o presidente daqui mandou a carta para o técnico que, na época, era um alemão e ele falou, "ah, legal, *manda ela* vir". Mas era um "legal", assim, "*manda ela* vir que eu vou mandá-la embora, bem rapidinho", não foi um *welcome* (bem-vinda). Eu estava ali pra aprender e ele estava com receio de que eu quisesse pegar o lugar dele. Só que o problema dele não era com o fato de eu ser mulher e técnica, mas por eu ser brasileira. Quando eu cheguei no Canadá, nenhum atleta canadense tinha os resultados que eu tive, ou que qualquer atleta brasileira tinha.

O brilho brasileiro

Quando eu cheguei aqui, em 2010, ninguém tinha os nossos resultados. Era uma coisa meio que "não sei quando nós vamos conseguir chegar lá". E demorou um período muito grande, até o Canadá conseguir resultados. O tal técnico alemão era o *head coach* (treinador principal) e eu fui muito discriminada por ele. Ele incitava os atletas a agirem de forma errada comigo — *poisoning* (envenenamento), como se fala aqui —, provocando situações pra que eles não me aceitassem como técnica. Tanto é que, depois que ele foi mandado embora, eu trabalhei com o novo técnico que chegou e que, por sinal, tinha sido o treinador da Seleção da Austrália. E esse, que já me conhecia como atleta, fez o contrário: "Vem cá, vamos trabalhar juntos", me disse.

Diferença entre Brasil e Canadá

Eu acho que no Brasil é ainda mais complicado do que aqui, até pela grande diferença deles em relação a nós. No Brasil, os técnicos são formados. Aqui, você até que vai ver mulheres trabalhando como técnicas do vôlei de quadra masculino, não necessariamente no *college* onde eu trabalho; acho que sou a primeira técnica a trabalhar com uma equipe masculina, mas em outros clubes de base há algumas mulheres trabalhando. A diferença é o profissionalismo: aqui não é tão grande como no Brasil. Eles precisam de mais técnicos e nem todos são profissionais da área. No Brasil, todos são profissionais da área, então, o leque de masculinos aqui é muito menor. Poucas chegarão a técnicas do masculino.

> A questão não é querer mudar o atleta, mas saber como ele trabalha com o que sabe e como melhorá-lo. Mas é muito diferente a forma de trabalhar o atleta no Brasil para a do Canadá, exatamente por isso — no Brasil o profissionalismo é maior. E isso faz diferença

Mulheres qualificadas

Eu não ponho como concorrência, mas se tiver alguma técnica com qualidade pra trabalhar com uma equipe masculina no Brasil, por que não? Aí depende muito deles, os atletas, *né?* Porque, daí, eles vêm e falam assim, "é como ela quer"... Não! A questão não é de querer mudar o atleta, mas de saber como ele trabalha com o que ele sabe e de como melhorá-lo. Mas é muito diferente a forma de trabalhar o atleta no Brasil para a do Canadá, exatamente porque no Brasil o profissionalismo é maior. E isso faz toda a diferença.

Preparação de jovens
Vou te dizer, há o lado bom e o lado ruim disso. O lado bom é que, quando o esporte não der mais certo, eles estão preparados para seguir outro caminho. Aqui no Canadá eles preparam o adolescente... A minha filha, quando tinha dezesseis anos, já podia trabalhar. Há trabalhos específicos para a faixa etária dos que estão na *high school* (ensino médio), o pessoal que no verão termina a faculdade e passa o verão inteiro trabalhando. Porque aqui o pessoal trabalha. E em coisas bem diferentes, até mesmo como técnico de criança pequena, em acampamentos. Então, esse público é direcionado pra se envolver com trabalho, ganhar dinheiro, voltar pra faculdade e depois voltar a trabalhar. Existem essas oportunidades.

Trabalhar em vez de jogar
Na Seleção Canadense, perdi atletas porque elas ganhariam mais indo trabalhar do que ficando na Seleção. Eram três atletas muito boas, que poderiam ser fantásticas, mas, mesmo tendo excelente qualidade técnica, elas diziam, "não aguento mais perder dinheiro ficando aqui". E foram embora. Já no Brasil, o pessoal não insiste mais, porque os atletas não veem outro caminho. Eles não vão parar de serem atletas por ter outra coisa que possam fazer. E aqui, eu perco um atrás do outro. Porque eles põem na balança, "será que fico aqui perdendo dinheiro ou vou trabalhar e fazer o que eu quero, na hora que eu quero, do jeito que eu quero?". E vai indo embora, não tem jeito.

A bola na família
Mas a bola ficou na família. Agora tem o Arthur, que está na Superliga, no Minas. Quando ele estava aqui, ele foi recrutado como atleta pela *Ohio Capte*. Como ele decidiu que queria ser profissional e jogar no Brasil, nossa negociação foi, "vai querer ser profissional e ficar lá? Tudo bem, mas não vai poder parar de estudar; se parar, a gente te tira de onde você estiver". É uma luta diária, porque a correria de treinamentos é muito grande,

mas a negociação foi bem clara com ele. E isso ajuda demais. Não parando de estudar, as leituras de livros fazem com que a mente continue ativa. Como atleta, precisa-se tomar muitas decisões em tempo curto. Se você só jogar voleibol e não fizer coisas que ponham sua mente pra trabalhar, não vai funcionar da forma que deveria.

O filho no Brasil

O Arthur começou a se desenvolver no esporte e está muito acima da média aqui do Canadá. Escolhi o Minas pra ele porque conheço a Cebola, diretor do vôlei masculino. Avisei: "Olha, eu estou com meus filhos aqui, posso mandar o Arthur? O que você acha?". Ele pediu vídeo pra ver o jogo dele e tudo mais. E foi assim que aconteceu de ele voltar pro Brasil. Ficou um período em 2019, o Minas gostou dele e começou a jogar pela base com catorze anos. Pra ele foi difícil, passou dificuldades, de saudade, de tudo, mas soube lidar sem chegar a um ponto de perder o controle do que ele queria, que era jogar voleibol. E ao chegar lá, ele me contou, "mãe, achei minha turma". Não houve discriminação, o brasileiro é mais aberto. Ele agora adora abraçar, adora correr, está bem lá.

> **Têm que parar de achar que técnico não precisa de ajuda psicológica, porque consegue resolver tudo sozinho. Mas fica aquela coisa, *se preciso de quem me ajude, parece que não sou estável o suficiente pra trabalhar com uma equipe. E é o contrário***

Esqueceram do treinador

Realmente, o suporte psicológico para treinador não existe, fica só nessa de "vamos fazer para o atleta". Mas a equipe também sofre grande pressão por trás do jogador. Têm que parar de achar que técnico consegue resolver os problemas do dia a dia sozinho, que não precisa de ajuda psicológica, porque a gente consegue resolver, como se fosse da área de psicologia. Mas fica aquela coisa, *se estou procurando alguém pra me ajudar, parece que não sou estável o suficiente pra trabalhar com uma equipe.* E é o contrário: para que eu possa trabalhar com uma equipe, eu preciso ter quem me oriente a ver as coisas que acontecem comigo no meu dia a dia.

Sincera necessidade

Muitas vezes há situações que não percebo estarem acontecendo e esse profissional pode me ajudar a entender que alguns comportamentos passaram, ou não, do limite, e que devo me comunicar de outra forma com os meus atletas. Mas ainda é complicado pra técnicos colocarem isso como uma prioridade. Eu vejo que é necessário. Não é uma conversa com alguém da sua família que vai resolver o problema que você tem na quadra. Ter um profissional que te oriente, te ajude, dê dicas, embasado nas situações do cotidiano, vai ajudar muito a melhorar o meu trabalho. Eu sinto falta disso. Quando eu saí da seleção canadense, foi a coisa que eu mais senti. Só me faltou gritar por socorro lá. Mas ninguém prestou atenção.

Inteligência emocional

Contrataram na Seleção Canadense dois profissionais de psicologia que não souberam lidar com a situação. As pessoas estão tão focadas no fato de que é só o atleta que precisa que esquecem que, a qualquer momento, o técnico também pode surtar, no sentido de, *peraí, estou pedindo que alguém me ajude aqui, pra eu poder ajudar melhor os atletas*. Você está pedindo socorro, mas ouve um "não, a gente resolve dessa outra forma". E você, *"peraí, me escuta, não se trata de uma questão da 'forma' para o lado do atleta"*. Eu tenho procurado esse lado psicológico pra lidar com os jogadores e tenho lido livros sobre o assunto, porque livro me ajuda.

Política e psicologia

Só pra você saber, no Centennial College eu tenho muitos atletas internacionais. Tenho um do Irã, tá? No meio da confusão que aconteceu no Irã, eles na rua fazendo aquela revolução toda, ele estava preocupado com a família dele, que vive lá. E a gente estava em competição. Então, era ele aqui treinando e a gente tentando lidar com a situação, "olha, se for muito difícil pra você vir treinar, tudo bem". Um dia ele veio para o jogo e não falou que estava preocupado demais com os pais. E não jogou bem. No final do jogo, confessou, *"coach*, estou com a cabeça fora".

Atenção humana

Eu disse que ele podia ter me falado, porque notei que estava meio fora mesmo, mas não podia adivinhar o que se passava com ele. E ele só falou depois do jogo. Aí, propus conversarmos sempre, porque eu preciso dessas informações antes. E passamos a prestar mais atenção nele, pois, além do superestresse com o problema familiar, ele estava tentando conciliar o estudo e o trabalho com o voleibol. E oferecemos, "há um trabalho disponível pra você na escola, você faz aqui dentro, não precisa ficar na correria". Ele agradeceu, disse que isso foi ótimo pra ele. Então, veja como é difícil, a gente não consegue adivinhar...

Agradecimento
Olha, Francisca, eu estava nervosa antes de conversar com você, mas foi um prazer. Você me deixou tranquila, à vontade, nesse bate-papo supersossegado. Foi muito legal. Obrigada.

CAPÍTULO VI

Eu não escolhi estar aqui

Por HELLEN TELLES

Eu não escolhi estar aqui. É isso mesmo que você leu. Apesar de trabalhar com o que amo e ser muito feliz na minha profissão, eu não a escolhi, ela me escolheu. Nasci em um contexto familiar no qual eu respirava esporte 24 horas por dia, 7 dias por semana, em que a televisão, o rádio, o jornal, as conversas, tudo, absolutamente tudo, envolvia o esporte — mais especificamente, o mais amado do mundo. A fita cassete da Copa de 94 repetia milhares e milhares de vezes na televisão da sala o gol do Bebeto, a cotovelada do Leonardo... Dificilmente eu seguiria um caminho diferente deste que sigo hoje. Que todos nós dessa família seguimos.

Hoje sou agente licenciada FIFA com nove anos de experiência em gestão de carreira de atletas, moradora do mundo, que ama a liberdade geográfica e temporal, e que encara diariamente o contexto histórico que ainda não envolve tantas mulheres nos processos construtivos e decisórios do futebol. Porém, para chegar neste ponto, meu mundo já deu algumas voltas. E tem muitas ainda por dar.

Meu pai transferiu o seu grande sonho não concretizado de ser jogador de futebol para meu irmão, o que transformou a rotina da nossa família. Nossos finais de semana sempre foram recheados de jogos e campeonatos enquanto nossa semana se dividia em escola e treinos. E essa rotina me trouxe meu primeiro amor: o futebol. Descobri isso quando percebi que minha matéria favorita na escola era educação física, e não tinha nada a ver com a complexidade da mesma. Ou quando eu trocava qualquer programa com as minhas amigas para viajar vários quilômetros para ver meu irmão jogar. Foi quando eu já não tinha dúvidas de que a minha graduação seria dentro do esporte.

Com o destino do meu irmão já nos trilhos do futebol e tantas expectativas em volta disso, inconscientemente (ou não) comecei a moldar a minha vida conforme o manual social do ambiente em que vivia, no interior do Rio Grande do Sul: uma aluna exemplar, com boa colocação no vestibular, um relacionamento sólido e duradouro, que escolheu terminar a faculdade antes de casar e só então adquirir sua casa própria e, então, ter filhos. Buscava viver aquela vida de comercial de televisão, com um roteiro definido, um final feliz e confortável, uma carreira estável e tranquila. Se o sonho dos meus pais era ver meu irmão ganhando o mundo no futebol, o sonho deles para mim era ter a vida mais perfeita e bem planejada possível. Se a vida viesse com um manual, esse seria o meu.

No meio deste processo, já formada, casada e trabalhando com meu irmão na gestão de sua carreira, o futebol me deu a oportunidade de viajar e conhecer novas perspectivas, de subir a régua da ambição, de visitar lugares e pessoas que me despertavam anseios maiores e mais incertos, porém, justamente por serem tão incertos, mais intrigantes. Em meio a essas idas e vindas, eu acessava esse mundo que fazia meus olhos brilharem, e voltava para a minha rotina já pré-definida e previsível.

Até que um dia eu não quis mais voltar. É muito difícil explicar como e quando essa chave caiu, mas de uma hora para outra abraçar o desconhecido parecia a coisa mais certa a fazer. Uma mistura de alívio e responsabilidade em que eu abria mão de uma construção que já se encaminhava para a fase decisiva da maternidade e optava por buscar o frio na barriga. Eu fui.

Depois de oito anos de namoro, quatro anos de casamento, patrimônio construído, de repente algo mudou. Era como se uma nova versão de mim chegasse chutando a porta sem pedir licença. Abri mão da missão de ser mãe, me divorciei, vendi todo o patrimônio e abracei meu maior desafio de vida: a liberdade. Com trinta anos, recomecei. A sensação era de um *reset*, de começar de novo, mas agora sem um roteiro a seguir. Foi uma mudança que teve muitos reflexos, tanto físicos como de posicionamento, de maior convicção em todas as minhas ações e de estar pronta para "bancar" todas as minhas decisões. Cair em si não é tropeço, é voo.

Minha trajetória de gestora de carreira crescia na mesma batida que a carreira do meu irmão. Traçamos metas ambiciosas, estabelecemos critérios e uma linha de evolução. Tive ainda mais oportunidades de viajar o mundo, conhecer grandes clubes, criar conexão com influentes nomes do futebol mundial e me posicionar entre eles. Nesse momento, eu já era responsável pela carreira de um jogador de renome internacional, o que por si só já era uma enorme responsabilidade. Agora agregue a isso o fato de o jogador em questão ser seu irmão e um dos grandes amores da sua vida.

Realizei um dos maiores sonhos da minha vida e da minha família em 2022, quando, depois de uma vida inteira de dedicação, vi meu irmão vestir a camisa da seleção brasileira em uma Copa do Mundo. Foi quando toda a caminhada fez sentido e trouxe a sensação de que tudo valeu a pena.

Quanto mais pedimos por evolução, mais a vida se apresenta de forma que consigamos evoluir, enfrentar desafios, crescer. Escolhi um universo cheio de regras culturais, onde olhares desconfiados surgem ao redor de mesas de reuniões e comentários desajustados tentam desviar o foco da competência e da meritocracia. O futebol me escolheu e eu escolhi todas as suas consequências. E sempre que me perguntam como é trabalhar nesse contexto, a resposta é fácil: minha maior fraqueza também é minha maior força. A dúvida e a desconfiança me abrem portas, me fazem sentar em mesas de negociações, mas somente as minhas habilidades e competências me mantêm lá. E para me manter lá, a régua sobe a todo instante.

Meu novo momento pede protagonismo. Depois de passar muitos anos nos bastidores de uma carreira brilhante, fiz uma nova escolha, impulsionada por novos contextos. Optei por vivenciar um novo momento de liberdade, deixando a zona de conforto mais uma vez e encarando o maior projeto da minha vida. Enxergo esse momento como a melhor e pior fase da minha vida. Sempre é muito difícil encerrar ciclos, especialmente quando eles têm um impacto significativo na pessoa que nos tornamos, tanto pessoal quanto profissionalmente, e envolvem pessoas que amamos. Mas momentos como esse são necessários para abraçar projetos ainda mais audaciosos, ambiciosos e desafiadores.

Escolhi estar entre os grandes, escolhi ser inspiração, escolhi colocar o nome Hellen Telles nos maiores patamares do futebol mundial. Esse sonho me motiva e me impulsiona. Novas metas foram traçadas, estas ainda mais grandiosas. E quero logo poder voltar e contar um novo capítulo dessa vida apaixonadamente sem roteiro.

Hellen Telles *é gestora de carreira por formação e apaixonada por futebol na sua essência. Formada em Educação Física, possui especializações pela FGV e CBF Academy. Trabalha com atletas de formação no Brasil. Atuou por oito anos como conselheira de carreira do irmão e atleta da seleção brasileira Alex Telles, em que coordenou todas as ações de carreira extracampo até a Copa do Mundo. Recentemente, recebeu a licença de Agente FIFA,* chancela que tem alcance mundial para transações entre atletas e clubes. Também possui projetos voltados para a moda, como é o caso da Allmma Brand, na qual é co-fundadora. No entanto, é no futebol que concentra a maior parte de seus anseios profissionais. Instagram: @hellen_telles

Futebol

Bamba desde criancinha

Pietra Vitória de **Souza** *(Curitiba, PR, 14.04.2009), a Pepê, começou a jogar em 2017. Na Copa UESA Futebol de Salão (2018), jogou pela AABB contra o Coritiba e seu time sagrou-se campeão, sendo somente ela de menina. Ainda em 2018, foi eleita melhor atleta entre os meninos do Sub-09, no campeonato Santa Mônica de Futebol de Base Suíço de Campo. Jogou também no campeonato metropolitano, contra meninos, pela Life Academy, o único clube com base de futebol feminino do Brasil. Em 2019, aos dez anos de idade, jogou como artilheira na IberCup-SP, no time Sub-13, e fez seis gols. Em 2021, disputou o Campeonato da Federação Paulista de Futsal pelo Colégio de São Caetano, em que foram vice-campeãs, e jogou na Copa Floripa contra a equipe Sub-13, como artilheira no feminino Sub-17, e fez quatro gols. E em 2022, competiu na Copa Nike, pelo Corinthians.*

Incentivo paterno

Desde os meus quatro anos eu acompanhava o meu pai em jogos de futebol e ficava batendo uma bolinha no cantinho; futebol sempre foi minha paixão. Os amigos dele falavam que eu batia diferente na bola e que ele devia me pôr numa escolinha. Aos seis anos, entrei no Santa Mônica, minha primeira escolinha de futebol. Daí em diante, não parei mais. Meu pai me influenciou muito e acabei me apaixonando pelo jogo. Comecei no *society* e entrei no futsal em 2018, quando fui campeã na UESA e no finalzinho de 2019, fui federada pelo Santa Mônica no futsal, com os meninos. Em 2020 veio a pandemia e tive de sair, mas em 2021, fui federada no feminino no Fênix e fomos vice-campeãs paulistas.

Preconceitos entre meninos

Não sofri muito preconceito com os meninos, mas sim com os pais, que estavam fora de campo. Eles falavam, "bate naquela menina, você está perdendo para a menina no corpo". Aí, se tomou um drible, já começavam a falar. Mas os meninos eram bem tranquilos; nunca sofri tanto preconceito assim. Aconteceu vez ou outra, nada que eu me lembre. Já os treinadores, todos, sempre me trataram como se eu fosse um dos meninos. Eles não faziam diferença entre os meninos e as meninas, nos tratavam como iguais. De passar dificuldades... em Curitiba não tinha muita base para minha idade, era só a partir do Sub-15. Então, aos onze anos, eu não conseguia lugar pra jogar com o feminino e acabava jogando com o masculino. Tirando isso, tudo deu certo.

> Não sofri muito preconceito com os meninos, mas sim com os pais, que estavam fora de campo. Eles falavam, "bate naquela menina, você está perdendo para a menina no corpo". Aí, se tomou um drible, já começavam a falar

Meninos, estudos, treinos

Os meninos, quando eu era mais nova, me acolheram muito bem em todos os lugares que eu ia treinar. Nunca ocorreu de falarem que, por eu ser menina, não era pra estar jogando futebol, que futebol é pra menino. E quando eu vinha pra São Paulo, uma semana por mês, até o ano passado, eu conciliava com a escola. Tinha vezes que batia com o dia de prova, mas eu conseguia fazer depois. Agora estou no segundo ano do Sub-13 e tive de vir morar em São Caetano do Sul, onde estou estudando. Mas sempre consegui conciliar os estudos e os treinos, em Curitiba e em São Paulo. E em muitas entrevistas que eu dei, os professores participaram, porque tenho um carinho enorme por eles. Cada um teve uma participação pra eu ter chegado onde estou. Então, procuro sempre valorizá-los.

Força mental e foco

Sempre fui muito focada no meu objetivo e o meu pai, a minha família, sempre me ajudaram e incentivaram muito; eles se mudaram de Curitiba para São Paulo por minha causa. E quero alcançar meus objetivos. Eu treino, estudo, me dedico pra ser a melhor versão de mim mesma. Tento nunca sair da linha e se dou um escorregãozinho, volto a focar na alimentação, nos estudos, no sono. Procuro não ficar me comparando com os outros, mas tentar me melhorar. Porque quando olho para trás, vejo como eu estava bem, mas vejo também que posso melhorar cada dia mais. E tento pôr metas nos treinos. Minha meta de curto prazo é conseguir fazer quatro gols e a de longo prazo, o que realmente eu mais quero, é conseguir representar a Seleção Brasileira, ganhar a Copa do Mundo, vestir a amarelinha, *né*? E conseguir ganhar a *Champions* e se Deus quiser, o troféu de melhor do mundo.

> **Meu pai, a minha família, sempre me ajudaram e incentivaram muito; eles se mudaram de Curitiba para São Paulo por minha causa. E quero alcançar meus objetivos. Eu treino, estudo, me dedico pra ser a melhor versão de mim mesma**

Renúncias pelo sonho

Quando eu morava em Curitiba, às vezes eu até tinha um pouco de tempo para mim. Mas em São Paulo é tudo muito corrido. Tem dias em que fico direto fora; estudo de manhã, treino à tarde, aí tem nutricionista e depois o treino à noite. Então, chego em casa às 22h30 e aí tenho que fazer tarefa, jantar, é bem corrido. Mas já estou me acostumando com a rotina de São Paulo. Na verdade, não sinto falta da minha vida de antes, porque minhas melhores amigas, com quem faço tudo, são do futebol e estou sempre ali brincando com elas. Não é muito uma questão de sair — só no final de semana que não tem jogo é que, às vezes, a gente sai — mas nos treinos, antes e depois, a gente sempre se diverte.

A maior alegria

Acho que o que mais me ajudou, inclusive no futebol, foi o patrocínio da Nike. Agora tem vindo bem forte o patrocínio de marcas que estão apostando no futebol feminino. Então, fiquei muito feliz quando recebi a notícia de que eu estava sendo patrocinada pela Nike. Fui para o Rio de Janeiro pra conversar lá com eles e foi muito legal. Eu estava muito nervosa, mas foi muito legal saber dessa notícia e ver que todo o meu desempenho, todo o meu treino e o estudo que eu vim fazendo até agora estão dando certo. Estou conseguindo evoluir cada vez mais.

Os maiores títulos

Meus maiores? Acredito que foi a IberCup, em 2019, em que fui vice; só que eu joguei por outro time, em vez do Centro Olímpico, porque elas estão jogando com o Sub-13 e eu tinha dez anos e participei pelo *Foot Soccer*. A gente chegou até a semifinal e fomos pros pênaltis: estava zero a zero e eu bati o primeiro, aí a gente conseguiu se classificar pra final. E a final foi logo contra o Centro Olímpico. A gente perdeu de 3x1, mas ao mesmo tempo eu estava perdendo para o time que eu jogo. Foi muito legal também a experiência de participar desse campeonato. Mesmo não tendo ganhado o título de alguns campeonatos — como a Copa Floripa, em 2019, quando aconteceram muitas coisas no alojamento e a gente chegou até as quartas de finais —, eles sempre vão ficar marcados na minha carreira, na minha história. Na Copa Floripa de 2021, chegamos às semifinais; eu bati o primeiro pênalti, estava zero a zero, mas não conseguimos nos classificar. Mesmo assim, sempre vou lembrar desses campeonatos.

Conciliar esporte e estudo

Fácil não é, mas difícil também não é. Eu sempre tento conciliar. Meus pais e eu já conversamos com a escola que, pra mim, é muito difícil conseguir fazer todas as tarefas de segunda para terça. Mas sempre que tenho tempo livre, tento fazer todas elas e estudar um pouco mais. Também tem as provas. Aqui a escola também é muito boa, mas é muito puxada. Eu me esforço para estudar bastante, pra conseguir me sair bem nessa escola.

Família é a base

Os meus pais vieram para São Paulo pela minha carreira. O restante da minha família ficou em Curitiba. Quando eu vou lá, sempre vou visitá-los. Desde pequenininha, tive esse apoio da família. Eu lembro que eu tinha jogo no domingo de manhã muito cedo e quando eu chegava à tarde pra almoçar, todos vinham conversar comigo sobre como foi o jogo, sempre me incentivando.

Apoio de profissionais

Temos atividades extras com nutricionista, psicóloga e temos também a parte física. A gente começa o treino às 14h30 e vai até 17 horas; e daí, até 17h30, temos psicóloga, nutricionista e o físico alternados. O físico é toda quarta-feira e a nutricionista e a psicóloga a cada quinze dias. Eu faço trabalhos extras com nutricionistas porque sou patrocinada e quando vou pra Curitiba, sempre faço um exame lá com eles. Eles dão *feedback*, passam algumas coisas novas. Aqui em São Paulo, faço com o Centro Olímpico, no centro de treinamento.

> **A gente estava no alojamento dormindo e, do nada, uma menina acordou e falou, "Pepê, Pepê, acorda, tem uma aranha no seu colchão". Falei, "aí, tá bom, deve ser daquelas que só fazem coceguinhas". Daí, olhei para trás e era uma caranguejeira**

Histórias de alojamentos

Eu tenho muitas. Por exemplo, em 2019, na Copa Floripa, teve uma que eu sempre conto nas minhas *lives*. A gente estava no alojamento dormindo e, do nada, uma menina acordou e falou: "Pepê, Pepê, acorda, tem uma aranha no seu colchão". Eu falei: "Que isso, como assim, tem uma aranha no meu colchão? Aí, tá bom, deve ser daquelas aranhas que têm em todo cantinho de alojamento, aquelas que só fazem coceguinhas, não fazem nada". Daí, eu olhei para trás e era uma caranguejeira, acho que é esse o nome. Pensei, *meu Deus, eu tenho que acordar os professores*.

Matando a aranha

Fomos lá acordá-los e eles falaram assim: "Todo mundo sai do quarto que a gente vai matar essa aranha". Eles falaram que tinham matado e quando a gente foi ver, estavam os dois no canto e era a tia da limpeza que estava matando a aranha. Ficamos zoando que eles eram medrosos e que não deram conta de matar as aranhas. Também têm as histórias de ganharmos e depois festejarmos no *busão*. São muitas experiências as que o futebol me deu, as amizades e tudo mais.

Discriminações e autoestima

Entre nós, as meninas, nunca tivemos problemas ou situações de deixarem a gente pra baixo. Em alojamento, só aconteceu uma vez na Copa Floripa. Estávamos no jogando e apareceu um grupo de meninos pra torcer contra a gente. Foi em 2019, a gente era o único time feminino na competição e estávamos jogando contra os times masculinos. Aí, o grupo de meninos começou a cantar lá da arquibancada que era pra gente ir lavar louça, pra ir pro fogão, pra brincarmos de boneca, que ali não era lugar de menina. Mas eu nem dei ouvidos para aquilo, meu pai foi que me contou depois. Porque na hora do jogo fico tão concentrada que não ouço o que a torcida está falando.

Éramos o único time feminino numa competição contra times masculinos e um grupo de meninos começou a cantar na arquibancada que era pra irmos lavar louça, pra irmos pro fogão, pra brincarmos de boneca, que ali não era lugar de menina

Dificuldades no começo

Quando eu vinha pra São Paulo bem no começo e meus pais, por causa da empresa, tinham de ficar em Curitiba e eu ficava sozinha com minha irmã no apartamento, era mais difícil. Nós tínhamos de nos virar, pegar Uber pra ir para o treino, fazer as coisas sozinhas. Minha irmã jogava handebol, mas ela parou por causa dos estudos. Já, eu, também tenho a meta de poder fazer faculdade e depois de me formar, ir jogar em algum time da Europa, dos Estados Unidos, que é o meu sonho.

Projeto de vida

Já ofereceram para o meu pai de eu ir para fora, só que ele acha que sou muito nova pra ir para outro país, sozinha. O nosso projeto é de até os meus quinze anos eu ficar em São Paulo, jogando; depois disso, ir para uma faculdade lá fora, até poder ir para o profissional. Tem a Lara Dantas que joga no IMG, lá nos Estados Unidos. E esse é o nosso projeto no futuro: eu e minha irmã podermos fazer faculdade lá fora.

Esforço que vale a pena

Toda vez que eu alcanço uma nova meta, eu fico muito feliz, porque lutei tanto para isso e consegui chegar. O processo não é fácil. Por exemplo, o patrocínio. Quando eu consegui ser patrocinada pela Nike, fiquei muito feliz, porque era exatamente ali que eu queria chegar e fazia tempo que eu me esforçava pra conseguir alcançar isso. Eu sempre treinei muito e a cada etapa que o futebol me proporciona, o esforço tem valido a pena. Eu tinha a mídia do meu lado e ganhei muitos seguidores em 2020 com as *lives*. A agência também me mostrou para a Nike e eles me aprovaram para o patrocínio. Agora quero ir para o Brasileiro-14 e ganhar o título. Quero conseguir ganhar esses campeonatos, fazer sempre uma boa partida, conseguir destaque nos jogos. E se Deus quiser, vai dar tudo certo.

> "Onde você pode me indicar pra jogar?", sempre me perguntam pelo *direct* e quando não sei a resposta, meu pai pega o número do celular da pessoa e aí, ajuda. A gente sempre tenta ajudar, porque uma vez nós fomos ajudados

Interação com os fãs

Em todos os treinos, eu posto uma foto falando sobre eles, mas também sempre me perguntam, "como que você fez pra entrar no Centro Olímpico? Como foi a peneira? Como que foi ir pra São Paulo? Se tem lugar lá, me indica. Onde você pode me indicar pra jogar?". Sempre me perguntam pelo *direct*, e às vezes, quando eu não sei, eu pergunto para o meu pai, para ele poder indicar. Ele pega o número do celular da pessoa e aí, ajuda. A gente sempre tenta ajudar, porque uma vez nós fomos ajudados.

A batalha das peneiras

As peneiras eram difíceis porque tinham muitas meninas e eu estava sempre um pouco nervosa. Eu era muito pequenininha, tinha nove, dez anos. Mas depois que comecei a jogar, eu me soltei, me acalmei e consegui jogar bem. Eu, com dez anos, joguei de atacante com meninas de treze anos e fiquei muito feliz quando soube que eu tinha sido aprovada na primeira peneira. Na segunda, que foi com o time do Centro Olímpico, teve uma menina, que é das minhas melhores amigas, que falou que eu estava treinando muito bem e que sendo aprovada naquela peneira eu teria chance de conseguir passar a jogar. Quando recebi a notícia da aprovação, fiquei bastante feliz.

Sonhos futuros no futebol

Eu sempre quero lutar pelos meus sonhos, lutar para jogar bem futebol e ter fé em Deus porque sem Ele, muita coisa eu não teria conseguido alcançar. Eu sempre acreditei muito em Deus. Eu oro todos os dias. Desde pequenininha, os meus pais me levavam para a igreja, toda a minha família é cristã, sempre vou aos domingos à igreja. E quando não é possível ir, assisto ao culto *on-line.*

Aprendendo com os erros

Tive algumas atitudes, algumas oportunidades que eu perdi, que eu podia ter reagido diferente. Por uma coisinha ou outra, um detalhezinho pequenininho que aconteceu e algo deu errado. Mas eu sei que ninguém é perfeito e que sempre vão acontecer erros. E o mais importante é aprender com eles. Eu tento acertar. Li uma frase que falava "em todos os jogos, você nunca perde e sim, aprende". Então, mesmo eu perdendo o jogo, estou aprendendo a melhorar num ou noutro detalhe. Mesmo ganhando, é importante ver como se pode melhorar cada vez mais.

Oração tem poder

Antes de entrar no jogo, eu sempre oro. Às vezes, fico nervosa, com um frio na barriga, por ser um jogo importante e eu não poder falhar. Fico ansiosa para poder conseguir mostrar pra mim mesma e para todos que eu posso fazer gols, posso driblar, posso ser alegre, posso comemorar, ter ousadia e alegria no jogo. E mesmo assim ansiosa, sempre tento não cometer erros. No começo é assim mesmo. A gente fica com um pouquinho de medo, mas depois se solta e vai em frente.

Ídolos e exemplos

No masculino, tenho como ídolos o Cristiano Ronaldo e o Messi. E no feminino, a Andressa Alves, a Érika e a Dudinha, no São Paulo.

De atleta para atletas

Têm muitas meninas que, não tendo apoio dos pais, acabam desistindo no meio do caminho. Mas eu sempre as incentivo pra tentarem focar no que elas querem, para não desistirem. Eu sei que é muito difícil. Tem horas que você pensa, *nossa, será que vai dar certo? Será que não vai dar certo?* Mas a gente tem que tentar sempre continuar, focando nos treinos, no sono, na alimentação. Eu tenho muita fé em Deus e tudo vem dando certo pra eu continuar correndo atrás do seu sonho.

Handebol

Um estilo light e feliz de ser atleta

Natalia Girotto *(São Paulo-SP, 09.12.87) é uma jogadora ítalo-brasileira de handebol. Atualmente joga no Leonessa Brescia e na seleção nacional italiana. Natalia passou por grandes equipes e ganhou muitos títulos, como Seleção Catarinense (2002), Campeã Catarinense Sub-17 (2003), Vice-Campeã Catarinense Sub-17 (2004), Campeã dos Jogos Regionais de São Paulo (2005), Campeã dos Jogos Abertos/Campeã dos Jogos Regionais e terceiro lugar no Campeonato Paulista (2009), Campeã do Campeonato Brasileiro (2012), Campeã Carioca (2014), terceiro lugar na Liga Nacional / Campeã Carioca (2015), Campeã dos Jogos Regionais (2016), Seleção Nacional Italiana (2019) e Vice-Campeã da Copa Itália (2020).*

De São Paulo a Joinville

Somos paulistanos, mas meus pais optaram por morar em Joinville, Santa Catarina. Meu pai andava muito estressado com o trabalho dele na época e essa decisão foi mesmo pra tentar outra vida. O início não foi simples, porque tínhamos um bom poder aquisitivo em São Paulo e no Sul ele foi ser vendedor; passamos alguns perrengues financeiros. Nesse meio tempo, na quinta série, na aula de Educação Física, tive o primeiro contato com handebol — o professor da disciplina no ensino fundamental era o técnico de handebol da cidade. Ele gostou do meu jogo, me chamou pra treinar com o time da cidade e devagarzinho, devagarzinho, eu comecei a treinar e a gostar do esporte. E não parei até hoje.

De Joinville à Itália

Comecei a jogar no clube de Joinville e aos dezessete anos passei a me destacar — peguei o Sub-16, Sub-17 na Seleção Catarinense, aos dezesseis anos, e aí, um técnico de São José dos Campos entrou em contato comigo. Meus pais não queriam que eu saísse de perto deles, mas acabei indo jogar em São José dos Campos, o meu segundo time. Depois, passei pelo Corinthians, joguei em Guarulhos, joguei em São Caetano, joguei em Pindamonhangaba, joguei na Força Aérea Brasileira, que é no Rio de Janeiro e, finalmente, vim para a Itália. Este vai ser o meu sexto ano na Itália. A equipe se chama Leonessa Brescia — *leonessa* significa "leoa"; Brescia é o nome da cidade.

O tênis furado

Quando nos mudamos pra Joinville, não podíamos ter muitos gastos e eu jogava com um tênis que tinha mais buraco do que sola. Eu queria um novo pra jogar e pra continuar com o handebol, mas não dava pra comprar. Em 2002, se não me engano, eu estava com o tênis todo furado e para entrar na Seleção Catarinense fui pedir um novo para o meu pai. Ele falou, "olha, Natália, um tênis de handebol eu não consigo te dar porque custa caro, mas se você conseguir metade do valor com o seu técnico, eu te dou a outra metade". O primeiro desafio que eu tive no meio esportivo foi esse: meter a cara, deixar a vergonha um pouco de lado e pedir, pra poder jogar. Tive uma reunião com a diretoria da equipe pra pedir a metade de um tênis. E eles me deram.

Outro desafio

Quando você sai do conforto da casa dos seus pais, tudo muda. É muito fácil tendo a mãe do lado, que pode fazer a sua comida, lavar a sua roupa, dar o carinho que você precisa. Então, meu segundo desafio foi esse, sair da casa dos meus pais com dezessete anos e começar a me virar sozinha, porque as minhas responsabilidades cabiam só a mim mesma, *né?* Viver com pessoas diferentes, aprender a ter paciência com cada tipo de pessoa, com as "habitudes" de cada uma, saber lidar com os outros sem ter conflitos. E depois vieram os desafios da mudança de time, de entrar noutra logística de trabalho de cada equipe. Porque no Sul, o handebol é um pouquinho mais fraco e em São Paulo, eu tinha que dar não 100%, mas 200%, para estar ao nível das meninas.

Mais desafios

Outro desafio ainda na parte esportiva foi quando eu fui para o Rio de Janeiro e conheci o Xavier, o treinador. Ali foi difícil, porque era um projeto novo da FAB e eles não tinham muita experiência com o handebol. A gente demorou muito tempo até entrar na preparação atlética e tivemos pouco tempo de preparação pra participar de um campeonato. Eu não estava fisicamente pronta, estava sem fortalecer a musculatura e tive uma lesão de ruptura de ligamento cruzado anterior com menisco medial. A gente tinha terminado a concentração, eram dois meses de concentração da Força Aérea, para nos mostrarem como era ser um militar quando eu cheguei nesse campeonato.

Um anjo no caminho

E lá, a gente ficou em um alojamento com atletas de outras modalidades e regiões. Era um aglomerado. Não tínhamos onde dormir... e eu, de muletas. A gente estava meio que jogada no lixo. Eu me senti um lixo, ali. Foi quando o Xavier, com seu jeito muito especial, me pôs dentro da casa dele, junto com o filho dele, e me deu a possibilidade de um lar, até eu conseguir me reerguer e encontrar uma casa, um aluguel, alguma coisa do tipo. E ele me ajudou também a encontrar um médico pra facilitar a minha recuperação.

Viver noutro país

O quarto desafio para mim foi a vinda à Itália. Quando eu saí do Brasil, eu não sabia falar nenhuma palavra em italiano; eu colocava alguns *post--its* na porta, tipo, na torneira eu colocava *rubinetto*, várias palavras, para que eu pudesse lembrar e falar quando precisasse. A vida aqui na Itália foi difícil por questão de língua e também de jogo, que é completamente diferente. Como aqui o nível de competição é menor do que no Brasil e na minha opinião, eles me contrataram para eu ser uma estrela... então, entrar na ótica de uma estrela, pra quem sempre teve o pensamento de que era só mais uma no Brasil, e me comportar como tal, foi difícil.

Pressão psicológica

Alguns momentos são fáceis quando você está bem, mas quando vem a pressão, quando se tem um jogo ou um campeonato difícil, onde todos os olhos estão voltados para você... e se você não dá o seu melhor... eu sempre entro para dar o melhor, mas quando você não está preparado para aquele jogo e não acontece o que você gostaria que acontecesse, a pressão é muito grande. O bom hoje é que na internet tem tudo, basta procurar. Então eu comecei a ver algumas coisas de *mental coaching* mais voltadas pro esporte, algumas questões de visualização e de motivação mesmo, que me trouxessem paz.

**O corpo responde ao estresse e no meu, saía tudo na pele.
Aí eu tentava ficar mais tranquila, mas eu tinha ansiedade
e muitas vezes chorei com meus pais. Só que a questão
é que o pessoal aqui na Itália é muito gente boa**

Questões humanas

No começo eu tive muitos problemas até com a pele — porque o corpo responde ao estresse e no meu, saía tudo na pele. Aí eu tentava ficar mais tranquila, mas eu tinha ansiedade e muitas vezes chorei com meus pais. Só que a questão é que o pessoal aqui na Itália é muito gente boa. O time em que eu estou é muito bom, são compreensivos, eles. Tive muitas possibilidades de ir para times mais fortes, times que sempre ganham o campeonato italiano, mas eu nunca quis ir. Financeiramente talvez eu até gostasse, mas a questão é mais humana: eu sempre quis permanecer aqui nesse time, porque eles sempre me trataram bem. Então, a ajuda acho que foi um pouco da parte deles, um pouco da parte da família e outro pouco da parte da internet.

A fase pós-Covid

Hoje eu acredito que a experiência conta muito. Até dois anos atrás, antes da pandemia, a gente jogava a Série A, que aqui é o campeonato mais forte. Mas por motivos da Covid, muitos patrocinadores foram embora. A gente até tinha time pra continuar na Série A, mas a equipe não quis, por custos de taxas da federação. Hoje o campeonato é um pouquinho mais fraco do que aquele que eu estava acostumada, a questão é que me sinto como se fosse a mãe das meninas do time, porque são mais novas, são meninas que estão crescendo. A ideia do projeto, de começar a formar a base da equipe, é muito legal. Eu tento ser uma líder no meu time e acredito que as meninas me veem assim mesmo, não só por eu ser, talvez, uma das peças mais fortes, mas por tentar motivá-las de alguma forma.

As técnicas mentais

Procuro sempre assistir a muitos jogos da minha categoria, no tipo feminino, inclusive internacionais, para ver o que elas fazem de diferente que nós também podemos fazer. E sempre estou em contato com o técnico, isso me dá mais respaldo e segurança. Faço algumas técnicas que aprendi, de visualização, de concentração, meditação. Tento trabalhar esse lado mental, porque eu sei que é importante. Por exemplo, a visualização: eu entrando na quadra, ouvindo, sentindo, vendo tudo nos mínimos detalhes, o barulho da bola quicando, a textura da cola na bola, enfim, todos os detalhes pra chegar naquele jogo importante. Faz muita diferença mesmo, entrar no estado de *flow* e não pensar muito na hora do jogo.

Lidar com expectativas

No Brasil não tanto, mas na Itália, no meu caso, eu nunca ouvi de uma pessoa da equipe, das colegas, mas sempre têm os terceiros que falam, "ah, contrataram aquela estrangeira e ela não faz nada, tipo, não faz um jogo legal". Aí, no outro jogo você joga bem e já estão sorrindo pra você e te abraçando. No começo isso me irritava muito, me chateava, porque ninguém gosta que falem mal de sua pessoa. Mas entendo também que é uma questão do torcedor. Eles sabem que sou paga, então querem que eu seja 100% todos os dias. Mas nem o Neymar, que é um cara fera, que ganha milhões, não é bom em todos os jogos. Então, me irritavam esses comentários, mas com o passar do tempo você fica madura e entende que, sendo ou não atleta, há dificuldades em geral, não é?

> O torcedor sabe que sou paga, então quer que eu seja 100% todos os dias. Mas nem o Neymar que é um cara fera, que ganha milhões, não é bom em todos os jogos. Esses comentários me irritavam, mas hoje sei que, sendo ou não atleta, há dificuldades em geral

Vestindo a camisa da seleção italiana

Eu já tive alguns títulos, mas nada importantíssimo. Acho que minha maior conquista foi a de poder pegar a seleção italiana. Eu gostei muito de vestir a camisa da seleção brasileira, mas sei que o nível ali é muito mais alto. O meu, de conseguir pegar a seleção italiana, pra mim, foi muito bom! E foi em Montenegro, num campeonato onde tinham vinte e cinco mil pessoas assistindo ao jogo. A gente perdeu feio, mas foi um momento maravilhoso, caramba, valeu a pena, todo esforço, todo suor, tudo valeu a pena!

O legado

Eu gostaria que as pessoas me vissem ou que se espelhassem em mim pela motivação, pela garra, por conquistas. O que eu gostaria de passar é que, para elas chegarem a algum lugar, precisam primeiro trabalhar, porque nada vai cair do céu. Tem muita gente de muito talento, mas só talento não funciona, é preciso trabalhar. E mais: para crescer, não é preciso pisar nem passar por cima de ninguém. Quando você fala que é humilde, parece que você não é humilde, mas eu tento ser tranquila, a mais humilde possível com as pessoas e espero que elas sejam assim também com os outros. Esse é o legado que eu quero deixar.

Conselhos de vencedora

Se a pessoa quer realmente chegar ao topo, primeiro de tudo é saber qual é o objetivo exato, porque sem esse objetivo não se chega a nada. Trabalhar não como todos trabalham e sim o dobro do que as pessoas trabalham. Ir para a quadra treinar — chegando antes e saindo depois. Hoje é fácil chegar ao topo e lá ficar, mas na minha época, ainda sem a internet, não era; você não conseguia ver treinos de handebol. Hoje têm técnicas, têm cursos de uma preparação atlética melhor. Então, para você ser um vencedor mesmo, com vários títulos e fazer só isso como profissão, é se dedicar muito mais que 100%.

Os estudos

Quando eu morava no Brasil, terminei a formação e o mestrado em Fisioterapia, porém, quando a gente é atleta, faz meio que empurrando com a barriga. E acredito que a minha formação foi mais ou menos isso porque eu não tinha muito tempo pra me dedicar. Eu me dedicava mais ao handebol, que era o meu sonho. São as nossas escolhas de vida. Mas agora, aqui na Itália, estou tentando o reconhecimento do título de fisioterapia, mas não está sendo muito fácil. Então, estou fazendo uma escola pra começar a trabalhar como fisioterapeuta, até que eu passe na prova própria do Ministério da Saúde. Mas é preciso muita cabeça pra fazer o esporte e o estudo bem feitos. Meu sonho pós-carreira é ser fisioterapeuta da equipe de handebol da seleção italiana. Porque o esporte sempre foi tudo pra mim. Continua sendo e vai ser, até que eu morra. Eu preciso estar no meio do esporte, senão não estou feliz.

Hora certa de parar

Eu já estou com trinta e quatro anos e muito indecisa se este ano continuo ou não, porque eu já queria iniciar um projeto com fisioterapia e nessa escola dura dois anos. Eu conseguiria conciliar, com certeza, mas não quero fazer como antes: continuar jogando e não focar no próximo passo. Então, ainda estou indecisa se este será o meu último ano. É mais difícil mental do que fisicamente. Há três anos eu falo que vou parar e sigo. O meu corpo, vejo que ainda consigo fazer muita coisa, mas também vejo que as meninas mais novas têm muito mais "explosividade". Então, eu quero parar no auge e não tipo assim, "nossa, o que aquela tia ainda está fazendo dentro de quadra?". Entendeu?

Relacionamento e maternidade

Eu namoro uma menina aqui há cinco anos. Este ano a gente se casa. E pensamos, sim, em ter filhos, mas é sempre uma decisão: vai ser neste ano ou no próximo? Senão, depois, eu fico pra titia, *né?* É que pra ter filhos tem-se de planejar muitas coisas. Conta muito a estabilidade de um trabalho em uma relação. Aqui eu até trabalho, mas não é com o que eu amo, então, não me sinto muito estável. Mas também acho que se eu procurar sempre a estabilidade, não sei se vou ter um filho algum dia. Nos últimos dois anos que a gente joga na Série A2, como eles diminuíram a verba, diminuiu também o meu salário. Por isso tive que procurar um segundo trabalho e não é com o handebol. Eu trabalho em uma loja que vende produtos como cadeiras de roda, andadores etc.

As lesões

Quando eu me lesionei, não tive medo de parar, porque, como eu já era fisioterapeuta, eu sabia de tudo aquilo. Mas foi um momento muito difícil também, porque, no quartel, eles não estavam acostumados com atletas de alto rendimento, então, não tinham um fisioterapeuta ali pra dar uma ajuda. Eu que fiz todo o meu tratamento. Teve um senhor muito gente boa, o Parma, como a gente o chamava, que era sargento e me ajudava. Era um massagista e me ajudou no início com a parte de mobilidade. Porque, depois da cirurgia de cruzado, pra poder dobrar a perna, fazer a flexão do joelho, é preciso passar por algumas etapas. Já na parte de reabilitação, de fortalecimento, de propriocepção, de hipermetria, tudo fui eu que fiz em mim mesma.

Senna, o ídolo

Olha, em relação à parte psicológica, eu gostava muito do Ayrton Senna. Eu tenho uma memória boa: aos domingos de manhã, a gente ia pra casa do meu avô assistir às corridas dele. Era uma paixão da família, íamos todo domingo de corrida, os tios, e depois a gente fazia churrasco. Então, comecei a pesquisar mais sobre o Ayrton Senna, como pessoa, como ídolo. E mesmo pós-morte, continua sendo ele o maior pra mim. Ele tinha esta frase: "Quando se acredita em um ideal, deve-se lutar por ele até o fim". Ele era muito fera. E tem bastante gente que tem um handebol maravilhoso, como o Karabatić, um croata.

> Quando você está bem num lugar, não quer mudar muito. Aqui eu tenho carta branca pra muita coisa e participo também como fisioterapeuta da equipe, dando assistência onde posso. Mesmo não tendo ainda o título, eu faço o trabalho com as meninas, dou dicas

Sobre equipes

Este ano eu tive proposta de uma equipe de Téramo, uma cidade mais ou menos no Sudeste aqui da Itália, e eles me ofereceram uma boa grana. Eles pegam as melhores meninas, mas não têm um projeto de base. Fiquei com a mesma equipe, mais por questão mesmo das amizades que fiz aqui e também por eu estar bem no lugar. A cidade tem tudo, é perto de tudo, é perto de Milão, de Verona. Acho também que foi por questão de idade. Eu já estava com a cabeça mais para parar de jogar. Se eu fosse pra uma equipe mais forte, acredito que eu jogaria muito bem. Poderia ter mudado totalmente a minha carreira. Mas, não sei, quando você está bem num lugar, não quer mudar muito. Aqui eu tenho carta branca pra muita coisa e participo também como fisioterapeuta da equipe, dando assistência onde posso. Mesmo não tendo ainda o título, eu faço todo o trabalho com as meninas, dou dicas. E o clube tem um projeto muito legal, que muitas outras equipes não têm.

Frutos do esporte

Aqui, na minha equipe, eles cumpriram tudo o que me ofereceram, do primeiro dia que eu pisei na Itália até hoje, que seria a sétima temporada. Eu levo o respeito muito em consideração. Tive boas experiências em todos os times que eu passei. Houve momentos tristes, momentos felizes, como em tudo, mas o legal do esporte é que, em cada lugar que você passa, você deixa alguma coisa sua e ganha alguma coisa também. Sou muito grata por tudo o que o esporte me deu. Consegui uma bolsa de estudos na escola do ensino médio e na universidade por conta do esporte — eu joguei pela universidade nesses quatro anos. Conheci pessoas maravilhosas, conheci lugares muito bons, então, eu não entendo como uma pessoa pode não fazer esporte.

Dificuldades financeiras

Eu não te contei o que eu fazia pra conciliar a faculdade com o esporte, já que meu pai não podia me mandar dinheiro. Ser atleta no Brasil é também difícil porque não te pagam muito. Eu não pagava a faculdade, mas tinha gastos com transporte, alimentação, livros, a casa, então a gente apelava para aquele jeitinho brasileiro de ser: fazia bombons pra vender; eu ia no Brás, pegava roupa e vendia na universidade; já peguei DVD e vendi na universidade, tudo pra continuar com o handebol, porque, ou eu fazia assim ou teria que largar o esporte. Esse foi o meu jeito, já que o dinheiro não era suficiente no Brasil e meu pai não podia me ajudar. Então, por amor ao esporte, a gente inventa, *né?*

> Não te contei que eu apelava para aquele jeitinho brasileiro de ser: fazia bombons pra vender, ia no Brás, pegava roupa e vendia na universidade; já peguei DVD e vendi também, tudo pra continuar com o handebol. Ou era assim ou eu teria que largar o esporte

Agradecimento

Obrigada, Francisca, é um orgulho fazer parte do seu livro e um prazer poder contar um pouco do que eu fui e do que sou como atleta e pessoa, se eu posso servir de espelho para alguém. E eu acredito que atleta não é só aquele que consegue chegar numa Olimpíada, porque Olimpíada infelizmente é para poucos. Atleta é aquele que consegue somar na sociedade, trazendo alegrias ao torcedor. Quando você faz um gol, você leva alegria às pessoas; quando você é simpático e faz uma pessoa rir, também. Acho que ser atleta é mais que uma profissão. É amor, é paixão. Tem muitos sinônimos. E depois que se passou por tantas coisas, você fala assim: "Caramba, pra mim isso foi uma Olimpíada".

Natação

Forte e resiliente, mas não uma muralha

Rebeca Braga Lakiss **Gusmão** *(Brasília-DF, 24.08.1984), ex-nadadora, foi federada aos doze anos e se tornou campeã brasileira dos cinquenta metros em nado livre. Participou dos jogos Pan-americanos de 1999, em Winnipeg, no Canadá, de onde trouxe a medalha de bronze, e conquistou a medalha de ouro no Pan 2007, no Rio. Competiu pelo Clube de Regatas Vasco da Gama e pela Associação São Caetano nos jogos Pan-americanos e Olimpíadas de Atenas, Grécia. Obteve várias conquistas importantes em sua carreira e em 2008 foi banida do esporte por uso de anabolizantes esteroides revelado em exame antidoping. Anos depois foi provada a inocência da atleta pela justiça brasileira: houve troca nos exames. A justiça internacional, no entanto, não aceitou o resultado do julgamento e a condenação permanece.*

A natação pela saúde

Comecei a nadar aos cinco anos, mas a natação não era uma paixão. Eu fazia natação por recomendação médica porque tinha bronquite, sinusite e asma. E o meu pai deixava fazer qualquer esporte, desde que natação também, era um acordo. Então fiz vôlei, basquete, futebol, handebol, judô, saltos ornamentais e ginástica olímpica. A paixão pela natação veio aos onze anos quando assisti às Olimpíadas de Atlanta e vi o Fernando Scherer, o "Xuxa", ganhando medalha de bronze. Naquele momento, senti na minha alma que eu queria ser nadadora.

Tudo muito rápido

Até então eu gostava muito de jogar futebol e handebol. Aí, larguei esses dois esportes para ficar na natação. E as coisas aconteceram muito rápido. *Eu me federei* e com três meses de treinamento fui campeã brasileira da minha categoria, a infantil. Dois anos depois, já estava na seleção absoluta, indo para o Pan-Americano de Winnipeg com catorze anos, e fui medalhista de bronze. Foi muito rápido, porque com quinze anos, fui campeã da Copa do Mundo, fui medalhista em campeonato europeu e em campeonatos nos Estados Unidos e na África.

Nos Estados Unidos

Em 2004, com dezenove anos, fui para as Olimpíadas de Atenas, onde chamei a atenção do mundo, principalmente de universidades americanas. Tive convites de várias universidades e no ano seguinte, acabei indo para os Estados Unidos passar uma temporada para escolher alguma dessas universidades. Mas fiquei só um ano lá e voltei porque eu não aguentava de saudade dos meus pais.

Formação e maturidade

Meus pais sempre me acompanharam nos principais campeonatos, mas a dificuldade maior de viajar era conciliar os estudos e o esporte, porque algumas temporadas me exigiam ficar três meses fora. Estudei desde pequena numa escola que sempre apoiou os atletas e me formei na faculdade de Educação Física, lá também tive apoio dos professores da própria escola. Fora a exigência da maturidade, que é igual quando se é atleta muito novo em seleção absoluta. Não importa se você tem catorze ou trinta anos, a cobrança é a mesma. E isso faz com que a gente tenha que amadurecer mais cedo, sofrendo as consequências de perder a fase da infância e da adolescência, dos amigos, das festinhas.

Altas cobranças

Eu sabia que queria ser atleta, sabia o que eu queria. Meu treinador sempre foi muito exigente, de personalidade muito forte, então, a gente acabava tendo muito atrito porque eu também sempre me cobrei muito. Para mim, o segundo lugar não era bom. E a gente entrava em conflito, porque, às vezes, eu estava em fases de muito cansaço e ele achava que eu estava de corpo mole. Mas ele ter sido duro, com o forte temperamento dele, ajudou a me tornar uma pessoa forte fora do esporte.

Conquistas difíceis

Eu nunca conquistei nada com facilidade. Sofri lesões ao longo da minha carreira que muitas pessoas achavam que eu não teria mais condições de continuar. Tive dez chances em um ano pra fazer o índice olímpico e só consegui na décima tentativa, a última. Na penúltima, eu já estava esgotada e fiquei a dez centésimos do índice. Eu não aguentava mais, falei que eu não conseguia, nem física e nem psicologicamente, suportar tanta dor, tanta pressão. Faltavam só dois meses para a última seletiva, que foram os mais difíceis da minha carreira, porque eu não rendia nos treinos. Eu brigava com o treinador todos os dias. Mas ali foi aquela linha do *eu tenho que deixar de ser menina, essa adolescente e realmente me tornar uma mulher madura.* E foi justamente nesse período que eu consegui transformar a minha mente em uma mente mais forte.

A ajuda psicológica

Fiz um trabalho com um psicólogo cubano, aqui em Brasília, e ele praticava muito comigo a questão da visualização da prova. A gente ficava uma hora fazendo esse trabalho mental e eu saía de lá com o corpo completamente dolorido. Era impressionante, porque eu treinava a visualização e eram tantas as vezes que eu fazia a prova, que eu saía com as pernas e as costas muito doloridas. Mas foi o que me ajudou naquela última seletiva a, realmente, superar o índice e conquistar a vaga olímpica.

> Eu sempre tive muita dificuldade, primeiro, por ser de Brasília. Nunca abri mão de treinar em Brasília pra ir para o Rio ou São Paulo. E todos os atletas, quando campeões, saíam daqui. Há um preconceito principalmente dos grandes clubes, por eu ser de Brasília

Preconceito contra Brasília

Eu sempre tive muita dificuldade por ser do polo do esporte de Brasília. Nunca abri mão de treinar em Brasília pra ir para o Rio ou São Paulo. Nadei por outros clubes, pelo Vasco, pelo São Caetano, só que sempre treinando em Brasília. E os outros atletas, quando se tornavam campeões, todos saíam de Brasília. Por eu ser daqui, o preconceito era muito grande, principalmente dos grandes clubes. Às vezes um desses perdia o campeonato por uma pontuação minha maior tirar os pontos dele. Porque eu, sozinha, em um campeonato, chegava a marcar 400 pontos e, às vezes, um Pinheiros ou um Minas Tênis perdia para um clube desses por 100 pontos. Então, se eu estivesse nadando por aquele clube, ele ganharia.

Preconceito com o corpo

E fora os outros preconceitos que a gente sofre! Eu sempre fui uma atleta muito forte. Eu fui a atleta mais forte do Brasil e sofria preconceito com relação a isso também, tanto na rua, quanto dos atletas aqui no Brasil. Mas quando a gente ia pra fora, eu era só mais uma atleta forte, porque as atletas lá sempre foram muito fortes. E eu sempre levei muito a sério a parte física. Eu via as nadadoras querendo ter um corpinho bonito, nadar de sunquini, e eu não. Eu queria ficar forte. E se tivesse que ficar com um corpo mais musculoso, mais masculino, eu não me preocupava com isso. Eu estava preocupada em ser a melhor atleta.

Mulheres malhadas

Hoje mudou essa questão do físico. A gente vê mulheres com corpo de atletas, mas que não são atletas, com essa de malhar muito, de fazer reposição hormonal. Se eu estivesse hoje com o corpo que eu tinha na época, talvez não tivesse sofrido o preconceito que eu sofri. Hoje é normal uma mulher forte, malhada. Eu, por exemplo, era velocista e os atletas velocistas são fortes, com mais musculatura, é normal. Eu não tinha um corpo de nadadora. Meus ombros são muito largos, as pernas muito fortes, mas eu tenho bunda, quadril e a nadadora geralmente não tem. Meu biotipo era diferenciado. Eu tinha certa dificuldade de usar aquele maiô especial que não entrava no meu quadril. Em cima, ele tinha que ser masculino e embaixo, feminino.

As lesões

Tive uma lesão que foi uma ruptura total do peitoral maior, me machuquei na musculação. Tive uma lesão também no joelho porque eu estava fazendo agachamento e o *personal* não prendeu a barra direito e caí de joelhos, com quase 200kg de carga nas costas. E tive também uma lesão no ombro, mas essa foi por esforço repetitivo da própria natação mesmo. A mais séria foi realmente a do peitoral. Era uma dor que eu não conseguia nem respirar.

Treinar com dores

Na minha época, eu não tive o suporte que precisava, nem o psicológico. Foi por conta própria a fisioterapia e essa questão do acompanhamento médico. Tive lesão antes mesmo do Pan-Americano. No Rio, faltando mais ou menos um mês, eu estava no avião e costumava sempre viajar de meia e de chinelo. Tirei o chinelo, estava dormindo e tive um espasmo; chutei a cadeira da frente e quebrei o dedinho do pé. E treinei com aquele dedo quebrado até o Pan-Americano, porque não podia imobilizar, não podia fazer nada. Nossa, treinar com aquela dor foi difícil!

Do céu ao inferno

Há muitas modalidades em que os atletas são muito abandonados, digamos assim. Porque o importante é enquanto você está bem, enquanto você traz o resultado. A partir do momento em que você se lesiona e que não é mais útil, você é simplesmente descartado. Nas Olimpíadas de 2012, o Diego Hypólito escorregou na prova. Lembro que o repórter perguntou para o responsável do Comitê Olímpico como ficaria o amparo do atleta depois do que aconteceu com o Diego. E ele falou: "Agora é por conta dele e do clube dele, que vão ter que ver o que fazer". E não é assim. Por isso o fracasso é o maior medo do atleta. Ele sabe que pode ir do céu ao inferno em um estalar de dedos.

> Há muitas modalidades em que os atletas são muito abandonados. Porque o importante é enquanto você está bem, enquanto você traz o resultado. A partir do momento em que você se lesiona e que não é mais útil, você é simplesmente descartado

Os ídolos

A gente sempre tem referências e o Xuxa foi uma referência na minha vida, porque foi quem despertou aquela paixão pela natação. Eu tive uma admiração muito grande por ele. Eu me lembro da primeira vez que peguei um autógrafo dele e do Gustavo Borges. Eu estava numa clínica aqui em Brasília e dois anos depois eu já estava na Seleção Brasileira com eles! Então, você vê aquele ídolo ali, dois anos antes, e dali a pouco está dividindo com ele uma seleção. O Xuxa, quando eu fui para os Estados Unidos, a gente dividiu um apartamento. O pessoal dizia que eu e a Flávia Delaroli, que éramos velocistas, éramos a versão feminina do Gustavo Borges e do Xuxa, e que eu era mais o perfil do Xuxa, mais rebelde, mais *bad girl*, e a Flávia, do Gustavo. Então, eu sempre o tive como referência na minha carreira.

Sozinha em horas difíceis

Quando eu perdia ou passava por algum momento difícil, eu gostava de me isolar. Ficava trancada no quarto ou ia olhar a vista bonita na beira do lago, onde não tivesse barulho. Eu gostava muito de pensar, de refletir, de sentir aquele momento, porque eu sabia que aquela dor ia virar amadurecimento e me fortalecer para superá-la. Até porque eu chorava muito e não gostava que me vissem chorando. Preferia ir pra um lugar onde eu chorasse e voltasse para casa quando estivesse bem. Eu chorava pela perda, pelo fracasso, ou por estar afastada por conta da lesão. Era muito difícil pra mim aceitar um resultado ruim.

Treinador-mãe

Quando você tem um treinador que, além de você própria se cobrar, ele também exige muito, fica difícil. A gente tem que ter um treinador que seja mais mãe, vamos dizer assim, de te pôr no colo, de conversar, e o meu era o contrário. Ele achava que tinha que ficar assim mesmo, que eu estava errada mesmo, que a culpa era minha. Minha família, meus pais, minhas irmãs, com eles eu sabia que eu tinha colo, carinho, amor. Mas fora dali, era muito difícil.

Entre treino e estudos

Não é impossível conciliar carreira e estudos, mas você tem que estar numa instituição que entenda o lado do atleta. Por exemplo, o meu primeiro treino começava de madrugada. Às quatro e meia da manhã, eu já estava no clube fazendo o treinamento. Saía de lá às seis e meia e ficava na escola de sete e quinze até uma hora da tarde; voltava ao clube e ficava de duas e meia até às seis horas. E ia para a escola. Nos primeiros horários eu morria de sono, não via a hora de terminar o Ensino Médio pra poder me concentrar na natação.

Faculdade, impossível

Eu não era aquela menina que tirava nota baixa, até porque meus pais me exigiam: se eu ficasse em recuperação, não ia pra treino ou competição. Eu tinha que manter esse equilíbrio. Foi o maior alívio quando terminei a escola. Pior que, em 2003, prestei vestibular e comecei o curso de Fisioterapia. Como vinham as Olimpíadas de 2004, eu falei, "quer saber? Não vou fazer faculdade, não. Vou trancar porque preciso comer, treinar e dormir." E, realmente, depois que eu tranquei a faculdade, passei a descansar, comecei a ganhar mais corpo, e ter meus melhores resultados. Justamente porque passei a treinar, comer e dormir.

Olimpíadas, o auge do atleta

Participar dos Jogos Olímpicos é a sensação do seu maior sonho realizado. A gente fala que menos de 1% de atletas da população mundial consegue chegar numa Olimpíada. E o Brasil é um dos países que têm os índices mais difíceis na natação. Mas não basta fazer só o índice olímpico; você tem que estar entre os dois melhores nadadores do país. Pra mim, as Olimpíadas foram muito marcantes, até porque eu já havia me classificado também para as de Pequim e com chances reais de ser medalhista.

Vitórias e glórias

Mais: ganhar uma medalha de ouro na natação feminina na Copa do Mundo foi muito marcante pra mim. E minha primeira medalha Pan-Americana, em Winnipeg, foi muito boa, porque eu era muito nova. E o Pan-Americano do Rio foi outro momento muito marcante, porque foi o primeiro campeonato de expressão que a gente teve no Brasil e onde passaram a me conhecer pessoas que nunca tinham ouvido falar de mim. Para algumas, eu fui uma atleta que surgiu naquela competição e não foi bem isso que aconteceu. Eu dei resultado desde os meus doze anos.

Hoje, meu maior orgulho é o meu filho, até por toda a injustiça que eu sofri. Realizei o meu maior sonho nas Olimpíadas de Atenas, por isso a escolha do nome de Zeus, o deus dos deuses, o deus da Olimpíada, que os atletas da Grécia Antiga veneravam

O maior orgulho

Eu me orgulho de todas as minhas conquistas, até porque só eu e Deus sabemos o que eu passei para chegar em cada uma delas. Eu valorizo cada uma, cada aprendizado que eu tive. Mas, hoje, meu maior orgulho é o meu filho. É a minha maior medalha, até por tudo que eu passei, todo o processo, toda a injustiça que eu sofri. E dei o nome de Zeus pra ele, porque fui para as Olimpíadas de Atenas, *né?* Realizei o meu maior sonho nessas Olimpíadas da Grécia, por isso a escolha do nome de Zeus, o deus dos deuses, o deus da Olimpíada, que os atletas da Grécia Antiga veneravam.

Disciplina, o diferencial

Eu gosto sempre de falar que você tem que anotar as suas metas. Todo começo de ano, eu escrevia o meu objetivo e colava em lugares que eu pudesse ver. E tem que lembrar que o grande diferencial que vai te fazer ser melhor que o seu adversário é a disciplina. Não estou lembrando se foi o Michael Jordan que dizia que não adianta você só ter a motivação, porque nem todos os dias a gente vai estar motivado. O que vai fazer a gente se levantar e ir para o treino é a disciplina. Muitas vezes você acorda sem vontade de ir treinar, não quer ir... então, é a disciplina.

Respeito ao corpo

É preciso lembrar também que cada treino que você deixa de fazer, o seu adversário está um dia na sua frente. Mas tem também que respeitar o corpo. Se está doente, com febre, lesionado e vai querer ir treinar, você vai estar também um dia atrás do seu adversário. Seu corpo tem que estar totalmente concentrado em curar aquela lesão. Então, o tempo que você iria gastar no treino, tem que gastar fazendo fisioterapia, repousando, descansando, pra poder voltar o mais rápido possível.

Olhando para trás

"Ah, eu faria tudo do mesmo jeito"... as pessoas mentem porque a gente sabe que nunca nada seria igual foi. No meu caso, eu não posso falar que eu mudaria. Eu só queria ter mais maturidade, porque vivenciei muito nova tudo o que eu passei e deixei fazerem o que fizeram comigo. Eu tive sorte, Deus colocou anjos na minha vida que conseguiram me blindar na época. Porque eu fui realmente muito humilhada, muito julgada, muito maltratada. Acho que não vi ninguém sendo tratado da forma como eu fui.

Humilhação e condenação

A gente vê hoje pessoas que se transformam por conta de questão religiosa ou de gênero. E naquela época, eu sofri todo tipo de preconceito: foi de sexualidade, do meu corpo, do meu biotipo, parece que me pegaram e deram a si próprios o direito de falarem mal de mim. E não tive a oportunidade de me defender em nenhum momento. Fui julgada e condenada antes mesmo de ter tido o direito de defesa, antes mesmo de ser julgada. Foi difícil pra uma menina de vinte e dois anos passar por tudo aquilo. Ainda bem que ainda não existia a internet como é hoje, porque se existisse, eu acho que teria até cometido um atentado contra a minha vida. Porque a gente vê o quanto as pessoas são cruéis, o quanto esquecem que a gente é ser humano, que tem família, tem sentimentos.

Justiça cruel

É o que eu falo, a justiça esportiva é muito cruel. É mais cruel do que a justiça criminal, porque o atleta, quando ele é condenado, parece que é jogado na sociedade sem o direito de fazer mais nada. Uma pessoa que mata, que rouba, cumpre a pena dela e tem a oportunidade de se ressocializar. No esporte, isso não existe. No esporte, eles me baniram. Então, todos os dias, a minha pena se renova à meia-noite. Quando eu tentei buscar outro esporte, voltar a jogar futebol — não para ser jogadora, mas para aquilo fazer bem pra minha cabeça —, me impediram. No que eu tentava buscar no esporte, me impediam. Eu ia procurar um emprego e, "ah, mas e aquela questão do doping?". E o que tem a ver, se eu tivesse feito mesmo alguma coisa? Eu teria prejudicado a mim e a mais ninguém. Eu não roubei, não tirei a vida de ninguém. E fui absolvida em todas as instâncias no Brasil. Então, parece que a gente realmente vira um criminoso dos piores. A justiça esportiva é cruel porque a lei não é a mesma para o atleta.

Em qualquer coisa que eu tentava buscar no esporte, me impediam. Eu ia procurar um emprego e "ah, mas e aquela questão do doping?". Se eu tivesse feito mesmo alguma coisa, eu teria prejudicado a mim e a mais ninguém. Eu não roubei, não matei

Trocas de exames

O atleta que é pego com a mesma substância não vai ter a punição que outro atleta teve. Se você consegue pagar pra não ter a condenação, você vai pagar e não vai ter. E eu não tinha dinheiro, não ganhei dinheiro com natação, eu sempre fiz por amor. O salário que eu ganhava quando era atleta de natação era de cinco mil reais por mês. Foi muito duro passar a escutar tudo o que eu tive que escutar, sabe? E ficou provado que meu exame de urina foi trocado no laboratório. Mas mesmo com todas as provas, mesmo a gente mostrando, mesmo a justiça criminal, que investigou tudo aqui e mostrou que eles me prejudicaram, a justiça internacional não quis acatar a decisão e manteve a minha condenação. Foi uma facada no meu coração. Foi muito duro. Eles preferiram que eu fosse condenada a ter que assumir que foi um erro grotesco do laboratório e da parte dos dirigentes envolvidos.

Sem chances

Quando a gente olha as leis, uma pessoa que é condenada à prisão perpétua tem direito à revisão da pena a cada dez ou quinze anos. Mas na justiça esportiva, isso não existe. Ainda mais que, poxa, não é possível que, no meu caso, durante os Jogos Pan-Americanos, fiz cinco controles de *doping* e o único que deu positivo foi um do meio, que o médico mandou para um laboratório do Canadá — e eu já estava com um processo em cima desse laboratório por conta de um erro em um antigo exame meu. Todos os outros exames deram positivos para testosterona, mas era um positivo endógeno, que o meu corpo produziu, porque eu sempre tive um índice muito alto de testosterona. Fiz esse estudo longitudinal pedido pela Federação Internacional e foi comprovado que eu realmente tinha uma produção maior, e eles pediram que essa questão fosse tratada. Infelizmente, houve também uma briga de vaidade entre os médicos. E a doutora que era o braço direito do responsável pelo controle de *doping* no Brasil ficou do meu lado. Isso também gerou um atrito muito grande e deu no que deu.

Depressão profunda

Tive duas fases difíceis, porque todo o amor que eu tinha no esporte eu depositei na minha família. Na época eu era casada e vi meu casamento completamente frustrado, ou seja, no período em que comecei a entrar em depressão, eu vivi também uma separação muito difícil. Foi uma época em que, às vezes, não me dava vontade de seguir vivendo. E tenho muito orgulho da mulher que eu me tornei por causa disso. Porque não é qualquer pessoa que conseguiria sobreviver como eu consegui.

Fortaleza de coração mole

A gente tem sempre que se vigiar porque é normal ter tristeza, decepções, ninguém é de ferro. Eu sempre demonstrei ser uma fortaleza na frente das pessoas. Quem me conhece pela televisão, acha que eu sou uma muralha, que podem bater em mim, que eu não vou quebrar e não vou cair. Mas quem realmente me conhece sabe que meu coração é completamente mole, sensível e que qualquer coisa, de alguma forma, de fato me atinge. Mas eu sou realmente muito resiliente e sei que qualquer coisa que eu venha a passar, será só uma fase que vou superar.

> **Minha advogada é da área do controle de *doping*, fez mestrado e está fazendo doutorado voltado a essa questão. Eu tenho uma pena perpétua, mas, em tese, juridicamente nenhuma pena perpétua pode prescrever. E o que o tribunal suíço fala é que já prescreveu**

Ainda na batalha

A gente hoje está buscando justiça através do Tribunal de Direitos Humanos porque a minha advogada é da área do controle de *doping* e se especializou, fez mestrado e está fazendo doutorado voltado justamente para essa questão. Ela defende que nenhuma pessoa pode ser impedida de exercer o trabalho. Então, assim, os Direitos Humanos aceitaram o meu processo, mas como eu não fui julgada em segunda instância na Suíça, eles precisam de uma resposta do tribunal suíço, mesmo que seja negativo, pra poder dar continuidade ao processo. Hoje a gente corre atrás disso, só que é muito difícil. Para você ver, eu tenho uma pena perpétua, mas, em tese, juridicamente, nenhuma pena perpétua pode prescrever. E o que o tribunal fala é que já prescreveu. Mas eu tenho fé em Deus que vamos reverter isso.

De atleta à política

Sou formada em Educação Física e nesta área eu posso trabalhar. O que foi impedido foi de eu competir. Não posso competir em esporte algum. Fui punida pela Federação Internacional de Natação, mas não fui punida, por exemplo, pelo Conselho de Educação Física. Pelo Conselho, eu não quebrei nenhuma regra. Até porque eu era estudante na época. Agora, nesses últimos anos, eu tenho trabalhado com política. Eu estava na Câmara dos Deputados, trabalhava na área legislativa, ajudando na construção de projetos de leis. E fui candidata a deputada distrital no ano passado. Fiquei como suplente. Mas tenho vários projetos na área de saúde mental que vamos colocar em prática e desenvolver.

Palestrante em escolas

Eu dou palestras em escolas públicas sobre saúde mental, sobre motivação, sobre depressão; principalmente depois da pandemia, o pessoal começou a pedir muita ajuda em relação a isso porque os jovens estavam muito agressivos, o corpo docente não estava dando conta de lidar com o problema. Então comecei a desenvolver esse trabalho nas escolas com essas palestras, e estou criando um instituto justamente para poder ajudar mulheres, ex-atletas, jovens, que realmente precisam desse suporte e não têm. Porque, infelizmente, hoje a gente vive a segunda pandemia, que é da saúde mental.

Saúde mental pós-pandemia

As pessoas realmente estão completamente perdidas. Elas não têm preparo mental para entender o que está acontecendo no mundo pós-pandemia, principalmente os jovens. Muitos jovens perderam pai e mãe e ficaram mais de dois anos isolados em casa. Então, os índices de suicídio têm aumentado muito. O meu foco hoje é trabalhar essa questão da saúde mental, da importância de se pedir ajuda, da importância do profissional, do psicólogo, do psiquiatra, porque muitos têm vergonha.

Gritar por ajuda

A gente foi criado achando que ir para um psicólogo ou psiquiatra é pra quem é maluco. Hoje ainda existe um preconceito muito grande em relação à procura desse tipo de ajuda e a ter que tomar medicação. Mas se você não gritar por ajuda, as pessoas não vão adivinhar, porque só se pode ajudar quem quer ser ajudado. Eu gritei por ajuda. Em um momento, eu consegui gritar. Eu vejo muitas mães desesperadas, sem saber o que e como fazer com o filho que está passando por isso. A gente tem aqui Brasília, por exemplo, o SUS, Sistema Único de Saúde, mas pra conseguir o atendimento com psicólogo são quase dois anos esperando.

Hoje o meu objetivo é atuar na saúde mental. Da mesma forma que eu pude ser salva e consegui superar isso, quero ajudar as pessoas a também vencerem a depressão, porque hoje elas estão passando por isso e amanhã vão ser inspiração para outros

O suicida não espera

A pessoa que está numa fase em que já está se automutilando, o próximo passo dela é tentar o suicídio. Ela não pode esperar dois anos. A gente precisa realmente ajudar nessa questão de aumentar os projetos, aumentar os atendimentos, trazer para cá os próprios CAPS, que não estão funcionando e que são voltados para essa área da Psicologia. Hoje o meu objetivo é esse. Da mesma forma que eu pude ser salva e consegui superar isso, quero ajudar essas pessoas a também vencerem a depressão porque hoje elas estão passando por isso e amanhã vão ser inspiração para outros.

O apoio de anjos humanos

Eu tive acompanhamento de psicólogo e de psiquiatra, e foram pessoas que viram a minha história e que se colocaram à disposição para me ajudar gratuitamente — porque quando eu fui internada, fiquei três dias em coma, deu na televisão e tudo. Então, graças a Deus, eu tive essas pessoas que me ajudaram. E a atividade física foi também muito importante para a minha recuperação. E tive as minhas amigas que se revezavam, cada uma num horário, para estar me levando pra fazer uma coisa e me buscando, pra eu nunca estar sozinha. Tive ajuda coletiva, tive esses anjos que Deus pôs na minha vida. É por isso que tudo o que eu faço em relação à saúde mental eu não cobro porque da mesma forma que eu tive pessoas que me ajudaram, eu quero ajudar essas pessoas sofredoras também. É a lei do retorno.

Juventude desamparada

Minha ideia é já começar a fazer esse trabalho dentro das escolas mesmo, porque depois que dou uma palestra, eu recebo muitas mensagens deles no Instagram e a gente vê o quanto estão precisando de ajuda. Porque muitos foram abusados durante a pandemia, muitos foram agredidos, muitos vivenciaram coisas que a gente nem imagina. E eles pedem, eles gritam mesmo por ajuda. Na escola, falo para os professores observarem esse comportamento. Já é lei aqui a obrigatoriedade de ter um psicólogo dentro das escolas públicas. E a gente já vai começar com esse primeiro atendimento junto com o conselho tutelar, dependendo do caso, e chamar os pais, porque é enorme a quantidade de jovens que estão se mutilando, eu fico impressionada, impressionada.

> **Muitos jovens foram abusados durante a pandemia, muitos foram agredidos, muitos vivenciaram coisas que a gente nem imagina. E eles pedem, eles gritam mesmo por ajuda. Já é lei aqui a obrigatoriedade de ter um psicólogo dentro das escolas públicas**

Identificação com a dor psíquica

Eu costumo dar muita palestra aqui no "Setembro Amarelo", que é um mês voltado para a prevenção do suicídio. A gente percebe que as pessoas se identificam muito, quando a gente começa a falar o que sente. Por exemplo, quando eu falo que é uma dor física, que você não sabe de onde vem, mas você sente aquela angústia e sabe que não tem remédio que vai fazer passar, a pessoa diz, "poxa, é exatamente isso o que eu sinto". Aí você começa a chamar atenção porque ela vê que você sabe o que ela está sentindo. Então, pra ela, você sabe como ela vai se curar, porque se você se curou, ela vai se curar também.

É preciso falar de suicídio

Dizem pra todo mundo que é proibido falar de suicídio, que não se pode divulgar o suicídio, porque eles veem como uma forma de incentivo. Mas eu digo que tem que ser o contrário: se a taxa está alta e você não está falando, então está errado. Quando não se fala, as pessoas entendem que essas coisas não acontecem. E quando se afirma que muitos jovens estão tirando a vida todos os dias, a reação é: "Não, isso não acontece, não se vê divulgação de nada disso".

O sofrimento dos pais

Meus pais não sabiam como lidar com a minha depressão porque eles sempre me viam muito alegre, muito feliz. Pra eles, eu estava passando aquilo porque eu queria estar daquele jeito. Quem nos ajudou muito foi uma amiga, porque a filha dela teve depressão, então, ela já sabia lidar. É o que eu falo: as pessoas não são obrigadas a saber lidar com alguém com depressão, porque é uma situação muito difícil. Não adianta você falar, pois ela não está absorvendo nada que você está falando.

Acolhimento silencioso

O momento que eu falei que foi o mais importante pra mim na depressão e que eu nunca esqueci foi quando essa amiga... eu estava chorando muito em casa e ela chegou, me viu e só deitou, me abraçou e ficou abraçada comigo por duas horas sem falar nada. Nesse momento, senti que fui me acalmando e isso, às vezes, é muito mais importante do que qualquer coisa que a pessoa fale.

> O momento que eu falei que foi mais importante para mim, na depressão, e que eu nunca esqueci, foi quando essa amiga... eu estava chorando muito em casa e ela chegou, me viu e só deitou, me abraçou e ficou abraçada comigo por duas horas, sem falar nada

O que não se deve dizer

As pessoas se acostumam muito a falar "isso é frescura, você é egoísta, você não pensou nos seus pais, na sua família"... São coisas que não se deve falar para alguém deprimido. E quando ele vai tratar a depressão, todo mundo que está em volta dele tem que se tratar também: os pais, os amigos, as pessoas que estão no dia a dia dela. A gente procura passar isso também para os que têm alguém em casa que está com depressão porque, às vezes, quem assiste à minha palestra nem é quem está com depressão, mas ela tem alguém em casa passando por isso. E ela conta, você vê o desespero dela, "eu não sei mais o que fazer, não sei como fazer".

Mais que medicação

As pessoas conseguem a medicação na rede pública, mas só muito tempo depois é que elas vão ter outro atendimento. E pra conseguir o remédio de novo e mais ainda, pra conseguir um psicólogo, é um parto. E tem que ter tudo isso, senão não vai haver o processo de cura. Além disso, não se pode retirar abruptamente o medicamento da pessoa. Dependendo do antidepressivo, aí que ela vai ficar pior mesmo. E as medicações são muito caras no Brasil.

Luta na Câmara

É muito bonito a gente ver as pessoas falando sobre a questão da prevenção do suicídio, sobre o Setembro Amarelo, a gente vê tudo isso, mas não existe política pública voltada para o tema. É pelo que eu sempre briguei dentro da Câmara... De que adianta fazer audiências? De que adianta falar do tema, da quantidade de pessoas, dos jovens nessa situação, se não existe nenhuma política pública voltada para isso? O nosso objetivo é realmente fazer com que essas políticas da saúde mental aconteçam, a gente está precisando, está todo mundo precisando. Eu também estou precisando.

O tempo de cada um

Depois de tudo isso, passei por uma gravidez inesperada. O meu marido não aceitava de jeito nenhum, então, eu ainda tive mais isso, esse processo de ter que ter sabedoria, de saber que no momento certo ele aceitaria ser pai. E é engraçado porque, depois de um tempo, algumas coisas começam realmente a te afetar, *né?* Você lembrar que passou tudo sozinha, chorando muito... mas a gente vai criando maturidade e sabedoria pra entender até mesmo o tempo de cada um. Às vezes eu brinco, falando assim, "não, gente, pelo amor de Deus, acho que eu botei chiclete na cruz, eu atrapalhei o Sermão no Monte", porque não é possível...

O legado

O meu maior legado é meu filho, mas no esporte feminino, o legado que eu acho que deixei foi para as meninas entenderem que elas não precisam ter medo de serem fortes, de ficarem fortes, de enfrentarem o preconceito. É muito bacana receber mensagem de uma menina falando, "eu comecei a nadar por sua causa, eu gosto de malhar porque eu sempre quis ficar forte igual a você; você sempre foi uma inspiração no esporte, na natação".

Outro, ainda maior

Mas eu quero deixar um legado ainda maior. Quando eu recebo cartinha de um aluno de alguma escola agradecendo por eu ter salvado a vida dele... a gente não consegue mensurar uma vida, então, eu não consigo mensurar isso em palavras ou mesmo em noção. Você tem ideia do que é você ter salvado a vida daquela criança que pensava em tirar a vida naquele dia? Esse que será o meu maior legado: salvar vidas.

CAPÍTULO VII

Importância da imagem pessoal para atletas de alto nível

Por JOCELINA DE SOUZA SANTOS

"Não é a roupa que te transforma
em um ser humano alegre,
é o ser humano alegre que transforma
a roupa em uma roupa bela".

Augusto Cury

A imagem pessoal envolve a maneira como a pessoa se apresenta à sociedade: seu autocuidado, suas características físicas, a maneira de ser, os comportamentos, as características da sua personalidade e, principalmente, a maneira como se veste.

A imagem pessoal envolve muitos parâmetros assim explicáveis: é importante se vestir de dentro para fora. Isso significa que não adianta a roupa e o cabelo estarem impecáveis se a pessoa não for gentil e não agir com harmonia em relação aos demais. Então podemos dizer que, para a imagem se destacar, é preciso trabalhar para que todos os parâmetros andem juntos.

Há diversos itens que compõem uma boa imagem pessoal. Tudo começa de dentro para fora, mas a nossa aparência, limpa, arrumada, bem cuidada, nos dá confiança e nos torna mais seguros em todos os aspectos de nossas vidas. Porque, sem causar uma boa primeira impressão, não se tem uma segunda chance.

Nossa imagem pessoal é formada por três elementos básicos:

A aparência: Tudo o que diz respeito à aparência, à maneira como se está vestido, deve estar coerente com o ambiente em que se encontra, pois isso vai ter influência no sucesso pessoal e profissional de cada um. Sua aparência vai envolver, para os homens, o cabelo bem arrumado, barba e bigode bem talhados; para as mulheres, as unhas bem feitas, a maquiagem leve, os sapatos limpos, enfim, o conjunto deve estar em harmonia com a ocasião e o ambiente.

O comportamento: Lembre-se que a maneira como você se comporta em ambientes de trabalho e sociais é um detalhe importantíssimo. Isso não significa que você não possa se expressar com autenticidade ou que seja melhor se manter em silêncio, mas você deve procurar agir coerentemente com suas palavras e suas colocações, deve se expressar com clareza e gentileza, mesmo que suas ideias e opiniões possam ser antagônicas às da outra pessoa. Devemos manter a serenidade e ouvir o ponto de vista alheio.

A comunicação: Em minha opinião, um grande coringa, pois quando conseguimos nos comunicar com clareza, já estamos em vantagem. Devemos entender que somos seres humanos diferentes e que cada um tem sua maneira de agir e de reagir às situações. Pelo simples fato de ser gentil, pode ter certeza: as pessoas irão olhar para você de forma diferente.

Um conceito básico da imagem pessoal: dualidade — a característica do que é *dual*, o duplo. Qualidade do que contém em sua essência duas substâncias, dois princípios, duas naturezas, a matéria e o espírito, o corpo e a alma, o bem e o mal.

A imagem pessoal é construída como um processo, não pode ser imposta, e é obtida como resultado cumulativo de interações. É composta por comportamento, hábitos, posturas, conhecimentos, habilidades, competências e ética.

Segundo estudos do psicólogo e professor de Psicologia da Universidade da Califórnia Albert Mehrabian (Irã, 1939), a imagem pessoal é formada da seguinte maneira: 55% dela envolve a aparência e as ações da pessoa; 38% envolve a maneira de se expressar; e, apenas 7% se relaciona ao conteúdo. Mehrabian é pioneiro na compreensão da comunicação desde 1960.

Assim, pode-se dizer que a imagem pessoal é um dos aspectos que contribuem para o sucesso em todas as áreas de trabalho. Por isso é necessário entender que a mudança deve vir de dentro. A autocrítica e a disposição do indivíduo para se corrigir fazem parte de seu desenvolvimento, que envolve a imagem pessoal.

Mulheres e autocuidados

No esporte de alta performance feminino, podemos perceber que as mulheres procuram sempre afirmar sua autoestima com detalhes, já que o uniforme faz parte da vida delas na maior parte do tempo. É perceptível que elas procuram fazer tranças e penteados, pintar as unhas e comunicar sua feminilidade de outra maneira, pois se sentem motivadas quando observadas e contempladas por sua beleza. Quem de nós, por exemplo, nunca se espantou ao ver uma atleta em um evento fora do horário de treino e de competição?

Além do quê, nunca foi fácil a vida das mulheres desportistas. Elas demoraram para ser aceitas, pois acreditava-se que elas chamariam atenção mais pela beleza do que pelo desempenho profissional, no caso, o esportivo propriamente dito. Com o passar dos anos isso mudou para melhor, mas ainda estamos longe de conseguir igualdade com os homens.

Outro fator relevante é que as mulheres precisam conciliar a carreira com a maternidade e com a vida social e familiar, e isso sempre pesa nas decisões profissionais, pois não é fácil lutar por essas exigências sem ouvir críticas: casamento e gravidez; reconhecimento como profissional do esporte; discriminação sexual com as que praticam esportes considerados masculinos, como o futebol; clubes, equipes e patrocinadores que privilegiam esportes masculinos; e assédio moral e sexual no meio esportivo.

Muitas vezes as mulheres não se sentem merecedoras de cuidados e de autocuidado com a imagem. Olhar para si ainda é muito difícil e inovador, e é importante que a mulher valorize sua autoimagem sem se preocupar com os padrões impostos pela sociedade — além de manter suas crenças, de se conectar com a essência e de valorizar esses momentos de autocuidado e satisfação.

Poderosas e exemplares

A seguir, deixo uma lista de oito atletas que fizeram história no esporte, para inspirar as novas profissionais a seguirem em frente, na realização dos seus sonhos:

• **Serena Williams** — Tenista. Conquistou quatro ouros olímpicos e trinta e nove *Grand Slams*.

- **Nadia Comăneci** — Ginasta. Tornou-se a primeira atleta a ganhar a nota dez na barra assimétrica.

- **Edurne Pasaban** — Alpinista. Foi a primeira mulher a subir catorze cumes de mais de 8 mil metros de altura.

- **Alice Coachman** — Atleta do salto em altura. Primeira mulher negra a ganhar uma medalha de ouro.

- **Yelena Isinbayeva** — Atleta do salto com vara. Foi duas vezes campeã olímpica e oito vezes campeã mundial. Primeira mulher a ultrapassar os cinco metros, ela também bateu seu próprio recorde mundial vinte e oito vezes.

- **Marta Vieira da Silva** — Jogadora de futebol. Ganhou por seis vezes o prêmio da Federação Internacional de Futebol (FIFA). Vice-campeã pelos Jogos Pan-Americanos e pela Copa do Mundo de Futebol Feminino, em 2007, e duas vezes vice-campeã nos Jogos Olímpicos, em 2004 e 2008. Frase da Marta: "Acredite e confie em você mesma. Se não fizer isso, ninguém fará".

- **Jutta Kleinschmidt** — Engenheira da BMW e piloto no Rali Dakar, em 1988. Depois passou a atuar como copiloto e venceu sua primeira etapa em 1997. Foi a primeira mulher a conseguir essa conquista. No Rali Dakar, em 2001, conquistou a vitória final na categoria de carros; única vez em que uma mulher alcançou esse lugar.

- **Ellen MacArthur** — velejadora britânica. Em 2005, ela decidiu dar a volta ao mundo num percurso que durou setenta e um dias, 14h18min33'.

Espero que nós, mulheres, continuemos em busca dos nossos sonhos mais loucos e sinceros, com a certeza de que somos seres iluminados e poderosos. Está em nossas mãos o dom de gerar a vida e a esperança de que sempre vamos quebrar paradigmas e evoluir, para que nosso trabalho e nossos esforços sejam reconhecidos.

Jocelina de Souza Santos *é consultora de imagem,* personal stylist *e analista de coloração pessoal. Nascida em Caxias do Sul, RS, em 1981, mora há dezenove anos na Europa (viveu na França, Bélgica e Alemanha). Autora do livro* Desabrochar (Ed. Fontenele Publicações, 2022), *autobiografia feita para inspirar mulheres a seguirem sua intuição e seus sonhos. É casada com o jogador de futebol Dante (Bonfim Costa Santos) e tem três filhos.* E-mail: desouzasantosjoce@gmail.com. Instagram: @jocesouzasantos

Aponte a câmera do celular para o QR Code abaixo
e conheça mais livros visitando o nosso site.

Amandinha

Thais Picarte

Patchy Toledo

Juliana Velasquez

Camilla Prando

Sheilla Castro

Mônica Rodrigues

Laura Amaro

Cássia Bahiense

Jeane Alves

Stella Terra

Jade Barbosa

Sandra Pires

Camilla Orlando

Milena Titoneli

Aline Milene

Michaela Fragonese

Ivi Casagrande

Kaylane Cristina Jufo

Adriana Bento

Pietra Souza

Natália Girotto

Rebeca Gusmão